3000 Quiz

Ampia **raccolta di quesiti** tratti da **prove reali** e **10 simulazioni d'esame** per la preparazione ai **test di ammissione**

SCIENZE MOTORIE

3000 Quiz

Ampia **raccolta di quesiti** tratti da **prove reali** e **10 simulazioni d'esame** per la preparazione ai **test di ammissione**

SCIENZE MOTORIE

editest

EdiTest – 3000 Quiz per Scienze motorie – VIII edizione

9 8 7 6 5 4 3 2 1 0
2028 2027 2026 2025 2024

Le cifre sulla destra indicano il numero e l'anno dell'ultima ristampa effettuata

Progetto grafico: curvilinee

Cover Design and Front Cover Illustration: Digital Followers S.r.l.

Fotocomposizione: EdiSES edizioni S.r.l.

Stampato presso: Vulcanica S.r.l. – Nola (Na)

per conto della EdiSES edizioni S.r.l. – Piazza Dante, 89 – Napoli

ISBN 978 88 9362 704 7

www.edises.it
assistenza.edises.it

I curatori, l'editore e tutti coloro in qualche modo coinvolti nella preparazione o pubblicazione di quest'opera hanno posto il massimo impegno per garantire che le informazioni ivi contenute siano corrette, compatibilmente con le conoscenze disponibili al momento della stampa; essi, tuttavia, non possono essere ritenuti responsabili dei risultati dell'utilizzo di tali informazioni e restano a disposizione per integrare la citazione delle fonti, qualora incompleta o imprecisa.

Realizzare un libro è un'operazione complessa e nonostante la cura e l'attenzione poste dagli autori e da tutti gli addetti coinvolti nella lavorazione dei testi, l'esperienza ci insegna che è praticamente impossibile pubblicare un volume privo di imprecisioni. Saremo grati ai lettori che vorranno inviarci le loro segnalazioni e/o suggerimenti migliorativi sulla piattaforma *assistenza.edises.it*

PREFAZIONE

Rivolto a tutti i candidati agli esami di ammissione in **Scienze motorie** e corsi di laurea affini, questo volume costituisce un utile strumento di preparazione.

Il testo contiene numerosi **quesiti suddivisi per materia e argomento**, tratti in parte dalle **prove svolte degli ultimi anni**, che vertono sull'intero **programma d'esame** favorendo uno studio sistematico di tutte le materie previste (Logica, Cultura generale, Cultura matematico-scientifica, Cultura sportiva) e un'**agevole assimilazione dei concetti**.
Un'ampia parte del volume è dedicata alle **simulazioni d'esame**, simili per struttura e composizione al test reale, utili per esercitarsi nella soluzione di quiz analoghi a quelli che vengono realmente somministrati e per una **verifica trasversale delle conoscenze**. Tale parte contiene dieci esercitazioni: le prime tre, composte da 60 quiz ognuna, sono strutturate come il test predisposto dall'**Università Cattolica del Sacro Cuore** per l'ammissione al corso di laurea in Scienze motorie e dello sport; le successive quattro simulazioni – ognuna costituita da 50 quiz – sono di tipologia e struttura analoga al test **TOLC-F** del CISIA (Consorzio Interuniversitario Sistemi Integrati per l'Accesso) adottato da diversi atenei per l'accesso ai corsi di laurea in Scienze motorie; infine le ultime tre sono realizzate in modo simile alla **prova di conoscenza di lingua inglese** predisposta anch'essa dal CISIA come sezione aggiuntiva del TOLC-F.

Il **codice personale**, contenuto nella prima pagina del volume, consente di accedere a una serie di servizi riservati ai clienti tra cui:

- il **software di simulazione online** (infinite esercitazioni per materia e simulazioni d'esame gratuite);
- **spiegazioni in aula virtuale** di numerosi quesiti, facilmente individuabili nel testo tramite una specifica icona ;
- **materiali e contenuti extra**.

Tutti i materiali e i servizi associati al volume sono accessibili dall'**area riservata** che si attiva mediante registrazione al sito **edises.it**. Per accedere alla tua area riservata segui le istruzioni riportate nella pagina seguente.

ISTRUZIONI PER ACCEDERE AI CONTENUTI E AI SERVIZI RISERVATI

Collegati al sito edises.it

• Se sei registrato al sito

- clicca su **Accedi al materiale didattico**
- inserisci email e password
- inserisci le ultime 4 cifre del codice ISBN, riportato in basso a destra sul retro di copertina
- inserisci il tuo **codice personale** per essere reindirizzato automaticamente all'area riservata

• Se non sei già registrato al sito

- clicca su Accedi al materiale didattico
- registrati al sito **edises.it**
- attendi l'email di conferma per perfezionare la registrazione
- torna sul sito **edises.it** e segui la procedura già descritta per utenti registrati

Per problemi tecnici connessi all'utilizzo dei supporti multimediali e per informazioni sui nostri servizi puoi contattarci sulla piattaforma **assistenza.edises.it**.

INDICE GENERALE

MATERIE D'ESAME

SEZIONE 1 | Logica

SEZIONE 2 | Cultura generale

SEZIONE 3 | Cultura matematico-scientifica

SEZIONE 4 | Cultura sportiva

SEZIONE 5 | Lingua straniera

SIMULAZIONI D'ESAME

TEST | Cattolica

TEST CISIA | TOLC-F

TEST CISIA | Inglese

MATERIE D'ESAME

LOGICA

CAPITOLO 1 | Logica verbale

CAPITOLO 2 | Ragionamento critico

CAPITOLO 3 | Logica numerica

CAPITOLO 1
Logica verbale

1.1 • I sinonimi

1) Individuare tra le alternative proposte un sinonimo del seguente termine: AVALLARE.

A. Permettere
B. Garantire
C. Accodare
D. Perorare
E. Incavare

2) Individuare tra le alternative proposte un sinonimo del seguente termine: PATETICO.

A. Insofferente
B. Sereno
C. Mesto
D. Dubbioso
E. Veloce

3) Individuare tra le alternative proposte un sinonimo del seguente termine: ENDEMICO.

A. Riprovevole
B. Diffuso
C. Certo
D. Raro
E. Probabile

4) Individuare tra le alternative proposte un sinonimo del seguente termine: VAGLIARE.

A. trascurare
B. custodire
C. decidere
D. esaminare
E. rinviare

5) Individuare tra le alternative proposte un sinonimo del seguente termine: IMPLEMENTARE.

A. Serbare
B. Mandare
C. Scardinare
D. Attivare
E. Costruire

6) Individuare tra le alternative proposte un sinonimo del seguente termine: ESAUSTIVO.

A. Finito
B. Esaurito
C. Lavato
D. Sdoppiato
E. Completo

7) Individuare tra le alternative proposte un sinonimo del seguente termine: EUFEMISMO.

A. Femminismo
B. Vandalismo
C. Serbare
D. Perifrasi
E. Operare

8) Individuare tra le alternative proposte un sinonimo del seguente termine: GLABRO.

A. Liscio
B. Limpido
C. Aperto
D. Sereno
E. Pulito

9) Individuare tra le alternative proposte un sinonimo del seguente termine: PAVENTARE.

A. Piastrellare
B. Minare
C. Temere
D. Coprire
E. Impaurire

10) Individuare tra le alternative proposte un sinonimo del seguente termine: ELUDERE.

A. Eleggere
B. Affrontare
C. Aprire
D. Evitare
E. Accogliere

11) Individuare tra le alternative proposte un sinonimo del seguente termine: PLEONASTICO.

A. Indispensabile
B. Vario
C. Superfluo
D. Chiuso
E. Utile

12) Individuare tra le alternative proposte un sinonimo del seguente termine: PRAGMATICO.

A. Sincero
B. Concreto
C. Vivace
D. Curioso
E. Astratto

13) Individuare tra le alternative proposte un sinonimo del seguente termine: EMPIO.

A. Vuoto
B. Irriverente
C. Religioso
D. Calmo
E. Emozionato

14) Individuare tra le alternative proposte un sinonimo del seguente termine: REDIGERE.

A. Abbattere
B. Scrivere
C. Sorreggere
D. Eseguire
E. Cancellare

15) Individuare tra le alternative proposte un sinonimo del seguente termine: ATAVICO.

A. Favorevole
B. Primitivo
C. Stropicciato
D. Semplice
E. Prioritario

16) Individuare tra le alternative proposte un sinoimo del seguente termine: CONCIONE

A. arringa
B. acconto
C. giudizio
D. riepilogo
E. riunione

17) Individuare tra le alternative proposte un sinonimo del seguente termine: LAIDO.

A. Ributtante
B. Sconcio
C. Turpe
D. Sudicio
E. Pulito

18) Individuare tra le alternative proposte un sinonimo del seguente termine: DICOTOMICO.

A. Sincero
B. Vero
C. Aperto
D. Chiaro
E. Duplice

19) Qual è il sinonimo di *panacea*?

A. Benda
B. Focaccia
C. Fasciatura
D. Pane raffermo
E. Rimedio universale

20) Qual è il sinonimo di *stocastico?*

A. Finito
B. Adoperato
C. Impattato
D. Casuale
E. Colorato

21) Qual è il sinonimo di *cadenza*?

A. Precipizio
B. Rialzo
C. Ritmo
D. Instabilità
E. Ribasso

22) Qual è il sinonimo di *ricettivo*?

A. Culinario
B. Sensibile
C. Respinto
D. Fatturato
E. Contraccettivo

23) Qual è il sinonimo di *ferino*?

A. Esordiale
B. Festivo
C. Conclusivo
D. Curiale
E. Animalesco

24) Qual è il sinonimo di *basito*?

A. Accigliato
B. Vizzo
C. Sciupato
D. Attonito
E. Ilare

25) Qual è il sinonimo di *alterco*?

A. Ostacolo
B. Scelta
C. Testardaggine
D. Albagia
E. Litigio

26) Qual è il sinonimo di *ravvivare*?

A. Rassettare
B. Nascere
C. Rianimare
D. Riesumare
E. Rivivere

27) Qual è il sinonimo di *redimere*?

A. Riporre
B. Misurare
C. Mettere
D. Rassettare
E. Liberare

28) Qual è il sinonimo di *sancire*?

A. Dissanguare
B. Santificare
C. Stabilire
D. Passare attraverso
E. Sacrificare

29) Qual è il sinonimo di *indefesso*?

A. Superficiale
B. Stanco
C. Sottosviluppato
D. Integerrimo
E. Instancabile

30) Qual è il sinonimo di *vetustà*?

A. Vecchiezza
B. Divieto
C. Esuberanza
D. Parsimonia
E. Lontananza

31) Qual è il sinonimo di *incongruente*?

A. Irrilevante
B. Cospicuo
C. Contraddittorio
D. Incontinente
E. Misero

32) Qual è il sinonimo di *ingerenza*?

A. Capacità di ingerire
B. Assimilazione
C. Digestione
D. Intromissione
E. Gestione

33) Qual è il sinonimo di *prototipo*?

A. Schema
B. Originale
C. Esemplare tipo
D. Cellula
E. Tipologia

34) Qual è il sinonimo di *debellare*?

A. Riempire
B. Mietere
C. Imbottire
D. Sconfiggere
E. Combattere

35) Qual è il sinonimo di *balìa*?

A. Inganno
B. Spillone
C. Potere
D. Levatrice
E. Badante

36) Qual è il sinonimo di *tralcio*?

A. Ramoscello
B. Brano
C. Traliccio
D. Impedimento
E. Insulto

37) Qual è il sinonimo di *dozzinale*?

A. Pari
B. Numerico
C. Esiguo
D. Abbondante
E. Ordinario

38) Qual è il sinonimo di *altèro*?

A. Estraneo
B. Superbo
C. Umile
D. Remoto
E. Elevato

39) Qual è il sinonimo di *concomitanza*?

A. Coincidenza
B. Fusione
C. Compagnia
D. Sovrapposizione
E. Slittamento

40) Qual è il sinonimo di *farraginoso*?

A. Confuso
B. Arrugginito
C. Insidioso
D. Inceppato
E. Surreale

1.2 • I contrari

41) Indicare il contrario di *evasivo*:

A. destabilizzante
B. preciso
C. elusivo
D. suggestivo
E. sfuggente

42) Indicare il contrario di *sollecito*:

A. veloce
B. negligente
C. ostile

D. avaro
E. vietato

43) Indicare l'unico contrario di *eludere* tra:

A. affrontare
B. tergiversare
C. occultare
D. ingannare
E. compromettere

44) Individuare il termine contrario della parola indicata di seguito: DEMAGOGO.

A. Selvaggio
B. Vigliacco
C. Agitatore
D. Coscienzioso
E. Credulone

45) Individuare il termine contrario della parola indicata di seguito: SFARZOSO.

A. Maestoso
B. Ospitale
C. Ristretto
D. Composto
E. Dimesso

46) Individuare il termine contrario della parola indicata di seguito: LOGORROICO.

A. Ascetico
B. Prolisso
C. Avulso
D. Sintetico
E. Ripetitivo

47) Individuare il termine contrario della parola indicata di seguito: COGENTE.

A. Penoso
B. Ben cotto
C. Gelido
D. Freddo
E. Rinviabile

48) Individuare il termine contrario della parola indicata di seguito: ERESIA.

A. Sacro
B. Apertura
C. Ortodossia
D. Sincerità
E. Divisione

49) Individuare il termine contrario della parola indicata di seguito: PERVICACE.

A. Attaccato
B. Creato
C. Pratico
D. Temerario
E. Arrendevole

50) Individuare il termine contrario della parola indicata di seguito: NEMESI.

A. Schiettezza
B. Ricorrenza
C. Vuoto
D. Perdono
E. Chiusura

1.3 • Le proporzioni verbali o analogie concettuali

51) grafomane : x = y : canto. Una sola delle soluzioni completa correttamente l'eguaglianza di rapporti:

A. x = libro; y = opera
B. x = melomane; y = scrittore
C. x = scrittura; y = lirica
D. x = scrittura; y = melomane
E. x = scrittore; y = musicista

52) Quale tra le coppie di termini proposti completa logicamente la seguente proporzione verbale?
x : provvisorio = stabile : y

A. x = frettoloso y = prorogato
B. x = futile y = improrogabile
C. x = accidentale y = posticipato
D. x = inessenziale y = procrastinabile
E. x = fugace y = prolungato

53) Se scuola sta ad x come ospedale sta ad y, cosa sono rispettivamente x ed y?

A. x = insegnante, y = paziente
B. x = studente, y = insegnante
C. x = studente, y = medico
D. x = impiegati, y = operai
E. x = studente, y = paziente

54) Quale tra le coppie di termini proposti completa logicamente la seguente proporzione verbale?
x : branco = briganti : y

A. x = transumanza y = lupara
B. x = iene y = banditismo
C. x = orda y = saccheggio
D. x = leoni y = latitanza
E. x = lupi y = masnada

55) Joyce: Dublino = x : Lubecca = Bulgakov : y
Quale delle coppie di parole proposte completa correttamente l'uguaglianza?

A. x = Th. Mann; y = Mosca
B. x = Brecht; y = Berlino
C. x = Goethe; y = Dublino
D. x = Mosca; y = Tolstoj
E. x = Amsterdam; y = Puskin

56) Romanticismo sta a Foscolo come x sta ad y:

A. x = Voltaire; y = Dadaismo
B. x = Ungaretti; y = Futurismo
C. x = D'Annunzio; y = Pascoli
D. x = Surrealismo; y = Monti
E. x = Futurismo; y = Marinetti

57) Individuare la coppia di termini che completa la proporzione.
Sbadiglio : sonnolenza = x : y

A. x = viso; y = espressione
B. x = risata; y = buonumore
C. x = sogno; y = dormire
D. x = impazienza; y = ribellione
E. x = raffreddore; y = starnuto

58) determinismo : libertà = x : y
Quale delle coppie proposte si adatta meglio alla proporzione?

A. x = colpevolezza; y = innocenza
B. x = predeterminazione; y = onniscienza
C. x = certezza; y = probabilità
D. x = congettura; y = scienza
E. x = comprensione; y = azione

59) intonso : libro = _______ : _______
Scegliere tra le coppie sotto elencate quella che completa correttamente l'uguaglianza.

A. ignoto : vero
B. gas : inerte
C. insondabile : mistero
D. intatto : colpito
E. inviolato : suolo

60) Quali tra i termini proposti completano correttamente la seguente proporzione?
"lancetta : orologio = x : y"

A. x = fertilizzante; y = contadino
B. x = ala; y = aereo
C. x = canile; y = vaccinazione
D. x = nuvola; y = vento
E. x = biblioteca; y = libro

61) Scegliere nella espressione x : grande = poco : y, la coppia x ed y più plausibile in modo che, tra le varie alternative, il rapporto tra il primo e secondo

termine sia simile o analogo a quello tra terzo e quarto.

A. x = ieri, y = oggi
B. x = piccolo, y = molto
C. x = vuoto, y = pieno
D. x = gallina, y = uovo
E. x = abbastanza, y = sufficiente

62) Scegliere nell'espressione x : vino = conchiglia : y, la coppia x ed y più plausibile in modo che, tra le varie alternative, il rapporto tra il primo e secondo termine sia simile o analogo a quello tra terzo e quarto.

A. x = semi, y = sabbia
B. x = foglia, y = mollusco
C. x = grappolo, y = valva
D. x = uva, y = mare
E. x = botte, y = perla

63) Quali tra i termini proposti completano correttamente la seguente proporzione?
"scala : x = y : foglio"

A. x = piolo; y= risma
B. x = quaranta; y = asso
C. x = 40; y = jolly
D. x = tris; y = fiori
E. x = re minore; y = carta

64) Quali tra i termini proposti completano correttamente la seguente proporzione?
"giornale : emeroteca = x : y"

A. x = giornalaio; y = custode
B. x = albero; y = giungla
C. x = quadro; y = pinacoteca
D. x = giardino; y = sedia
E. x = enoteca; y = vino

65) Quale tra le coppie di termini proposti completa logicamente la seguente proporzione verbale? "x : litografo = chitarra : y"

A. x = ritratto; y = metronomo
B. x = stampa; y = liutaio
C. x = affresco; y = accordi
D. x = scultura; y = plettro
E. x = ipotassi; y = violino

66) Quali tra i termini proposti completano correttamente la seguente proporzione? "Manzoni : Adelchi = x : y"

A. x = Pirandello; y = Questa sera si recita a soggetto
B. x = Leopardi; y = La cavallina storna
C. x = Il piacere; y = D'Annunzio
D. x = Pascoli; y = L'infinito
E. x = Verdi; y = La cavalcata delle valchirie

67) Quali, tra i termini proposti, completano correttamente la seguente proporzione verbale?
"triangolo : x = y : cubo"

A. x = piramide; y = quadrato
B. x = geometria; y = algebra
C. x = tre; y = rettangolo
D. x = solido; y = piano
E. x = angoli; y = lati

68) Quale, tra i termini proposti, completa correttamente la seguente proporzione?
"musicista : orchestra = studente : x"

A. x = insegnanti
B. x = aula
C. x = classe
D. x = truppa
E. x = amici

69) Quali, tra i termini proposti, completano correttamente la seguente proporzione?
"Taranto : x = Terni : y"

A. x = Abruzzo; y = Molise
B. x = Campania; y = Puglia
C. x = Puglia; y = Umbria
D. x = Milano; y = Bologna
E. x = Emilia Romagna; y = Basilicata

70) Quale, tra i termini proposti, completa correttamente la seguente proporzione? "pittore : pennello = scultore : y"

A. x = fornello
B. x = pialla
C. x = forbici
D. x = sega
E. x = scalpello

71) Quali, tra i termini proposti, completano correttamente la seguente proporzione?
"pizzaiolo : pizza = x : y"

A. x = scalpello; y = falegname
B. x = statua; y = scultore
C. x = architetto; y = abitazione
D. x = pennello; y = colore
E. x = tela; y = cavalletto

72) Quale, tra i termini proposti, completa correttamente la seguente proporzione? "faggio : albero = gramigna : x"

A. x = erba
B. x = frutto
C. x = fiore
D. x = animale
E. x = fungo

73) Quali, tra i termini proposti, completano correttamente la seguente proporzione? "rinvenire : recuperare = x : y"

A. x = mangiare; y = bere
B. x = strofinare; y = sfregare
C. x = esplicativo; y = illuminato
D. x = vivere; y = mancare
E. x = disegnare; y = dipinto

74) Quale, tra i termini proposti, completa correttamente la seguente proporzione?
"propenso : x = devoto : infedele"

A. x = ostile
B. x = attento
C. x = positivo
D. x = fedele
E. x = affettuoso

75) Quale, tra i termini proposti, completa correttamente la seguente proporzione? "due e cinquantaquattro : pollice = tre e settecentottantacinque : x"

A. x = gomito
B. x = gallone
C. x = yard
D. x = pollice
E. x = piede

76) Quali, tra i termini proposti, completano correttamente la seguente proporzione verbale? "camicia : x = y : suola"

A. x = bottone; y = cuoio
B. x = giacca; y = stringhe
C. x = manica; y = scarpa
D. x = maglietta; y = calzino
E. x = cotone; y = pianta

77) Quali, tra i termini proposti, completano correttamente la seguente proporzione?
"Renzo Tramaglino : I promessi sposi = x : y"

A. x = Edmondo De Amicis; y = Cuore
B. x = Malerba; y = Le avventure di Tom Sawyer
C. x = Geppetto; y = Le avventure di Pinocchio
D. x = Salgari; y = Le avventure di Pinocchio
E. x = Gargantua; y = I promessi sposi

78) Quali, tra i termini proposti, completano correttamente la seguente proporzione? "cuoco : mestolo = x : y"

A. x = cacciavite; y = bullone
B. x = geometra; y = fiore
C. x = chirurgo; y = bisturi
D. x = ingegnere; y = studio
E. x = cucina; y = ingresso

79) Quale, tra i termini proposti, completa correttamente la seguente proporzione? "porcino : fungo = pesca : x"

A. x = frutto
B. x = fusto
C. x = fiore
D. x = pianta
E. x = foresta

80) Quale, tra i termini proposti, completa correttamente la seguente proporzione? "Lima : Perù = Oslo : x"

A. Svezia
B. Ucraina
C. Finlandia
D. Norvegia
E. Islanda

81) Quali, tra i termini proposti, completano correttamente la seguente proporzione? "Bergamo : x = Foggia : y"

A. x = Lombardia; y = Puglia
B. x = Abruzzo; y = Lombardia
C. x = Piemonte; y = Cuneo
D. x = Lombardia; y = Sicilia
E. x = Basilicata; y = Veneto

82) Quali, tra i termini proposti, completano correttamente la seguente proporzione? "libro : biblioteca = x : y"

A. x = pinacoteca; y = quadro
B. x = quaderno; y = aula studio
C. x = mobile; y = cassetti
D. x = piatto; y = bicchiere
E. x = quadro; y = pinacoteca

83) Quali, tra i termini proposti, completano correttamente la seguente proporzione? "annoiarsi : x = divertirsi : y"

A. x = circo; y = teatro
B. x = sbadiglio; y = risata
C. x = università; y = corso
D. x = sillogismo; y = acronimo
E. x = ragionamento; y = cinema

84) Quali, tra i termini proposti, completano correttamente la seguente proporzione?
"Manzoni : Il Conte di Carmagnola = x : y"

A. x = Verga; y = La coscienza di Zeno
B. x = Petrarca; y = Il Conte di Montecristo
C. x = Shakespeare; y = Re Lear
D. x = Pirandello; y = Andromeda
E. x = Monti; y = Amleto

85) Quali, tra i termini proposti, completano correttamente la seguente proporzione? "Messina : Sicilia = x : y"

A. x = Sardegna; y = Sassari
B. x = Sondrio; y = Piemonte
C. x = Trieste; y = Veneto
D. x = Cagliari; y = Calabria
E. x = Brindisi; y = Puglia

86) Quale, tra i termini proposti, completa correttamente la seguente proporzione?
"clorofilla : pigmento = mercurio : x"

A. x = gas
B. x = vetro
C. x = metallo
D. x = pasta
E. x = termometro

87) Camilleri : Montalbano = x : y

A. x = Il visconte dimezzato; y = Italo Calvino
B. x = Rousseau; y = Candido
C. x = Renzo; y = Manzoni
D. x = Joyce; y = Alla ricerca del tempo perduto
E. x = Stendhal; y = J. Sorel

88) Individuare la coppia che completa correttamente l'uguaglianza:
x : Molly Bloom = y : von Aschenbach

A. x = Londra; y = Berlino
B. x = Dublino; y = Vienna
C. x = Parigi; y = Milano

D. x = Dublino; y = Venezia
E. x = New York; y = Trieste

89) Olimpo : dei = _________ : _________

A. Paradiso : vita eterna
B. Eden : beatitudine
C. cielo : nuvole
D. Parnaso : Muse
E. calvario : croci

90) Cosmo : galassia = _________ : _________

A. vento : correnti
B. nuvole : fumo
C. terra : sabbia
D. stelle : pianeti
E. foresta : albero

91) Coerenza : armonia = _________ : _________

A. costanza : continuità
B. integrazione : concordia
C. dissonanza : rumore
D. frequenza : sonorità
E. convergenza : rapporto

92) Autonomia: dipendenza = _______ : _________

A. garanzia: disimpegno
B. dominio: tirannia
C. libertà: soggezione
D. redenzione: espiazione
E. autarchia: dittatura

93) Sbadiglio : noia = _________ : _________

A. cammello : deserto
B. alterco : rissa
C. bicicletta : veicolo
D. elettricità : scossa
E. pianto : dolore

94) Spergiuro : verità = _________ : _________

A. tradimento: fedeltà
B. coraggio: paura
C. avvocato: cliente
D. pazienza: indecisione
E. magia: stregoneria

95) Oppresso : libero = _________ : _________

A. triste : gioioso
B. infelice : irritato
C. mare : fiume
D. montagna : collina
E. cavallo : asino

96) Completare i termini mancanti della proporzione:
x : pasta = pomodoro : y

A. x = oliva, y = verdura
B. x = grano, y = salsa
C. x = pesca, y = cucina
D. x = riso, y = vino
E. x = salsa, y = cipolla

97) Completare i termini mancanti della proporzione: insolito : x = y : lento

A. x = capace, y = solito
B. x = forte, y = corpo
C. x = leggero, y = veloce
D. x = indolente, y = leggero
E. x = veloce, y = solito

98) Quale tra le coppie di termini proposti completa logicamente la seguente proporzione verbale:
x : serenità = conciliazione : y

A. x = avvenenza y = rammarico
B. x = oblio y = intesa
C. x = inquietudine y = diverbio
D. x = tolleranza y = intolleranza
E. x = boria y = cruccio

99) Quali tra i termini proposti completano correttamente la seguente proporzione? "Asia : continente = x : y"

A. x = senso; y = vista
B. x = verde; y = blu
C. x = ocra; y = indaco
D. x = sapore; y = salato
E. x = giallo; y = colore

100) Quali tra i termini proposti completano correttamente la seguente proporzione? "suono : immagine = x : y"

A. x = udito; y = vista
B. x = udito; y = tatto
C. x = tatto; y = gusto
D. x = udito; y = gusto
E. x = elice; y = cornea

1.4 • Le classificazioni concettuali

101) Individuare, tra le alternative proposte, il termine da scartare:

A. tuttavia
B. ma
C. oltre
D. però
E. mentre

102) Individuare, tra le alternative proposte, il termine da scartare:

A. polmone
B. fegato
C. stomaco
D. intestino
E. dente

103) Individuare, tra le alternative proposte, il termine da scartare:

A. paraplegico
B. ematologo
C. dermatologo
D. pediatra
E. otorinolaringoiatra

104) Individuare, tra le alternative proposte, il termine da scartare:

A. annuncio
B. comunicato
C. segnalazione
D. avviso
E. avvisaglia

105) Individuare, tra le alternative proposte, il termine da scartare:

A. pentagono
B. trapezio
C. esagono
D. tetraedro
E. triangolo

106) Individuare, tra le alternative proposte, il termine da scartare:

A. neutrone
B. atomo
C. protone
D. bottone
E. elettrone

107) Individuare, tra le alternative proposte, il termine da scartare:

A. antico
B. antisemita
C. antifurto
D. antipatico
E. antitetico

108) Individuare, tra le alternative proposte, il termine da scartare:

A. ticcoso
B. avaro
C. tirato
D. tirchio
E. spilorcio

109) Individuare, tra le alternative proposte, il termine da scartare:

A. dentale
B. redento
C. dentato
D. dentellato
E. tridente

110) Individuare, tra le alternative proposte, il termine da scartare:

A. casuale
B. avventizio
C. ordinario
D. fortuito
E. estemporaneo

111) Individuare, tra le alternative proposte, il termine da scartare:

A. politeismo
B. divisionismo
C. simbolismo
D. cubismo
E. impressionismo

112) Individuare, tra le alternative proposte, il termine da scartare:

A. oboe
B. clavicembalo
C. sassofono
D. clarinetto
E. tromba

113) Indicate quale delle seguenti parole è eterogenea rispetto alle altre:

A. cornea
B. iride
C. patella
D. cristallino
E. retina

114) Individuare, tra le alternative proposte, il termine da scartare:

A. lidio
B. dorico
C. ionico
D. tuscanico
E. corinzio

115) Individuare, tra le alternative proposte, il termine da scartare:

A. animali selvatici vaganti
B. discesa pericolosa
C. attraversamento pedonale
D. divieto di sosta
E. caduta massi

116) Individuare, tra le alternative proposte, il termine da scartare:

A. seta
B. lino
C. cotone
D. lana
E. nylon

117) Individuare, tra le alternative proposte, il termine da scartare:

A. Cimabue
B. Giotto
C. Caravaggio
D. Pinturicchio
E. Bruegel

118) Individuare, tra le alternative proposte, il termine da scartare:

A. Tamigi
B. Tigri
C. Volga
D. Senna
E. Danubio

119) Individuare, tra le alternative proposte, il termine da scartare:

A. De Pisis
B. Boccioni
C. Velazquez
D. Picasso
E. Fattori

120) Individuare, tra le alternative proposte, il termine da scartare:

A. Richelieu
B. Francesco Giuseppe
C. Luigi XIV
D. Carlo Alberto
E. Vittorio Emanuele II

121) Individuare, tra le alternative proposte, il termine da scartare:

A. Picasso
B. Mirò
C. Monet
D. Kafka
E. Renoir

122) Individuare il termine la cui etimologia NON segue la stessa "logica" degli altri:

A. refrigerio
B. artico
C. perfrigerazione
D. raffreddamento
E. frigorifero

123) Individuare, tra le alternative proposte, il termine da scartare:

A. Robespierre
B. Campanella
C. Rousseau
D. Voltaire
E. Beccaria

124) Individuare il termine da scartare:

A. cellulare
C. ferro da stiro
C. netbook
D. fotocamera digitale
E. i-pod

125) Indicare l'unica parola specifica dell'ambito biomedico:

A. antinflativo
B. antifrastico
C. antitetico
D. antimicotico
E. antinomico

126) Individuare il termine NON congruente con gli altri:

A. impressionismo
B. astrattismo
C. decostruttivismo
D. surrealismo
E. cubismo

127) Le parole qui elencate riguardano lo stesso ambito, eccetto una:

A. antagonista
B. trama
C. decisionista
D. protagonista
E. intreccio

128) Quale, tra i termini che seguono, non è coerente con gli altri?

A. Futurismo
B. Simbolismo
C. Decadentismo
D. Verismo
E. Liberismo

129) Identificare tra i seguenti termini quello NON coerente:

A. paradentosi
B. paracadutista
C. parafrasi
D. parapsicologia
E. paradigma

130) Uno degli esempi riportati va escluso dall'elenco perché non omogeneo agli altri:

A. se verrai, vedrai
B. non so se valga la pena
C. se tu sapessi!
D. se lo mise in tasca
E. mi chiedo se ti piacerebbe questo regalo

131) Una delle seguenti parole non possiede la curiosa caratteristica delle altre:

A. ingegni
B. radar
C. ebbe
D. fiuto
E. aveva

132) Individuare nella seguente serie il termine NON omogeneo:

A. poema
B. ballata
C. endecasillabo
D. sonetto
E. canzone

133) Individuate il termine etimologicamente anomalo:

A. panlogismo
B. panteista
C. panflettista
D. paneuropeo
E. panpsichismo

134) Individuate il termine anomalo:

A. mielato
B. mieloso
C. mieloma
D. mellifero
E. mellifluo

135) Individuare il termine anomalo:

A. politico
B. poligamo
C. polimorfo
D. politecnico
E. politeismo

136) Individuare nella seguente serie il termine NON omogeneo:

A. filodendro
B. georgofilo
C. filigrana
D. filarmonia
E. necrofilia

137) Individuate il termine etimologicamente anomalo:

A. eufonico
B. euclideo
C. euforico
D. eupeptico
E. euritmico

138) Individuate il "don" anomalo rispetto agli altri quattro:

A. don Giovanni
B. don Abbondio
C. don Rodrigo
D. don Carlos
E. don Gesualdo

139) Individuare nella seguente serie il termine etimologicamente NON OMOGENEO:

A. olocausto
B. olimpico
C. ologenesi
D. olografo
E. olistico

140) Individuare il termine etimologicamente incongruente:

A. telecomandato
B. telepatico
C. telefonico
D. teleologico
E. telegenico

141) Quale delle parole elencate NON è affine per significato alle altre?

A. Epitaffio
B. Epigramma
C. Epistéme
D. Epigrafe
E. Epigrafia

142) Quattro delle seguenti parole hanno una radice etimologica comune. Individuate quella anomala:

A. antipatia
B. antiquario
C. antibiotico
D. antifonario
E. antiemetico

143) Quale delle parole sotto elencate è etimologicamente anomala?

A. Interdentale
B. Addentato
C. Incidentale
D. Dentellato
E. Tridente

144) Individuare il termine la cui etimologia NON segue la stessa "logica" degli altri:

A. idrovoro
B. divorare
C. mellivoro
D. vorace
E. famelico

145) Individuare il termine la cui etimologia NON segue la stessa "logica" degli altri:

A. antonomasia
B. omonimia
C. pronominale
D. toponomastica
E. omofonia

146) Si individui il termine che NON appartiene alla sfera semantica degli altri quattro:

A. futurismo
B. fauvismo
C. espressionismo
D. epicureismo
E. divisionismo

147) Individuare, tra le alternative proposte, la parola da scartare:

A. motonave
B. automobile
C. bicicletta
D. motocicletta
E. motocarro

148) S'individui il termine che non appartiene allo stesso campo semantico degli altri quattro:

A. abbagliare
B. abbarbagliare
C. accecare
D. abbacinare
E. abbrumare

149) Qual è la parola da scartare?

A. Rinvigorire
B. Spossare
C. Fiaccare
D. Affaticare
E. Logorare

150) Qual è la parola da scartare?

A. Scimpanzé
B. Ghiro
C. Orso
D. Pipistrello
E. Scoiattolo

1.5 • Le prove di vocabolario

151) Il significato di *espellere* è:

A. lasciare la patria
B. mandare in esplorazione
C. cacciare fuori
D. strappare la pelle
E. accogliere

152) Un significato di *parvenza* è:

A. apparizione improvvisa
B. somiglianza vaga

C. equivoco
D. trascuratezza
E. dissolvenza

153) Qual è il significato di *meandro*?

A. Ansa formata da un fiume
B. Pianta ornamentale
C. Legno esotico
D. Tipo di anfibio
E. Animale della savana

154) Nella frase: "Luisa mi ha spiegato il problema in modo affatto persuasivo", *affatto* vuol dire:

A. per niente
B. del tutto
C. piuttosto
D. poco
E. discretamente

155) Qual è il significato della parola *coalizione*?

A. Coordinamento di testi
B. Raccolta di oggetti
C. Alleanza per il conseguimento di fini comuni
D. Costrizione
E. Assembramento

156) Qual è il significato di *masserizie*?

A. Vasto podere con fabbricati
B. Enorme ammasso di rifiuti
C. Struttura per contenere stoviglie
D. Insieme di mobili e suppellettili di una casa
E. Covone di fieno

157) Qual è il significato di *moldavo*?

A. Importuno, molesto
B. Proprio della Moldavia
C. Proprio della mola del mulino
D. Titolo del sovrano dell'India orientale
E. Nome di un dente dell'arcata superiore

158) Qual è il significato di *spianare*?

A. Fare la spia
B. Rendere piano
C. Rompere il silenzio
D. Agitarsi rumorosamente
E. Districarsi

159) Un significato di *ottundere* è:

A. aggirare
B. ostruire
C. smussare
D. pretendere
E. affermare

160) Con *profilassi* si definisce:

A. l'insieme di misure da prendere per evitare il sopraggiungere di malattie
B. lo studio delle caratteristiche di personalità a partire dalle espressioni facciali
C. l'abolizione dei metodi contraccettivi
D. la valutazione del rendimento scolastico nella scuola media
E. l'insieme di misure prese dallo Stato per livellare la bilancia dei pagamenti

1.6 • Inserzione logica di termini in un contesto

161) Completare la seguente frase: *I soci ordinari possono deliberare di _________ all'Accademia venti accademici italiani e altrettanti stranieri.*

A. prodigare
B. disgregare
C. promulgare
D. segregare
E. aggregare

162) Completare la seguente frase: *Il ferro si lega a una proteina, la transferrina, che viene sintetizzata dal fegato ed è ___________ al trasporto degli ioni ferrici nel circolo sanguigno.*

A. supposta

B. anteposta
C. proposta
D. imposta
E. preposta

163) Completare la seguente frase che si potrebbe leggere in un referto medico: ***Si è provveduto _______________ di un basalioma nella regione temporale sinistra.***

A. all'escissione
B. all'accezione
C. all'eccezione
D. all'accessione
E. all'esecrazione

164) Completare la frase con l'unico aggettivo pertinente: ***restare _________ per la sorpresa.***

A. inaudito
B. indifferente
C. emerito
D. sollecito
E. attonito

165) Completare la frase con l'unico verbo pertinente: ***La legge non può _________ nelle decisioni personali di un adulto tranne che queste non arrechino danno ad altri.***

A. intercalare
B. intromettere
C. interferire
D. interporre
E. interdire

166) "L'uomo è in fondo un animale _______________. Noi lo conosciamo solo in quello stato di ammansimento e di domesticità che è detto civiltà: perciò ci spaventano le rare esplosioni della sua vera natura. Ma fate che vengano tolte le catene dell'ordine legale, e nell'anarchia l'uomo si mostrerà quale esso è". In base al senso generale di questa affermazione di A. Schopenhauer, reintegra nello spazio vuoto l'unica coppia di aggettivi corretta:

A. incauto e sprovveduto
B. selvaggio e feroce
C. coerente e prevedibile
D. buono e altruista
E. prevedibile e abitudinario

167) "Perciò io penso che il ____________ non nasca dal rimpianto di una mala azione già commessa, ma dalla visione della propria colpevole disposizione. La parte superiore del corpo si china a guardare e giudicare l'altra parte e la trova deforme. Ne sente ribrezzo e questo si chiama ____________ . Anche nella tragedia antica la vittima non ritornava in vita e tuttavia il __________ passava. Ciò significava che la deformità era guarita e che ormai il pianto altrui non aveva alcuna importanza. Dove poteva esserci posto per il __________ in me che con tanta gioia e tanto affetto correvo dalla mia legittima moglie? Da molto tempo non m'ero sentito tanto puro."

I. Svevo, *La coscienza di Zeno*

In questo testo uno stesso termine ricorre per quattro volte: qual è?

A. bene
B. pensiero
C. dolore
D. rimorso
E. coraggio

168) Completare la frase con l'unico sostantivo pertinente: ***gli enti locali devono fronteggiare l'attuale crisi __________ nel settore manifatturiero.***

A. dell'indulto
B. del condotto
C. dell'edotto
D. del ridotto
E. dell'indotto

169) Completare la seguente frase con l'unica congiunzione pertinente: "E fin qui, _____ a parlare sia il direttore di un festival culturale che si annuncia imponente, al punto da coinvolgere l'intero Nordest d'Italia, potrebbe sembrare d'essere ancora immersi nella tradizionale filosofia produttiva "made in Veneto".

D. Fertilio, "Corriere della sera", 8/4/2010

A. cosicché
B. poiché
C. benché
D. affinché
E. finché

170) La __________ è la scienza che studia i sintomi morbosi per interpretarli; la __________ è la scienza che descrive gli stati morbosi e ne fa la storia.
Inserite nella frase la coppia di parole opportune:

A. bioetica / anamnestica
B. semeiotica / patologia
C. patologia / diagnostica
D. diagnostica / bioetica
E. patologia / semeiotica

171) "Eccoti: _____________ un veleno anche più pestifero del tuo per le anime umane; e ne uccide in questo odioso mondo più che questi intrugli che t'è vietato vendere. Io a te ho venduto un veleno, non tu a me...".

Shakespeare, *Romeo e Giulietta*, atto V, scena 1

Con queste parole Romeo si rivolge allo speziale che gli ha venduto un veleno. Scegliete l'espressione che, secondo logica, completa correttamente la frase:

A. il mio pugnale
B. la mia riconoscenza
C. il mio nome e il mio casato
D. il cuore
E. l'oro

172) "Per ______________ s'intende la consegna, da parte dello Stato richiesto allo Stato richiedente, di una persona ricercata, o perché oggetto di una sentenza di condanna definitiva ad una pena detentiva o ad una misura di sicurezza privativa della libertà personale, o perché oggetto di una ordinanza di custodia cautelare in carcere".

www.giustizia.it

Tra quelli che seguono, qual è il termine da inserire nello spazio vuoto?

A. Abdicazione
B. Estradizione
C. Surroga
D. Contumacia
E. Denuncia

173) "Le passioni generano spesso altre passioni a loro contrarie. L'avarizia produce talvolta la prodigalità; e la prodigalità l'avarizia; si è spesso irremovibili per _________ e audaci per timidità".

La Rochefoucauld, *Le massime e altri scritti*, tr. it. Mondadori, 1950, massima 11, p. 56.

Dalla riflessione riportata abbiamo eliminato un sostantivo. Lo si reintegri, con UNA delle seguenti alternative, rispettandone la logica e il significato:

A. ostinazione
B. temerarietà
C. debolezza
D. avversione
E. ambizione

174) "CAMERIERE: Con la cena gradisce il vino bianco o il rosso?
GEORGE: Non importa. Sono ________".

J. A. Paulos, *Penso, dunque rido. L'altra faccia della filosofia*, tr. it. Feltrinelli, Milano, 2004, p. 69.

Si individui la conclusione che restituisce senso umoristico alla scenetta:

A. daltonico
B. astemio
C. raffreddato
D. anoressico
E. bulimico

175) Dal brano seguente, abbiamo espunto qualcosa. Lo si reintegri logicamente con UNA delle alternative sottostanti. "Più si è dotati spiritualmente, più si trova che ci sono uomini originali. La gente comune non trova affatto ___________ tra gli uomini".

Tratto dal *Pensiero 465* di B. Pascal, tr. it. La spiga, Milano, 2002

A. differenze
B. somiglianze
C. affinità
D. ambiguità
E. rivalità

176) Dal brano seguente, abbiamo espunto qualcosa. Lo si reintegri logicamente con UNA delle alternative sottostanti. "Ciascuno provi ad esaminare il proprio pensiero. Lo troverà rivolto interamente al passato o al futuro. Non pensiamo quasi mai al presente e se ci pensiamo, è solo per prenderne la forza per disporre del futuro. Il presente non è mai il nostro fine. Il passato e il presente sono i nostri mezzi: solo l'avvenire _________ . Così non viviamo mai, ma speriamo di vivere e preparandoci sempre ad esser felici, inevitabilmente non lo siamo mai".

Tratto dal *Pensiero 43* di B. Pascal, tr. it., La spiga, Milano, 2002

A. è grigio
B. è ignoto
C. è il nostro fine
D. c'è negato
E. è il nostro incubo

177) Don Abbondio, dopo le terribili minacce che aveva ricevuto da parte di Don Rodrigo, era colto da angoscia e non sapeva quale soluzione trovare per evitare da un lato le ire di quel potente e per fronteggiare dall'altro le richieste __________, che sarebbe venuto l'indomani mattina. Completare il brano con UNA delle alternative sottostanti:

A. del Padre Cristoforo
B. di don Rodrigo
C. del Nibbio
D. di Renzo
E. del Griso

178) Dal brano seguente abbiamo eliminato qualcosa. Lo si REINTEGRI, rispettandone la logica e il significato, con UNA delle alternative sottostanti. "[...] Tanto perde colui il quale muore vecchissimo che colui il quale muore giovanissimo, perché è soltanto __________ che ci può esser tolto, dato che soltanto questo possediamo e nessuno può perdere ciò che non possiede."

Marco Aurelio, *I ricordi*, X, 28, Einaudi, Torino, 1968

A. il passato
B. il presente
C. il divino
D. il futuro
E. l'eterno

179) Quale delle parole sottoindicate deve essere inserita nella frase seguente perché essa abbia senso compiuto? "Nonostante il suo comportamento potesse far pensare che egli non fosse che un superficiale esibizionista e che la sua opera fosse vuota e mirasse soprattutto *ad épater les bourgeois*, Salvador Dalì curava con attenzione la sua arte e le sue opere mostrano una profonda _________".

A. alterigia

B. unicità
C. concretezza
D. coerenza
E. malinconia

180) L'isola è una colonia, sebbene in molte aree sia __________ e non riceva ordini dalla madre patria.

A. autonoma
B. indifferente
C. collegata
D. sottomessa
E. distante

181) Per Mirò l'arte divenne un rituale _________: carta e pennello erano per lui oggetti particolari e lavorava con essi come se compisse un rito religioso.

A. appassionato
B. sacro
C. esoterico
D. profondo
E. criptico

182) Un raro __________ scoperto recentemente potrebbe in futuro essere utilizzato in agricoltura per proteggere i raccolti da alcune delle più frequenti malattie e per incrementare la produzione. Il __________ è stato isolato nel 1987 ed i suoi effetti sono stati studiati sia in laboratorio sia sul campo in oltre 40 specie di vegetali, dai cereali agli eucalipti. Il __________, che è in grado di formare spore o corpi fruttiferi, colonizza le radici della pianta e ne accelera la crescita. In ciascuna delle specie saggiate, il __________ ha mostrato di saper prevenire gravi malattie delle radici causate da altri __________. Apparentemente il __________ secerne una molecola con proprietà antibiotiche nei confronti di altri __________ competitori. Un'altra proprietà peculiare del nuovo __________ è quella di riuscire ad infettare ogni specie di pianta su cui è stato provato.
Dal testo è stata eliminata una sola parola che ricorre 8 volte. Di quale delle seguenti parole si tratta?

A. plasmide
B. fungo
C. imenottero
D. virus
E. batterio

183) Il 13 ottobre 1765 un giovane viaggiatore scozzese, (...) James Macdonald, arrivava a Ginevra per incontrare Voltaire. Portava con sé un piccolo libro, comparso oltre un anno prima e rapidamente giunto, con quella che veniva ora offerta al patriarca dei Lumi, alla quarta edizione. Fu così che Voltaire seppe di _ (1) _ e della sua opera _ (2) _ e fu così che nel decennio successivo si occupò di casi giudiziari e scrisse in favore delle vittime dell'ingiustizia scritti sempre più finalizzati, anche in senso tecnico, ad una vasta riforma dei diritto penale.

Liberamente tratto dalla prefazione al *Commentario* di Voltaire, ed. Ibis, 1994

Scegliere la coppia di parole che completano correttamente la frase citata:

A. (1) Montesquieu (2) lettere persiane
B. (1) Rousseau (2) Emile
C. (1) Cesare Beccaria (2) Dei delitti e delle pene
D. (1) Jonathan Swift (2) Una modesta proposta
E. (1) Lessing (2) Nathan il saggio

184) Completare correttamente la frase seguente: "L'__, ultima meraviglia della tecnica dei raggi laser, inventata già da Dennis Gabor negli anni Cinquanta, realizza una rappresentazione fotografica tridimensionale a colori".

A. iconografia

B. iperrealismo
C. ecografia
D. tomografia
E. olografia

185) Nella frase "Il monte ___ sono salito" va inserito al posto dei puntini:

A. che
B. sul quale
C. da cui
D. per cui
E. di cui

186) Completare correttamente la frase seguente: "Se avessi avuto meno coraggio, le tue parole mi ____ a desistere dall'impresa".

A. inducessero
B. avessero indotto
C. avevano indotto
D. indurranno
E. avrebbero indotto

187) Indicare quale delle alternative seguenti completa in modo corretto la frase: "Non ____ lo spiritoso, adesso non ____ il momento!".

A. faresti; mi pare
B. farai; sarà
C. fare; è proprio
D. essere; è ancora
E. pare; crederti

188) Completare correttamente la frase seguente: "Se voi ____ più attenti, non fareste questi errori sciocchi".

A. fosse stati
B. steste
C. sarete
D. stesse
E. stasse

189) Completare correttamente la frase seguente: "Stasera ____ restiamo a casa tranquilli: io e te soli!".

A. c'è ne
B. ce n'è
C. ce né
D. cene
E. ce ne

190) Completare la frase "Per non essere interrogato tu ____ un mucchio di scuse".

A. aduresti
B. adurresti
C. adducetti
D. addussi
E. adducesti

191) Completare con il termine più appropriato la frase: "Ci sono funghi che ____ la morte".

A. procurano
B. producono
C. contraggono
D. simulano
E. risolvono

192) Completare correttamente la frase seguente: "Signora, ____ pure i fiori che le piacciono di più!".

A. sceglia
B. sceglie
C. scegli
D. scielga
E. scelga

193) Individuare l'alternativa che completa correttamente la frase "Se fossi io il marito____".

A. l'avessi perdonata
B. la perdonai
C. la perdonassi
D. la perdonerei
E. l'avevo perdonata

194) Completare correttamente la frase seguente: "Se voi ____ un po' in silenzio, capireste meglio".

A. staste
B. stavate
C. steste
D. stesse
E. stiate

195) Individuare la forma verbale che completa correttamente la frase seguente: "Benché non gli ____, tuttavia si arrogò quel titolo".

A. era dovuto
B. aveva riconosciuto
C. fosse stato riconosciuto
D. era stato riconosciuto
E. sarà stato riconosciuto

196) Completare con il termine più appropriato la frase: "La lezione di oggi ____ sulla poetica del Carducci".

A. finirà
B. terrà
C. verterà
D. spiegherà tutto
E. causerà

197) Completare con il termine più appropriato la frase: "Venendo non ho ____ molto traffico".

A. incrociato
B. provato
C. ottenuto
D. rischiato
E. visto

198) Completare con il termine più appropriato la frase: "In previsione della neve, sulle piste già ____ i preparativi".

A. suggono
B. sogliono
C. si addicono
D. corrono
E. fervono

199) Completare correttamente la frase seguente: "La commissione incaricata valuterà attentamente il contenuto della ____ correttiva di cinque milioni di euro".

A. trama
B. tassa
C. spesa
D. manodopera
E. manovra

200) Individuare l'alternativa che completa correttamente la frase: "Ti ____ un regalo, se ____ così gentile da accompagnarmi in stazione".

A. farei – fossi
B. farò – saresti
C. facessi – saresti
D. farei – saresti stato
E. farei – sei stato

201) Completare la frase: "Si dice che nel mondo esistono dei ____ di ciascuno".

A. sosia
B. sosii
C. sosie
D. sosi
E. doppi

202) Completare correttamente la frase seguente: "Il turismo si disegna nel territorio, che diventa ambiente e ____ Le attività debbono essere pianificate con rispetto per la tradizione, tenendo conto delle specificità, pur con un percorso culturale riconducibile a standard più ampi".

A. bosco
B. natura
C. paesaggio

D. tutela
E. risorsa

203) Individuare l'alternativa che dà alla frase seguente senso compiuto e corretto: "Sarebbe utile che ____ un esperto a valutare la difficile contesa".

A. intervenisse
B. sia intervenuto
C. interverrebbe
D. interveniva
E. fosse intervenuto

204) Individuare l'alternativa che completa correttamente la frase: "Di certo ____ il lavoro se ____ per tempo".

A. avesse finito – avrebbe iniziato
B. avrebbe finito – avesse iniziato
C. finirebbe – inizierà
D. finiva – avrebbe iniziato
E. finirà – avesse iniziato

205) Completare la frase: "È un vero peccato che ____ proprio oggi".

A. piova
B. piove
C. pioverebbe
D. pioveva
E. piovve

206) Quale delle seguenti voci verbali completa correttamente la frase: "Ha dilapidato tutto il suo patrimonio malgrado ____ una notevole ricchezza"?

A. possedesse
B. possedeva
C. possiederebbe
D. avrà posseduto
E. possiede

207) Completare con una proposizione comparativa la frase: "Ti telefonerò ____".

A. dopo aver risolto questo problema
B. come mi hai chiesto
C. qualora ci siano novità
D. quando ne avrò voglia
E. anche se sarà tardi

208) Individuare l'alternativa che completa correttamente la frase: "Mi ____ accompagnato, se non ____ rotta la macchina".

A. avesse – si fosse
B. aveva – si era
C. avrebbe – si fosse
D. avrebbe – si sarebbe
E. avrà – si sarebbe

209) Completare con una proposizione avversativa la frase: "Torneremo a casa ____".

A. a lasciare i pacchi
B. ma non sperare di trovare ciò che cerchi
C. per giocare a carte
D. quando comincerà a piovere
E. contro ogni aspettativa

210) Individuare, tra le alternative proposte, quella che completa correttamente la frase seguente: "Quei tessuti trattati in modo da diventare impermeabili all'acqua si dicono ____".

A. idrorepellenti
B. idratati
C. idropulsori
D. idrofili
E. idrometrici

211) Completare la frase: "Se domani piovesse, non ____ andare al mare".

A. si potesse
B. si potrà
C. si può
D. si poteva
E. si potrebbe

212) Nella frase "La richiesta ____ il Ministro deve dare risposta" va inserito al posto dei puntini il pronome:

A. dove
B. cui
C. di cui
D. dalla quale
E. che

213) Quale delle alternative seguenti completa in modo corretto la frase: "Lo aiuterei volentieri, se mi ____ tutta la verità"?

A. racconterebbe
B. racconta
C. raccontava
D. raccontasse
E. avrebbe raccontato

214) Completare la frase: "Il ragazzo ____ l'elenco di tutti i compagni".

A. redesse
B. redisse
C. redette
D. redigette
E. redasse

215) Nella frase "Il cane ____ è stata amputata una zampa" va inserito al posto dei puntini il pronome:

A. cui
B. che
C. di cui
D. del quale
E. a che

216) Completare con il termine più appropriato la frase: "Luigi ____ passare intere serate al computer".

A. verte
B. compie
C. suole
D. fa in modo
E. fa

217) Completare l'espressione " ____ sabato prossimo".

A. si ci può incontrare
B. si incontriamo
C. si ci incontra
D. ci si incrontriamo
E. ci si può incontrare

218) Completare correttamente la frase seguente: "Volevo assaggiare la torta, ma non ____ più nemmeno una fetta".

A. ce n'era
B. ce nera
C. c'è ne era
D. c'è nera
E. c'è n'era

219) Completare correttamente la frase seguente: "Ha espresso quei concetti come se ____ il professore".

A. sarebbe stato
B. era
C. era stato
D. sarebbe
E. fosse stato

220) Individuare l'alternativa che completa correttamente la frase: "Io ____ molto di più, se ne ____ capace".

A. faccio – sarei
B. farei – sarò
C. facessi – fossi
D. farei – sarei
E. farei – fossi

1.7 • Le prove di comprensione di brani

221) "Possiamo dire che due vocazioni opposte si contendono il campo della letteratura attraverso i secoli: l'una tende a fare del linguaggio un elemento senza peso, che aleggia sopra le cose come una nube, o meglio un pulviscolo sottile, o meglio ancora come un campo d'impulsi magnetici; l'altra tende a comunicare al linguaggio il peso, lo spessore, la concretezza delle cose, dei corpi, delle sensazioni. Alle origini della letteratura italiana – e europea – queste due vie sono aperte da Cavalcanti e da Dante. L'opposizione vale naturalmente nelle sue linee generali, ma richiederebbe innumerevoli specificazioni, data l'enorme ricchezza di risorse di Dante e la sua straordinaria versatilità (...).

Nella *Vita Nova*, Dante tratta la stessa materia del suo maestro e amico, e vi sono parole, motivi, concetti che si trovano in entrambi i poeti: quando Dante vuole esprimere leggerezza, anche nella *Divina Commedia*, nessuno sa farlo meglio di lui; ma la sua genialità si manifesta nel senso opposto, nell'estrarre dalla lingua tutte le possibilità sonore ed emozionali e d'evocazione di sensazioni, nel catturare nel verso il mondo in tutta la varietà dei suoi livelli e delle sue forme e dei suoi attributi, nel trasmettere il senso che il mondo è organizzato in un sistema, in un ordine, in una gerarchia dove tutto trova il suo posto. Forzando un po' la contrapposizione potrei dire che Dante dà solidità corporea anche alla più astratta speculazione intellettuale, mentre Cavalcanti dissolve la concretezza dell'esperienza tangibile in versi (...).

L'essermi soffermato su Cavalcanti m'è servito a chiarire meglio (almeno a me stesso) cosa intendo per "leggerezza". La leggerezza per me si associa con la precisione e la determinazione, con la vaghezza e l'abbandono al caso (...). La gravità senza peso di cui ho parlato a proposito di Cavalcanti riaffiora nell'epoca di Cervantes e di Shakespeare: è quella speciale connessione tra melanconia e umorismo, che è stata studiata in *Saturn and Melancholy* (...). Come la melanconia è la tristezza divenuta leggera, così lo humour è il comico che ha perso la pesantezza corporea, quella dimensione di carnalità umana che pur fa grandi Boccaccio e Rabelais (...).

Melanconia e humour mescolati e inseparabili caratterizzano l'accento del Principe di Danimarca che abbiamo imparato a riconoscere in tutti o quasi i drammi shakespeariani sulle labbra dei tanti avatars (cioè incarnazioni) del personaggio Amleto. (...) Non è una melanconia compatta e opaca, ma un velo di particelle minutissime d'umori e sensazioni, un pulviscolo d'atomi come tutto ciò che costituisce l'ultima sostanza della molteplicità delle cose. Confesso che la tentazione di costruirmi uno Shakespeare seguace dell'atomismo lucreziano è per me molto forte, ma so che sarebbe arbitrario. Il primo scrittore del mondo moderno che fa esplicita professione d'una concezione atomistica dell'universo nella sua trasfigurazione fantastica, lo troviamo solo alcuni anni dopo, in Francia: Cyrano de Bergerac".

Italo Calvino, *Lezioni Americane. Lezione I: Leggerezza*

1) Don Chisciotte, l'eroe di Cervantes, è malinconico e insieme comico.
2) Tristezza e umorismo caratterizzano il linguaggio di Amleto.
3) È suggestivo, ma sarebbe una forzatura illecita, leggere Shakespeare come un seguace dell'atomismo classico.
4) Amleto, principe malinconico ma dotato di humour, è unico e inconfondibile nel teatro shakespeariano.
5) Sulla via aperta da Cavalcanti ci sono Cervantes e Shakespeare. Altra è la via aperta da Dante.

UNA sola delle seguenti possibilità può essere RIGOROSAMENTE dedotta dal testo di Calvino.

A. Solo 5
B. Solo 4
C. Sia 2 sia 1
D. Sia 1 sia 3
E. Sia 3 sia 5

222) "Nulla è più affascinante di un antico mistero… Chi era Jack lo squartatore? Shakespeare era Shakespeare? L'enigma storico più gustoso della mia professione, la paleontologia, risale a un quarto di secolo fa. Nel 1953, l'uomo di Piltdown fu definitivamente considerato una frode sicura, perpetrata da uno sconosciuto. Da allora il mio interesse per questo caso non è mai diminuito. In questo articolo, più che chiederci ancora una volta "chi è il colpevole", affronteremo quella che per me è una questione più interessante dal punto di vista intellettuale: come è possibile che qualcuno abbia accettato l'uomo di Piltdown (un uomo dotato di un cranio moderno e di una mascella non modificata di scimmia antropomorfa)?… sono un lettore appassionato di racconti del mistero e non potrò esimermi dall'esprimere la mia opinione su questo enigma… L'ipotesi senza dubbio più interessante è quella che vede nell'affare di Piltdown una burla, messa in atto con una comunicazione alla società britannica di geologia nel dicembre 1912 e spintasi troppo in là, più che un imbroglio vero e proprio. Ma, a parte il divertimento e la polemica, rimane aperta la prima e più importante questione: come è possibile che per più di quarant'anni in ambito scientifico si sia dato credito all'uomo di Piltdown e se ne sia discusso? Si trattava di una creatura improbabile fin dall'inizio, e già nel 1913 David Waterston del King's College di Londra aveva affermato molto chiaramente che quel cranio era umano, mentre la mascella era di scimmia antropomorfa. "A mio parere – concludeva – attribuire la mascella e il cranio allo stesso individuo sarebbe altrettanto folle che cercare di attaccare il piede di uno scimpanzé alle ossa di una coscia e di una gamba essenzialmente umane". La spiegazione corretta era stata a portata di mano fin dall'inizio, ma la speranza, il desiderio e il pregiudizio impedirono che fosse accettata".

Stephen JayGould,
Il pollice del panda

Una sola delle seguenti affermazioni è rigorosamente deducibile dal testo riportato.

A. Jay Gould si interroga soprattutto sui motivi che hanno indotto l'autore della frode, o burla, ad agire
B. Jay Gould si chiede perché e come i colleghi scienziati abbiano dato a lungo credito all'affare dell'uomo di Piltdown
C. Nessun paleontologo, in quanto scienziato, ha dato veramente credito alla storia dell'uomo di Piltdown
D. Le passioni negli scienziati non sono mai tanto forti da impedire loro di riconoscere la verità
E. Per una quarantina d'anni nessuno denunciò apertamente l'errore o sospettò la frode nella faccenda di Piltdown

223) "Fra coloro 'che non leggono' i più accorti impareranno a parlare intorno: eccelleranno nell'arte inflazionistica del commento, nella pratica restringitiva della scheda, nella caccia alla citazione intelligente, sapranno maneggiare lo scalpello dell'analisi lineare e diventeranno esperti nella sapiente navigazione fra i 'brani scelti', che conduce sicuramente al diploma di maturità, alla laurea, persino al dottorato... ma non necessariamente all'amore per il libro".

Daniel Pennac, *Come un romanzo*

Una sola delle seguenti affermazioni è rigorosamente dedotta dal testo sopra riportato.

A. Chi non ama i libri può benissimo imparare a condurre analisi accorte e a compilare eccellenti schede riassuntive
B. L'amore per la lettura aborrisce da ogni forma di interpretazione critica o di commento dei libri
C. Orientarsi tra i brani antologicizzati è scolasticamente utile ma è sicuro segno di scarso amore per il libro
D. Le citazioni intelligenti non interessano assolutamente mai chi ama la lettura
E. Analisi, commenti, schede sono i nemici più acerrimi dell'amore per la lettura

224) "I recenti casi di cronaca relativi alle aggressioni di cani all'uomo, hanno fatto emergere la necessità di ulteriori interventi legislativi. È inutile, però, considerare alcune razze canine pericolose a priori, poiché i cani diventano pericolosi non per propria indole, bensì in base al trattamento che ricevono dal proprio padrone. Ciò significa che un cane, a prescindere dalla razza, può diventare pericoloso se maltrattato, mentre può non diventarlo se trattato bene sin dalla nascita. Una legge specifica sulle razze canine considerate pericolose è, pertanto, inefficace".

Quale delle seguenti affermazioni esprime il messaggio principale del brano precedente?

A. È inutile considerare alcune razze canine pericolose a priori
B. Una legge specifica sulle razze canine considerate pericolose è inefficace
C. Nessuna legge è in grado di condizionare il comportamento dei cani
D. I cani diventano pericolosi in base al trattamento che ricevono
E. Dovrebbero esistere norme più restrittive che regolino il possesso dei cani

225) "La natura imita l'arte, secondo un paradosso di cent'anni fa. Ma è, appunto, solo un paradosso. Prendiamo il misterioso fattaccio di Milano. Una giovane giornalista viene aggredita sulle scale di casa da due criminali italiani, costretta ad aprire, malmenata, legata a un termosifone. È poi derubata di tutto? No, ed è la prima complicazione. I due (ed è la seconda) non toccano i soldi, ma frugano nella scrivania, buttano all'aria i documenti, se ne vanno dopo aver riempito di carta la bocca della vittima. Arriva il marito, giornalista anche lui. Ha problemi (terza complicazione) di mobilità. Ma con lui si sposta anche (quarta complicazione) una scorta della polizia, l'uomo è un esperto di questioni terroristiche, riceve continue minacce di morte, è amico di Arafat, forse ha contatti coi Servizi Segreti. E dove scrive? Su "Famiglia Cristiana", quinta complicazione. Mentre la moglie (complicazione sesta), è collaboratrice della rivista "Polizia moderna". Ce n'è abbastanza per indagare, come si dice, in tutte le direzioni, in troppe direzioni. È questo che l'arte non fa, quando sia praticata come si deve. Goffi, irritanti, tediosi sono quei romanzi in cui l'autore procede per accumulazione, continua a rovesciarti addosso indizi totalmente contraddittori, particolari stravaganti, effettacci dozzinali, personaggi maggiori e minori che non legano, piste e contropiste che si accavallano, colpi di scena che schizzano via dalle dita. L'arte, l'artigianato, non possono permettersi gli eccessi. Solo la natura, la vita, vanno dove vogliono, s'ingorgano dove vogliono, complicano a piacere le loro trame senza curarsi di verosimiglianza, coerenza, plausibilità; e scrivono, è vero, pagine e pagine di romanzo. Ma di un brutto romanzo".

Carlo Fruttero – Franco Lucentini, *Un giallo con troppe complicazioni*, su "La Stampa", 28/5/99

UNA SOLA delle osservazioni che seguono è conseguente all'analisi dalla quale Fruttero e Lucentini sottopongono uno sconcertante fatto di cronaca.

A. Il fatto che la vittima della violenza sia una giovane giornalista dà precise indicazioni sull'identità degli aggressori
B. L'accumulo di indizi che aprono piste di indagine diverse suscita un'attenzione tutta speciale su questa triste vicenda
C. Troppo spesso i giornalisti si compiacciono di complicare, soffermandosi su particolari del tutto irrilevanti, le già complicate vicende che registra la cronaca
D. I romanzieri sanno bene che perché una storia sia avvincente e abbia fortuna deve essere straordinariamente ricca di colpi di scena
E. Spesso la realtà è più incredibilmente complicata e appare quindi meno verosimile dell'invenzione romanzesca

226) "Il più celebre dipinto del XX secolo nasce come illustrazione di un fatto storico: il bombardamento nell'aprile del 1937 della piccola città di Guernica da parte di aerei tedeschi alle dipendenze dei franchismi durante la guerra civile spagnola. Picasso prende spunto da questo episodio, certo drammatico, ma in fondo marginale, per dipingere una tela di vaste dimensioni e farne il manifesto di denuncia contro gli orrori di tutte le guerre, come aveva fatto centotrenta anni prima Goya. Per ottenere questo scopo Picasso non dipinge di getto, ma studia approfonditamente la composizione, analizzando ogni singolo dettaglio in una lunga serie di disegni preliminari, di studi, di prove e di ripensamenti. Le scelte formali sono radicali: il dipinto è praticamente monocromo, come i film e i documentari del tempo, per eliminare ogni possibile seduzione del colore e rendere asciutto e diretto il messaggio mentre, dal punto di vista stilistico, Picasso sceglie il secco e sintetico cubismo. Nel dipinto si mescolano con grande efficacia notazioni quasi di cronaca (lo strazio provocato dalle bombe) con simboli ripresi dal repertorio tradizionale: un uomo caduto stringe una spada mozzata come un antico greco, il cavallo ferito che nitrisce e ricorda modelli dell'arte antica e rinascimentale, l'enigmatico toro appartiene da secoli al folclore spagnolo. Tutta la scena è illuminata da una lampadina che penzola in alto, allusiva del desiderio di 'far luce' su quanto è avvenuto, non lasciare che cada l'ombra dell'oblio. Picasso riesce a essere al tempo stesso realistico e allusivo: non a caso, l'artista volle che la grande tela venisse esposta nel 1951 nel Palazzo Reale di Milano, squarciato dalle bombe durante la seconda guerra mondiale".

In base a quanto si legge nel brano, è possibile affermare che in "Guernica":

A. viene raffigurata la piccola città bombardata durante la prima guerra mondiale
B. vi sono esclusivamente elementi figurativi realistici, al limite della cronaca
C. convivono elementi figurativi realistici e simbolici
D. viene utilizzata la tecnica della policromia

E. sono scrupolosamente rispettate le regole della prospettiva

227) In base a quanto si legge nel brano, in "Guernica" la scelta della monocromia è stata dettata a Picasso dall'intento di:

A. fare del dipinto un manifesto di denuncia contro gli orrori della guerra
B. utilizzare il secco e sintetico cubismo
C. sedurre lo spettatore con giochi di colore
D. porsi in modo originale rispetto alle opere cinematografiche e documentaristiche dell'epoca
E. trasmettere un messaggio diretto e asciutto

228) In base a quanto si legge nel brano, l'autore accosta l'opera di Picasso a quella di Francisco Goya perché in entrambe le opere:

A. è possibile riscontrare un'accesa fantasia e uno spirito visionario
B. ogni singolo dettaglio emerge attraverso una serie di disegni preliminari, di prove e di studi
C. emerge la stessa condanna degli orrori della guerra
D. risalta l'identità non solo dell'oggetto, ma anche delle tecniche compositive tipiche del cubismo
E. coesistono elementi figurativi realistici e simbolici

229) In base a quanto si legge nel brano, è possibile dedurre che la struttura compositiva di "Guernica" è:

A. artificiosa e incomprensibile al primo impatto
B. lineare e ben definita
C. studiata e classica
D. complessa e ben articolata
E. semplice, poiché tutte le figure sono appiattite sullo stesso piano

230) La curiosità, l'intenso desiderio di sapere, non compare nella materia morta, e sembra non essere caratteristica neppure di certe forme di organismi viventi, che, proprio per tale ragione, a gran fatica riusciamo a considerare come viventi. Un albero non mostra curiosità per il suo ambiente, almeno in modo per noi riconoscibile; lo stesso vale per una spugna o un'ostrica: il vento, la pioggia, le correnti dell'oceano apportano loro ciò di cui abbisognano, ed essi ne traggono quello che possono. Se il caso fa sì che ciò che giunge a loro siano il fuoco, un veleno, dei predatori o dei parassiti, essi muoiono stoicamente e tacitamente come sono vissuti. Tuttavia, fin dai primi stadi dell'evolversi della vita, alcuni organismi svilupparono un moto indipendente; ciò costituì per loro un progresso enorme dal punto di vista del controllo dell'ambiente.
Il moto indipendente di cui parla l'autore del brano è un atto di liberazione:

A. dalle correnti dell'oceano
B. dal controllo dell'ambiente
C. dal fuoco
D. dal caso
E. dai predatori

231) Perché, secondo l'autore del brano, si fa fatica a considerare esseri viventi una spugna o un'ostrica?

A. Perché muoiono stoicamente
B. Perché si nutrono passivamente
C. Perché vivono tacitamente
D. Perché sono esseri inanimati di per sé
E. Perché non mostrano curiosità per il loro ambiente

232) Chi porta alle spugne ciò di cui abbisognano?

A. Il fuoco e le correnti dell'oceano
B. Il vento, la pioggia e le correnti dell'oceano

C. I predatori e i parassiti
D. Il vento, le correnti dell'oceano e il fuoco
E. Il vento, il veleno e i predatori

233) "Il cinema è un'arma magnifica per esprimere il mondo dei sogni, delle emozioni, dell'istinto. Il meccanismo creatore delle immagini cinematografiche è, per il suo stesso funzionamento, quello che ricorda meglio, tra tutti i mezzi d'espressione umana, l'attività dello spirito durante il sogno (...) le immagini appaiono e scompaiono come nel sogno grazie a 'dissolvenze'; il tempo e lo spazio diventano flessibili, si allargano o restringono a volontà".

L. Buñuel, *Gli argomenti umani*, Napoli, 1969

Dal brano, secondo l'autore, si evince che il cinema:

A. è l'arte della "dissolvenza" in quanto privilegia immagini fluttuanti e soluzioni spaziali e temporali immaginarie
B. si avvicina di più delle altre arti al mondo dello spirito per l'immaterialità e i mezzi di cui si avvale
C. grazie alla possibilità di dissolvere le immagini o di montarle in sequenze che superano lo spazio e il tempo è l'arte più vicina al sogno
D. è un'arte istintuale come dimostrano le alterazioni nella successione delle immagini e nel concetto di tempo e di spazio
E. riesce a rappresentare il mondo dei sogni mediante immagini e scene irreali che producono emozioni a livello istintuale

La realtà del Caravaggio

Della fondamentale motivazione stilistica della luce del Caravaggio si è largamente parlato, e se ne sono cercate le fonti nella cultura lombarda dove in parte si trovano; ma l'insorgenza del luminismo caravaggesco risulterebbe inspiegabile senza lo stimolo e l'urgenza di comunicare un contenuto simbolico. Intendo simbolico in senso intenzionale, programmatico.
Da questo intento simbolico può essere infine considerata distinta ma comunicante la componente espressiva ed "emozionale": tutto ciò che il luminismo caravaggesco dice ed esprime anche al di là delle più immediate intenzioni. Non hanno dunque un messaggio univoco ma un coacervo di messaggi, nel quale certo hanno la loro parte gli stessi connotati psichici dell'intensità religiosa ed umana di Caravaggio, della sua passionalità, come e soprattutto, in stretta connessione di trauma, l'eco delle inquinanti novità del pensiero post-copernicano in una nuova immaginazione esistenziale e cosmica. Finché al centro anche topografico dell'universo restavano la terra e l'uomo, era naturale relazionare questo mondo-ombelico ad un Dio-testa che lo osservava dall'alto. Quando i mondi e i centri diventano plurimi e sfuggenti, o solo si insinua il sospetto che lo siano, anche il luogo di Dio fluttua nell'universo, e se Dio un luogo ha, non può essere che dentro di noi e dentro alle cose. Non è certo un caso che il Caravaggio, al chiaro e ordinato disegno dello spazio rinascimentale che ha un centro e un perimetro, e che è misurabile attraverso la prospettiva, sostituisca fondali ciechi, uno spazio d'ombra insondabile, dove la luce, bucando, crea uno o più centri irrelati ad un qualsiasi perimetro o ad una distinta periferia («Iddio è spera intelligente, il cui centro è in ogni loco, la circumferentia in nessuno», secondo la proposizione ermetica e neo platonica che Bruno rilanciò con più drastico significato). Né par dubbio che l'angoscia e il disorientamento siano i connotati

espressivi delle grandi ombre divoranti, delle luci consunte nelle opere estreme: le vicende umane lo confermano.
Ma se tutto ciò esiste nell'opera di Caravaggio a livello globalmente espressivo, sarei cauto nel riconoscere questi stessi ingredienti nella ricetta simbolica, in quello che ritengo sia cioè il significato programmatico del luminismo caravaggesco. Non credo infatti che la sua luce-ombra voglia alludere al Dio e all'universo bruniani; tanto meno ci può soccorrere, in questo senso, la dottrina della luce del Patrizi, che forse è più estranea di quella bruniana (con cui ha tuttavia in comune la componente neoplatonica ed ermetica) al pathos espressivo di Caravaggio, e neanch'essa potrà interessare il livello simbolico delle sue intenzioni rappresentative. È solo, la dottrina del Patrizi, un documento dell'importanza e dell'attenzione che si votava alla luce nella speculazione neoplatonica del tempo. Tanto vale, allora, rifarci ancora ai neo-platonici *Dialoghi d'Amore* dove si attribuisce alla luce una decisa preminenza anche formale ed estetica nell'analisi della bellezza, contestando le classiche proporzioni.
Risalendo tuttavia all'indietro, la tesi neo-platonica della luce come "sostanza", essenza delle cose corporee e «corpo incorporeo» rimanda alla matrice agostiniana, che è quella, credo, realmente operante in presa diretta sull'immaginazione luministica del Caravaggio. In sant'Agostino, la valutazione della luce come sostanza è inestricabilmente connessa alla luce come metafora e al suo significato morale di estrazione gnostica: la luce è attributo di Dio e come tale è anche principio di bene, oltre che "lume" ovvero guida, illuminazione: assunto centrale nel pensiero di Agostino è l'assoluta dipendenza dell'intelletto umano da Dio in quanto luce di verità.
Per san Tommaso, vanto della mente umana sarà il «lume naturale», che rende capace l'uomo di conoscere, ben distinto dal *lumen gloriae* e dal *lumen gratiae*: premessa questa, in qualche modo, del razionalismo umanistico. Invece per sant'Agostino la conoscenza è pura «visione di Dio», perpetua illuminazione: questa posizione era evidentemente più consona al clima dogmatico della Controriforma. La luce della conoscenza e la luce della grazia sono tutt'uno, dono che scende dall'alto.
Se allora un significato simbolico nella luce di Caravaggio sussiste, questo va ricercato in qualcosa di più basico ed elementarmente religioso, nella vecchia simbologia gnostica (ma anche alchemica, secondo il modello del *Genesi*) del male come tenebra, e nella sua contrapposizione al bene, come la morte si contrappone alla vita.

234) Nella pittura del Caravaggio, la luce:

A. ha due significati distinti ma correlati
B. ha solo un significato stilistico
C. ha solo un significato simbolico
D. è una eredità delle tecniche pittoriche precedenti
E. serve solo a creare uno sfondo

235) La visione del Caravaggio è influenzata da:

A. fattori esclusivamente tecnici
B. la filosofia della tarda scolastica
C. la concezione tolemaica del mondo
D. le idee estetiche del razionalismo
E. la nuova cosmologia copernicana

236) Nella teoria di sant'Agostino la luce:

A. è simbolo del lumen naturale
B. è solo un fenomeno naturale

C. è principio della conoscenza e della grazia
D. non ha alcun significato mistico
E. deriva dalla creazione del sole

237) I fondali del Caravaggio:

A. rivelano una certa fretta compositiva
B. mettono in rilievo i primi piani
C. creano uno spazio d'ombra
D. stabiliscono una razionale prospettiva
E. sono ricchi di molteplici colori

238) Nel luminismo caravaggesco il contrasto luce/ombra:

A. ha una funzione puramente tecnica
B. serve a definire meglio le figure
C. è sempre molto sfumato
D. serve a creare l'illusione della profondità
E. riflette l'antitesi bene/male

239) "Ronald E. Smith, assieme ad alcuni colleghi dell'Università di Washington [...] ha elaborato l'ipotesi che gli studenti molto ansiosi, messi in condizione di ridere durante gli esami, debbano non solo sentirsi più a loro agio, ma anche dare prestazioni più brillanti. [...] I risultati della ricerca di Smith e collaboratori confermano l'ipotesi che l'umorismo abbia proprietà tranquillanti. Infatti, per gli studenti poco ansiosi l'aggiunta dell'umorismo [nella formulazione delle domande d'esame] non ha, praticamente, alcun effetto (è ovvio che gli spunti ridicoli non rendono la prova più facile); per gli studenti molto ansiosi, invece, si nota un netto miglioramento dei risultati, che diventano addirittura superiori a quelli dei compagni con un'ansia limitata. Concludendo: se un giovane ritiene che l'ansia possa far peggiorare il proprio rendimento in un'interrogazione o in un esame, gli sarà utile pensare a qualcosa di comico".

Mario Farné, *Guarir dal ridere. La psicobiologia della battuta di spirito*, Bollati Boringhieri, Torino, 1998, pp. 12-13

Si riconosca, fra le seguenti, l'UNICA notazione che R. E. Smith e collaboratori potrebbero sottoscrivere:

A. la formulazione in termini umoristici delle domande d'esame non darebbe alcun apprezzabile vantaggio a studenti poco ansiosi
B. l'iniezione di modeste dosi d'umorismo potrebbe comportare distrazione e rivelarsi controproducente al fine del superamento degli esami
C. quanto più uno studente è preda dell'ansia tanto più si rivela incapace di cogliere gli spunti umoristici dei quesiti cui è chiamato a rispondere
D. la probabilità di superare un esame cresce in misura inversamente proporzionale al senso umoristico del candidato
E. la probabilità di superare un esame cresce in misura direttamente proporzionale al livello d'ansia del candidato

240) "I bambini insicuri e ansiosi tendono a disegnare figure piccole che occupano timidamente soltanto una parte ridotta dello spazio a disposizione. [...] L'assenza di braccia nei disegni di bambini oltre i sei anni può denotare timidezza, passività, o immaturità intellettuale. [...] Le mani nascoste sono state interpretate come un'espressione di sensi di colpa. [...] Le proporzioni esagerate delle mani sono viste come il simbolo di tendenze aggressive se la figura è un autoritratto. Quando la figura rappresenta invece un genitore o chi fa le sue veci, le mani accentuate possono indicare aggressività subita, anticipata o temuta. [...] Nei disegni di bambini insicuri si osserva di frequente l'instabilità della figura, che oscilla sul sostegno insufficiente di piedi piccoli".

Joseph H. Di Leo, *I disegni dei bambini come aiuto diagnostico*, tr. it. Giunti, Firenze, 1992, pp. 47-60

Solo UNA delle considerazioni seguenti può ritenersi CORRETTAMENTE dedotta dalle premesse contenute nel brano riportato. La si individui:

A. il bambino che si rappresenta con le mani troppo piccole teme probabilmente di subire atti violenti ad opera delle figure parentali
B. le braccia nascoste e i piedi piccoli delle figure disegnate indurrebbero a pensare ad un bambino affetto da spiccati sensi di colpa
C. il disegno di una figura di grandi dimensioni che occupa un'ampia porzione del foglio farebbe pensare ad un bambino ben adattato e libero dall'ansia
D. rappresentando i genitori come figure dalle mani nascoste il bambino opera un'inconsapevole attribuzione della responsabilità delle violenze subite
E. attribuendo nei disegni mani enormi ai genitori o a coloro che ne fanno le veci, i bambini tradiscono le proprie accentuate tendenze aggressive

241) "Esistono molteplici forme di memoria che hanno sede in zone diverse del cervello: la *memoria procedurale* che riguarda le nostre abilità percettive e motorie, e la *memoria dichiarativa* o *esplicita*, distinta in memoria semantica, cioè la capacità di ricordare quanto sappiamo, e memoria episodica, la capacità di ricordare gli eventi. Si deve poi distinguere tra *memoria a breve termine* e *memoria a lungo termine*. Quest'ultima trattiene le informazioni per un lungo lasso di tempo, grazie anche a meccanismi emotivi di consolidamento".

La capacità di andare in bicicletta anche dopo molti anni che non la si usa più può essere attribuita a:

A. memoria semantica
B. memoria procedurale
C. memoria esplicita
D. memoria episodica
E. memoria visiva

242) "La sindrome fenilchetonurica o PKU è la più comune malattia pediatrica congenita dovuta a deficienza enzimatica, causata da diversi tipi di mutazioni recessive a carico di un gene localizzato sul cromosoma 12. Essa è legata all'incapacità di metabolizzare l'amminoacido fenilalanina. Il gene infatti codifica per un enzima che converte in tirosina l'amminoacido fenilalanina. In assenza di tale enzima la fenilalanina si accumula nel sangue e nelle urine, o viene trasformata in acido fenilpiruvico che causa seri danni al sistema nervoso centrale, ritardo mentale e morte precoce. La malattia può essere tenuta sotto controllo mediante una dieta povera di fenilalanina. Gli stati americani ed europei hanno istituito indagini su tutti i neonati per la diagnosi precoce della PKU".

Dalla lettura del brano si può affermare che:

A. il termine fenilchetonuria indica presenza di alti tassi di fenilalanina nel sangue e nelle urine
B. l'amminoacido tirosina si converte in fenilalanina grazie ad un gene localizzato sul cromosoma 12
C. una dieta povera di fenilalanina causa seri danni al sistema nervoso centrale e ritardo mentale
D. la PKU è una malattia genetica dominante dovuta all'alterazione di un singolo gene

E. gli stati americani ed europei raccomandano una dieta povera di fenilalanina per prevenire la PKU

243) "La capacità di provare dolore non può essere rimossa, ma capita, di rado, che qualche individuo ne sia privo dalla nascita. Una vita senza dolore potrebbe sembrare fortunata, ma non lo è. I bambini che non provano dolore non sono a disagio neppure quando stanno a lungo nella stessa posizione: la conseguente mancanza di movimento impedisce al sangue di arrivare alle articolazioni, che nell'adolescenza sono già deteriorate. Le persone che non possono sentire dolore muoiono quasi tutte prima dei trent'anni. Anche i dolori diffusi, o il semplice malessere, sono adattivi. Spingono all'inattività completa, e non solo al riposo delle parti danneggiate. [...] L'inattività favorisce anche, probabilmente, l'efficacia delle difese immunitarie, il ripristino dei tessuti danneggiati e altri adattamenti. I medicinali che fanno sentire meglio una persona malata interferiscono con questi benefici. Una sensazione di benessere indotta dai farmaci può indurre ad attività che interferiscono con gli adattamenti difensivi o con la guarigione".

Randolph M. Nesse e George C. Williams, *Perché ci ammaliamo*, Einaudi, Torino, 1999, p. 46

DUE delle seguenti proposizioni traggono le conclusioni del discorso riportato: le si riconosca.
1) la somministrazione di farmaci può talora risultare controproducente; 2) il dolore fisico, di per se stesso, è comunque qualcosa di sgradevole; 3) chi non sopporta il dolore tende a permanere nella stessa postura; 4) a qualche essere umano la sorte preclude la capacità di provare dolore; 5) a dispetto delle apparenze una vita senza dolore non è una vita fortunata; 6) la capacità di provare dolore non può essere rimossa.

A. La 2 e la 6
B. La 2 e la 3
C. La 2 e la 4
D. La 3 e la 4
E. La 1 e la 5

244) "Nei giardini europei di ogni epoca e stile, fino alla metà del XIX secolo circa, i labirinti erano un elemento essenziale per superare l'uniformità delle varie parti e raggiungere [...] un certo grado di varietà anche in uno spazio estremamente ridotto. [...] La differenza stava nella loro destinazione, nelle particolarità della loro semantica. Nei giardini monastici medievali i labirinti simboleggiavano la vita complessa e intricata dell'uomo. I sette peccati capitali e le sette virtù teologali incontravano l'uomo lungo questo percorso. [...] Pietro I costruì labirinti in tutti i giardini pietroburghesi più famosi, adornandoli immancabilmente con gruppi scultorei ispirati alle favole di La Fontaine. [...] Pietro [il Grande] voleva istruire i suoi sudditi alla cultura secolare europea, indispensabile ai Russi per poter comunicare liberamente con gli stranieri colti. Ma già sotto Pietro i labirinti avevano anche un altro scopo – il divertimento. Pietro amava portare nel labirinto i suoi ospiti e obbligarli a uscirne da soli. Nel periodo romantico i labirinti erano un pretesto per allungare l'itinerario delle passeggiate e cominciarono a cedere il posto ai parnasi [...]".

Dmitrij Sergeevic Lichacev, *La poesia dei giardini*, tr. it. Einaudi, Torino, 1996, pp. 34-35

SOLO UNA delle considerazioni sottostanti si attiene alle affermazioni di Lichacev. La si individui:

A. ai labirinti dei giardini potevano essere attribuite valenze simboliche ma non certo educative e ludiche

B. mirava sempre all'omogeneità del paesaggio e alla brevità delle passeggiate, la predisposizione di labirinti nei giardini
C. la predisposizione di labirinti nei giardini pietroburghesi rispondeva alla sola esigenza dell'istruzione del popolo russo
D. al variare delle epoche storiche, permanevano immutate le funzioni attribuite ai labirinti nei giardini
E. i labirinti dei giardini poterono simboleggiare le vicissitudini e gli erramenti cui si trova esposta l'esistenza umana

245) "Nelle favole di Hans Christian Andersen l'«infelicità emerge man mano che la scrittura diventa più padrona di sé. E anche nei racconti canonici è sempre possibile la doppia lettura: una ingenua, appunto per ragazzi, con finale apparentemente edificante; e una più sottile, più desolata, che spinge a una diversa, se non proprio opposta, interpretazione dell'esito conclusivo. È il caso di uno dei più famosi racconti: il brutto anatroccolo diventa un meraviglioso cigno, ma il lettore adulto è autorizzato a leggere tale metamorfosi come una implacabile sconfitta. La stessa cosa succede al Pinocchio di Collodi, che alla fine si trasforma in bravo ragazzo, fatto di carne e ossa: il burattino è morto, e con lui la gioia di vivere con innocenza e spensieratezza".

Vincenzo Cerami, "Così Andersen mise in fiaba il male di vivere", *Specchio, p. 60,* supplemento a La Stampa del 19-3-2005

La trasformazione del brutto anatroccolo in cigno può essere anche letta, in senso NON edificante, come un'implacabile sconfitta per... (Si scelga la MOTIVAZIONE che rispetta lo spirito delle parole di Cerami):

A. gli altri cigni, data la particolare bellezza del nuovo venuto e il favore da lui incontrato presso i bambini
B. il lettore, che vede smentite le sue ragionevoli aspettative circa l'immancabile, tragica fine del brutto anatroccolo
C. gli altri anatroccoli e tutti gli altri animali, che in precedenza avevano continuamente deriso e maltrattato il brutto anatroccolo
D. il brutto anatroccolo, per il quale la metamorfosi in cigno vale il passaggio da gioia, innocenza e spensieratezza al loro contrario
E. il brutto anatroccolo: non lui ma il cigno in cui ha avuto la fortuna di trasformarsi riesce a farsi accettare dal prossimo

246) "Il contrasto tra Rousseau e Nietzsche può essere illustrato proprio dal diverso atteggiamento che l'uno e l'altro esprimono rispetto alla naturalità e artificialità dell'uguaglianza e della diseguaglianza. Nel discorso sull'origine della diseguaglianza, Rousseau parte dalla considerazione che gli uomini sono nati uguali, ma la società civile, vale a dire la società che si sovrappone lentamente allo stato di natura attraverso lo sviluppo delle arti, li abbia resi diseguali. Nietzsche, al contrario, parte dal presupposto che gli uomini siano per natura diseguali (ed è un bene che lo siano, perché fra l'altro una società fondata sulla schiavitù come quella greca era, proprio in ragione dell'esistenza degli schiavi, una società evoluta) e soltanto la società, con la sua morale del gregge, con la sua religione della compassione e della rassegnazione, li ha resi tutti eguali. Quella stessa corruzione, che per Rousseau ha generato la diseguaglianza, ha generato, per Nietzsche, l'uguaglianza. Là dove Rousseau vede diseguaglianze artificiali, e quindi da condannare e da abolire perché in contrasto con la fondamentale eguaglianza della natura, Nietzsche vede un'eguaglianza artificiale, e quindi da esecrare in quanto riduttiva della benefica diseguaglianza che la natura ha voluto regnasse tra gli uomini. L'antitesi non potrebbe essere più radicale: in nome dell'eguaglianza naturale, l'egualitario condanna la diseguaglianza sociale; in nome della diseguaglianza naturale, l'inegualitario condanna l'uguaglianza sociale. (...) L'idea qui formulata, secondo cui la distinzione tra sinistra e destra corrisponde alla differenza tra egualitarismo e inegualitarismo (...) si pone ad un tale livello di astrazione che può servire tutt'al più a distinguere due tipi ideali. (...) Ripeto ancora una volta che non sto dicendo che una maggiore eguaglianza è un bene e una maggiore diseguaglianza un male. Come ho detto sin dall'inizio, sospendo ogni giudizio di valore (...). Del resto, se l'eguaglianza può essere interpretata negativamente come livellamento, la diseguaglianza può essere interpretata positivamente come riconoscimento della irriducibile singolarità di ogni individuo. Non c'è ideale che non sia acceso da grande passione. La ragione o meglio il ragionamento che adduce argomenti pro e contro per giustificare le scelte di ciascuno di fronte agli altri, e prima di tutto di fronte a se stessi, viene dopo. Per questo i grandi ideali resistono al tempo e al mutar delle circostanze e sono, l'uno all'altro, irriducibili. La spinta verso una sempre maggiore eguaglianza tra gli uomini è, come aveva osservato nel secolo scorso Tocqueville, irresistibile. (...) Mai come nella nostra epoca sono state messe in discussione le tre fonti principali di diseguaglianza, la classe, la razza, il sesso. La graduale parificazione delle donne agli uomini, prima nella piccola società famigliare, poi nella più grande società civile e politica, è uno dei segni più certi dell'inarrestabile cammino del genere umano verso l'eguaglianza".

Norberto Bobbio, *Destra e Sinistra*, Donzelli, Roma 1994

UNA sola di queste deduzioni è conseguente al testo riportato. Quale?

A. Le contrastanti concezioni di "stato di natura" di Rousseau e Nietzsche sono state assunte come fondamento di diversi progetti ideali
B. Se l'adesione al partito dell'eguaglianza è per lo più passionale, aderire al partito opposto è generalmente frutto di un procedimento, pur discutibile, di analisi razionale
C. Il vedere nella diseguaglianza il riconoscimento della irriducibile singolarità dell'individuo caratterizza il nicianesimo che, in quanto sconfitto dalla storia, è destinato a scomparire
D. Ai movimenti di sinistra, in quanto caratterizzati dall'utopia egualitaria, Bobbio riconosce una funzione inequivocabilmente e innegabilmente più positiva che ai movimenti di destra
E. Che la storia proceda verso una sempre maggiore eguaglianza implica che la concezione ispirata a Nietzsche, che sostiene la diseguaglianza, prima o poi cesserà di esistere

247) "In una certa regione il numero assoluto di soggetti che è stato guarito da una condizione morbosa, che definiremo come U, sempre mortale se non trattata, è molto elevato, ma varia da uno all'altro dei centri specializzati. Data l'importanza anche sociale della malattia U, il numero di questi centri è progressivamente aumentato negli ultimi vent'anni e attualmente è ritenuto sufficiente a trattare, secondo schemi condivisi e regolarmente aggiornati e controllati, tutti i pazienti che nella regione si ammalano della malattia in questione. La differenza del numero assoluto dei soggetti guariti nei diversi centri è però significativa, e ha probabilmente radici complesse".

Il testo GIUSTIFICA peraltro UNA SOLA delle seguenti ipotesi esplicative, quale?

A. Una mancata aderenza ai protocolli di terapia da parte di alcuni centri
B. L'insufficiente specializzazione di alcuni centri
C. Un differente aggiornamento dei diversi centri
D. Il diverso anno di inizio dell'attività del centro
E. L'effetto di schemi terapeutici diversi

248) "Arrivare a una comprensione del Furioso, non dico piena ma ricca, non è facile, come non lo è per ogni libro che abbia molte facce diverse. Occorrerebbe (...) poter afferrare la ricchezza poliedrica del mondo ariostesco nella sua molteplicità sfaccettata (...). E bisognerebbe poter apprezzare la maestria con cui il narratore struttura la sua opera intrecciando tanti fili e portandoli tutti avanti con perspicua chiarezza; (...) Bisognerebbe insomma possedere una cultura letteraria acquisita con il lavoro di una vita e insieme una umanità intelligente e una sensibilità acuta per l'arte (...) Un patrimonio quasi impossibile da mettere insieme, e chi può sperare di possederlo? Solo gli sciocchi possono sperare di raggiungere tanta profondità di comprensione perché in possesso di questa o di quella competenza settoriale, o perché asserviti all'ultimo metodo venuto di moda. Ma è sufficiente, per un'opera come l'Orlando Furioso, anche accontentarsi di meno, assai meno. Procurarsi le informazioni indispensabili, liberarsi di ideologismi e preconcetti scolastici, e leggere... con il gusto di leggere, sapendo che un'opera letteraria è frutto, e quindi può esser fonte, di mille interessi e piaceri diversi: godere con umiltà di quelle invenzioni, di quel narrare sapientemente orchestrato, di quella musicale armonia. Io, purtroppo, so poco o niente di musica, ignoro le nozioni elementari necessarie ad analizzare la struttura di un brano, e sono, lo so, incapace di spiegarmi tecnicamente le emozioni che mi procura l'ascolto. Ma non per questo rinuncio a sentir musica, anzi! Ascolto e riascolto, conscio che tanto di quell'arte e del godimento che essa potrebbe procurarmi mi è precluso per sempre; ma tuttavia ascolto, e godo quello che natura e cultura consentono. Non dovrebbe esser lo stesso per chi è poco esperto di letteratura, ma non per questo è disposto a rinunciare alla ricchezza di conoscenze e di gioia che un'opera letteraria come il Furioso racchiude?".

Giuseppe Petronio, *Il piacere di leggere*, Oscar Mondadori

UNA SOLA delle seguenti affermazioni è rigorosamente DEDUCIBILE dal testo di Giuseppe Petronio, quale?

A. È un atto di presunzione pretendere di esaurire la conoscenza del Furioso grazie alla padronanza di tecniche interpretative anche molto aggiornate
B. È sufficiente per apprezzare il Furioso un orecchio naturalmente educato a cogliere la sapiente orchestrazione della narrazione
C. È inutile, per chi ama la musica e la vuole godere, procurarsi le nozioni necessarie a comprenderne la struttura
D. È possibile godere della lettura del Furioso anche senza alcuna preparazione preventiva

E. Natura e cultura permettono di godere un'opera d'arte tanto a chi non ha competenze tecniche quanto a chi ne ha

249) "Sulla memorizzazione di immagini "visive" venne fatto da A. de Groot un esperimento relativo al gioco degli scacchi. Egli dispose i pezzi secondo posizioni prese da partite effettivamente giocate e mostrò la scacchiera ai soggetti per cinque secondi; poi tolse i pezzi e chiese ai soggetti di ricostruire le posizioni. I maestri e i grandi maestri furono capaci di ricostruire le posizioni (con circa 20-24 pezzi sulla scacchiera) quasi senza errori, mentre i principianti riuscirono a mala pena a sistemare in modo corretto qualche pezzo e i giocatori di medio calibro si collocarono a metà tra i campioni e i principianti. Ma il fatto notevole fu che quando si mostrarono ai maestri e ai grandi maestri altre scacchiere con lo stesso numero di pezzi disposti a caso, la loro capacità di ricostruire le posizioni non si rivelò maggiore di quella dimostrata dai principianti di fronte alle partite vere; i principianti, invece, si dimostrarono mediocri come lo erano stati precedentemente".

Herbert A. Simon, *Le scienze dell'artificiale*, Il Mulino, Bologna 1988

L'esperimento condotto avalla UNA SOLA delle seguenti ipotesi, quale?

A. L'informazione sulla scacchiera è meglio memorizzabile per i maestri perché registrata sotto forma di relazioni sensate e conosciute tra i pezzi
B. I campioni di scacchi hanno doti speciali per memorizzare le immagini visive
C. I fenomeni di visualizzazione dipendono essenzialmente dalla struttura neurologica individuale
D. Se non un maestro, un grande maestro può sicuramente registrare fino a 24 pezzi di informazione in cinque secondi
E. Oltre ad una eccezionale capacità di memorizzazione, i maestri degli scacchi possiedono una particolare capacità di concentrazione

250) "Ci sono diversi modi possibili di leggere Marshall McLuhan a poco più di trent'anni dalla pubblicazione originale di *Understanding Media*, che in italiano venne tradotto come *Gli strumenti del comunicare* perché media, nel 1967, era ancora una parola sconosciuta ai più... Leggere *Gli strumenti del comunicare* significa sentirsi invitati non ad accogliere delle idee ma a completarle, non a seguire un testo ma a starci dentro, un po' come certi cult movies sembrano piuttosto un invito a travestirci con i loro abiti che a seguire una storia. (...) Leggendolo attentamente ci si rende conto che l'asistematicità di McLuhan è più apparente che reale, e che al fondo quello che egli propone è una vera e propria filosofia della storia. Secondo McLuhan, si può leggere l'intera storia umana come una successione di forme di comunicazione (...). La prima rottura, in una socialità primitiva fatta di comunicazione essenzialmente verbale, è stata rappresentata per McLuhan dalla scrittura. Mentre nell'oralità la comunicazione è sempre partecipata, richiede non solo la compresenza, ma anche la co-attività di diversi interlocutori, la scrittura separa radicalmente l'emissione del messaggio dalla sua ricezione (...). L'alfabeto fonetico completa questa trasformazione (...). La scrittura prima, l'alfabeto fonetico poi, segnano il passaggio da società 'fredde' (con questo termine, preso dal linguaggio jazzistico, McLuhan definiva le forme di comunicazione partecipative, che trasmettono messaggi incompleti e invitano il ricettore a completarli) a società 'calde', basate su forme di comunicazione non partecipative, affidate generalmente a un solo senso, che bombardano la mente del ricettore con messaggi 'completi' e immutabili. Da allora, sulla base della dialettica 'caldo/freddo' si può, secondo McLuhan, riscrivere per intero i cicli della storia umana: alla calda antichità classica fa seguito un medioevo raffreddato dal ritorno delle società occidentali a forme di comunicazione in larghissima prevalenza orali; questo a sua volta si rovescia, con la stampa, in un'epoca di nuovo calda. Con la stampa, secondo McLuhan, che alla 'Galassia Gutenberg' ha dedicato uno dei suoi libri più noti, la separazione fra azione e reazione si esaspera ulteriormente (...). Alla fine dell'Ottocento, con l'elettrificazione, si ha di nuovo un rovesciamento (...); il telegrafo prima, poi il telefono e la radio, ci riportano alla simultaneità, ci propongono dei messaggi che non solo consentono, ma richiedono la nostra partecipazione, creano una possibilità di contatto di tipo orale, ma esteso all'intero pianeta (...). Il raffreddamento inaugurato da Edison viene coronato, secondo McLuhan, dalla televisione, medium apparentemente passivizzante ma che in realtà richiede un'alta partecipazione dello spettatore (...). Del personal computer McLuhan, morto nel 1980, non fece in tempo a occuparsi, ma è evidente a chi legga l'ultimo capitolo degli Strumenti che per McLuhan l'informatizzazione completava la fase di raffreddamento della civiltà avviata da Edison (...). È una filosofia della storia che deve molto a Marx, (...) ma McLuhan attribuisce la funzione rivoluzionaria non al movimento organizzato, ma alla forza stessa delle cose, al messaggio che sta nei media. Di qui il tono profetico, ma al tempo stesso conservatore. McLuhan si è proposto come profeta di una rivoluzione che c'è già stata, teorico radicale di uno sradicamento che è nei fatti. Per questo la parola chiave di McLuhan è 'consapevolezza' e i suoi testi si offrono come strumenti per prendere consapevolezza di quello che già è, per capire quello che, in fondo, già sappiamo".

Peppino Ortoleva,
L'uomo e il suo messaggio

Tra le affermazioni qui riportate individuare la sola coerente con il pensiero di McLuhan.

A. Da Edison fino al PC si conclude e culmina la fase di allontanamento dalla comunicazione orale primitiva, di cui si è ormai persa ogni caratteristica
B. La diffusione della stampa, la Galassia Gutenberg, ha permesso una personalizzazione dell'acquisizione del sapere
C. Più della radio, la televisione, affidandosi quasi esclusivamente alla vista, invita ad una recezione passiva e acritica
D. L'alfabeto fonetico rese possibile un nuovo tipo di comunicazione, più freddo perché meno condizionato dalla gestualità
E. *Gli Strumenti del comunicare* di McLuhan può essere considerato una forma di comunicazione fredda, in quanto le idee che vi sono espresse esigono di essere completate dal lettore

251) "Non è chiaro se l'effetto serra esista veramente e riscaldi la Terra ma di certo la polemica sull'argomento è rovente, come dimostra lo scontro in corso negli Usa sul film 'L'alba del giorno dopo', che mentre scrivo deve ancora uscire. Non esistono dubbi sul fatto che le attività antropiche causano l'emissione di anidride carbonica nell'atmosfera, dubbi e polemiche sorgono tuttavia quando si intende valutare sulla base di misure e di modelli teorici l'impatto che questa emissione ha sul clima. (...) In tempi ormai remoti la Terra ha subito variazioni climatiche brutali e ben documentate, basti pensare all'era glaciale, variazioni certo non legate all'attività dell'uomo. Lungo l'arco dei secoli la radiazione solare potrebbe subire o avere subito variazioni tali da alterare il clima terrestre ben al di fuori delle competenze del protocollo di Kyoto. Siamo condannati alla navigazione a vista e rimango scettico sia davanti al catastrofismo demagogico e scontato dei profeti di sventura sia verso il futuro radioso dei trionfalisti".

Tullio Regge, *Effetto serra. Un imprevisto ci salverà*, La Stampa, 29/4/2004

UNA SOLA delle seguenti affermazioni È AUTORIZZATA dall'articolo citato di Tullio Regge.

A. È cosa ben chiara per uno scienziato che il protocollo di Kyoto è un espediente demagogico scientificamente irrilevante
B. Le radiazioni solari non influenzano le variazioni climatiche
C. La convinzione che le attività antropiche causino emissione di anidride carbonica nell'atmosfera non ha alcun fondamento scientifico
D. Mai comunque sulla Terra si sono verificate variazioni climatiche evidenti e importanti come nel nostro tempo
E. La valutazione dell'impatto sul clima dell'emissione di anidride carbonica nell'atmosfera è dubbia e controversa

252) "Fa attenzione alle forme con cui costruisce il contadino. Perché sono patrimonio tramandato dalla saggezza dei padri. Cerca però di scoprire le ragioni che hanno portato a quella forma. Se i progressi della tecnica consentono di migliorare la forma, bisogna sempre adottare questo miglioramento. [...] Sii vero. La natura sopporta soltanto la verità. Va d'accordo con i ponti a travi reticolati in ferro, ma rifiuta i ponti ad archi gotici con torri e feritoie. Non temere di essere giudicato non moderno. Le modifiche al modo di costruire tradizionale sono consentite soltanto se rappresentano un miglioramento, in caso contrario attieniti alla tradizione. Perché la verità, anche se vecchia di secoli, ha con noi un legame più stretto della menzogna che ci cammina al fianco".

Adolf Loos, *Parole nel vuoto*, Adelphi, Milano 1990

UNO SOLO dei giudizi sotto riportati È a rigore ricavato dal discorso di Loos. Quale?

A. La natura ama la verità e accoglie male i frutti della tecnologia
B. Nelle forme tradizionali popolari c'è un senso che merita di essere riscoperto
C. Chi non comprende il senso della tradizione non può essere un vero innovatore
D. Siamo sempre più legati alle menzogne di moda che alle verità fuorimoda
E. Gli strumenti moderni impongono sempre una modernizzazione delle forme

253) "Molti [...] sosterrebbero che il modo migliore per aiutare i poveri è favorire la crescita dell'economia. Essi credono nell'economia del trickle down o permeabile, quella cioè che, goccia a goccia, dovrebbe prima o poi far arrivare i vantaggi della crescita anche ai poveri. La teoria economica del trickle down non è mai stata molto più di una credenza, un articolo di fede. Nell'Inghilterra del XIX secolo, l'indigenza sembrava in aumento anche se, nel complesso, il paese prosperava. La crescita degli anni Ottanta in America ci fornisce l'esempio drammatico più recente: in pieno progresso economico, i più poveri hanno visto ridursi ulteriormente i loro redditi reali. [...] E quando lasciai la Casa Bianca per andare alla Banca mondiale, portai con me lo stesso scetticismo nei confronti di questo tipo di politica: se non aveva funzionato negli Stati Uniti, perché mai avrebbe dovuto funzionare nei paesi in via di sviluppo? Se da una parte è vero che non è possibile ridurre in modo significativo la povertà senza una crescita economica sostenuta, non è vero l'opposto: non è detto che la crescita vada a vantaggio di tutti. Non è vero che l'alta marea solleva tutte le barche...".

Joseph E. Stiglitz, *La globalizzazione e i suoi oppositori*, Einaudi, Torino 2002

Quale delle seguenti affermazioni È COERENTE con il pensiero di Stiglitz?

A. La diminuzione della povertà non è un problema che riguardi l'economia
B. Crescita economica e diminuzione della povertà non sono correlate
C. Crescita economica e diminuzione della povertà sono inversamente proporzionali
D. La crescita economica è condizione necessaria a contrastare efficacemente la povertà
E. La crescita economica è condizione sufficiente a contrastare efficacemente la povertà

254) "È famoso come poeta dialettale piemontese, ma di professione faceva il medico. Edoardo Ignazio Calvo nacque a Torino il 13 ottobre 1773, nella casa dove suo padre visitava i pazienti. Per il figlio desiderava un futuro simile. Le insistenze paterne furono tali che si iscrisse alla facoltà di Medicina e si laureò con una tesi in latino sullo scorbuto. Sebbene avesse affrontato quegli studi controvoglia, alla professione si dedicò con intelligenza e capacità; proprio mentre curava i malati di tifo nell'antica sede dell'ospedale San Giovanni Battista, contrasse anche lui l'infezione, morendone esattamente due secoli fa. Nonostante [...] l'intensa attività letteraria (scrisse favole esopiche e satire politiche) trovò anche il tempo di scrivere un interessante lavoro scientifico a proposito di piante e animali velenosi, in cui si schierava contro le false credenze da Plinio in poi, e faceva una rassegna rapida delle testimonianze attendibili sui veleni presenti in natura".

Anna Buoncristiani, *Il poeta che sperimentò il vaccino antivaiolo*, Tutto Scienze-La Stampa, 28/4/2004

UNA SOLA delle seguenti considerazioni È AUTORIZZATA dall'articolo citato. Quale?

A. Il tifo era, nei secoli scorsi, una malattia sempre mortale
B. Non era possibile per un figlio, nei secoli passati, ribellarsi all'autorità paterna
C. L'esercizio di un'attività intensa in campo medico assorbe tutte le energie di chi vi si dedica generosamente
D. Capitava, nel '700, che uno studioso, pur giovane, desse un contributo originale alla cultura sia scientifica sia letteraria
E. Il ricorso alle erbe in campo medico, è sempre sicuro, in quanto fondato su incontrovertibili esperienze millenarie

255) "Dopo Mario Draghi arriva Antonio Catricalà. Dopo la Banca d'Italia, anche l'Antitrust bastona le banche per i costi troppo alti dei conti correnti. 'I correntisti spendono in media 182 euro l'anno, molto di più che nel resto d'Europa' accusa l'autorità presieduta da Catricalà, che da un anno ha ricevuto dall'istituto di via Nazionale la competenza della tutela della concorrenza bancaria e che ieri ha diffuso le conclusioni della sua indagine conoscitiva sul caro sportello. Tale indagine ha preso spunto da un'analisi avviata congiuntamente dalle due autorità e poi proseguita e approfondita autonomamente dall'Antitrust. Del resto anche la Banca d'Italia, come ha fatto sapere sabato il Governatore, ha sviluppato il suo monitoraggio. E non v'è dubbio che l'esito di entrambe le verifiche e dello studio fatto recentemente dalla Commissione di Bruxelles confermino, seppur con cifre e parametri diversi, la circostanzache il correntista italiano è penalizzato rispetto agli altri cittadini europei. Per l'Antitrust, che sollecita la portabilità del conto corrente, allo sportello in Italia si spendono in media circa 182 euro all'anno, contro per esempio i 35 euro dell'Olanda o i 65 di Belgio e Regno Unito, i 99 della Francia o i 108 della Spagna. E ciò perché il "nostro sistema creditizio è meno competitivo". La vera sorpresa sta nella scoperta fatta dagli uomini di Catricalà. E cioè la minore convenienza per il cliente dei conti correnti a canone, ovvero a costo fisso mensile o annuale, pubblicizzati dalle banche come i più economici. Dall'indagine infatti è emerso che i conti meno costosi sono in nove casi su dieci quelli 'a consumo', seguiti dai conti a canone con operazioni illimitate e infine, i più cari, quelli a canone con operazioni limitate. I più convenienti in assoluto, con costi inferiori del 60%, sono comunque i conti online. È stato fatto anche un sondaggio per tipologia familiare: i nuclei monoreddito spendono in media da 177,2 a 208,8 euro l'anno. Quelle bireddito circa 196,3 euro. I giovani in cerca del primo impiego 76,3 euro e i pensionati 96,6 euro".

Stefania Tamburello, *Caro-sportello, antitrust contro le banche,* Corriere della sera

In base al brano è deducibile che Antonio Catricalà:

A. è succeduto a Mario Draghi alla presidenza dell'Antitrust
B. presiede l'Antitrust
C. presiede una banca
D. è il presidente dell'Antitrust e della Banca d'Italia
E. presiede la Banca d'Italia

256) In base a quanto riportato nel brano, quale tra le seguenti affermazioni è esatta?

A. I conti correnti spagnoli forniscono un reddito inferiore rispetto ai conti correnti olandesi
B. È sempre più vantaggioso essere un correntista italiano che un correntista olandese
C. Nel Regno Unito i costi dei conti correnti sono sensibilmente più alti che in Belgio
D. Il costo medio per tenere aperto un conto corrente è superiore in Spagna che in Francia
E. I conti correnti a canone, ovvero a costo fisso mensile o annuale, sono i più economici

257) "Hong Kong, Singapore, Taiwan, Cina, Malaysia, Thailandia, Indonesia, Filippine, India, tutto il Centro e il Sudamerica, Australia, Nuova Zelanda, Sudafrica, Paesi europei dell'ex blocco comunista (Russia, Ungheria, Repubblica Ceca, Slovacchia e così via). A esclusione dei primi tre – che comunque sono tradizionalmente inclusi nell'area degli emergenti perché molto dipendenti dalle economie vicine e per l'alta volatilità dei loro mercati azionari – sono questi i Paesi emergenti, caratterizzati da un reddito pro capite inferiore alla media (secondo i dati della World Bank) e da un tasso di crescita dell'economia sensibilmente più elevato di quello dei Paesi già sviluppati: negli anni '90 il Pil dei Paesi asiatici è cresciuto al ritmo del 10% annuo, e la previsione della World Bank è che nel XXI secolo il tasso di sviluppo sia vicino al 7,5%, cioè tre volte la crescita stimata dei Paesi occidentali. Lo sviluppo in America Latina e nell'Est europeo, sebbene di molto inferiore a quello dei Paesi asiatici, dovrebbe essere doppio rispetto a quello dei Paesi occidentali. Gli investitori spaventati dalle borse emergenti dovrebbero ricordare che alla fine dell'Ottocento gli stessi Stati Uniti erano considerati dai ricchi europei un grande Paese emergente. Investirvi era un'avventura ai limiti dell'azzardo: frodi e fallimenti (inclusi quelli di alcuni enti pubblici come lo Stato del Mississippi) erano all'ordine del giorno. Ciononostante gli Stati Uniti sono emersi come la più forte economia mondiale e Wall Street si è rivelato il maggior investimento del XX secolo. Allo stesso modo, alla fine degli anni '60 il Giappone era un mercato emergente (o riemergente dalla sconfitta della seconda guerra mondiale); grazie alla determinazione e alla imprenditorialità dei suoi abitanti, ha prodotto un miracolo economico che lo ha proiettato rapidamente nel club delle grandi potenze. Un investimento di 10.000 dollari nella borsa giapponese nel 1962 si sarebbe trasformato in un capitale di 1,5 milioni di dollari alla fine del 1997, nonostante la pessima performance del Kabuto-cho (la borsa di Tokyo) negli anni '90".

Marco Liera e Andrea Beltratti,
Capire la borsa. Guida all'investimento,
Il Sole 24 ore

Quale di queste affermazioni è esatta, relativamente al brano?

A. Le economie emergenti garantiscono margini di guadagno molto alti
B. Nessun Paese africano appartiene alla sfera delle economie emergenti
C. Taiwan appartiene più che altro per convenzione, oltre che per la volatilità del suo mercato azionario, ai Paesi considerati emergenti
D. I tassi di crescita dei vari Paesi emergenti sono determinati dalla World Bank
E. Le Repubbliche islamiche appartengono anch'esse ai Paesi emergenti

258) Quale tra le seguenti affermazioni è ricavabile dal testo?

A. L'economia europea si avvia ad un lento declino
B. Nel corso del Novecento l'economia degli Stati Uniti ha fatto un tale balzo in avanti da superare quella europea
C. Sebbene abbiano un'economia in forte crescita, i Paesi asiatici non potranno mai superare gli Stati Uniti che sono la maggiore potenza economica mondiale
D. In futuro dovrebbe essere l'Africa la nuova economia emergente
E. Il prodotto interno lordo dell'America Latina cresce a un ritmo inferiore rispetto a quello dell'Europa dell'Est

259) Il Giappone:

A. non ha mai conosciuto tra il '62 e il '97 momenti di cattivo andamento della propria economia
B. è un Paese troppo piccolo per poter contare a livello globale pur avendo oggi un'economia piuttosto forte
C. tra il '62 e il '97 ha più che centuplicato il valore del proprio mercato azionario

D. è un paese con forti tradizioni politiche e sociali
E. ha conosciuto un miracolo economico nella seconda metà del Novecento grazie alla competitività delle sue tecnologie digitali

260) "Con la diffusione del cristianesimo, nel terzo e nel quarto secolo, l'educazione liberale impostata sui canoni greci – che aveva contraddistinto un uomo (e a volte una donna) di cultura durante i precedenti ottocento anni – venne sempre più considerata inadatta per i cristiani. Nel 415 Ipazia, una studiosa di matematica nota per la sua erudizione e per la sua bellezza, venne brutalmente assassinata da una banda di monaci al servizio dell'arcivescovo San Cirillo. Nel 529 l'Accademia di Atene, fondata da Platone circa mille anni prima, fu chiusa dalle autorità ecclesiastiche perché era troppo 'pagana'. Nell'Europa occidentale il declino della cultura fu accelerato dalle ripetute invasioni degli ostrogoti, dei visigoti, dei vandali e degli unni. Gli unni di Attila invasero l'Italia settentrionale nel 452. Roma stessa venne conquistata nel 476 dai goti di Odoacre e l'ultimo imperatore romano, Romolo Augustolo, fu da essi deposto. In seguito, ci furono poche opportunità per studiare la geometria e l'astronomia, dal momento che queste discipline possono essere apprese soltanto attraverso un costoso processo educativo formale, che richiede tempo, sforzi e insegnanti preparati. Presupposti di questo genere esistono solo quando c'è un'élite sufficientemente benestante e interessata a investire nello studio il tempo, il denaro e gli sforzi necessari. Nella nuova Europa cristiano-barbarica, con le sue élite militari ed ecclesiastiche, la cultura astratta aveva scarsa importanza. E per questo, senza un mercato di insegnanti e di studenti, non potevano svilupparsi istituzioni per l'apprendimento. L'Europa feudale, dopo tutto, non aveva bisogno di una matematica che andasse oltre i conti da mercato. Non è tanto l'assenza della matematica e della scienza in una società a essere sorprendente, ma piuttosto il fatto che tali forme di cultura si siano sviluppate di tanto in tanto in qualche luogo. L'oscurità che scese sull'Europa fu aggravata dalla conquista araba dell'Africa settentrionale e dell'Asia occidentale dopo il 622, evento che provocò l'interruzione degli ultimi legami commerciali tra l'Europa e le società più progredite dell'Oriente, isolando in questo modo il continente nella sua ignoranza. Il dominio totale del cristianesimo, una religione mistica con una teologia illogica, sfavorì lo sviluppo del pensiero logico anche (e forse soprattutto) presso i pochi che sapevano leggere. In confronto allo splendore intellettuale dell'Età Ellenistica, è come se in Europa, durante il Medio Evo, fosse stata 'spenta la luce'. A noi, che ci troviamo a vivere cinquecento anni dopo il Rinascimento, il fatto che l'Europa sia gradualmente uscita dalla sua ignoranza può sembrare un segno dell'inevitabilità del progresso. Ma anche se a un certo momento deve esserci stata una qualche apertura verso la conoscenza secolare, la rivoluzione scientifica che seguì può essere attribuita alla fiamma della matematica greca che fu tenuta accesa in Oriente. E la sopravvivenza di questa fiamma non era per niente inevitabile, anzi. Costantinopoli rimase la capitale dell'impero bizantino dopo la caduta di Roma. Romana quanto a struttura politica, greca quanto a lingua, cristiana quanto a religione, continuò a essere uno dei centri più importanti della cultura cristiana per più di mille anni. Tuttavia, la religione estese sempre più il suo dominio sulla vita intellettuale, e per quanto le antiche opere di Euclide e di Tolomeo fossero conservate nelle biblioteche, sempre meno furono coloro che si dedicarono al loro studio".

Secondo l'autore del brano, la diffusione della religione cristiana ha:

A. permesso la conservazione delle opere antiche
B. portato cultura e conoscenza in Europa
C. spostato l'attenzione degli studiosi dalla scienza all'etica
D. favorito lo studio della geometria e dell'astronomia
E. causato il declino della cultura scientifica

261) "Il cinema si esprime attraverso immagini in movimento, unite a una colonna sonora. L'illusione del movimento è data dal fatto che sullo schermo vengono proiettati 24 fotogrammi al secondo, a una velocità tre volte superiore al tempo di persistenza di un'immagine sulla retina (pari a 1/10 di secondo); in un tempo così rapido, naturalmente, l'occhio non riesce a distinguere separatamente ogni singolo fotogramma, ma li fonde insieme ricevendo l'impressione del movimento. L'immagine ha una forte adesione alla realtà, il movimento e il sonoro l'arricchiscono e ne rendono più viva ed efficace la fruizione. In questo modo il cinema giunge al ricevente in modo diretto, producendo l'impressione di trovarsi ad assistere all'azione nel momento stesso del suo svolgimento, di non essere di fronte a una finzione, ma alla realtà. Gli spettatori che hanno assistito alla prima proiezione pubblica (28 dicembre 1895) dell'arrivo di un treno alla stazione in uno dei primi filmati dei fratelli Lumière, gli inventori del cinematografo, fuggirono spaventati. Oggi il pubblico non è più così ingenuo, ma ugualmente si appassiona, come se fosse vera, alla storia proiettata sullo schermo, anche se riconosce la differenza fra immagine filmica e realtà ripresa, ben conosce come sia determinante il ruolo dell'autore (il regista) che rielabora i materiali di base, e sa che il cinema apre la porta su un'altra dimensione, del tutto immaginaria. La soggettività del cinema si manifesta su due piani: innanzitutto il mondo rappresentato è il risultato della fantasia e dell'elaborazione dell'autore; ma la soggettività interviene anche nel rapporto fra lo spettatore e quanto è proiettato sullo schermo, poiché ciascuno di noi coglie in modo personale la situazione rappresentata, la integra con quanto sa già e con le aspettative che si è costruito, e in questo modo partecipa alla definizione del senso del film".

Dal brano è possibile dedurre che il significato di un film:

A. è universale
B. non è univoco
C. non può essere diverso da quello progettato dal regista
D. è univoco
E. si presta a un'unica interpretazione

262) "Gli spin-off sono le scissioni di rami d'azienda, operazioni poste in essere per massimizzarne il valore. La scissione di una parte dell'attività (magari quella più profittevole e/o a maggiori potenzialità) può infatti essere interpretata positivamente dal mercato, che vede con maggiore chiarezza e focalizzazione un particolare business che altrimenti resterebbe in una situazione di opacità. Tipici esempi di scissioni sono gli spin-off dei rami immobiliari delle aziende (Unim scissa dall'Ina), ma anche delle attività su Internet degli ex monopolisti delle telecomunicazioni (Terra Networks da Telefonica de España oppure T-Online da Deutsche Telekom). Nelle operazioni di spin-off la creazione di valore può essere spettacolare ma talvolta eccessiva: valga per tutti l'esempio di Palm dalla 3Com del marzo 2000. 3Com è un'azienda californiana con due linee business: la prima è il computer networking, in cui subisce la durissima concorrenza del numero uno mondiale, Cisco. La seconda è la produzione di Pda (personal digital assistant), computer tascabili senza fili che hanno avuto uno straordinario successo a partire dal 1995: un business nel quale la 3Com è sempre stata leader mondiale con il marchio Palm Pilot. Nel novembre 1999 3Com, quotata al Nasdaq, ha una capitalizzazione di Borsa di oltre 10,5 miliardi di dollari. L'attesa dello spin-off di Palm fa salire la capitalizzazione fino a 42 miliardi all'inizio del marzo 2000. 3Com effettivamente scorpora la divisione Palm collocandone in borsa il 5% (e rimanendo proprietaria del restante 95%) giovedì 2 marzo 2000, a un prezzo di 38 dollari per azione. Il debutto di Palm al Nasdaq è spettacolare: la matricola apre le contrattazioni toccando un massimo a 165 dollari, per poi ripiegare in chiusura a 95. Un prezzo sufficiente a valutare Palm 53,4 miliardi, più di quanto valesse la 'mamma' 3Com".

Marco Liera e Andrea Beltratti, *Capire la borsa. Guida all'investimento*, Il Sole 24 ore

Secondo il brano:

A. la scissione di un ramo d'azienda che coinvolse Palm avvenne perché 3Com intendeva valorizzare un marchio già forte sul mercato
B. il marchio Palm nasce come spin-off nel momento in cui 3Com decise di investire nella propria produzione di Pda
C. il debutto di Palm al Nasdaq è deludente
D. 3Com decise di creare uno spin-off per valorizzare un marchio che sul mercato si era indebolito dopo aver conosciuto un notevole successo a partire dal 1995
E. il marchio Palm Pilot era uno spin-off di 3Com già prima del marzo 2000; a partire da quella data, cambiò nome in Palm

263) "Tutti noi siamo convinti di saper distinguere immediatamente e senza ambiguità, tra vari oggetti, quelli naturali e quelli artificiali: una roccia, una montagna, un fiume o una nube sono oggetti naturali; un coltello, un fazzoletto, un'automobile sono oggetti artificiali. Ma appena si analizzano tali giudizi ci si accorge che essi non sono né immediati né del tutto obiettivi. Sappiamo che il coltello è stato forgiato dall'uomo per un uso, per una prestazione progettata in precedenza. L'oggetto materializza quindi l'intenzione preesistente da cui ha tratto origine e la sua forma è giustificata dalla prestazione a cui era destinato ancor prima della sua effettiva realizzazione. Nulla di simile per il fiume o per la roccia che sappiamo o pensiamo modellati dal libero gioco di forze fisiche alle quali non sapremmo attribuire alcun 'progetto'. Tutto ciò naturalmente è valido se si ammette il postulato fondamentale del metodo scientifico secondo cui la Natura è oggettiva e non proiettiva".

Se si ammette il postulato fondamentale del metodo scientifico citato nel brano:

A. gli oggetti naturali possono essere considerati artificiali se usati per un fine determinato
B. la natura non agisce con un "progetto"

C. gli oggetti naturali sono modellati dal libero gioco di forze fisiche
D. è sicuramente corretta la distinzione fra oggetti naturali e artificiali
E. in natura tutto avviene per caso

264) "Io vorrei dire a questa generazione:
imparate a memoria qualche verso di verità o bellezza.
Potrebbe servirvi nella vita.
Mio marito non ebbe niente a che fare col fallimento della banca: (...)
fu mandato in prigione e io rimasi con i bimbi,
a doverli nutrire, e vestire e mandare a scuola.
E io lo feci, e li avviai nel mondo ben puliti e robusti,
e tutto per la saggezza del poeta Pope:
– Recita bene la tua parte, in questo consiste l'onore –"

Edgar Lee Masters, *Spoon River Anthology*, trad. Fernanda Pivano, Einaudi, Torino

La signora George Reece, di cui questo è l'epitaffio, esprime qui la concezione che ha Edgar Lee Masters della vita e dell'arte, concezione che noi possiamo così interpretare (INDICARE l'affermazione INCONGRUENTE col testo citato):

A. noi uomini siamo come attori a cui è stata assegnata una parte. Che sia da protagonista o da comparsa non importa, importa interpretarla bene
B. chi è colpito dalla sventura e offeso dall'ingiustizia è costretto a subire gli eventi, e proprio per questo viene spinto alla disperazione
C. non è vero, come talora sembra, che siamo del tutto impotenti di fronte al destino: il poeta saggio ci insegna che sta a noi decidere se viverlo con viltà o con dignità
D. la poesia, se è rivelazione di una verità nella forma della bellezza, può costituire una inestimabile ricchezza per chi ne comprende e ne fa proprio il messaggio
E. nel mondo nessuno è padrone del proprio destino, ma tutti possono scegliere come viverlo ed è questo che conta

265) "Negli ultimi cento anni l'acidità della pioggia e della neve nella zona Est degli Stati Uniti e nel Nord dell'Europa è aumentata di più di 30 volte, con il risultato che il pH dei laghi e dei fiumi in queste zone è diminuito da 5,6 a circa 5,0. La pioggia acida si forma nell'atmosfera per reazione dell'acqua con gli ossidi di zolfo e azoto derivanti dalla combustione del carbone e del petrolio, che contengono appunto piccole quantità di zolfo e di azoto. Così la pioggia diventa in realtà una soluzione diluita di acidi fosforico e nitrico".

Quale delle seguenti affermazioni NON può essere dedotta dalla lettura del brano precedente?

A. Nell'acqua piovana è contenuto acido solforico
B. L'acido solforico si forma per interazione dell'acqua con ossidi di zolfo
C. Nell'acqua piovana è contenuto acido nitrico
D. Il pH dei laghi e dei fiumi è diminuito di 30 volte nelle zone interessate dalle piogge acide
E. Gli ossidi di zolfo e di azoto derivano dalla combustione di impurità contenute nel carbone e nel petrolio

266) "Abbiamo incontrato scienziati che amano abbastanza la propria disciplina da non volerla privare dell'intelligenza delle donne. Ancora troppo pochi. Era il Natale del 2000, in Italia si discuteva dell'esito della Commissione Dulbecco che doveva suggerire se e come autorizzare la ricerca sulle cellule staminali. Per una donna il dibattito aveva una comicità surreale: ventiquattro signori, alcuni votati al celibato, litigavano sull'eventuale uso di embrioni senza consultare chi normalmente li fa, li partorisce, li accudisce e li trasforma in persone umane.
Basta dare un'occhiata alle ricerche sulle carriere femminili nei centri di ricerca statali, per vedere che le donne non contano. Anche nelle discipline in cui sono più numerose degli uomini, non fanno 'massa critica', smentendo così la teoria che sta dietro alle pari opportunità. Rimangono bassa manovalanza, quasi mai raggiungono posti di responsabilità. Rispetto al mondo della letteratura e delle arti, dove l'autorevolezza intellettuale e la creatività delle donne non sono più messe in discussione, il mondo scientifico è piuttosto conservatore. Dalla pubblicazione nel 1997 su 'Nature' dell'articolo di Christine Wennerås e Agnes Wold, biologhe dell'università di Göteborg, si sa che gli esperti chiamati dal Consiglio svedese per la ricerca medica ad approvare i progetti finanziati con fondi pubblici applicano alle candidate un fattore di discriminazione di 2,6. Nel senso che le ricerche proposte da donne ricevono finanziamenti soltanto se ottengono un punteggio di 2,6 volte superiore a quelle proposte da uomini. L'effetto di questa prassi, diffusa ovunque e non solo nella Svezia delle pari opportunità, è stato da un lato la discriminazione, dall'altro il perpetuarsi fino a pochi anni fa di una ricerca medica scriteriata, proprio nel senso di priva di criteri oggettivi, per cui il corpo-standard era quello maschile. I genetisti hanno propagandato questa visione.
Dopo la pubblicazione nel febbraio scorso della mappa del genoma, sono diventati più cauti. Era ora. Il libro *The Century of the Gene* elenca i vicoli ciechi imboccati storicamente dai genetisti. È emblematico James Bonner che nel 1965 pubblica un trattato sull'embriogenesi. A proposito dello sviluppo dell'embrione, Bonner ne colloca il programma genetico nel nucleo dello spermatozoo. Nella sostanza, questa posizione non rappresenta una novità: dopo duemila e passa anni, Bonner prende ancora per buona la tesi che Eschilo, nelle Eumenidi, attribuisce ad Apollo: «Non è colei che ha partorito, la madre del bambino che si dice sia stato da lei stessa generato: ella ha solo nutrito il seme che le è stato insediato. Vero creatore è colui che ha cosparso il seme»".

L'argomento centrale del brano è:

A. l'atteggiamento maschilista diffuso nel mondo della ricerca scientifica
B. le rivendicazioni femminili circa la gestione del potere nel mondo della ricerca scientifica
C. il confronto tra la situazione femminile nel campo delle arti e nel campo economico/scientifico
D. la ricerca scientifica nei centri di ricerca statali
E. la differenza intellettuale tra uomo e donna

267) Quale delle seguenti affermazioni NON è concorde con quanto sostenuto nel brano?

A. L'assunto della ricerca di James Bonner sull'embriogenesi ha radici culturali molto lontane nel tempo
B. Nell'università di Göteborg le ricerche proposte da uomini sono più

facilmente finanziate con fondi pubblici rispetto a quelle proposte da donne
C. La commissione Dulbecco aveva come oggetto la ricerca sulle cellule staminali
D. La pubblicazione della mappa del genoma non ha per nulla modificato la visione maschilista vigente in ambito scientifico
E. Secondo Apollo il vero creatore di un bambino è colui che ha cosparso il seme

268) In base al contenuto del brano, si può affermare con certezza che chi lo ha scritto:

A. è un genetista
B. detesta la letteratura greca
C. ha studiato all'università di Göteborg
D. lavora in un laboratorio svedese
E. considera le ricercatrici scientifiche meno potenti dei loro colleghi maschi

269) Perché nel brano la ricerca medica è definita "scriteriata"?

A. Perché tendenzialmente conservatrice
B. Perché priva di criteri oggettivi
C. Perché dimentica le sue radici umanistiche
D. Perché finanziata secondo criteri eticamente scorretti
E. Perché rivolta a premiare studi condotti da maschi

270) Secondo quanto espresso nel brano, da cosa risulta smentita la teoria delle pari opportunità?

A. Dal maschilismo preponderante anche nel campo della ricerca
B. Dal fatto che, secondo una ricerca, i progetti delle donne ricevono un punteggio discriminato di un fattore pari a 2,6 rispetto ai progetti degli uomini
C. Dal fatto che nelle discipline scientifiche il conservatorismo maschile è ancora preponderante
D. Dal fatto che la ricerca medica adotta ancora quello maschile come "corpo-standard"
E. Dal fatto che, anche nelle discipline in cui sono più numerose dei colleghi maschi, le donne non riescono a raggiungere in misura significativa posti di responsabilità

271) "...tra le cattive abitudini del pensiero scientifico occidentale possiamo annoverare le posizioni che chiamiamo atomismo, riduzionismo e determinismo. Dietro queste c'è l'idea che le totalità debbano essere comprese scomponendole nelle loro unità basilari, che le proprietà di unità microscopiche possano generare e spiegare il comportamento dei loro risultati macroscopici, che tutti gli eventi e gli oggetti abbiano cause precise, prevedibili e determinate. Queste idee ci sono state utili nello studio degli oggetti semplici, che sono costituiti di pochi componenti e che non sono influenzati dalla storia... Ma gli organismi sono molto di più che un semplice amalgama di geni. Essi hanno una storia che ha importanza e le parti che li compongono interagiscono tra di loro in maniera complessa. Gli organismi sono costituiti di geni che operano di concerto, influenzati dall'ambiente, tradotti in parti che la selezione vede, e in parti che sono ad essa invisibili."

Stephen Jay Gould, *Darwiniana*, in *Il pollice del panda*

Una sola delle seguenti affermazioni È DEDUCIBILE dal testo riportato.

A. La concezione atomista deve essere assolutamente rinnegata quando si studiano gli organismi complessi

B. Cercare le cause che spiegano e permettono di prevedere i fenomeni è sempre inutile nell'ambito della scienza biologica
C. Un organismo non è mai riducibile ai suoi componenti e pertanto deve essere studiato solo in una prospettiva storica
D. Lo studio degli organismi richiede criteri che non coincidono sempre con quelli del determinismo scientifico
E. La concezione determinista della scienza classica non ha alcuna utilità quando si debbano spiegare fenomeni biologici

272) "La tattica dell'onorevole Giolitti è stata sempre quella di una politica conservatrice fatta per mezzo dei condottieri dei partiti democratici: sia lusingandoli e addomesticandoli per mezzo di qualche attenzione individuale (siamo arrivati già alle nomine senatoriali) sia, quando si tratti di uomini personalmente disinteressati, come Turati e Bussolati, conquistandoli con qualche riforma che non intacchi seriamente gli interessi economici e politici dei gruppi dominanti nel governo. (...) Giolitti migliorò o peggiorò la situazione elettorale in Italia? La risposta non è dubbia per chi voglia giudicare senza le traveggole dell'amicizia. La trovò e la lasciò nell'Italia settentrionale quale si andava via via migliorando. La trovò cattiva e la lasciò peggiore nell'Italia meridionale."

G. Salvemini, *Il ministro della malavita e altri scritti sull'Italia giolittiana*, Feltrinelli, Milano, 1962

Delle seguenti considerazioni UNA sola è RIGOROSAMENTE DEDOTTA dalla tesi esposta da Salvemini. Quale?

A. Giolitti non riuscì a conquistare i condottieri più disinteressati dei partiti democratici
B. La politica di Giolitti non ebbe alcuna influenza sul costume politico dell'Italia meridionale
C. Le concessioni di Giolitti ai partiti progressisti non furono tali da intaccare seriamente gli interessi della classe dominante
D. Giolitti si impegnò a migliorare il costume elettorale solo nell'Italia settentrionale
E. I giudizi su Giolitti sono stati per lo più condizionati dalla benevolenza di chi gli fu amico

273) "Erra chi crede che la vittoria delle imprese consista nello essere giuste o ingiuste, perché tutto dì si vede il contrario: che non la ragione, ma la prudenza, le forze e la buona fortuna danno vinte le imprese. È ben vero che in chi ha ragione nasce una certa confidenza, fondata sulla opinione che Dio dia la vittoria alle imprese giuste, la quale fa gli uomini arditi e ostinati: dalle quali due condizioni nascono talvolta le vittorie. Così l'avere la causa giusta può per indiretto giovare, ma è falso che lo faccia direttamente".

Francesco Guicciardini, *Ricordi*, n. 147

UNO SOLO dei motivi elencati NON È rilevante, secondo Guicciardini, per il buon esito di un'impresa. Individuatelo:

A. l'ostinazione a perseguire una meta che si crede giusta
B. il fatto che la causa che si difende sia oggettivamente giusta
C. la fiducia in un Dio giusto
D. la determinazione nel lottare per ciò che si crede giusto
E. la buona sorte

274) "Chiunque scriva di storia è necessariamente obbligato a scegliere solo una piccola quantità delle testimonianze disponibili, e se questo viene fatto con onestà, si tratta di una prassi tanto ineccepibile quanto inevitabile. La necessità di semplificare ci ricorda tuttavia che la falsificazione si ottiene più facilmente attraverso le omissioni anziché per esplicite affermazioni. L'interpretazione del passato implicherà sempre una semplificazione, talvolta anche un eccesso di semplificazione (e di conseguenza la distorsione), ma esiste comunque una garanzia nel fatto che in seguito altri storici potrebbero criticare qualunque interpretazione non tenga conto di testimonianze pertinenti in grado di offrire una differente versione dei fatti".

Denis Mack Smith, *La storia manipolata*, Laterza, 2000

UNA SOLA delle norme operative qui elencate PUÒ essere dedotta dalla concezione espressa nel passo citato di Mack Smith.

A. Uno storico onesto deve operare delle scelte tra le testimonianze che ha a disposizione
B. Uno storico onesto deve essere rigorosamente obiettivo nel pronunciare giudizi
C. Uno storico onesto non ha il diritto di operare scelte tra le testimonianze che ha a disposizione
D. Uno storico onesto non deve mai far ricorso a semplificazioni
E. Uno storico onesto non deve tralasciare nessuna testimonianza

275) "Sul *Corriere della sera* di qualche giorno fa c'era la notizia che su Internet grandi motori di ricerca metteranno a nostra disposizione milioni di libri e ci si domandava se questo avrebbe comportato la scomparsa delle biblioteche a cui siamo abituati da secoli. [...] Ma il vero grande pericolo di questa trasformazione mi sembra un altro: [...] Chi farà la scelta? Quali criteri seguirà nel prendere e nello scartare? Alcune previsioni è facile farle. La storia è sempre stata scritta da chi ha il dominio politico, culturale e tecnologico. Egli ha imposto la sua lingua e la sua visione del mondo. [...] Oggi chi deciderà cosa è importante leggere e che cosa non lo è? Coloro che dominano la cultura mondiale con la loro potenza e con la loro lingua: gli anglosassoni. [...] Questo e non altro è il pericolo. La perdita di tutto ciò che è diverso, deviante, non capito, non visto, rifiutato. Perciò io dico ai governi, agli studiosi di tutti i paesi del mondo: per favore, salvate il nostro passato. [...] Lottate per inserire nella grande biblioteca tutto ciò che potete del vostro patrimonio nazionale, nella lingua originale. Tutto, non solo quello che vi pare buono e quello che vi pare cattivo ora. Perché saranno gli storici, gli studiosi, gli uomini del futuro a decidere cosa era o non era importante. La Chiesa cattolica medioevale non avrebbe messo il *Corano* tra i libri da salvare e oggi gli integralisti islamici non vi metterebbero la *Divina Commedia* [...]".

Francesco Alberoni, *Pubblico e privato*, Corriere della sera, 26/4/2004

Individuate, tra le considerazioni sotto elencate, LA SOLA RIGOROSAMENTE DEDOTTA dal testo citato di Alberoni.

A. Il Corano e la Divina Commedia sono opere a forte rischio di scomparsa
B. È naturale che su Internet non tutte le testimonianze del passato vengano conservate, e a ciò bisogna rassegnarsi e adeguarsi
C. Nella biblioteca di Internet, l'unico problema del lettore è quello di scegliere quale leggere tra milioni di testi

D. La scomparsa delle biblioteche tradizionali può e deve essere contrastata in tutti i modi
E. Gli italiani, come altri, dovrebbero battersi per salvare il proprio patrimonio culturale e la propria lingua

276) Tra le novelle di Verga "La chiave d'oro" è una delle più belle e delle meno conosciute. Ecco il racconto di Verga riassunto da Sciascia: un povero ladro di olive viene ammazzato da un campiere, nella proprietà di un canonico; il campiere, una specie di mafioso, scappa: e il canonico resta a far fronte alla "giustizia", cioè a un giudice che arriva minaccioso accompagnato da medico, cancelliere e sbirri. Fatto il sopralluogo, il Giudice accetta "un boccone": vale a dire un pranzo abbondante e accurato, che finisce col caffè "fatto con la macchina" e un moscadello vecchio "che avrebbe resuscitato un morto" (ma non quel povero morto rimasto sotto l'olivo). Il giorno dopo, un messo viene a dire al canonico che il Sig. Giudice aveva perso nel frutteto la chiave dell'orologio: "e che la cercassero bene che doveva esserci di certo". Il canonico capisce, compra una bella chiave d'oro da due onze, la manda al Giudice: "e il processo andò liscio per la sua strada", il canonico indenne, il campiere indultato poi da Garibaldi. E il canonico usava poi dire al Giudice: "Fu un galantuomo! Perché invece di perdere la sola chiave, avrebbe potuto farmi cercare anche l'orologio e la catena" ... E alla non fatta giustizia del Giudice borbonico, succede l'indulto di Garibaldi. La parabola si compie spietatamente, tremendamente, con questa frase: "nel frutteto sotto l'albero vecchio dove è sepolto il ladro delle ulive, vengono cavoli grossi come teste di bambini".

da L. Sciascia "*Cruciverba*"

UNA sola delle seguenti affermazioni è deducibile dal testo.

A. L'indulto è un atto contrario alla giustizia
B. La chiave dell'orologio del giudice è stata persa nel frutteto durante il sopralluogo
C. L'unica persona onesta del racconto è il canonico; non ha compiuto reato
D. Il Giudice non accetta dal canonico nulla se non l'offerta di un pranzo
E. Garibaldi ristabilisce il rispetto delle leggi in Sicilia

277) "Credo di poter affermare che nella ricerca scientifica, né il grado di intelligenza né la capacità di eseguire e portare a termine con esattezza il compito intrapreso, siano i fattori essenziali per la riuscita e la soddisfazione personale. Nell'una e nell'altra contano maggiormente la totale dedizione e il chiudere gli occhi davanti alle difficoltà: in tal modo possiamo affrontare problemi che altri, più critici e più acuti, non affronterebbero... Il fatto che l'attività svolta in modo così imperfetto sia stata e sia tuttora per me fonte inesauribile di gioia, mi fa ritenere che l'imperfezione nell'eseguire il compito che ci siamo prefissi o ci è stato assegnato sia più consona alla natura umana così imperfetta che non la perfezione".

R. Levi Montalcini,
Elogio dell'imperfezione.

Quali sono, per la Montalcini, le doti essenziali per lo scienziato che vuole riuscire nella ricerca e trarne soddisfazione? (una sola risposta è rigorosamente deducibile dal testo).

A. Atteggiamento vigile e autocritico
B. Intelligenza e distacco
C. Passione e coraggio
D. Acume intellettuale ed efficienza
E. Forte coscienza dei propri limiti

278) "Non essendosi potuto fare in modo che quel che è giusto fosse forte, si è fatto in modo che quel che è forte fosse giusto". "Non essendosi potuto render forte la giustizia, si è giustificata la forza".

Pascal, *Pensieri*

I pensieri citati di Pascal possono essere definiti:

A. aforismi filosofici
B. affermazioni di principi etici
C. valutazioni comportamentali individuali
D. ammonizioni morali
E. riflessioni sulla storia dell'umanità

279) "Naturalmente li omini boni desiderano sapere; so che molti diranno questa essere opra inutile, ... omini i quali hanno solamente desiderio di corporal ricchezze, diletto, e interamente privati di quello della sapienza, cibo e veramente sicura ricchezza dell'anima; perché quant'è più degna l'anima che il corpo, tanto più degne fien le ricchezze de l'anima che del corpo. E spesso quando vedo alcun di questi pigliare essa opra in mano, dubito non sì come la scimia sel mettano al naso, o che mi domandino se è cosa mangiativa".

Leonardo da Vinci

Questo pensiero di Leonardo contiene una esplicita (UNA interpretazione è SBAGLIATA):

A. definizione dei valori propriamente umani
B. riflessione sulla natura dell'uomo
C. polemica con chi non crede nel valore del sapere
D. esortazione accorata a coltivare lo spirito
E. valutazione dei diversi tipi di ricchezze

280) Sempre più ricercatori italiani studiano in parte o *in toto* all'estero. Senza contare coloro che pur vivendo in Italia, esportano nel mondo la propria competenza nei settori più diversi, dalla filosofia alla scienza, alla tecnologia. Il problema è che non vi è solo una globalizzazione dell'economia, ma anche quella della scienza e della ricerca ed il ricercatore va dove vi sono più fondi e migliori condizioni di lavoro. Se non si interviene in Italia sulle risorse, sulle strutture e sul sistema di valutazione non sempre meritocratico, ha senso solo parziale parlare di:

A. brevetti in scadenza
B. fuga e mancato rientro dei cervelli
C. durata temporale dei brevetti
D. edilizia universitaria
E. riordino degli enti di ricerca

281) Fino ai primi anni Ottanta le case editrici di libri erano considerate parte di un segmento dai confini ben definiti all'interno del settore editoriale e si caratterizzavano per logiche gestionali particolari. I due elementi in comune fra l'editoria libraria, periodica e quotidiana erano le caratteristiche del contenuto (l'informazione, sotto forma di testo e immagini) e l'utilizzo della carta come supporto per trasferire le informazioni. I volumi delle tirature, la diversa durata del ciclo produttivo e le caratteristiche fisiche del prodotto determinavano strutture aziendali e processi molto dissimili tra loro. La principale differenza fra i prodotti dei tre segmenti era rappresentata – oltre che dalle caratteristiche fisiche – dalla durata del ciclo di vita dei singoli titoli, connessa alla frequenza di aggiornamento delle informazioni contenute. La necessità di sostituire il prodotto sul punto vendita con diversa frequenza aveva inoltre portato alla specializzazione dei canali di distribuzione: l'edicola per i titoli e le testate ad altissima rotazione, la libreria per i prodotti di catalogo. Il relativo isolamento delle case editrici di libri, la limitata possibilità di sfruttare sinergie fra i libri e gli altri prodotti editoriali da parte dei gruppi editoriali, la matrice culturale omogenea degli editori, la specificità delle professionalità richieste hanno contribuito al consolidamento di regole di funzionamento tipiche, spesso poco attente alle implicazioni economico-finanziarie delle scelte aziendali. Le strategie di molte case editrici anteponevano il raggiungimento di obiettivi sociali all'ottenimento di risultati competitivi ed economici. Parte degli editori reputava che la natura del prodotto non consentisse alle case editrici una gestione secondo economicità, mentre altri ritenevano che la "povertà" strutturale del settore non consentisse alle imprese grandi guadagni, ma neppure grandi perdite.

In base a quanto sostenuto nel brano, all'inizio degli anni Ottanta:

A. i diversi segmenti dell'editoria erano accomunati, dal punto di vista gestionale, solo dai contenuti e dai canali distributivi
B. all'interno del settore editoriale esistevano tre segmenti distinti caratterizzati da logiche gestionali diverse
C. il settore editoriale era uniformemente governato dalle stesse logiche editoriali
D. gli editori di libri erano isolati dagli altri editori che avevano basi culturali diverse tra loro
E. gli editori di libri e gli altri editori erano accomunati dalle stesse basi culturali

282) In base a quanto riportato nel brano, quale dei seguenti NON è uno dei motivi che determinano strutture aziendali diverse tra l'editoria libraria, quella periodica e quella quotidiana?

A. La specializzazione dei canali di distribuzione
B. Le testate ad altissima rotazione
C. I risultati economici
D. I volumi delle tirature
E. La diversa durata del ciclo produttivo

283) Nel brano si afferma che negli anni Ottanta:

A. le consistenti perdite economiche che caratterizzavano le case editrici portarono all'abbandono del perseguimento di obiettivi sociali
B. esistevano gli stessi canali distributivi per tutti i prodotti editoriali
C. le case editrici, vittime di un totale isolamento, operavano in un sistema di funzionamento che aveva come unico fine il risultato economico
D. le case editrici presentavano un ciclo produttivo dalla medesima durata
E. esistevano diversi canali distributivi in relazione ai differenti prodotti editoriali

284) Talete, il filosofo greco, aveva osservato, verso il 600 avanti Cristo, che una resina fossile che si trovava sulle rive del Baltico, che noi chiamiamo ambra e i greci chiamavano "elektron", acquisiva la capacità di attrarre piume, fili, batuffoli di lanugine, quando veniva strofinata con un pezzo di pelliccia. Fu l'inglese William Gilbert, lo studioso del magnetismo, a proporre per primo di chiamare tale forza attrattiva "elettricità", appunto dal greco "elektron". Egli scoprì che, oltre all'ambra, altri materiali, come il vetro, acquistavano proprietà elettriche se li si strofinava.

Chi fu il primo a proporre l'impiego del termine "elettricità"?

A. Lo studioso greco del magnetismo Gilbert
B. Sia Talete che Gilbert
C. Lo studioso inglese Talete
D. Il filosofo greco Talete
E. Lo studioso inglese Gilbert

285) Quali materiali, oltre all'ambra, acquistano proprietà elettriche se si strofinano?

A. Piume
B. Fili di cotone
C. Vetro
D. Legno
E. Pelliccia

286) Alla base del film c'è l'idea, che può essere originale oppure ispirarsi ad altre forme artistiche e letterarie; in quest'ultimo caso, l'idea andrà opportunamente rielaborata per poterla realizzare cinematograficamente, attraverso immagini in movimento. In ogni caso, al centro della storia che verrà sviluppata, ci deve essere un conflitto esteriore (tra personaggi, fra ambiente e personaggio ecc.) oppure interiore (sul piano morale, esistenziale, ideologico ecc.), per determinare la tensione drammatica del film. L'immagine filmica deve essere funzionale alla narrazione: ciascuna inquadratura racconta e comunica emozioni, da sola e in sequenza con altre inquadrature. Nel passaggio dall'idea alla stesura della sceneggiatura si definiscono sempre più precisamente l'argomento, i luoghi, l'epoca, i personaggi, le azioni. La sceneggiatura descrive tutte le scene in cui si dipana il film, le azioni e le battute dei personaggi. Preparatorio al film è lo Story board, che rappresenta, tramite vignette, tutte le scene. In genere la narrazione cinematografica condensa la storia, utilizzando frequentemente l'ellissi ed eliminando i momenti meno significativi, dato che il film dura mediamente da un'ora e trenta minuti a tre ore, pur se la storia narrata dura anni o secoli. A volte si può scegliere se far coincidere "tempo della storia" e "tempo della narrazione", costruendo il film in tempo reale, come avviene in *Mezzogiorno di fuoco* di Fred Zinnemann del 1952. Le battute, data la limitata durata di un film, devono essere particolarmente ricche di significato e sintetiche; attraverso di esse si stabiliscono i legami fra i personaggi, si comprendono antefatti, si svelano segreti; talvolta chi parla resta fuori campo, come accade per la voce del narratore nelle sequenze girate in soggettiva o nei documentari. Il registro adottato (solenne, scientifico, familiare, gergale ecc.) connota i personaggi e contribuisce all'ambientazione. Alcuni registi, tuttavia, preferiscono avere solo un canovaccio e procedere alla definizione della sceneggiatura nel corso delle riprese.
Secondo l'autore del brano, in un film i conflitti:

A. sono accompagnati da un'immagine filmica funzionale
B. contribuiscono all'ambientazione
C. sono utili per vivacizzare le sequenze in soggettiva
D. vengono espressi dalla voce fuori campo
E. possono essere esteriori o interiori

287) Secondo quanto si può dedurre dal brano, l'idea alla base di un film:

A. è originale se non è ricavata da altre opere artistiche o letterarie
B. è ellittica
C. trae sempre spunto da storie già raccontate

D. non deve mai trarre spunto da altre forme artistiche o letterarie
E. è sempre originale

288) "La scimmia è proverbiale per la sua curiosità. Il suo piccolo cervello affaccendato non può fare a meno di interessarsi a tutto ciò che è alla sua portata; e sotto questo aspetto, come sotto molti altri, l'uomo non è che una superscimmia. Il cervello umano è il pezzo di materia organizzato nel modo più meraviglioso di tutto l'universo conosciuto; la sua capacità di ricevere, organizzare e immagazzinare dati supera enormemente le necessità ordinarie della vita".
Secondo quanto sostenuto nel brano, perché l'essere umano si può definire una "superscimmia"?

A. Perché il cervello umano ha la stessa quantità di neuroni di quello di una scimmia
B. Perché ha la sua stessa capacità di ricevere e immagazzinare dati
C. A causa della sua curiosità, aspetto che ha in comune con le scimmie
D. Per l'organizzazione del suo cervello
E. Perché l'uomo deriva dalle scimmie

289) Il cervello umano:

A. è curioso come le scimmie
B. ha la stessa capacità di organizzare i dati delle scimmie
C. ha capacità superiori rispetto alle necessità ordinarie della vita
D. riceve e organizza solo i dati necessari alla vita
E. organizza l'universo in modo meraviglioso

290) Per che cosa è proverbiale la scimmia?

A. Per la sua curiosità
B. Perché è simile all'uomo
C. Per il suo cervello piccolo
D. Per la sua capacità di ricevere e immagazzinare dati
E. Per la sua capacità di saltare

291) "Per i creatori di miti tutti gli aspetti della natura erano essenzialmente umani per la loro imprevedibilità. Per maestosi e possenti che fossero le personificazioni, per sovrumani che apparissero i poteri di Giove o di Ishtar o di Iside o di Marduk o di Odino, queste divinità erano anche, proprio come i semplici esseri umani, frivole, capricciose, emotive, capaci di comportamenti violenti per motivi di poco conto, sensibili alle lusinghe come bambini. Fintantoché l'universo era controllato da tali divinità arbitrarie e imprevedibili, non vi era alcuna speranza di poterlo comprendere, ma solo una vaga speranza di poterselo rendere amico. Invece, secondo il nuovo modo di vedere dei pensatori greci di un'epoca più tarda, l'universo era una macchina governata da leggi inflessibili".
Secondo quanto si può dedurre dal brano, chi era Marduk?

A. Una divinità
B. Un semplice essere umano
C. Un pensatore greco
D. Un pianeta
E. Un bambino

292) Perché non si riteneva possibile comprendere le leggi che governavano il mondo, all'epoca dei miti?

A. Perché le divinità erano maestose e possenti
B. Perché l'universo era una macchina governata da leggi inflessibili
C. Perché neanche gli dei riuscivano a governarlo
D. Perché il mondo era soggetto alle misteriose leggi dell'universo
E. Perché le divinità erano arbitrarie e imprevedibili

293) Quale caratteristica, secondo l'autore, si adatta alla personalità di divinità come Giove o Ishtar?

A. La comprensione
B. L'inflessibilità
C. La frivolezza
D. La cattiveria
E. L'umanità

294) In un'epoca imprecisata, verso il 3500 avanti Cristo, fu inventata la ruota (forse, all'inizio, una ruota da vasaio per foggiare il vasellame); nel giro di qualche secolo, certo entro il 3000 avanti Cristo, si applicarono le ruote alle slitte, il che consentì di far rotolare i carichi, anziché trascinarli. La ruota, pur non essendo essa stessa una fonte diretta di energia, rese possibile un risparmio energetico attraverso la riduzione dell'attrito. All'incirca nella stessa epoca si cominciarono a usare primitive zattere e piroghe, che consentivano di utilizzare l'energia della corrente dei fiumi per il trasporto di carichi. Forse attorno al 2000 avanti Cristo si cominciarono a usare le vele per sfruttare il vento.

L'invenzione della ruota permise di:

A. trascinare i carichi anziché farli rotolare
B. fare a meno degli animali per i lavori più duri
C. avere un risparmio energetico
D. sfruttare l'energia del vento
E. creare un'altra fonte diretta di energia

295) L'impiego delle vele per sfruttare il vento ebbe inizio:

A. attorno al 2000 a.C., insieme all'introduzione della ruota
B. entro il 3000 a.C., insieme all'introduzione delle zattere e delle piroghe
C. molto prima del 3000 a.C., quando ancora non era stata scoperta la ruota
D. dopo il 2000 a.C., insieme all'applicazione della ruota alle slitte
E. dopo il 3000 a.C., dopo l'introduzione della ruota

296) Secondo l'autore del brano, le prime ruote furono verosimilmente impiegate per:

A. le piroghe
B. far rotolare i carichi
C. le slitte
D. il trasporto lungo i fiumi
E. il vasellame

297) Deve esser stata la pentola a pressione a suscitare in Papin l'idea di utilizzare il vapore facendogli compiere del lavoro. Egli introdusse un po' d'acqua in fondo a un tubo e la convertì in vapore riscaldandola. Il vapore, espandendosi energicamente, sospingeva verso l'alto uno stantuffo. La prima persona che tradusse quest'idea in un congegno utilizzabile in pratica fu però un ingegnere militare inglese, Thomas Savery. La sua macchina a vapore poteva essere usata per pompare l'acqua di una miniera o di un pozzo, o per far funzionare una ruota idraulica: pertanto egli la chiamò "l'Amica del Minatore". Era però pericolosa (perché la pressione elevata del vapore poteva far scoppiare recipienti e tubi) e aveva un basso rendimento (perché il calore del vapore andava perso tutte le volte che si raffreddava il contenitore).

Che cos'è l'Amica del Minatore?

A. Una macchina a vapore utilizzabile solo nelle miniere
B. Una ruota idraulica a basso rendimento
C. Una turbina elettrica

D. Una macchina a vapore polifunzionale
E. Una macchina idraulica

298) Quale fu l'intuizione di Papin sulla pentola a pressione?

A. Capire che la pressione elevata del vapore poteva far scoppiare recipienti e tubi
B. Capire che il calore del vapore andava perso tutte le volte che si raffreddava il contenitore
C. Usare il vapore per compiere del lavoro
D. Creare un congegno utilizzabile per scopi militari
E. Riscaldare un tubo usando uno stantuffo

299) Chi inventò l'Amica del Minatore?

A. I greci
B. Savery e Papin
C. Gli inglesi
D. Savery
E. Papin

300) "Il reddito di una nazione è la somma dei redditi di tutti gli abitanti di quel Paese. Un Paese dove la maggior parte della gente è povera sarà dunque un Paese povero o un Paese a basso reddito. Ciò è vero anche se nel Paese vi sono alcune persone che sono ricche o anche molto ricche".
In base a quanto riportato nel testo:

A. un Paese in cui la maggior parte della gente è povera sarà un Paesea basso reddito, indipendentemente dalla presenza o meno di persone ricche. Il reddito di una nazione, infatti, è costituito dalla somma dei redditi di tutti gli abitanti del Paese; pertanto, in un Paese povero, questo reddito sarà molto basso
B. non necessariamente la presenza di alcune persone che sono ricche o anche molto ricche, significa che il reddito nazionale del loro Paese sia sopra la media. Se vi sono anche dei poveri, poiché il reddito di una nazione è la somma dei redditi di tutti i suoi abitanti, il Paese potrebbe non essere ricco
C. sebbene in un Paese povero vi siano anche alcune persone ricche o molto ricche, ciò non vuol dire che il reddito di quel Paese si alzerà, ma rimarrà sempre un reddito piuttosto basso. Infatti, l'andamento del reddito è determinato dalla somma di tutti i redditi degli abitanti di quel dato Paese e se la popolazione è generalmente povera, il reddito non potrà essere alto
D. il fatto che in un Paese vi siano persone anche molto ricche, non significa che si tratta di un Paese ricco. Infatti, il reddito di una nazione è la somma dei redditi di tutti i suoi abitanti: se in maggioranza essi sono poveri, il Paese sarà a basso reddito
E. per valutare la ricchezza di una nazione, bisogna sommare i redditi di tutti i suoi abitanti poveri. Si potrebbe scoprire che un Paese in cui vi sono persone che sono ricche o anche molto ricche, è un Paese a basso reddito

RISPOSTE CORRETTE

1) B	51) D	101) C	151) C	201) A	251) E
2) C	52) E	102) E	152) B	202) E	252) B
3) B	53) E	103) A	153) A	203) A	253) D
4) D	54) E	104) E	154) B	204) B	254) D
5) D	55) A	105) D	155) C	205) A	255) B
6) E	56) E	106) D	156) D	206) A	256) D
7) D	57) B	107) A	157) B	207) B	257) C
8) A	58) C	108) A	158) B	208) C	258) B
9) C	59) E	109) B	159) C	209) B	259) C
10) D	60) B	110) C	160) A	210) A	260) E
11) C	61) B	111) A	161) E	211) E	261) B
12) B	62) E	112) B	162) E	212) B	262) A
13) B	63) A	113) C	163) A	213) D	263) B
14) B	64) C	114) A	164) E	214) E	264) B
15) B	65) B	115) D	165) C	215) A	265) D
16) A	66) A	116) E	166) B	216) C	266) A
17) D	67) A	117) E	167) D	217) E	267) D
18) E	68) C	118) B	168) E	218) A	268) E
19) E	69) C	119) C	169) C	219) E	269) B
20) D	70) E	120) A	170) B	220) E	270) E
21) C	71) C	121) D	171) E	221) E	271) D
22) B	72) A	122) B	172) B	222) B	272) C
23) E	73) B	123) B	173) C	223) A	273) B
24) D	74) A	124) B	174) A	224) B	274) A
25) E	75) B	125) D	175) A	225) E	275) E
26) C	76) C	126) C	176) C	226) C	276) A
27) E	77) C	127) C	177) D	227) E	277) C
28) C	78) C	128) E	178) B	228) C	278) E
29) E	79) A	129) B	179) D	229) D	279) D
30) A	80) D	130) D	180) A	230) D	280) B
31) C	81) A	131) D	181) B	231) E	281) B
32) D	82) E	132) C	182) B	232) B	282) A
33) C	83) B	133) C	183) C	233) C	283) E
34) D	84) C	134) C	184) E	234) A	284) E
35) C	85) E	135) A	185) B	235) E	285) C
36) A	86) C	136) C	186) E	236) C	286) E
37) E	87) E	137) B	187) C	237) C	287) A
38) B	88) D	138) B	188) B	238) E	288) C
39) A	89) D	139) B	189) E	239) A	289) C
40) A	90) E	140) D	190) E	240) C	290) A
41) B	91) B	141) C	191) A	241) B	291) A
42) B	92) C	142) B	192) E	242) A	292) E
43) A	93) E	143) C	193) D	243) E	293) C
44) D	94) A	144) E	194) C	244) E	294) C
45) E	95) A	145) E	195) C	245) E	295) E
46) D	96) B	146) D	196) C	246) A	296) E
47) E	97) E	147) C	197) E	247) D	297) D
48) C	98) C	148) E	198) E	248) A	298) C
49) E	99) E	149) A	199) E	249) A	299) D
50) D	100) A	150) A	200) A	250) E	300) D

CAPITOLO 2
Ragionamento critico

2.1 • I sillogismi

1) Completare correttamente il seguente sillogismo: "Tutte le api impollinano i fiori. Alcuni insetti non impollinano i fiori. Dunque _______ non sono api".

A. alcuni insetti
B. alcune api
C. tutti i fiori
D. tutti gli insetti
E. alcuni fiori

2) "Nessuna margherita è un animale – ogni cane è un animale – dunque _______ è una margherita". Si individui il corretto completamento del sillogismo proposto.

A. nessun cane
B. ogni animale
C. qualche animale
D. ogni margherita
E. qualche margherita

3) "Tutti i gatti sono istintivi e tutti gli animali istintivi sono mammiferi. Alcuni mammiferi possono nuotare. Dunque ____". Una sola delle deduzioni qui elencate completa correttamente il sillogismo:

A. gli animali che possono nuotare sono mammiferi
B. è impossibile che alcuni gatti non possano nuotare
C. tutti i mammiferi sanno nuotare
D. non è impossibile che alcuni gatti possano nuotare
E. è impossibile che alcuni gatti possano nuotare

4) "Nessun cane è alato. Alcuni animali sono alati". Indicare con quale delle seguenti conclusioni può essere completato il sillogismo proposto.

A. Alcuni cani sono animali
B. Alcuni animali alati sono cani
C. Nessun essere alato è un cane
D. Alcuni animali non sono cani
E. Alcuni esseri alati non sono animali

5) "Tutti i marescialli sono valorosi – nessun valoroso è delinquente, dunque ____ è maresciallo". Si individui il corretto completamento del sillogismo proposto.

A. nessun delinquente
B. qualche maresciallo
C. ogni delinquente
D. qualche delinquente
E. ogni maresciallo

6) "Nessun diamante è un essere parlante – qualche animale è un essere parlante – dunque ____ non è un diamante". Si individui il corretto completamento del sillogismo proposto.

A. nessun animale
B. qualche animale
C. ogni essere parlante
D. ogni diamante
E. ogni animale

7) "Tutti i leoni mangiano le verdure – alcuni felini non mangiano le verdure. Dunque ____ non sono leoni". Si indivi-

dui il corretto completamento del sillogismo proposto.

A. le verdure
B. alcuni leoni
C. alcune verdure
D. i felini
E. alcuni felini

8) "Tutti i dentisti sono ricchi. Nessun ricco è una persona triste. Quindi ____ è un dentista". Si individui il corretto completamento del sillogismo proposto.

A. qualche ricco
B. quasi tutti i ricchi
C. ogni ricco
D. soltanto un ricco
E. nessuna persona triste

9) "Tutti i molussi hanno il perto, i tungsteni hanno il perto, quindi i tungsteni sono molussi". Il sillogismo proposto è ____

A. verosimile
B. vero
C. inesistente
D. vero o falso a seconda del significato di tungsteni
E. falso

10) "Nessun ingenuo è cattivo – qualche cattivo è adulto – dunque ____ non è ingenuo". S'individui il corretto completamento del sillogismo:

A. ogni cattivo
B. qualche adulto
C. qualche ingenuo
D. ogni adulto
E. qualche cattivo

11) "Tutti i condottieri sono coraggiosi; nessun coraggioso è dissimulatore; dunque ________ è condottiero". Si individui il corretto completamento del sillogismo:

A. nessun dissimulatore
B. qualche dissimulatore
C. nessun coraggioso
D. ogni dissimulatore
E. qualche condottiero

12) "Nessun minerale è animato – qualche esistente è animato – dunque _______ non è minerale". S'individui il corretto completamento del sillogismo:

A. ogni minerale
B. qualche minerale
C. ogni animato
D. qualche esistente
E. ogni esistente

13) "Tutti i piccioni mangiano le fave – alcuni uccelli non mangiano le fave – dunque _______ non sono piccioni". S'individui il corretto completamento del sillogismo:

A. alcune fave
B. tutti gli uccelli
C. le fave
D. alcuni uccelli
E. alcuni piccioni

14) "I bugiardi sono ingiusti – i bugiardi sono uomini – dunque ____ sono ingiusti". Si individui il corretto completamento del sillogismo:

A. alcuni bugiardi
B. i bugiardi
C. alcuni uomini
D. alcuni giusti
E. tutti gli uomini

15) "Nessuna pianta ha le ali – tutti gli alberi sono piante – dunque ____ ha le ali". Si individui il corretto completamento del sillogismo:

A. qualche pianta
B. ogni pianta
C. qualche albero

D. nessun albero
E. nessuna pianta

16) "Ogni uomo è mammifero – qualche animale è uomo – dunque ____ è mammifero". Si individui il corretto completamento del sillogismo:

A. ogni animale
B. ogni uomo
C. qualche uomo
D. ogni mammifero
E. qualche animale

17) "Nessun calciatore è zoppo – alcuni uomini sono zoppi – dunque ____ non sono calciatori". Si individui il corretto completamento del sillogismo:

A. tutti gli uomini
B. alcuni calciatori
C. alcuni uomini
D. alcuni zoppi
E. tutti gli zoppi

18) "Nessuna pianta è animale – ogni uomo è animale – dunque ____ è pianta". Si individui il corretto completamento del sillogismo:

A. qualche animale
B. ogni animale
C. qualche uomo
D. ogni pianta
E. nessun uomo

19) "Tutti gli eccessi sono biasimevoli – alcune passioni non sono biasimevoli – dunque ____ non sono eccessi". S'individui il corretto completamento del sillogismo:

A. alcuni eccessi
B. tutti i biasimevoli
C. alcune passioni
D. tutti gli eccessi
E. tutte le passioni

20) "Tutti i notai sono ricchi. Nessun ricco è una persona insicura. Quindi ____ è un notaio". Si individui il corretto completamento del sillogismo:

A. soltanto un ricco
B. qualche persona insicura
C. ogni ricco
D. qualche ricco
E. nessuna persona insicura

2.2 • Le negazioni

21) "È sbagliato negare che è falso che lo studente non abbia studiato". Basandosi sulla precedente affermazione, individuare quale delle seguenti alternative è esatta.

A. Si può affermare con certezza che lo studente ha studiato
B. Lo studente ha studiato
C. Lo studente è stato verosimilmente punito dal professore
D. Non si sa se lo studente abbia studiato
E. La frase proposta non ha senso

22) "Non è possibile dubitare della necessità di impedire che Marco non vada in palestra". Qual è il corretto significato della precedente affermazione?

A. L'affermazione proposta è priva di un senso logico
B. È necessario che Marco non vada in palestra
C. È necessario che la palestra impedisca a Marco di andarci
D. È necessario che la palestra permetta a Marco di andarci
E. È necessario che Marco vada in palestra

23) "Non è possibile negare la falsità della tesi secondo la quale il cerchio non è una figura perfetta". Qual è il corretto significato della precedente affermazione?

A. È falso affermare che il cerchio sia una figura perfetta
B. Non è possibile sapere con certezza se il cerchio sia una figura perfetta o meno

C. È corretto affermare che non si può sapere se il cerchio è una figura perfetta
D. Il cerchio non è una figura perfetta
E. Il cerchio è una figura perfetta

24) "È corretto negare che è vero che la *Dama con ermellino* non è stata dipinta da Leonardo da Vinci". Sulla base dell'affermazione proposta, quale delle frasi seguenti non è errata?

A. Non si può affermare che la "Dama con ermellino" sia stata dipinta da Leonardo da Vinci
B. La "Dama con ermellino" non è un dipinto
C. Non si sa chi abbia dipinto la "Dama con ermellino"
D. La "Dama con ermellino" è stata dipinta da Leonardo da Vinci
E. La "Dama con ermellino" non è stata dipinta da Leonardo da Vinci

25) La negazione logica della proposizione "Non è permesso ai minori di 18 anni di frequentare il parco comunale dalle ore 20.00 alle ore 8.00" è ...

A. chiunque può frequentare il parco comunale dalle ore 8.00 alle ore 20.00
B. il parco comunale è chiuso dalle ore 20.00 alle ore 8.00
C. solamente i minorenni possono frequentare il parco comunale dalle ore 20.00 alle ore 8.00
D. chiunque può frequentare il parco comunale dalle ore 20.00 alle ore 8.00
E. i maggiorenni possono frequentare il parco comunale dalle ore 20.00 alle ore 8.00

26) La negazione della frase "tutti sono alti e almeno uno non è triste" è ...

A. "qualcuno è alto o nessuno è triste"
B. "esiste almeno uno non alto e triste"
C. "tutti quelli che sono alti sono tristi"
D. "nessuno è alto e almeno uno è triste"
E. "qualcuno non è alto o tutti sono tristi"

27) "Non si può escludere che, se Umberto non avesse sostituito la ruota, l'auto avrebbe subito molti danni". In base alla precedente affermazione, quale delle seguenti è certamente vera?

A. È possibile che l'auto avrebbe subito molti danni qualora Umberto avesse sostituito la ruota
B. Se l'auto avesse subito molti danni, è possibile che Umberto non avrebbe sostituito la ruota
C. L'auto avrebbe riportato molti danni se Umberto non avesse sostituito la ruota
D. È possibile che l'auto avrebbe subito molti danni qualora Umberto non avesse sostituito la ruota
E. È possibile che l'auto non abbia subito alcun danno, sebbene Umberto abbia sostituito la ruota

28) La negazione della frase "gatto che miagola non graffia" è ...

A. "tutti i gatti che non miagolano non graffiano"
B. "esiste almeno un gatto che miagola e graffia"
C. "tutti i gatti che miagolano graffiano"
D. "esiste almeno un gatto che non miagola e graffia"
E. "tutti i gatti che non graffiano miagolano"

29) "I carabinieri non avevano avuto la possibilità di escludere che il locale potesse essere utilizzato per coprire serate a luci rosse". In base alla precedente affermazione, quale delle seguenti è certamente vera?

A. Il locale veniva utilizzato per coprire serate a luci rosse

B. È possibile che il locale potesse essere utilizzato per coprire serate a luci rosse
C. Il locale veniva utilizzato per addestrare le giovani a prostituirsi
D. Non è possibile che il locale potesse essere utilizzato per coprire serate a luci rosse
E. I carabinieri avevano la certezza che il locale venisse usato per coprire serate a luci rosse

30) Negare l'affermazione: "chi ama la propria città la tiene pulita".

A. Ci sono cittadini che amano la loro città e la puliscono
B. C'è almeno un cittadino che pulisce la propria città ma non la ama
C. C'è almeno un cittadino che ama la propria città ma non la tiene pulita
D. Non c'è alcun cittadino che ami e pulisca la sua città
E. Chi pulisce la propria città la ama

31) C'è una casa con almeno due porte; si consideri l'affermazione:
Esiste una chiave che apre tutte le porte di casa, ma non la porta della cantina.
Indicare quale tra le seguenti frasi costituisce la negazione dell'affermazione riportata sopra.

A. Per ogni chiave, esiste una porta che non è quella della cantina che viene aperta da quella chiave
B. Esiste una chiave che apre tutte le porte di casa, compresa quella della cantina
C. Nessuna chiave apre tutte le porte
D. Esiste una chiave che non apre nessuna porta, se non quella della cantina
E. Per ogni chiave, o esiste una porta che non è quella della cantina che non viene aperta da quella chiave, oppure quella chiave apre la porta della cantina

32) "L'esame grafologico non ha consentito di dimostrare l'impossibilità che l'autore della lettera minatoria sia la persona arrestata". Qual è il corretto significato della precedente affermazione?

A. L'esame grafologico ha dimostrato che l'autore della lettera minatoria non può essere la persona arrestata
B. È molto probabile che l'autore della lettera minatoria sia la persona arrestata
C. L'esame grafologico non ha dimostrato che l'autore della lettera non è la persona arrestata
D. L'esame grafologico ha dimostrato che l'autore della lettera è la persona arrestata
E. È impossibile che l'autore della lettera sia la persona arrestata

33) Alessandro afferma: "Se Rossi parte in pole position arriva primo". Quale delle seguenti proposizioni è la NEGAZIONE di quella di Alessandro?

A. Rossi può non vincere anche se parte in pole position
B. Se Rossi non parte in pole position non vince
C. Rossi può non partire in pole position e non vincere
D. Rossi può arrivare primo anche se non parte in pole position
E. Rossi non vince mai ogni volta che parte in pole position

34) "Non si può escludere che, se Marta non avesse vinto la lotteria, il marito l'avrebbe lasciata". In base alla precedente affermazione, quale delle seguenti è certamente vera?

A. È possibile che il marito di Marta l'avrebbe lasciata qualora lei non avesse vinto la lotteria

B. Se il marito di Marta l'avesse lasciata, è possibile che lei non avrebbe vinto la lotteria
C. È possibile che il marito di Marta l'avrebbe lasciata, qualora lei avesse vinto la lotteria
D. Se il marito di Marta non l'avesse lasciata, è possibile che lei avrebbe vinto la lotteria
E. Il marito di Marta l'avrebbe lasciata se lei non avesse vinto la lotteria

35) "Non si può escludere che, se Matteo non avesse chiamato la polizia, il ladro l'avrebbe fatta franca". In base alla precedente affermazione, quale delle seguenti è certamente vera?

A. È possibile che il ladro l'avrebbe fatta franca qualora Matteo non avesse chiamato la polizia
B. Il ladro l'avrebbe fatta franca se Matteo non avesse chiamato la polizia
C. È possibile che il ladro l'avrebbe fatta franca, qualora Matteo avesse chiamato la polizia
D. Il ladro l'avrebbe fatta franca, se Matteo avesse chiamato la polizia
E. Se il ladro l'avesse fatta franca, è possibile che Matteo non avrebbe chiamato la polizia

36) "Non si può escludere che, se Bruno non avesse perso il biglietto, l'addetto alla sicurezza l'avrebbe fatto entrare nel cinema". In base alla precedente affermazione, quale delle seguenti è certamente vera?

A. Se l'addetto alla sicurezza avesse fatto entrare Bruno nel cinema, è possibile che quest'ultimo non avrebbe perso il biglietto
B. Se l'addetto alla sicurezza avesse fatto entrare Bruno nel cinema, sicuramente quest'ultimo non avrebbe perso il biglietto
C. È possibile che l'addetto alla sicurezza avrebbe fatto entrare Bruno nel cinema, qualora quest'ultimo avesse perso il biglietto
D. È possibile che l'addetto alla sicurezza avrebbe fatto entrare Bruno nel cinema qualora quest'ultimo non avesse perso il biglietto
E. L'addetto alla sicurezza avrebbe fatto entrare Bruno nel cinema se quest'ultimo avesse mostrato il biglietto

37) "Non si può escludere che, se Rita non avesse avvertito del ritardo, i genitori si sarebbero preoccupati". In base alla precedente affermazione, quale delle seguenti è certamente vera?

A. Se i genitori si fossero preoccupati, certamente Rita non avrebbe avvertito del ritardo
B. I genitori si sarebbero preoccupati se Rita avesse dimenticato di avvertire del ritardo
C. È possibile che i genitori si sarebbero preoccupati, qualora Rita avesse avvertito del ritardo
D. È possibile che i genitori si sarebbero preoccupati qualora Rita non avesse avvertito del ritardo
E. Se i genitori si fossero preoccupati, è possibile che Rita non avrebbe avvertito del ritardo

38) "È senza dubbio corretta la teoria che nega la verità dell'affermazione secondo cui è possibile che la vita esista su altri pianeti". Dalla precedente affermazione si deduce che:

A. la verità è che la vita esiste su altri pianeti
B. gli astronomi effettuano osservazioni regolari e scientifiche
C. la vita esiste su altri pianeti
D. la vita non può esistere su altri pianeti

E. è possibile che la vita esista su altri pianeti

39) "Non si può escludere che, se Paolo non avesse lasciato a casa la macchina fotografica, la vacanza sarebbe stata indimenticabile". In base alla precedente affermazione, quale delle seguenti è certamente vera?

A. Se la vacanza fosse stata indimenticabile, Paolo non avrebbe lasciato a casa la macchina fotografica
B. È possibile che la vacanza sarebbe stata indimenticabile, qualora Paolo avesse lasciato a casa la macchina fotografica
C. La vacanza sarebbe stata indimenticabile se Paolo avesse avuto con sé la macchina fotografica
D. È possibile che la vacanza sarebbe stata indimenticabile qualora Paolo non avesse lasciato a casa la macchina fotografica
E. Se la vacanza fosse stata indimenticabile, è possibile che Paolo non avrebbe lasciato a casa la macchina fotografica

40) "La testimonianza del giardiniere non ha permesso di dimostrare l'impossibilità che Francesco amasse Maddalena". Qual è il corretto significato della precedente affermazione?

A. La testimonianza del giardiniere ha dimostrato che Francesco odiava Maddalena
B. È impossibile che Francesco non amasse Maddalena
C. La testimonianza del giardiniere non ha dimostrato che Francesco non amava Maddalena
D. È impossibile che Francesco amasse Maddalena
E. La testimonianza del giardiniere ha dimostrato che Francesco amava Maddalena

41) "L'esame del curriculum vitae non ha consentito di dimostrare l'impossibilità che il candidato possegga i requisiti per l'assunzione". Qual è il corretto significato della precedente affermazione?

A. L'esame del curriculum del candidato ha dimostrato che il candidato possiede i requisiti per l'assunzione
B. L'esame del curriculum del candidato ha dimostrato che il candidato non può possedere i requisiti per l'assunzione
C. L'esame del curriculum del candidato non ha dimostrato che il candidato può possedere i requisiti per l'assunzione
D. L'esame del curriculum vitae non ha dimostrato che il candidato non possiede i requisiti per l'assunzione
E. È impossibile che il candidato possegga i requisiti necessari per essere assunto

42) "Non si può negare che siano improponibili sia l'annullamento totale che la conferma totale dei risultati di quei dispositivi elettronici che impediscono agli automobilisti di violare impunemente i limiti di velocità". Qual è il corretto significato della precedente osservazione?

A. Nessuna delle altre alternative è corretta
B. Gli automobilisti possono violare impunemente i limiti di velocità
C. È proponibile l'annullamento parziale dei risultati di quei dispositivi elettronici che impediscono agli automobilisti di violare impunemente i limiti di velocità
D. I risultati di quei dispositivi elettronici che impediscono agli automobilisti di violare impunemente i limiti di velocità sono totalmente inaffidabili

E. È inaccettabile vietare agli automobilisti di violare impunemente i limiti di velocità

43) "Almeno una delle case di Parigi ha le tegole rosse". Negare questa affermazione significa affermare che:

A. a Parigi almeno due case hanno le tegole rosse
B. a Parigi quasi tutte, ma non tutte, le case hanno le tegole rosse
C. Parigi è l'unica città senza una casa con le tegole rosse
D. a Parigi tutte le case hanno le tegole rosse
E. a Parigi nessuna casa ha le tegole rosse

44) "È sbagliato non ammettere che le precauzioni prese non sono bastate per impedire il rovesciamento della barca". Basandosi sulla precedente affermazione, individuare quale delle seguenti alternative è esatta.

A. Si può affermare che le precauzioni prese sono state sufficienti per impedire il rovesciamento della barca
B. La barca si è rovesciata nonostante le precauzioni prese
C. Bisogna ammettere che non è stata presa alcuna precauzione per impedire il rovesciamento della barca
D. Le precauzioni che si possono prendere per impedire il rovesciamento di una barca sono inefficaci
E. Grazie alle precauzioni prese la barca non si è rovesciata

45) "In base alle notizie in suo possesso, il giornalista ha scritto che non è falsa l'ipotesi secondo cui l'incendio non è doloso". Basandosi sulla precedente affermazione, quale delle seguenti alternative è vera?

A. Sicuramente l'incendio non è doloso
B. L'incendio è doloso in base alle notizie in possesso del giornalista
C. L'incendio non è doloso in base alle notizie in possesso del giornalista
D. Non vi è nessun elemento valido per sostenere che l'incendio non sia doloso
E. Le notizie in possesso del giornalista lo hanno indotto in errore

46) "Non è possibile negare l'inesistenza di un'automobile dotata di freno a mano idraulico". Qual è il corretto significato della precedente affermazione?

A. Esiste almeno un'automobile dotata di freno a mano idraulico
B. Non esiste alcuna automobile dotata di freno a mano idraulico
C. Nessuna automobile è dotata di freno a mano meccanico
D. Tutte le automobili sono dotate di freno a mano idraulico
E. Le automobili dotate di freno a mano idraulico sono più diffuse di quelle dotate di freno a mano meccanico

47) "È assurdo contestare che è sbagliato non riconoscere che il film di Antonio è stato visto da molte persone". Basandosi sulla precedente affermazione, individuare quale delle seguenti alternative è esatta.

A. Il film di Antonio non è stato visto da molte persone
B. Molte persone hanno visto il film di Antonio
C. Non si può evitare di negare che non sia corretto non affermare che il film di Antonio sia stato visto da molte persone
D. Non è possibile stabilire se il film di Antonio sia stato visto da molte o poche persone

E. Il film di Antonio è stato contestato da molte persone

48) "È assurdo negare l'inesistenza di un testimone che abbia assistito al delitto della contessa". La precedente affermazione significa che:

A. si è in presenza di un caso poliziesco molto intricato
B. il delitto della contessa è stato visto da almeno un testimone
C. è sicuro che non esiste una persona che non sia stata testimone del delitto della contessa
D. non esiste alcun testimone che abbia assistito al delitto della contessa
E. al delitto della contessa hanno assistito molti testimoni

49) "Non si può non negare che il signor Rossi non manifesti in modo non chiaro la sua avversità verso il signor Verdi". Se la precedente affermazione è vera, allora è vero che:

A. il signor Rossi non manifesta in modo non chiaro la sua avversità verso il signor Verdi
B. il signor Rossi non può manifestare in modo non chiaro la sua avversità verso il signor Verdi
C. il signor Verdi è ostile al signor Rossi
D. il signor Rossi manifesta in modo non chiaro la sua avversità verso il signor Verdi
E. il signor Rossi manifesta in modo evidente e aperto la sua avversità verso il signor Verdi

50) La negazione di "ogni cane abbaia" è:

A. c'è un cane che non abbaia
B. se non abbaia non è un cane
C. ogni cane non abbaia
D. nessuna delle altre risposte
E. c'è un cane che abbaia

51) La frase "Non garantisco che sia insostenibile negare il contrario della veridicità delle mie affermazioni" significa:

A. io dico sempre il vero
B. io non conosco la verità
C. io mento
D. io posso dire il vero
E. io non so mentire

52) "Non esiste alcun elemento probatorio che consenta di eliminare la possibilità che l'imputato sia estraneo al fatto". Dalla precedente affermazione si deduce che:

A. l'imputato è estraneo al fatto
B. è possibile che l'imputato sia estraneo al fatto
C. è impossibile che l'imputato sia estraneo al fatto
D. vi sono prove sull'estraneità dell'imputato al fatto
E. l'imputato non è estraneo al fatto

53) "Non si può escludere che, se Davide non avesse perso gli occhiali, l'esecuzione del pezzo musicale sarebbe stata perfetta". In base alla precedente affermazione, quale delle seguenti è certamente vera?

A. È possibile che l'esecuzione del pezzo musicale sarebbe stata perfetta qualora Davide non avesse perso gli occhiali
B. È possibile che l'esecuzione del pezzo musicale sarebbe stata perfetta, qualora Davide avesse perso gli occhiali
C. L'esecuzione del pezzo musicale sarebbe stata perfetta se Davide avesse avuto con sé gli occhiali
D. Se l'esecuzione del pezzo musicale fosse stata perfetta, è possibile che Davide avrebbe trovato gli occhiali
E. Non si può escludere che, se Davide avesse perso gli occhiali, l'esecuzione

del pezzo musicale non sarebbe stata perfetta

54) "È assurdo contestare che è sbagliato non riconoscere che la mostra dei quadri di Picasso è stata visitata da molte persone". Basandosi sulla precedente affermazione, individuare quale delle seguenti alternative è esatta.

A. Non si può evitare di negare che non è corretto non affermare che la mostra dei quadri di Picasso è stata visitata da molte persone
B. La mostra dei quadri di Picasso è stata contestata da molte persone
C. Molte persone hanno visitato la mostra dei quadri di Picasso
D. Non è possibile stabilire se la mostra dei quadri di Picasso sia stata visitata da molte o poche persone
E. La mostra dei quadri di Picasso non è stata visitata da molte persone

55) "L'esame dei reperti ritrovati non ha consentito di dimostrare l'impossibilità che il gioiello scoperto sia d'oro". Qual è il corretto significato della precedente affermazione?

A. L'esame dei reperti ritrovati ha dimostrato che il gioiello scoperto non può essere d'oro
B. È impossibile che il gioiello scoperto sia d'oro
C. L'esame dei reperti ritrovati ha dimostrato che il gioiello scoperto è d'oro
D. L'esame dei reperti ritrovati non ha dimostrato che il gioiello scoperto non è d'oro
E. L'esame dei reperti ritrovati ha dimostrato che il gioiello scoperto non è d'oro

56) "Non si può escludere che, se Francesco non avesse perso il denaro, la trattativa si sarebbe risolta con un successo". In base alla precedente affermazione, quale delle seguenti è certamente vera?

A. Se la trattativa fosse stata un successo, è possibile che Francesco avrebbe trovato il denaro
B. È possibile che la trattativa sarebbe stata un successo, qualora Francesco avesse perso il denaro
C. La trattativa sarebbe stata un successo se Francesco avesse avuto con sé il denaro
D. È possibile che la trattativa sarebbe stata un successo qualora Francesco non avesse perso il denaro
E. Non si può escludere che, se Francesco avesse perso il denaro, la trattativa non sarebbe stata un successo

57) "Non si può escludere che, se Livio non si fosse ferito, la gara di atletica l'avrebbe vinta lui". In base alla precedente affermazione, quale delle seguenti è certamente vera?

A. La gara di atletica sarebbe stata vinta da Livio se fosse stato sano
B. Se la gara di atletica fosse stata vinta da Livio, quest'ultimo non si sarebbe ferito
C. È possibile che la gara di atletica sarebbe stata vinta da Livio qualora Livio non si fosse ferito
D. Se la gara di atletica non fosse stata vinta da Livio quest'ultimo sicuramente non si sarebbe ferito
E. È possibile che la gara di atletica l'avrebbe vinta Livio qualora Livio si fosse ferito

58) "Non si può escludere che, se Matteo non si fosse infortunato, avrebbe vinto". In base alla precedente affermazione, quale delle seguenti è certamente vera?

A. È possibile che Matteo avrebbe vinto qualora egli non si fosse infortunato

B. È possibile che Matteo avrebbe vinto, qualora egli si fosse infortunato
C. Se Matteo avesse vinto, è possibile che egli sarebbe stato esente da infortuni
D. Matteo avrebbe sicuramente vinto qualora egli non si fosse infortunato
E. Matteo avrebbe vinto se egli fosse stato esente da infortuni

59) "Nessun computer può sostituire il cervello umano". Se la precedente affermazione è FALSA, allora si può essere certi che:

A. non esistono computer che possono sostituire il cervello umano
B. esiste almeno un computer che può sostituire il cervello umano
C. esistono diversi computer che possono sostituire il cervello umano
D. il cervello umano è insostituibile
E. c'è solo un computer che può sostituire il cervello umano

60) "La visita ortopedica non ha consentito di dimostrare l'impossibilità che il legamento del pollice sia rotto". Qual è il corretto significato della precedente affermazione?

A. La visita ortopedica ha dimostrato che il legamento del pollice non può essere rotto
B. La visita ortopedica ha dimostrato che il legamento del pollice non può essere integro
C. La visita ortopedica ha dimostrato che il legamento del pollice è rotto
D. La visita ortopedica non ha dimostrato che il legamento del pollice non è rotto
E. La visita ortopedica non ha dimostrato che il legamento del pollice è rotto

61) "Non è possibile negare la falsità della tesi secondo la quale l'uomo non è un animale sociale". Qual è il significato corretto dell'affermazione precedente?

A. Non è possibile sapere con certezza se l'uomo sia un animale sociale o meno
B. L'uomo è un animale sociale
C. È corretto affermare che non si può sapere se l'uomo è un animale sociale
D. È falso affermare che l'uomo sia un animale sociale
E. L'uomo non è un animale sociale

62) È stata respinta la prova che nega che A è uguale a B, ma non è stata acquisita alcuna prova del contrario. Quindi:

A. A è sicuramente diverso da B
B. A è sicuramente uguale a B
C. A potrebbe essere uguale a B
D. A è diverso da B al 100%
E. A è uguale a B al 99%

63) "Non è impossibile che la bottiglia ritrovata sulla spiaggia possa contenere un messaggio". In base alla precedente affermazione, quale delle seguenti è certamente vera?

A. La bottiglia ritrovata sulla spiaggia potrebbe contenere un messaggio
B. La bottiglia ritrovata sulla spiaggia conteneva un messaggio
C. La bottiglia ritrovata sulla spiaggia non conteneva un messaggio
D. Non è possibile che il messaggio nella bottiglia fosse leggibile
E. La bottiglia ritrovata sulla spiaggia non poteva contenere un messaggio

64) Si consideri il famoso detto popolare: "Non tutte le ciambelle riescono col buco". Quale delle seguenti proposizioni è la NEGAZIONE di questo asserto?

A. In tutte le ciambelle è presente almeno un buco

B. Non tutti i dolci in cui è presente un buco sono ciambelle
C. In tutte le ciambelle non è presente alcun buco
D. In alcune ciambelle non è presente alcun buco
E. Non tutti i dolci in cui non è presente un buco sono ciambelle

65) Negare che "ogni uomo ha un nemico" equivale a dire che:

A. tutti gli uomini non hanno nemici
B. nessun uomo ha un nemico
C. esistono uomini senza nemici
D. tutti sono nemici di ogni uomo
E. ogni uomo non ha un nemico

66) Negare che "ogni cane ha almeno un padrone" equivale a dire che:

A. esistono cani senza padroni
B. ogni cane non ha un padrone
C. nessun cane ha un padrone
D. tutti sono padroni di ogni cane
E. tutti i cani non hanno padroni

67) Negare che "ogni gatto miagola" equivale a dire che:

A. c'è un gatto che miagola
B. se non miagola non è un gatto
C. ogni gatto non miagola
D. nessun gatto miagola
E. c'è un gatto che non miagola

68) Negare che "ogni uomo ha un cane" equivale a dire che:

A. tutti gli uomini non hanno cani
B. tutti i cani sono di ogni uomo
C. esistono uomini senza cane
D. ogni uomo non ha un cane
E. nessun uomo ha un cane

69) Dal punto di vista logico, negare che "ogni uomo ha un amico" equivale a dire che:

A. nessun uomo ha un amico
B. ogni uomo non ha un amico
C. esistono uomini senza amici
D. tutti gli uomini non hanno amici
E. tutti sono amici di ogni uomo

70) Negare la frase "Tutti gli arbitri vestono di nero" significa affermare che:

A. almeno un arbitro non veste di nero
B. almeno un arbitro veste di bianco
C. tutti gli arbitri vestono di bianco
D. numerosi arbitri non vestono di nero
E. qualche arbitro veste di nero

2.3 • Le deduzioni logiche

Implicazioni logiche

71) "I bambini sono buoni. Alcuni genitori sono alti. Chi è buono dorme. Non tutti i nonni bevono il caffè. Chi dorme sogna. Chi beve il caffè non dorme". Individua la conclusione corretta.

A. Alcuni bambini bevono caffè
B. I genitori sognano
C. I bambini sognano
D. Le persone alte sono genitori
E. I genitori bevono più caffè dei nonni

72) "Tutti i baristi sono affabili; Amedeo è un ottimista; tutte le persone ottimiste sono affabili". In base alle precedenti affermazioni, quale delle seguenti è necessariamente vera?

A. Amedeo è un barista
B. Tutti i baristi sono ottimisti
C. Chi non è un barista non è affabile
D. Nessun barista è ottimista
E. Amedeo è affabile

73) "I gatti sono ladri. Alcuni ladri vanno in giro di notte. I nottambuli vanno in giro di notte". Individuare la conclusione corretta.

A. È possibile che alcuni gatti siano nottambuli

B. I gatti derubano i nottambuli
C. Tutti i nottambuli sono ladri
D. I ladri miagolano
E. Tutti i gatti sono nottambuli

74) "Tutti gli attori sono vanitosi. Lorenzo è un attore". In base alle precedenti informazioni, quale delle seguenti affermazioni è certamente vera?

A. Lorenzo è vanitoso
B. Nessuna delle altre alternative è corretta
C. Tutte le persone vanitose sanno recitare
D. Lorenzo non è vanitoso
E. Tutte le persone vanitose sono attori

75) "Tutti gli attori di teatro sono artisti preparati; Sara è un'artista preparata; tutti gli artisti preparati hanno frequentato numerose scuole d'arte". In base alle precedenti affermazioni, quale delle seguenti è necessariamente vera?

A. Sara non ha frequentato numerose scuole d'arte
B. Chi ha frequentato numerose scuole d'arte è un artista preparato
C. Chi non ha frequentato numerose scuole d'arte non può essere un attore di teatro
D. Sara è un'attrice di teatro
E. Chi ha frequentato numerose scuole d'arte non può essere un attore di teatro

76) "Tutti i motociclisti sono estroversi. Valentino è audace. Tutti i motociclisti sono audaci". In base alle precedenti affermazioni, quale delle seguenti è necessariamente vera?

A. Valentino è estroverso
B. Nessun motociclista è audace e introverso
C. Valentino è un motociclista
D. Nessun motociclista è audace ed estroverso
E. Tutti gli estroversi sono audaci

77) "Tutti i baristi sono loquaci. Paolo è un barista". In base alle precedenti informazioni, quale delle seguenti affermazioni è certamente vera?

A. Paolo è loquace
B. Nessuna delle altre alternative è corretta
C. Paolo non ama bere
D. Tutte le persone loquaci sono baristi
E. Paolo ama bere

78) "Tutti gli avvocati sono buoni oratori. Alessandro è un buon oratore". In base alle precedenti informazioni, quale delle seguenti affermazioni è necessariamente vera?

A. Gli oratori sono più eloquenti degli avvocati
B. Nessuna delle altre risposte è corretta
C. I buoni oratori sono tutti avvocati
D. Alessandro non è un avvocato
E. Alessandro è un avvocato

79) "Tutti i medici lavorano in ospedale. Cesare lavora in ospedale". In base alle precedenti informazioni, quale delle seguenti affermazioni è necessariamente vera?

A. Cesare non è un medico
B. Cesare è un barelliere
C. Chi lavora in ospedale è medico
D. Cesare è un medico
E. Nessuna delle altre risposte è corretta

80) "Enrico è muscoloso; tutti gli atleti sono muscolosi; Daniele è un atleta". In base alle precedenti informazioni, quale delle seguenti affermazioni è necessariamente vera?

A. Enrico è un atleta
B. Chi è muscoloso è un atleta
C. Daniele è meno muscoloso di Enrico
D. Enrico è più muscoloso di Daniele
E. Daniele è muscoloso

81) "Tutti i calzolai sono meticolosi; Massimo è fortunato; tutte le persone fortunate sono meticolose". In base alle precedenti affermazioni, quale delle seguenti non è necessariamente vera?

A. Tutte le alternative sono vere
B. Massimo è un calzolaio
C. Massimo è meticoloso
D. Chi non è meticoloso non può essere un calzolaio
E. Non esistono persone fortunate non meticolose

82) "Fabio è intelligente; tutti i professori sono intelligenti; Pietro è un professore". In base alle precedenti informazioni, quale delle seguenti affermazioni è necessariamente vera?

A. Le persone intelligenti sono tutte professori
B. Pietro e Fabio lavorano nella stessa scuola
C. Tutte le persone intelligenti sono abili insegnanti
D. Pietro è intelligente
E. Fabio è un professore

83) "Tutti i pasticcieri sono grassi; Antonio è grasso; tutte le persone grasse sono socievoli". In base alle precedenti affermazioni, quale delle seguenti è necessariamente vera?

A. Chi non è socievole non è un pasticciere
B. Antonio è un pasticciere
C. Chi è socievole è grasso
D. Alcuni pasticceri sono magri
E. Chi non è socievole può essere grasso

84) Se tutti gli uomini hanno la barba e tutti i militari sono uomini, quale affermazione fra le seguenti è vera?

A. Tutti gli uomini fanno il servizio militare
B. Tutti gli uomini non hanno la barba
C. Tutti i militari non hanno la barba
D. Tutti i militari hanno la barba
E. Solo i militari portano la barba

85) "Tutti i vigili del fuoco sono atletici; Piero è coraggioso; tutte le persone coraggiose sono atletiche". In base alle precedenti affermazioni, quale delle seguenti è necessariamente vera?

A. Tutti i vigili del fuoco sono coraggiosi
B. Piero è atletico
C. Tutte le persone coraggiose sono vigili del fuoco
D. Piero è un vigile del fuoco
E. Non esistono vigili del fuoco coraggiosi

86) "Stefano è una persona paziente; tutti i cacciatori sono persone pazienti; Carlo è un cacciatore". In base alle precedenti informazioni, quale delle seguenti affermazioni è necessariamente vera?

A. Carlo è una persona paziente
B. Le persone pazienti sono cacciatori
C. Chi non caccia è impaziente
D. Stefano è un cacciatore
E. Stefano e Carlo sono cacciatori

87) "Marco ama i dolci; chi è magro non ama i dolci; chi è attivo è magro". Se le precedenti affermazioni sono vere, allora è certamente FALSO che:

A. le persone che amano i dolci non sono magre
B. Marco è attivo
C. chi è attivo non ama i dolci
D. non tutte le persone magre sono attive
E. Marco non è magro

88) "Tutti i cuochi amano la buona cucina. Tutti gli attori mangiano spesso al ristorante. Chi ama la buona cucina mangia spesso al ristorante". Se le precedenti informazioni sono vere, quale delle seguenti affermazioni è necessariamente vera?

A. Chi ama la buona cucina non può essere un attore
B. Tutti i cuochi mangiano spesso al ristorante
C. Chi mangia spesso al ristorante è un attore o un cuoco
D. Chi ama la buona cucina è un cuoco
E. Tutti gli attori amano la buona cucina

89) "Tutti i parrucchieri sono simpatici; Mauro è simpatico; tutti i parrucchieri sono baffuti". In base alle precedenti affermazioni, quale delle seguenti è necessariamente vera?

A. Mauro è un parrucchiere
B. Tutte le persone simpatiche sono baffute
C. Nessun parrucchiere è simpatico e privo di baffi
D. Tutte le persone baffute sono simpatiche
E. Mauro è baffuto

90) "Anna ha i capelli neri. Tutte le persone con i capelli neri sono simpatiche". Se le precedenti informazioni sono vere, quale delle seguenti affermazioni è necessariamente vera?

A. Anna è simpatica
B. Le persone simpatiche si chiamano Anna
C. Le persone simpatiche non hanno i capelli neri
D. Le persone che si chiamano Anna non sono simpatiche
E. Le persone con i capelli neri si chiamano Anna

91) "Giuseppe è sardo; tutte le persone con i capelli neri sono italiane; tutti i sardi sono italiani". Se le precedenti informazioni sono vere, quale delle seguenti è necessariamente vera?

A. Giuseppe ha i capelli neri
B. Tutte le persone con i capelli neri sono sardi
C. Tutti i sardi si chiamano Giuseppe
D. Tutti i sardi hanno i capelli neri
E. Giuseppe è italiano

92) "Cosimo è milanese; tutte le persone con gli occhi celesti sono italiane; tutti i milanesi sono italiani". Se le precedenti informazioni sono vere, quale delle seguenti è necessariamente vera?

A. Tutti i milanesi si chiamano Cosimo
B. Tutti i milanesi hanno gli occhi celesti
C. Cosimo ha i capelli neri
D. Tutte le persone con gli occhi celesti sono milanesi
E. Cosimo è italiano

93) "Giacomo ama la marmellata. La marmellata è un dolce. Chi ama la marmellata adora la montagna". Se le precedenti affermazioni sono vere, quale delle seguenti è necessariamente vera?

A. Giacomo mangia marmellata solamente quando va in montagna
B. Chi ama la marmellata non può non amare i dolci
C. Giacomo adora tutti i dolci
D. Giacomo adora la montagna solamente quando mangia la marmellata
E. Giacomo adora la montagna

94) Se "Francesco va a scuola e tutti i bambini che vanno nella stessa scuola hanno il motorino", quale delle seguenti affermazioni è vera?

A. La mamma di Francesco deve comprare un motorino

B. Francesco non usa mai il motorino
C. Francesco usa sempre il motorino
D. Il motorino di Francesco è nero
E. Non si può dire che Francesco non abbia il motorino

95) "Tutti coloro che amano la natura sono felici; Gennaro ama la natura; chi è felice non si ammala mai". Se le precedenti informazioni sono corrette, quale delle seguenti affermazioni NON rappresenta una conclusione corretta?

A. Gennaro non si ammala mai
B. Gennaro è felice
C. Chi è felice ama la natura
D. Gennaro non si ammala mai perché è felice
E. Gennaro è felice e non si ammala mai

96) "Tutti gli argentini amano il tango. Diego ama il tango". In base alle precedenti informazioni, quale delle seguenti affermazioni è certamente vera?

A. Diego non è argentino
B. Gli argentini non amano il tango
C. Nessuna delle alternative è corretta
D. Le persone che amano il tango sono tutte argentine
E. Diego è argentino

97) "Tutti i pompieri sono coraggiosi. Tutti i marinai sono coraggiosi. Tutti i marinai amano il mare". Se le precedenti informazioni sono corrette, quale delle seguenti informazioni addizionali consentirebbe di concludere che tutti i pompieri amano il mare?

A. Tutte le persone coraggiose amano il mare
B. Tutti i marinai sono anche pompieri
C. Chi ama il mare è un marinaio
D. Tutti i pompieri sanno nuotare
E. Non ci sono pompieri che siano anche marinai

98) "Andrea è una persona simpatica; tutti i giovani sono simpatici. Gino è un giovane". In base alle precedenti informazioni, quale delle seguenti affermazioni è necessariamente vera?

A. Andrea è giovane
B. Andrea e Gino sono giovani
C. Le persone simpatiche sono giovani
D. Chi non è giovane è antipatico
E. Gino è una persona simpatica

99) "Annamaria ama le patatine fritte; chi è magro non ama le patatine fritte; chi è attivo è magro". Se le precedenti affermazioni sono vere, allora è certamente FALSO che:

A. Annamaria non è magra
B. non tutte le persone magre sono attive
C. le persone che amano le patatine fritte non sono magre
D. Annamaria è attiva
E. chi è attivo non ama le patatine fritte

100) "Un recente studio ha mostrato che negli ultimi 20 anni il peso medio degli italiani è salito del 5%. Più in particolare, il peso medio dei cittadini del Centro-Nord è cresciuto del 6%, mentre quello dei cittadini del Meridione è cresciuto del 3%". Quale delle seguenti conclusioni può essere dedotta dalle informazioni riportate sopra?

A. I cittadini del Centro-Nord sono più numerosi dei cittadini del Meridione
B. Nessuna delle altre alternative è corretta
C. Alcuni cittadini del Centro-Nord sono immigrati dal Meridione
D. I cittadini del Centro-Nord hanno un peso medio superiore rispetto ai cittadini del Meridione

E. I cittadini del Centro-Nord sono mediamente aumentati di peso di 3 chilogrammi in più rispetto ai cittadini del Meridione

101) "Tutti i professori sono colti; Maurizio è colto; tutti i professori sono affascinanti". In base alle precedenti affermazioni, quale delle seguenti è necessariamente vera?

A. Tutte le persone affascinanti sono colte
B. Nessun professore è colto e privo di fascino
C. Maurizio è affascinante
D. Tutte le persone colte sono affascinanti
E. Maurizio è un professore

102) "Tutte le amiche di Alessandra sono veliste, e tutte le veliste sono abbronzate". Determinare, sulla base di queste sole informazioni, quale delle seguenti deduzioni è corretta.

A. Lisa non è abbronzata, quindi non è una delle amiche di Alessandra
B. Lisa non è velista, quindi non è abbronzata
C. Lisa è abbronzata quindi è una amica di Alessandra
D. Lisa non è amica di Alessandra, quindi non è abbronzata
E. Lisa è una velista abbronzata, quindi è amica di Alessandra

103) "Tutti gli studenti amano i libri. Chi partecipa ad assemblee è sovente un rivoluzionario. Alcuni rivoluzionari sono studenti". Se le precedenti affermazioni sono vere, quale delle seguenti deduzioni è infondata?

A. Chi ama i libri è un rivoluzionario
B. Alcuni studenti è probabile che partecipino ad assemblee
C. Chi partecipa alle assemblee può amare i libri
D. Non si può dire che chi studia non ama i libri
E. È possibile che alcuni rivoluzionari amino i libri

104) Al termine dell'ultima riunione di condominio, ognuno dei 12 inquilini seduti intorno al tavolo ha gridato: "Voi state tutti mentendo!". Ammesso che non si possa dire contemporaneamente il vero e il falso, quanti sono i coinquilini che dicono il vero?

A. 1
B. 2
C. 6
D. 0
E. 12

105) "Il Presidente Rossi promette che, se verrà eletto, non aumenterà le tasse per i cittadini". In quale dei seguenti casi si è certi che il Presidente Rossi non ha mantenuto la promessa?

A. Il Presidente Rossi non viene eletto e le tasse per i cittadini non aumentano
B. Il Presidente Rossi viene eletto e le tasse per i cittadini aumentano
C. Il Presidente Rossi non viene eletto e le tasse per i cittadini diminuiscono
D. Il Presidente Rossi viene eletto e le tasse rimangono invariate
E. Il Presidente Rossi non viene eletto e le tasse per i cittadini aumentano

Date le premesse, è vero che

106) "Se gli studenti si applicano, conseguiranno la promozione". Se quanto affermato è vero, quale delle seguenti affermazioni è sicuramente vera?

A. Se uno studente è promosso, allora si è applicato

B. Se uno studente è promosso, non è detto che si sia applicato
C. Verranno promossi solo gli studenti che si sono applicati
D. Se uno studente non si applica, verrà bocciato
E. Verranno bocciati tutti gli studenti che non si sono applicati

107) Se non è vero che è necessario essere maschio per essere alto più di 1.70 m, allora sarà sicuramente vero che:

A. è sufficiente essere maschio per essere più alto di 1.70 m
B. i maschi e le femmine sono più alti di 1.70 m
C. non è sufficiente essere maschio per essere più alto di 1.70 m
D. almeno una femmina è più alta di 1.70 m
E. è necessario non essere maschio per essere più alto di 1.70 m

108) Se l'affermazione "tutti i piloti sono persone colte" è FALSA, quale delle seguenti proposizioni è certamente vera?

A. Alcuni piloti non sono persone colte
B. Almeno un pilota non è una persona colta
C. Almeno un pilota è colto
D. Nessun pilota è una persona colta
E. I piloti leggono poco

109) "Non esiste torta senza ciliegina". Se la precedente affermazione è FALSA, quale delle seguenti affermazioni è vera?

A. Ogni torta ha una ciliegina
B. Esiste almeno una torta senza ciliegina
C. Tutte le torte sono senza ciliegina
D. Nessuna torta ha la ciliegina
E. Non vi sono ciliegine senza torta

110) "Se Francesco lavora, allora Anna non fa le pulizie". Se l'argomentazione precedente è vera, quale delle seguenti è certamente vera?

A. Anna e Francesco fanno le pulizie insieme
B. Se Anna fa le pulizie, allora Francesco lavora
C. Mentre Anna lavora, Francesco fa le pulizie
D. Se Francesco non lavora, allora Anna non fa le pulizie
E. Se Anna fa le pulizie, allora Francesco non lavora

111) Se non è vero che in ogni città italiana c'è almeno un rione in cui tutti i residenti sono stranieri allora si può affermare che:

A. in ogni città c'è almeno un residente italiano in tutti i rioni
B. c'è almeno una città italiana che ha almeno un residente italiano in ogni rione
C. in ogni città c'è almeno un rione in cui tutti i residenti sono italiani
D. c'è almeno una città che ha solo residenti italiani in ogni rione
E. in ogni città vi sono residenti italiani in tutti i rioni

112) "Non esiste una piazza senza fontana". Se la precedente affermazione è falsa, quale delle seguenti è necessariamente vera?

A. Esiste almeno una piazza con una fontana
B. Esiste almeno una piazza senza fontana
C. Tutte le piazze hanno una fontana
D. Tutte le piazze non hanno una fontana
E. Nessuna piazza ha una fontana

113) "Strada scivolosa in caso di versamento di olio". Se la precedente af-

fermazione è vera, allora è possibile dedurre che:

A. se non c'è un versamento di olio la strada non è scivolosa
B. se c'è un versamento di olio la strada non è scivolosa
C. se non c'è un versamento di olio la strada è scivolosa
D. se c'è un versamento di olio la strada è scivolosa
E. se c'è un versamento di olio non è detto che la strada sia scivolosa

114) "Renato indossa un paio di scarpe da ginnastica in questo momento". In base alla precedente informazione, quale delle seguenti affermazioni è sicuramente esatta?

A. Renato non fa mai ginnastica
B. Renato porta sempre le scarpe
C. Renato è spesso a piedi nudi
D. Renato non è a piedi nudi
E. Renato fa spesso ginnastica

115) "Se Michele rimane a lavorare allora Rossella studia con Cristina". Se la precedente affermazione è vera, allora è sicuramente vero che:

A. se Michele è rimasto a lavorare, significa che Rossella non ha studiato con Cristina
B. se Michele non rimane a lavorare allora Rossella non studia con Cristina
C. se Rossella ha studiato con Cristina, vuol dire che Michele è rimasto a lavorare
D. se Rossella non ha studiato con Cristina, significa che Michele non è rimasto a lavorare
E. Rossella studia con Cristina solo se Michele rimane a lavorare

116) "Chi non rispetta il codice della strada viene sanzionato amministrativamente". In base alla precedente affermazione, è necessariamente vero che:

A. chi non viene sanzionato amministrativamente ha rispettato il codice della strada
B. chi non viene sanzionato amministrativamente non è detto che non abbia rispettato il codice della strada
C. il codice della strada è rispettato da tutti
D. chi rispetta il codice della strada non viene sanzionato amministrativamente
E. chi viene sanzionato amministrativamente non ha rispettato il codice della strada

117) Se l'affermazione "Tutti i fiumi italiani hanno regime torrenziale" è falsa, quale delle seguenti proposizioni è necessariamente vera?

A. Almeno un fiume italiano non ha regime torrenziale
B. Nessun fiume italiano ha regime torrenziale
C. Almeno un fiume italiano ha regime torrenziale
D. Almeno due fiumi italiani non hanno regime torrenziale
E. Alcuni fiumi polacchi hanno regime torrenziale

118) Se l'affermazione "nessun contadino è sereno" è falsa, quale delle seguenti alternative è necessariamente vera?

A. Alcuni contadini sono sereni
B. Tutti i contadini sono sereni
C. Nessun contadino è agitato
D. Tutti i contadini sono agitati
E. Almeno un contadino è sereno

119) "Se i candidati si applicano, conseguiranno l'idoneità". Sulla base dell'af-

fermazione precedente, quale delle seguenti affermazioni è vera?

A. Se un candidato non si applica, non conseguirà l'idoneità
B. Conseguiranno l'idoneità solo candidati che si sono applicati
C. Se un candidato consegue l'idoneità è possibile che si sia applicato
D. Tutte le affermazioni sono vere
E. Se un candidato si applica, conseguirà il massimo risultato

120) Se "Archimede era un genio" allora è certo che:

A. dopo di lui non sono esistiti più geni
B. è esistito almeno un uomo che era un genio
C. solo i matematici greci erano geni
D. Archimede è l'uomo più intelligente che sia mai esistito
E. i greci erano dei geni

121) "Francesca prenderà un 8 se e solo se non commetterà errori di distrazione". Se la precedente affermazione è vera allora è certamente vero che:

A. se Francesca non commetterà errori di distrazione, non prenderà 8
B. se Francesca commetterà solo qualche errore di distrazione, allora prenderà 8
C. se Francesca non prenderà 8, non riuscirà a conseguire a fine anno la media dell'8
D. se Francesca non prenderà 8, vorrà dire che avrà commesso errori di distrazione
E. se Francesca commetterà un solo errore di distrazione, allora prenderà 8

122) Se "in una libreria ci sono diversi scaffali con libri di matematica e di chimica; negli scaffali dove ci sono almeno due libri ce ne è almeno uno di chimica" allora è vero che:

A. se in uno scaffale c'è un solo libro, questo è di chimica
B. il numero dei libri di matematica in uno scaffale è sempre inferiore al numero di libri di chimica
C. in uno scaffale che contiene due libri potrebbero non esserci libri di matematica
D. uno scaffale che contiene tre libri ne ha sempre due di matematica
E. in uno scaffale che contiene due libri c'è necessariamente un libro di matematica

123) "Chi non ha studiato, viene bocciato". In base alla precedente affermazione, è necessariamente vero che:

A. chi viene bocciato non ha studiato
B. chi non viene bocciato ha studiato
C. chi ha studiato può essere bocciato
D. chi ha studiato non viene bocciato
E. è sufficiente aver studiato per non essere bocciato

124) "La pallavolo è uno sport molto seguito a Cuba, ma ultimamente non riscuote più l'attenzione che aveva in passato". Quale delle seguenti affermazioni è vera, in base alle informazioni fornite?

A. A Cuba oggi ci sono sport più seguiti della pallavolo
B. A Cuba in passato c'era più interesse per lo sport
C. La pallavolo è lo sport più amato dai cubani
D. La pallavolo oggi non si pratica più a Cuba
E. La pallavolo in passato a Cuba riscuoteva maggiore interesse

125) Ugo dice: "Se questa sera non lavoro vengo al pub. Se Mara è tornata da Milano porto anche lei". La sera, al pub non c'è nessuno. Sicuramente:

A. Ugo lavora e Mara non è tornata da Milano
B. Mara è tornata da Milano e Ugo non lavora
C. Mara era stanca e Ugo ha rinunciato
D. Ugo lavora
E. Mara non è tornata da Milano

Date le premesse, non è necessariamente vero che

126) "Arturo andrà a sciare se e solo se comprerà gli scarponi". In base alla precedente affermazione, quale delle seguenti non è necessariamente vera?

A. Se Arturo non comprerà gli scarponi, non andrà a sciare
B. Se Arturo non comprerà gli scarponi allora non andrà a sciare
C. È sufficiente che Arturo compri gli scarponi perché vada a sciare
D. Se Arturo è andato a sciare allora ha comprato gli scarponi
E. Anche se Arturo comprerà gli scarponi, potrebbe non andare a sciare

127) "Paolo avrà una salute di ferro se e solo se prenderà le medicine". In base alla precedente affermazione, quale delle seguenti non è necessariamente vera?

A. Anche se Paolo prenderà le medicine, potrà non avere una salute di ferro
B. Se Paolo non prenderà le medicine, non avrà una salute di ferro
C. È sufficiente che Paolo prenda le medicine per avere una salute di ferro
D. È necessario che Paolo prenda le medicine per avere una salute di ferro
E. È sufficiente che Paolo non prenda le medicine per non avere una salute di ferro

128) "Solo se la rappresentazione teatrale è in atto, gli spettatori non parlano a voce alta". In base alla precedente affermazione, quale delle seguenti non è necessariamente vera?

A. Se la rappresentazione teatrale non è in atto, gli spettatori parlano a voce alta
B. Se gli spettatori non parlano ad alta voce significa che la rappresentazione teatrale è in atto
C. È sufficiente che la rappresentazione teatrale non sia in atto perché gli spettatori parlino a voce alta
D. Se gli spettatori parlano a voce alta allora vuol dire che la rappresentazione teatrale non è in atto
E. Se gli spettatori parlano a voce bassa allora vuol dire che la rappresentazione teatrale è in atto

Date le premesse, è falso che

129) "Sergio, Claudia, Nico e Adamo possiedono ciascuno un solo animale. I loro animali sono un coniglio, un canarino, un tigrotto e un pesce palla. L'animale di Nico ha 4 zampe; quello di Sergio ha il pelo; Adamo ha un uccellino e sia Claudia sia Nico non possiedono tigrotti". Quale delle seguenti affermazioni è falsa?

A. Adamo ha un canarino
B. Claudia ha un pesce
C. Sergio ha un coniglio
D. Sergio ha un tigrotto
E. Nico ha un coniglio

130) "I beati stanno giocando contro gli ubriachi. I beati hanno già vinto più partite degli ubriachi". Se gli ubriachi vincessero la partita in corso, quale delle seguenti affermazioni risulterebbe necessariamente falsa?

A. Gli ubriachi perderanno sicuramente la prossima partita
B. Il numero delle partite vinte dagli ubriachi potrebbe essere maggiore

rispetto al numero delle partite vinte dai beati

C. Gli ubriachi potrebbero sopravanzare i beati vincendo anche la prossima partita

D. Il numero delle partite vinte dagli ubriachi potrebbe comunque restare inferiore rispetto al numero di partite vinte dai beati

E. Il numero delle partite vinte dagli ubriachi potrebbe uguagliare il numero di partite vinte dai beati

131) Nel deserto ci sono 3 accampamenti:

- l'accampamento X si trova a 30 km ad ovest rispetto all'accampamento Z;
- l'accampamento Y si trova a 40 km a sud rispetto all'accampamento X;
- la distanza tra l'accampamento Z e l'accampamento Y è di 50 km.

La capacità di trasmissione radio varia da accampamento ad accampamento. Il segnale radio dall'accampamento X copre un raggio di 10 km; dall'accampamento Y copre un raggio di 20 km e dall'accampamento Z copre un raggio di 40 km.

Quale delle seguenti affermazioni NON è corretta?

A. Un soldato che riceve un segnale dall'accampamento X capta sempre il segnale dall'accampamento Z, ma non capta mai il segnale dall'accampamento Y

B. È possibile che un soldato capti un segnale trasmesso dall'accampamento Y e dall'accampamento X, ma non possa captare un segnale dall'accampamento Z

C. È impossibile per un soldato in pattugliamento nel deserto captare un segnale trasmesso da tutti e tre gli accampamenti

D. È possibile che un soldato capti un segnale trasmesso dall'accampamento Y e dall'accampamento Z, ma non possa captare un segnale dall'accampamento X

E. Un soldato che riceve un segnale dall'accampamento Y può non essere in grado di captare un segnale dall'accampamento Z e neanche di captare un segnale dall'accampamento X

132) "I sostenitori del vitalismo 'scientistico' sono stati numerosi ed annoverano nelle loro file scienziati di grande valore. Ma, mentre una cinquantina d'anni or sono i vitalisti si reclutavano fra i biologi (il più noto dei quali, H. Driesch, abbandonò l'embriologia per dedicarsi alla filosofia), oggi essi provengono soprattutto dalle scienze fisiche, come Elsasser e Polanyi. Ed è comprensibile che la stranezza degli esseri viventi abbia colpito i fisici in misura ancor maggiore dei biologi. Per quanto riguarda, ad esempio, Elsasser, il suo atteggiamento è in sintesi il seguente: le proprietà strane degli esseri viventi, l'invarianza e la teleonomia, non violano probabilmente la fisica, ma esse non sono spiegabili appieno in termini di forze fisiche e di interazioni chimiche, rilevate dallo studio dei sistemi non viventi. È dunque indispensabile ammettere che alcuni principi i quali si sommerebbero a quelli della fisica, operano nella materia vivente e non nei sistemi non viventi, dove di conseguenza essi, come principii elettivamente vitali, non possono essere reperiti. Sono questi principi (o leggi biotoni che, per usare la terminologia di Elsasser) che è necessario chiarire".

Sulla base della lettura del testo sopra riportato, quale delle seguenti affermazioni è FALSA?

A. Il vitalismo scientistico tenta di spiegare le proprietà strane degli esseri

viventi, quali l'invarianza e la teleonomia
B. I sostenitori del vitalismo scientifico al giorno d'oggi provengono prevalentemente dalle scienze fisiche
C. Elsasser definisce "leggi biotoniche" i principi che operano nella materia vivente
D. Elsasser sosteneva che tutti i fenomeni viventi sono spiegabili in termini di interazioni chimiche e forze fisiche
E. Elsasser ammette che alcuni principi sommantisi alle leggi della chimica e della fisica operano nella materia vivente e non nei sistemi non viventi

133) "Secondo il critico d'arte Giovanni Morelli, attivo negli ultimi decenni del XIX secolo, particolari considerati di solito senza importanza, o addirittura triviali, 'bassi', forniscono una chiave privilegiata per accedere ai prodotti più elevati dello spirito umano. «I miei avversari – scriveva ironicamente Morelli – si compiacciono di qualificarmi per uno il quale non sa vedere il senso spirituale di un'opera d'arte e per questo dà una particolare importanza a mezzi esteriori, quali le forme della mano, dell'orecchio, e persino, horribile dictu, di un così antipatico oggetto qual è quello delle unghie». Ma questi dati marginali sono, per Morelli, rivelatori, perché costituiscono i momenti in cui il controllo dell'artista, legato alla tradizione culturale, si allenta per cedere il posto a tratti puramente individuali, «che gli sfuggono senza che egli se ne accorga»".

Carlo Ginzburg, *Miti, Emblemi, Spie*

Le frasi sotto riportate sono state tutte, meno una, tratte dal saggio su Morelli del quale qui è stata citata una parte significativa. Individuare, perché incongruente, la frase indebitamente inserita:

A. I grandi artisti non sono influenzati dalle norme della tradizione, a cui per lo più si contrappongono
B. Data l'attenzione evidente per gli elementi inconsci dell'attività dell'artista, si può comprendere come Morelli abbia interessato Freud
C. I nostri piccoli gesti inconsapevoli possono rivelare il nostro carattere più di qualunque atteggiamento formale
D. Se la realtà è opaca, esistono zone privilegiate – spie, indizi – che consentono a un osservatore attento di decifrarla
E. Grazie al suo metodo indiziario Morelli fu in grado di proporre nuove attribuzioni nei principali Musei d'Europa

Date le premesse, si può dedurre che

134) Thomas Malthus scrisse nel "*Saggio sui principi della popolazione*" che la crescita di popolazioni di piante o animali, ivi compreso l'uomo, segue una progressione geometrica, mentre la capacità di aumentare le fonti di cibo segue una progressione aritmetica.

Quale delle seguenti risposte è logicamente collegata all'affermazione di Malthus?

A. Non esiste conflitto tra progressione aritmetica e progressione geometrica
B. Una popolazione in espansione si appropria delle fonti di cibo di altre popolazioni
C. Una popolazione in espansione scatena l'aggressività delle popolazioni confinanti
D. Le popolazioni si espandono occupando spazi appartenenti ad altre popolazioni confinanti più deboli
E. Le fonti di cibo limitano automaticamente l'espandersi di una popolazione

135) Da "Chi dorme non piglia pesci" segue logicamente:

A. chi piglia pesci non dorme
B. chi piglia pesci dorme
C. nessuna delle altre alternative proposte
D. chi non piglia pesci dorme
E. chi non piglia pesci non dorme

136) L'italiano che afferma che tutti gli italiani sono sempre bugiardi dice:

A. una affermazione perfettamente verificabile
B. il vero
C. una bugia
D. niente di nuovo
E. una cosa ovvia

137) "Dopo mesi di indagini, la guardia di finanza ha arrestato un professionista coinvolto in un giro di tangenti". Da quanto esposto, una sola delle deduzioni ricavate è indiscutibile:

A. qualcuno ha giocato sulla sua ingenuità
B. la sua è stata una debolezza passeggera
C. era in combutta con uno o più complici
D. tutti i professionisti sono corrotti
E. c'è stato un errore di persona

138) In un romanzo il nipote "con la sua ritrosa ironia" dice allo zio: "Tu, zione, corteggi la morte". Se ne deduce correttamente che:

A. lo zio desidera morire
B. lo zio teme che il nipote voglia la sua eredità
C. il nipote parla della morte come di una donna sgradevole
D. il nipote proietta sullo zio un suo desiderio inconscio
E. il nipote desidera la morte dello zio

139) Di un gruppo di persone si sa che non è vero che "tutti i maschi sono originari della Sicilia". Se ne può dedurre che in quel gruppo:

A. tutte le persone originarie della Sicilia sono femmine
B. c'è almeno un maschio che non è originario della Sicilia
C. tutte le femmine sono originarie della Sicilia
D. c'è almeno una persona originaria della Sicilia che non è maschio
E. c'è almeno una femmina che non è originaria della Sicilia

140) Lucia, Francesco e Roberta parlano dei loro viaggi futuri. Lucia afferma: "Se Roberta andrà a Londra, anch'io andrò a Londra". Francesco afferma: "Esattamente due di noi andranno a Londra". Da queste affermazioni possiamo dedurre con certezza che:

A. Lucia andrà a Londra
B. Lucia non andrà a Londra
C. Roberta e Lucia andranno a Londra
D. Roberta andrà a Londra
E. Francesco andrà a Londra

141) Se tutti gli elefanti hanno la proboscide e nessun quadrupede ha le piume, possiamo affermare che:

A. nessun elefante ha le piume
B. tutti i quadrupedi hanno le piume
C. tutti i quadrupedi hanno la proboscide
D. alcuni elefanti hanno le piume
E. nessun quadrupede ha la proboscide

142) "In un villaggio egiziano tutti i camerieri sono tedeschi e tutti i tedeschi sono biondi". Ne consegue che:

A. alcuni camerieri tedeschi sono biondi
B. tutti i biondi sono tedeschi

C. tutti i tedeschi sono camerieri
D. tutti i biondi sono camerieri
E. tutti i camerieri sono biondi

143) "Strada scivolosa in caso di ghiaccio". Se la precedente affermazione è vera allora è possibile dedurre che:

A. se c'è ghiaccio la strada non è scivolosa
B. se non c'è ghiaccio la strada è scivolosa
C. se non c'è ghiaccio la strada non è scivolosa
D. se c'è ghiaccio la strada è scivolosa
E. la strada è scivolosa solo in presenza di ghiaccio

144) Se tutti gli elefanti hanno la coda e nessun quadrupede ha le ali, possiamo affermare che:

A. tutti i quadrupedi hanno la coda
B. alcuni elefanti hanno le ali
C. alcuni quadrupedi hanno la coda
D. nessun quadrupede ha la coda
E. nessun elefante ha le ali

Condizione necessaria

145) "Se e solo se c'è umidità, apro la finestra". In base al precedente assunto, quale delle seguenti affermazioni è certamente vera?

A. Quando apro la finestra non è detto che ci sia umidità
B. A volte, anche se c'è umidità, non apro la finestra
C. Se apro la finestra c'è sempre umidità
D. Quando apro la finestra non so se c'è umidità
E. Se apro la finestra significa che c'è umidità

146) "Solamente dopo la riunione Aldo e Giacomo possono andare a cena". Se la precedente informazione è corretta, quale delle seguenti affermazioni NON rappresenta una conclusione corretta?

A. Anche se la riunione è terminata, può darsi che Aldo e Giacomo non siano andati a cena
B. Se la riunione è terminata, allora Aldo e Giacomo sono andati a cena
C. Se Aldo e Giacomo sono andati a cena, allora la riunione è terminata
D. Se Aldo e Giacomo non sono andati a cena, allora la riunione non è terminata
E. Se la riunione non è terminata, allora Aldo e Giacomo non possono andare a cena

147) Imparerai che per un intervallo *I* di numeri reali vale la seguente proprietà: *I* è compatto se e solo se è chiuso e limitato. Senza che tu debba conoscere il significato dei termini in oggetto, scegli tra le seguenti affermazioni l'unica che consegue necessariamente dalla proprietà enunciata.

A. Se *I* è limitato ma non compatto, allora *I* è chiuso
B. Se *I* non è chiuso oppure non è limitato, allora *I* è compatto
C. Se *I* è chiuso oppure è limitato, allora *I* è compatto
D. Se *I* è chiuso e compatto, allora *I* non è limitato
E. Se *I* non è limitato, allora *I* non è compatto

148) "Soltanto se vi è silenzio, Luca riesce ad addormentarsi". In base alla precedente affermazione, è necessariamente vero che:

A. se vi è silenzio, sicuramente Luca riesce ad addormentarsi
B. è sufficiente che vi sia silenzio perché Luca riesca ad addormentarsi

C. se Luca non riesce ad addormentarsi, significa che non vi è silenzio
D. Luca riesce ad addormentarsi anche se non vi è silenzio
E. se non vi è silenzio Luca non riesce ad addormentarsi

149) "Solo se conservati nel congelatore, i surgelati non subiscono alterazioni". In base alla precedente affermazione, quale delle seguenti alternative non è necessariamente vera?

A. Se non sono conservati nel congelatore, i surgelati subiscono alterazioni
B. Condizione necessaria perché i surgelati non subiscano alterazioni è che siano conservati nel congelatore
C. Se non vengono conservati nel congelatore, i surgelati subiscono alterazioni
D. I surgelati alterati non sono stati conservati nel congelatore
E. I surgelati non alterati sono stati conservati nel congelatore

150) "Se e solo se mangio i dolci, ingrasso". In base alla precedente informazione, quale delle seguenti affermazioni è certamente vera?

A. A volte, anche se mangio i dolci, non ingrasso
B. Quando ingrasso non è detto che io abbia mangiato i dolci
C. Se mangio dolci dimagrisco
D. Ingrasso solo prima di mettermi a dieta
E. Quando ingrasso è perché ho mangiato i dolci

151) "Solo se avvolti nella carta stagnola, gli alimenti cotti al forno non si deteriorano". In base alla precedente affermazione, quale delle seguenti non è necessariamente vera?

A. Le altre deduzioni sono tutte vere
B. Gli alimenti cotti al forno che si deteriorano non sono stati avvolti nella carta stagnola
C. Se non vengono avvolti nella carta stagnola, gli alimenti cotti al forno si deteriorano
D. Condizione necessaria perché gli alimenti cotti al forno non si deteriorino è che siano avvolti nella carta stagnola
E. Gli alimenti cotti al forno che non si deteriorano sono stati avvolti nella carta stagnola

152) "Se e solo se nevica, accendo il camino". In base alla precedente informazione, quale delle seguenti affermazioni è certamente vera?

A. Se accendo il camino significa che nevica
B. Quando accendo il camino non sempre sta nevicando
C. Accendo il camino solo dopo aver raccolto la legna
D. Se non accendo il camino significa che nevica
E. A volte, anche se nevica, non accendo il camino

153) "Solo se vado a dormire presto, rendo al massimo sul lavoro". In base alla precedente affermazione, è necessariamente vero che:

A. se vado a dormire tardi, sicuramente rendo al massimo sul lavoro
B. è possibile che renda al massimo sul lavoro anche se non vado a dormire presto
C. se non rendo al massimo sul lavoro, significa che non sono andato a dormire presto
D. se vado a dormire presto, sicuramente rendo al massimo sul lavoro
E. se non vado a dormire presto, non rendo al massimo sul lavoro

154) "Solamente dopo aver lavato la macchina si può lucidarla". Se la precedente informazione è corretta, quale delle seguenti affermazioni non rappresenta una conclusione corretta?

A. Se la macchina è stata lucidata allora è stata lavata
B. Se la macchina non è stata lucidata allora non è stata lavata
C. È possibile che, dopo aver lavato la macchina, non si possa lucidarla
D. Se la macchina non è stata lavata allora non può essere lucidata
E. Perché la macchina sia lucidata, è necessario che sia prima lavata

155) "Solo se l'amministratore mi procura le chiavi, posso aprire i cancelli". In base alla precedente affermazione, è necessariamente vero che:

A. se non posso aprire i cancelli, significa che l'amministratore non mi ha procurato le chiavi
B. se l'amministratore mi procura le chiavi, sicuramente posso aprire i cancelli
C. se l'amministratore non mi procura le chiavi, non posso aprire i cancelli
D. è impossibile aprire i cancelli se l'amministratore mi procura le chiavi
E. è possibile aprire i cancelli anche se l'amministratore non mi procura le chiavi

156) "Se e solo se la Polizia scorterà il pullman dei tifosi, l'ordine pubblico nella città sarà garantito". In base alla precedente affermazione, è necessariamente vero che:

A. se la Polizia scorta il pullman dei tifosi, l'ordine pubblico nella città non sarà garantito
B. se la Polizia non scorta il pullman dei tifosi, l'ordine pubblico nella città non sarà garantito
C. anche se il pullman dei tifosi viene scortato dalla Polizia, l'ordine pubblico nella città potrebbe non essere garantito
D. non è sufficiente che il pullman dei tifosi venga scortato perché l'ordine pubblico sia garantito nella città
E. per garantire l'ordine pubblico nella città, occorre che la Polizia scorti il pullman dei tifosi fino alla stazione dei treni

157) "Solo se la nave lancia l'SOS, arrivano i soccorsi". In base alla precedente affermazione, è necessariamente vero che:

A. se la nave non lancia l'SOS, i soccorsi non arrivano
B. se non arrivano i soccorsi, significa che la nave non ha lanciato l'SOS
C. se la nave lancia l'SOS, sicuramente arrivano i soccorsi
D. è possibile che arrivino i soccorsi anche se la nave non lancia l'SOS
E. è impossibile che arrivino i soccorsi se la nave lancia l'SOS

158) "Solo se Luisa telefona, Stefano le dà un passaggio in automobile". In base alla precedente affermazione, è necessariamente vero che:

A. è possibile che Stefano dia a Luisa un passaggio in automobile anche se lei non telefona
B. se Luisa non telefona, Stefano le dà un passaggio in automobile
C. se Stefano non dà un passaggio in automobile a Luisa, significa che lei non ha telefonato
D. se Luisa non telefona, Stefano non le dà un passaggio in automobile
E. se Luisa telefona, sicuramente Stefano le dà un passaggio in automobile

159) "Se torno a casa presto, vado a giocare a tennis". In base alla precedente affermazione, è necessariamente vero che:

A. vado a giocare a tennis solo se torno a casa presto
B. se vado a giocare a tennis, significa che sono tornato a casa presto
C. se torno a casa tardi, non vado a giocare a tennis
D. se torno a casa tardi, vado a giocare a tennis
E. se non sono andato a giocare a tennis, vuol dire che non sono tornato a casa presto

160) "Solo se l'insegnante assente telefona entro le ore nove, il preside provvede a chiamare un supplente". In base alla precedente affermazione, è necessariamente vero che:

A. è possibile che il preside provveda a chiamare un supplente anche se l'insegnante assente non telefona entro le ore nove
B. se l'insegnante assente non telefona entro le ore nove, il preside provvede a chiamare un supplente
C. se il preside non provvede a chiamare un supplente, significa che l'insegnante assente non ha telefonato entro le ore nove
D. se l'insegnante assente telefona entro le ore nove, sicuramente il preside provvede a chiamare un supplente
E. se l'insegnante assente non telefona entro le ore nove, il preside non provvede a chiamare un supplente

161) "È necessario che il tram sia in orario affinché Sabina arrivi in tempo al lavoro". Se la precedente informazione è vera, allora è possibile dedurre che:

A. se il tram non è in orario allora Sabina arriva in tempo al lavoro
B. se il tram non è in orario allora Sabina non arriva in tempo al lavoro
C. se Sabina non arriva in tempo al lavoro allora il tram non è in orario
D. se il tram è in orario allora Sabina arriva in tempo al lavoro
E. se Sabina arriva in tempo al lavoro allora il tram non è in orario

162) "Solo se il camino è acceso, si avverte l'atmosfera natalizia". In base alla precedente affermazione, è necessariamente vero che:

A. se il camino è acceso, sicuramente non si avverte l'atmosfera natalizia
B. se non si avverte l'atmosfera natalizia, significa che il camino non è acceso
C. se il camino non è acceso, non si avverte l'atmosfera natalizia
D. si può avvertire l'atmosfera natalizia anche con il camino spento
E. nessuna delle alternative è corretta

Condizione sufficiente

163) L'affermazione "quando mangio troppo mi viene mal di stomaco" implica che:

A. a volte capita che non abbia mal di stomaco pur avendo mangiato troppo
B. se ho mal di stomaco vuol dire che ho mangiato troppo
C. se non mi viene mal di stomaco allora non ho mangiato troppo
D. o mangio troppo o mi viene mal di stomaco
E. non ho mal di stomaco pur avendo mangiato troppo

164) Quale delle seguenti proposizioni equivale a dire che "condizione sufficiente affinché la proposizione Q sia vera è che sia vera la proposizione P"?

A. Se P è vera, allora Q è vera
B. Se Q è vera, allora P è vera
C. Se P è falsa, allora Q è falsa

D. P è vera se e solo se Q è vera
E. P è falsa se e solo se Q è falsa

165) "Se il mandorlo è in fiore, la rosa marcisce. Se la begonia marcisce il papavero sboccia. Inoltre o il mandorlo è in fiore o la begonia marcisce". In base alle precedenti affermazioni è sicuramente vero che:

A. il mandorlo è in fiore e il papavero sboccia
B. la rosa marcisce o il papavero sboccia
C. il papavero sboccia
D. la rosa marcisce e il papavero sboccia
E. la rosa e la begonia marciscono

166) "Se lascerò accesa la mia lampada troppo a lungo, la lampadina si fulminerà". Se la precedente affermazione è vera, quale delle seguenti alternative è necessariamente vera?

A. Se non lascerò la lampada accesa troppo a lungo, la lampadina non si fulminerà
B. Se la lampadina non si è fulminata, allora non ho lasciato la lampada accesa troppo a lungo
C. Se la lampadina si è fulminata, vuol dire che ho lasciato la lampada accesa troppo a lungo
D. Se la lampadina si è fulminata, allora non ho lasciato la lampada accesa troppo a lungo
E. Se la lampadina non si è fulminata, allora non è detto che io non abbia lasciato accesa la lampada troppo a lungo

167) "È sufficiente che piova perché i prezzi della frutta e della verdura diminuiscano". Se la precedente informazione è vera, quale delle seguenti affermazioni è certamente vera?

A. È necessario che piova perché i prezzi della frutta e della verdura diminuiscano
B. Se i prezzi della frutta e della verdura diminuiscono significa che è piovuto
C. È possibile che i prezzi della frutta e della verdura diminuiscano senza che sia piovuto
D. Se non piove allora i prezzi della frutta e della verdura non diminuiscono
E. Se i prezzi della frutta e della verdura aumentano significa che è piovuto

168) Condizione sufficiente, ma non necessaria, affinché al Liceo Pitagora l'anno scolastico si concluda con una festa è che le interrogazioni terminino entro la fine del mese di maggio. Determinare quale delle seguenti situazioni è INCOMPATIBILE con l'affermazione precedente.

A. Nel 2006 uno studente è stato interrogato il 4 giugno, e poi c'è stata la festa
B. Nel 2008 le interrogazioni sono terminate a marzo, e poi non c'è stata la festa
C. Nel 2010 uno studente è stato interrogato il 3 aprile, e poi non c'è stata la festa
D. Da quando esiste il Liceo Pitagora la festa c'è stata ad anni alterni
E. Nel 2003 uno studente è stato interrogato il 4 giugno, e poi non c'è stata la festa

169) "Se Gabriella è in ufficio, allora Tommaso è all'asilo nido". Se l'argomentazione precedente è vera, quale delle seguenti è certamente vera?

A. Se Gabriella è in ufficio, allora Tommaso non è all'asilo nido
B. Se Tommaso non è all'asilo nido, allora Gabriella non è in ufficio
C. Se Tommaso è all'asilo nido, allora Gabriella è in ufficio
D. Gabriella e Tommaso non possono mai essere all'asilo nido insieme

E. Se Gabriella non è in ufficio, allora Tommaso non è all'asilo nido

170) "Se Luigi continua a fumare, si ammalerà". Se l'affermazione precedente è vera, allora è vero anche che:

A. se Luigi non si ammalerà, significa che ha smesso di fumare
B. se Luigi si ammalerà, sarà a causa di un tumore
C. se Luigi smette di fumare, vivrà a lungo in buona salute
D. se Luigi si ammalerà, sarà a causa del fumo
E. se Luigi non si ammalerà, significa che non ha smesso di fumare

2.4 • Relazioni d'ordine: le parentele

171) "Sonia ha una sorella di nome Concetta ed un fratello di nome Michele, che ha sposato la sorella del marito di Sonia". Che relazione c'è tra Concetta e la moglie di Michele?

A. Sono sorelle
B. Sono cognate
C. Sono semplici conoscenti
D. Sono consuocere
E. Sono cugine acquisite

172) Se il padre di Luigi è fratello della madre di Marco, in che rapporto di parentela è Marco con la madre di Luigi?

A. Nipote
B. Cognato
C. Fratello
D. Cugino
E. Zio

173) Paola non ha sorelle. Chi è la sorella del figlio del nonno materno della figlia di Paola?

A. Paola stessa
B. Una cugina di Paola
C. Non esiste tale persona
D. La mamma di Paola
E. Una zia di Paola

174) "Mario è il secondogenito di una coppia con due figli, e sua moglie è figlia unica. Uno dei nonni del figlio di Mario ha una figlia che si chiama Francesca, la quale ha due anni meno di Mario". Date queste premesse, chi è la Francesca di cui si parla nel testo?

A. Una figlia di Mario
B. La moglie di Mario
C. La sorella di Mario
D. La madre di Mario
E. Una zia di Mario

2.5 • Relazioni d'ordine: le età

175) Franco è più giovane di Sandro; Alessio è più giovane di Franco ma è più vecchio di Marco. Chi è il più giovane dei quattro ragazzi?

A. Alessio
B. Sandro
C. Marco
D. Franco
E. I dati non sono sufficienti per rispondere

176) "Se Antonio, Mario e Luca sono tre fratelli: Antonio è maggiore di Mario, questi è minore di Luca che, a sua volta, è meno grande anche di Antonio", si ha che:

A. Mario è il più piccolo
B. Antonio è il più piccolo
C. Luca è il più grande
D. Mario è il mediano
E. Antonio e Mario sono coetanei

177) "J è più anziano di K ma più giovane di L. K e L sono entrambi più gio-

vani di M. N è più anziano di J. Se le precedenti informazioni sono corrette, X è più anziano di J se è anche vero che: 1) X è più anziano di N; 2) N è più giovane di L e X è più giovane di M; 3) X e M hanno la stessa età". Quali sono le condizioni sicuramente corrette?

A. Solo 1)
B. 1) e 3)
C. 1), 2) e 3)
D. Solo 3)
E. Solo 2)

178) "Laura ha tre sorelle, Flavia, Sara e Alice, e due fratelli, Diego e Vincenzo. Si sa che:
1) Diego è il maggiore di tutti;
2) Vincenzo è più grande di Sara e Flavia (non necessariamente in quest'ordine) ma più piccolo di Laura e Alice (non necessariamente in quest'ordine)".
In base alle informazioni precedenti è FALSO affermare che:

A. Laura è più grande di Sara
B. Flavia è più piccola di Alice
C. Alice non può essere la terza in ordine di età
D. Alice è più grande di Sara
E. Sara non può essere la seconda in ordine di età

2.6 • Relazioni d'ordine: collocazione di oggetti e/o individui

179) Se Mirco è più vicino ad Assunta che non a Benedetta, e Assunta è più vicina a Mirco che non a Benedetta, allora Benedetta è più vicina:

A. a nessuno
B. ad Assunta
C. le informazioni fornite non consentono di stabilirlo con certezza
D. sia a Mirco che ad Assunta
E. a Mirco

180) La maestra d'asilo mette in fila indiana sei bimbe, i cui nomi sono: Anna, Bianca, Claudia, Diana, Eva, Federica. Sapendo che Eva viene subito dopo Federica, che Bianca è la seconda della fila e che fra lei ed Anna vi è una sola bambina, si dica chi è l'ultima della fila.

A. Eva
B. Federica
C. Claudia
D. Anna
E. Diana

181) Al *Festival di San Romolo* la canzone di *Malva* riceve più voti di quella dei *Dromedari*, che a sua volta riceve più voti di quella di *Tito Acciaio*. La canzone di *Fred Fedeli* riceve più voti sia di quella dei Dromedari che di quella dei *Cognati Simili*.
Quale delle seguenti affermazioni è sicuramente corretta?

A. La canzone di *Malva* riceve più voti di quella dei *Cognati Simili*
B. La canzone di *Malva* riceve più voti di quella di *Fred Fedeli*
C. La canzone dei *Cognati Simili* riceve più voti di quella dei *Dromedari*
D. La canzone dei *Dromedari* riceve più voti di quella dei *Cognati Simili*
E. La canzone di *Fred Fedeli* riceve più voti di quella di *Tito Acciaio*

182) Se A viene prima di C, E viene prima di C, C viene prima di D e A viene prima di E, una delle seguenti affermazioni è falsa (F) mentre tutte le altre sono vere (V):
1) A è la prima della serie
2) E viene dopo D
3) E non è l'ultima della serie

4) E viene prima di D
5) L'ordine non è alfabetico
Quale tra le seguenti è dunque la sequenza corretta?

A. 1:V 2:V 3:V 4:V 5:F
B. 1:F 2:V 3:V 4:V 5:V
C. 1:V 2:V 3:V 4:F 5:V
D. 1:V 2:V 3:F 4:V 5:V
E. 1:V 2:F 3:V 4:V 5:V

2.7 • Abilità a ordinare eventi cronologici

183) Se oggi è lunedì, qual è il giorno successivo al giorno che precede il giorno prima di domani?

A. Sabato
B. Mercoledì
C. Martedì
D. Domenica
E. Lunedì

184) Se oggi è giovedì, qual è il giorno precedente al giorno che segue dopodomani?

A. Venerdì
B. Lunedì
C. Martedì
D. Domenica
E. Sabato

185) Nell'affollatissimo bar di Mario, ogni mattina il signor Rossi, il signor Verdi ed il signor Bianchi vanno a prendere un caffè. Il signor Rossi arriva sempre per primo e non ha fretta, il signor Verdi arriva sempre per secondo ed ha fretta, mentre il signor Bianchi arriva sempre per terzo ed ha molta fretta. I tre clienti, non appena hanno bevuto il proprio caffè, vanno via, pertanto possono incontrarsi al bar oppure no. Mario conosce le necessità dei suoi tre clienti abituali e cerca di soddisfarle, compatibilmente con la necessità di servire anche gli altri avventori. Pertanto, egli serve prima il signor Bianchi (che ha molta fretta), poi il signor Verdi (che ha fretta) e poi il signor Rossi (che non ha fretta).
In quale ordine sicuramente Mario non ha potuto servire i tre clienti abituali?

A. Sig. Rossi, sig. Bianchi e sig. Verdi
B. Sig. Rossi, sig. Verdi e sig. Bianchi
C. Sig. Bianchi, sig. Verdi e sig. Rossi
D. Sig. Bianchi, sig. Rossi e sig. Verdi
E. Sig. Verdi, sig. Rossi e sig. Bianchi

186) Gabriele si allena in piscina ogni lunedì, mercoledì e sabato. In uno dei rimanenti giorni della settimana Gabriele gioca a calcio. Sapendo che il giorno dopo gli allenamenti di nuoto Gabriele non svolge alcuna attività fisica, qual è il giorno in cui gioca a calcio?

A. Domenica
B. Mercoledì
C. Giovedì
D. Martedì
E. Venerdì

2.8 • Test di logica concatenativa

187) "Delle tre banche d'affari ABI, EBI e OBI almeno due sono svizzere. Si sa, inoltre, che se ABI è svizzera anche EBI lo è, che se OBI è svizzera lo è anche ABI, e che tra EBI e OBI almeno una è non svizzera". In base a queste informazioni, quale delle seguenti è sicuramente vera?

A. ABI non è svizzera e EBI è svizzera
B. OBI non è svizzera e EBI è svizzera
C. EBI non è svizzera e OBI è svizzera
D. ABI, OBI e EBI sono svizzere
E. OBI è svizzera e EBI non è svizzera

188) Aldo, Bruno, Carlo, Donato ed Eugenio durante una gita pernottano in una locanda dove hanno a disposizione tre camere singole e una doppia. Nessuno vuol dormire con Eugenio, perché russa troppo sonoramente. Aldo accetta di dividere la camera doppia solo con Carlo o con Bruno. Bruno dice che andrà nella doppia solo con Donato. Se ne deduce, necessariamente, che:

A. uno dei due, tra Aldo e Bruno, dormirà sicuramente nella camera doppia
B. Aldo e Bruno dormiranno nella camera doppia
C. nella camera doppia dormirà Aldo oppure Donato
D. Eugenio, Carlo e Donato dormiranno nelle camere singole
E. Eugenio, Aldo e Bruno dormiranno nelle camere singole

2.9 • Relazioni insiemistiche

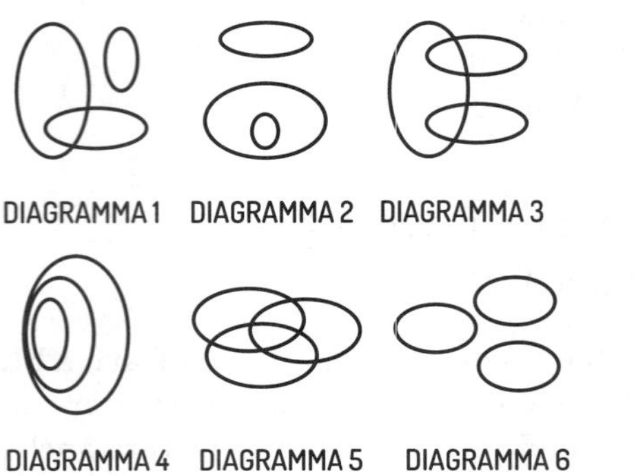

189) Individuare quale diagramma soddisfa la relazione insiemistica esistente fra i tre termini seguenti: Tramvieri, Edicolanti, Persone di nome Giorgio.

A. Diagramma 1
B. Diagramma 6
C. Diagramma 3
D. Diagramma 4
E. Diagramma 2

190) Individuare quale diagramma soddisfa la relazione insiemistica esistente fra i tre termini seguenti: Riviste settimanali, Edicole, Pubblicazioni periodiche.

A. Diagramma 3
B. Diagramma 5
C. Diagramma 4
D. Diagramma 1
E. Diagramma 2

191) Individuare quale diagramma soddisfa la relazione insiemistica esistente fra i tre termini seguenti: Elefanti, Animali, Baobab.

A. Diagramma 2
B. Diagramma 1
C. Diagramma 3
D. Diagramma 4
E. Diagramma 5

192) Individuare quale diagramma soddisfa la relazione insiemistica esistente fra i tre termini seguenti: Numeri positivi, Numeri negativi, Operazioni.

A. Diagramma 5
B. Diagramma 1
C. Diagramma 3
D. Diagramma 2
E. Diagramma 6

193) Individuare quale diagramma soddisfa la relazione insiemistica esistente fra i tre termini seguenti: Fotografie, Dipinti, Cornici.

A. Diagramma 6
B. Diagramma 4
C. Diagramma 5
D. Diagramma 1
E. Diagramma 3

194) Individuare quale diagramma soddisfa la relazione insiemistica esistente fra i tre termini seguenti: Deputati, Avvocati, Senatori.

A. Diagramma 1
B. Diagramma 3
C. Diagramma 5
D. Diagramma 2
E. Diagramma 6

195) Individuare quale diagramma soddisfa la relazione insiemistica esistente fra i tre termini seguenti: Feste religiose, Natale, Festa del lavoro.

A. Diagramma 4
B. Diagramma 2
C. Diagramma 6
D. Diagramma 5
E. Diagramma 3

196) Individuare quale diagramma soddisfa la relazione insiemistica esistente tra i tre termini seguenti: Satelliti, Pianeti, Stelle.

A. Diagramma 3
B. Diagramma 1
C. Diagramma 2
D. Diagramma 6
E. Diagramma 4

197) Individuare quale diagramma soddisfa la relazione insiemistica esistente fra i tre termini seguenti: Sigarette, Accendini, Tumori.

A. Diagramma 6
B. Diagramma 2
C. Diagramma 1
D. Diagramma 3
E. Diagramma 5

198) Individuare quale diagramma soddisfa la relazione insiemistica esistente fra i tre termini seguenti: Minorenni, Biondi, Bruni.

A. Diagramma 3
B. Diagramma 1
C. Diagramma 4
D. Diagramma 6
E. Diagramma 2

199) Individuare quale diagramma soddisfa la relazione insiemistica esistente fra i tre termini seguenti: Ristoranti, Locali pubblici, Camerieri.

A. Diagramma 5
B. Diagramma 4
C. Diagramma 2
D. Diagramma 3
E. Diagramma 1

200) Individuare quale diagramma soddisfa la relazione insiemistica esistente fra i tre termini seguenti: Americani, Architetti, Sportivi.

A. Diagramma 1
B. Diagramma 2
C. Diagramma 6
D. Diagramma 5
E. Diagramma 4

201) Individuare quale diagramma soddisfa la relazione insiemistica esistente fra i tre termini seguenti: Belgi, Inglesi, Nazioni.

A. Diagramma 1
B. Diagramma 2
C. Diagramma 6
D. Diagramma 4
E. Diagramma 3

202) Individuare quale diagramma soddisfa la relazione insiemistica esistente tra i tre termini seguenti: Uomini con i capelli rossi, Poeti, Libri.

A. Diagramma 4
B. Diagramma 2
C. Diagramma 6
D. Diagramma 1
E. Diagramma 3

203) Individuare quale diagramma soddisfa la relazione insiemistica esistente fra i tre termini seguenti: Riviste, Enciclopedie, Prodotti della casa editrice Mondadori.

A. Diagramma 3
B. Diagramma 2
C. Diagramma 4
D. Diagramma 6
E. Diagramma 5

204) Individuare quale diagramma soddisfa la relazione insiemistica esistente fra i tre termini seguenti: Abitazioni, Mobili, Tappeti.

A. Diagramma 1
B. Diagramma 6
C. Diagramma 5
D. Diagramma 3
E. Diagramma 2

205) Individuare quale diagramma soddisfa la relazione insiemistica esistente fra i tre termini seguenti: Alberi, Falegnami, Tavoli.

A. Diagramma 4
B. Diagramma 6
C. Diagramma 5
D. Diagramma 1
E. Diagramma 3

206) Individuare quale diagramma soddisfa la relazione insiemistica esistente fra i tre termini seguenti: Agricoltori, Trattori, Campi.

A. Diagramma 4
B. Diagramma 5
C. Diagramma 6
D. Diagramma 3
E. Diagramma 1

207) Individuare quale diagramma soddisfa la relazione insiemistica esistente fra i tre termini seguenti: Mucche, Pecore, Allevatori.

A. Diagramma 5
B. Diagramma 1
C. Diagramma 3
D. Diagramma 6
E. Diagramma 4

208) Individuare quale diagramma soddisfa la relazione insiemistica esistente fra i tre termini seguenti: Maestri di scuola, Inglesi, Analfabeti.

A. Diagramma 6
B. Diagramma 1
C. Diagramma 3
D. Diagramma 4
E. Diagramma 2

209) Individuare quale diagramma soddisfa la relazione insiemistica esistente fra i tre termini seguenti: Sedie, Oggetti di legno, Arredatori d'interni.

A. Diagramma 6
B. Diagramma 3
C. Diagramma 4
D. Diagramma 2
E. Diagramma 1

210) Individuare quale diagramma soddisfa la relazione insiemistica esistente fra i tre termini seguenti: Italiani, Inglesi, Filosofi.

A. Diagramma 2
B. Diagramma 1
C. Diagramma 3
D. Diagramma 4
E. Diagramma 6

211) Individuare quale diagramma soddisfa la relazione insiemistica esistente fra i tre termini seguenti: Competizioni sportive, Olimpiadi, Maratoneti.

A. Diagramma 1
B. Diagramma 3
C. Diagramma 4
D. Diagramma 2
E. Diagramma 5

212) Individuare quale diagramma soddisfa la relazione insiemistica esistente tra i tre termini seguenti: Cani, Cavalli, Quadrupedi dal pelo marrone.

A. Diagramma 6

B. Diagramma 1
C. Diagramma 2
D. Diagramma 3
E. Diagramma 5

213) Individuare quale diagramma soddisfa la relazione insiemistica esistente fra i tre termini seguenti: Agrumi, Bevande, Spremute.

A. Diagramma 3
B. Diagramma 6
C. Diagramma 1
D. Diagramma 2
E. Diagramma 4

214) Individuare quale diagramma soddisfa la relazione insiemistica esistente fra i tre termini seguenti: Capi d'abbigliamento, Giacche, Armadi.

A. Diagramma 4
B. Diagramma 6
C. Diagramma 2
D. Diagramma 3
E. Diagramma 1

215) Individuare quale diagramma soddisfa la relazione insiemistica esistente fra i tre termini seguenti: Delfini, Animali, Mammiferi.

A. Diagramma 3
B. Diagramma 4
C. Diagramma 6
D. Diagramma 5
E. Diagramma 1

216) Individuare quale diagramma soddisfa la relazione insiemistica esistente tra i tre termini seguenti: Anziani, Panettieri, Grissini.

A. Diagramma 2
B. Diagramma 4
C. Diagramma 3
D. Diagramma 6
E. Diagramma 1

217) Individuare quale diagramma soddisfa la relazione insiemistica esistente fra i tre termini seguenti: Uomini celibi, Uomini coniugati, Persone diplomate.

A. Diagramma 5
B. Diagramma 1
C. Diagramma 2
D. Diagramma 6
E. Diagramma 3

218) Individuare quale diagramma soddisfa la relazione insiemistica esistente fra i tre termini seguenti: Lavoratori dipendenti, Persone di nome Luigi, Residenti a Teramo.

A. Diagramma 2
B. Diagramma 1
C. Diagramma 5
D. Diagramma 3
E. Diagramma 4

219) Individuare quale diagramma soddisfa la relazione insiemistica esistente fra i tre termini seguenti: Fiumi, Gange, Laghi.

A. Diagramma 3
B. Diagramma 4
C. Diagramma 6
D. Diagramma 2
E. Diagramma 1

220) Individuare quale diagramma soddisfa la relazione insiemistica esistente fra i tre termini seguenti: Tovaglioli, Posate, Bicchieri.

A. Diagramma 2
B. Diagramma 4
C. Diagramma 3
D. Diagramma 6
E. Diagramma 1

221) Individuare quale diagramma soddisfa la relazione insiemistica esistente fra i tre termini seguenti: Disoccupati, Giovani, Impiegati.

A. Diagramma 1
B. Diagramma 2
C. Diagramma 5
D. Diagramma 4
E. Diagramma 3

222) Individuare quale diagramma soddisfa la relazione insiemistica esistente fra i tre termini seguenti: Bevitori di vino, Astemi, Olandesi.

A. Diagramma 1
B. Diagramma 3
C. Diagramma 2
D. Diagramma 5
E. Diagramma 4

223) Individuare quale diagramma soddisfa la relazione insiemistica esistente fra i tre termini seguenti: Città di mare, Città inglesi, Parigi.

A. Diagramma 2
B. Diagramma 4
C. Diagramma 1
D. Diagramma 6
E. Diagramma 3

224) Individuare quale diagramma soddisfa la relazione insiemistica esistente fra i tre termini seguenti: Panettieri, Fiorai, Rosette.

A. Diagramma 2
B. Diagramma 5
C. Diagramma 1
D. Diagramma 3
E. Diagramma 6

225) Individuare quale diagramma soddisfa la relazione insiemistica esistente fra i tre termini seguenti: Persone colte, Cantanti, Buongustai.

A. Diagramma 5
B. Diagramma 3
C. Diagramma 1
D. Diagramma 6
E. Diagramma 4

226) Individuare quale diagramma soddisfa la relazione insiemistica esistente fra i tre termini seguenti: Alpinismo, Atletica leggera, Danza.

A. Diagramma 6
B. Diagramma 5
C. Diagramma 1
D. Diagramma 4
E. Diagramma 2

227) Individuare quale diagramma soddisfa la relazione insiemistica esistente fra i tre termini seguenti: Libri di Storia, Libri con più di 500 pagine, Libri pubblicati nel 2005.

A. Diagramma 1
B. Diagramma 6
C. Diagramma 4
D. Diagramma 3
E. Diagramma 5

228) Individuare quale diagramma soddisfa la relazione insiemistica esistente fra i tre termini seguenti: Fiumi vietnamiti, Fiumi, Fiumi asiatici.

A. Diagramma 5
B. Diagramma 4
C. Diagramma 1
D. Diagramma 2
E. Diagramma 3

229) Individuare quale diagramma soddisfa la relazione insiemistica esistente fra i tre termini seguenti: Vocali, Consonanti, Parole.

A. Diagramma 3
B. Diagramma 4
C. Diagramma 6
D. Diagramma 5
E. Diagramma 1

230) Individuare quale diagramma soddisfa la relazione insiemistica esistente fra i tre termini se-

guenti: Oggetti in pelle, Borse da viaggio, Pellettieri.

A. Diagramma 5
B. Diagramma 4
C. Diagramma 6
D. Diagramma 1
E. Diagramma 3

231) Individuare quale diagramma soddisfa la relazione insiemistica esistente fra i tre termini seguenti: Sinfonie, Canzoni folkloristiche, Flauti.

A. Diagramma 3
B. Diagramma 2
C. Diagramma 1
D. Diagramma 6
E. Diagramma 4

232) Individuare quale diagramma soddisfa la relazione insiemistica esistente fra i tre termini seguenti: Pasta, Alimenti, Prima colazione.

A. Diagramma 1
B. Diagramma 2
C. Diagramma 3
D. Diagramma 5
E. Diagramma 6

233) Individuare quale diagramma soddisfa la relazione insiemistica esistente fra i tre termini seguenti: Giornalisti, Indro Montanelli, Scienziati.

A. Diagramma 2
B. Diagramma 1
C. Diagramma 4
D. Diagramma 3
E. Diagramma 5

234) Individuare quale diagramma soddisfa la relazione insiemistica esistente fra i tre termini seguenti: Editori, Arnoldo Mondadori, Giornali.

A. Diagramma 2
B. Diagramma 3
C. Diagramma 5
D. Diagramma 1
E. Diagramma 6

235) Individuare quale diagramma soddisfa la relazione insiemistica esistente fra i tre termini seguenti: Artisti, Cantanti, Mina.

A. Diagramma 1
B. Diagramma 3
C. Diagramma 4
D. Diagramma 5
E. Diagramma 6

236) Individuare quale diagramma soddisfa la relazione insiemistica esistente fra i tre termini seguenti: Olimpiadi, Palloni, Calciatori.

A. Diagramma 1
B. Diagramma 3
C. Diagramma 4
D. Diagramma 6
E. Diagramma 2

237) Individuare quale diagramma soddisfa la relazione insiemistica esistente fra i tre termini seguenti: Sciatori, Articoli sportivi, Piste da sci.

A. Diagramma 5
B. Diagramma 6
C. Diagramma 1
D. Diagramma 3
E. Diagramma 2

238) Individuare quale diagramma soddisfa la relazione insiemistica esistente fra i tre termini seguenti: Scarpe da ginnastica, Sportivi, Poliglotti.

A. Diagramma 2
B. Diagramma 1
C. Diagramma 6
D. Diagramma 4
E. Diagramma 3

239) Individuare quale diagramma soddisfa la relazione insiemistica esistente fra i tre termini seguenti: Telefilm, Cartoni animati, Registi.

A. Diagramma 1
B. Diagramma 2
C. Diagramma 6
D. Diagramma 4
E. Diagramma 5

240) Individuare quale diagramma soddisfa la relazione insiemistica esistente fra i tre termini seguenti: Penisole, Corea, Sicilia.

A. Diagramma 3
B. Diagramma 4
C. Diagramma 6
D. Diagramma 2
E. Diagramma 1

241) Individuare quale diagramma soddisfa la relazione insiemistica esistente fra i tre termini seguenti: Numeri primi, Numeri pari, Numeri dispari maggiori di 10.

A. Diagramma 1
B. Diagramma 3
C. Diagramma 6
D. Diagramma 4
E. Diagramma 2

242) Individuare quale diagramma soddisfa la relazione insiemistica esistente fra i tre termini seguenti: Laureati, Pensionati, Mecenati.

A. Diagramma 3
B. Diagramma 4
C. Diagramma 6
D. Diagramma 5
E. Diagramma 1

243) Individuare quale diagramma soddisfa la relazione insiemistica esistente fra i tre termini seguenti: Medicinali, Antibiotici, Infermieri.

A. Diagramma 2
B. Diagramma 1
C. Diagramma 6
D. Diagramma 5
E. Diagramma 3

244) Individuare quale diagramma soddisfa la relazione insiemistica esistente fra i tre termini seguenti: Giovani, Epatopatici, Bevitori di vino.

A. Diagramma 1
B. Diagramma 5
C. Diagramma 6
D. Diagramma 4
E. Diagramma 2

245) Individuare quale diagramma soddisfa la relazione insiemistica esistente fra i tre termini seguenti: Biondi, Calvi, Castani.

A. Diagramma 3
B. Diagramma 2
C. Diagramma 6
D. Diagramma 5
E. Diagramma 1

246) Individuare quale diagramma soddisfa la relazione insiemistica esistente fra i tre termini seguenti: Atleti, Tedeschi, Bruni.

A. Diagramma 5
B. Diagramma 3
C. Diagramma 4
D. Diagramma 1
E. Diagramma 2

247) Individuare quale diagramma soddisfa la relazione insiemistica esistente fra i tre termini seguenti: Pittori, Mario Sironi, Imitazioni.

A. Diagramma 1
B. Diagramma 6
C. Diagramma 3
D. Diagramma 2
E. Diagramma 4

248) Individuare quale diagramma soddisfa la relazione insiemistica esistente fra i tre termini seguenti: Tartarughe, Animali marini, Gatti.

A. Diagramma 6
B. Diagramma 2
C. Diagramma 3
D. Diagramma 4
E. Diagramma 1

2.10 • Test di logica verbale "binomiale"

249) Ci sono due persone di sesso diverso, una bionda e una mora. La persona bionda dice "Io sono un uomo" mentre la persona mora dice "Io sono una donna". Se almeno uno dei due mente quale delle seguenti affermazioni risulta necessariamente vera?

A. La donna è mora e l'uomo è biondo
B. Solo la donna mente
C. Solo l'uomo mente
D. La donna è bionda e l'uomo è moro
E. La donna è mora

250) Ci sono due persone di sesso diverso, una alta e una bassa. La persona bassa dice "Io sono una donna" mentre la persona alta dice "Io sono un uomo". Se almeno uno dei due mente quale delle seguenti affermazioni risulta necessariamente vera?

A. La donna è alta e l'uomo è basso
B. Sia la donna che l'uomo sono alti
C. La donna è bassa e l'uomo è alto
D. Sia la donna che l'uomo sono bassi
E. Solo l'uomo mente

2.11 • Altri esercizi di ragionamento critico

251) In una conferenza stampa, alla domanda se il nuovo acquisto, Petermass, avrebbe giocato nel grande incontro di sabato, l'allenatore ha risposto: "Solo se Fredericks non è in forma".
Tre dei giornalisti presenti hanno commentato la notizia nel modo seguente:
– Jed ha scritto: "Se Fredericks è in forma, Petermass non giocherà."
– Ned ha scritto: "Se Fredericks non è in forma, Petermass giocherà."
– Ted ha scritto: "Se Petermass non giocherà significa che Fredericks è in forma".
Chi di loro ha esposto i fatti nel modo giusto?

A. Solo Jed e Ted
B. Solo Ted
C. Solo Jed
D. Solo Jed e Ned
E. Solo Ned

252) Un produttore di software vuole installare alcuni programmi su quattro dischi da 2 G. Riorganizza i programmi in ordine decrescente di dimensione e salva ogni programma nel primo disco disponibile che ha spazio sufficiente.
Quale dei seguenti procedimenti usa lo stesso metodo del ragionamento sopra esposto?

A. Un idraulico utilizza tubi lunghi 2 m e vuole tagliarli. Taglia alternativamente i pezzi più lunghi e più corti di cui ha ancora bisogno dal primo tubo disponibile che sia lungo abbastanza
B. Un idraulico utilizza tubi lunghi 2 m e vuole tagliarli. Riorganizza le misure che gli occorrono in ordine decrescente di lunghezza e taglia ogni lunghezza dal primo tubo disponibile che sia lungo abbastanza
C. Un idraulico utilizza tubi lunghi 2 m e vuole tagliarli. Prende le misure nell'ordine del suo elenco e taglia

ogni lunghezza dal primo tubo disponibile che sia lungo abbastanza

D. Un idraulico utilizza tubi lunghi 2 m e vuole tagliarli. Riorganizza le misure che gli occorrono in ordine crescente di lunghezza e taglia ogni lunghezza dal primo tubo disponibile che sia lungo abbastanza

E. Un idraulico utilizza tubi lunghi 2 m e vuole tagliarli. Calcola la combinazione giusta per raggiungere 2 m e taglia i tubi di queste dimensioni. Per i restanti taglia la prossima lunghezza dal primo tubo disponibile che sia lunga abbastanza

253) È facile che, in futuro, pochi turisti visitino le città. Il Mining Museum è l'unica attrazione turistica che c'è in città che abbia mai attratto visitatori in numero considerevole. Ora il Museo sta per chiudere.
Quale delle seguenti frasi ricalca più fedelmente la struttura del ragionamento?

A. L'unico motivo per il quale mi viene il mal di testa è che sono allergico ai latticini. Non li sto più mangiando, quindi probabilmente smetterò di avere mal di testa

B. Ogni volta che vado in una casa dove c'è un gatto, comincio a starnutire. Tu hai un gatto in casa. Comincerei a starnutire se ci entrassi

C. Non posso mangiare nulla che contenga glutine di grano. Purtroppo la pasta è fatta con il grano e contiene glutine. Quindi non posso mangiare pasta

D. Se Moira fosse punta da un'ape e non prendesse subito queste medicine, potrebbe morire. Quindi dovrà portarsele sempre dietro

E. Il mio sfogo cutaneo è stato causato da questo detersivo in polvere. Lo sfogo iniziò quando ho cominciato a farne uso e ritornò quando smisi di usarlo

254) L'affermazione "per ogni persona c'è una persona che è più capace della prima" è equivalente a:

A. esiste una persona tale che ogni altra persona è più capace di lei

B. esiste una persona che è più capace di tutte le altre persone

C. non esiste alcuna persona tale che nessuno è più capace di lei

D. non per ogni persona ogni altra persona è più capace di lei

E. per ogni persona ogni altra persona è più capace di lei

255) Quale delle seguenti affermazioni ha lo stesso significato dell'asserzione "Chiunque può imparare a disegnare"?

A. Nessuno può imparare a disegnare

B. Esistono solo due persone che possono imparare a disegnare

C. Non tutti possono imparare a disegnare

D. Non esiste una persona che non possa imparare a disegnare

E. Esiste una persona che può imparare a disegnare

256) Quale delle seguenti frasi è logicamente equivalente a "Nessuno sport è dannoso per la salute"?

A. Vi è almeno uno sport dannoso alla salute

B. Non esiste uno sport dannoso per la salute

C. La vita sedentaria può essere dannosa per la salute

D. Vi è almeno uno sport che non è dannoso per la salute

E. Tutti gli sport fanno bene alla salute

257) Se un professore vuol far restare in classe esattamente le femmine di Milano, quale delle seguenti istruzioni deve impartire?

A. "Escano i maschi di Milano e le femmine non di Milano"
B. "Escano le femmine di Milano e i maschi non di Milano"
C. "Escano gli studenti non di Milano"
D. "Escano i maschi di Milano e gli studenti non di Milano"
E. "Escano i maschi non di Milano"

258) Dubito che tu abbia capito. Una sola delle cinque formulazioni traduce il concetto:

A. di certo non hai capito
B. probabilmente hai capito
C. di certo hai capito
D. spero che tu abbia capito
E. non sono certo che tu abbia capito

259) Quale delle seguenti affermazioni equivale a dire: "Non tutti i laureati in Medicina veterinaria fanno il veterinario"?

A. Non esiste un laureato in Medicina veterinaria che non faccia il veterinario
B. Tutti i laureati in Medicina veterinaria fanno un lavoro diverso dal veterinario
C. Vi è almeno un laureato in Medicina veterinaria che non fa il veterinario
D. Tutti i laureati in Medicina veterinaria fanno i veterinari
E. Nessun laureato in Medicina veterinaria fa il veterinario

260) L'affermazione "non tutti gli oggetti di lusso sono prodotti nelle gioiellerie" equivale a:

A. alcuni oggetti di lusso non sono prodotti nelle gioiellerie
B. tutti gli oggetti di lusso sono prodotti nelle gioiellerie
C. non tutti gli oggetti prodotti nelle gioiellerie sono oggetti di lusso
D. alcuni oggetti prodotti nelle gioiellerie non sono oggetti di lusso
E. tutti gli oggetti di lusso vengono prodotti fuori dalle gioiellerie

261) Quale delle seguenti frasi è logicamente equivalente a: "Gli assenti non hanno mai ragione"?

A. I presenti hanno talvolta torto
B. Chi ha torto è sempre assente
C. I presenti hanno sempre ragione
D. Gli assenti hanno sempre torto
E. I presenti hanno sempre torto

262) È impossibile nascondere l'inutilità dei continui divieti alla circolazione automobilistica in città. Qual è il corretto significato della precedente affermazione?

A. È utile vietare la circolazione automobilistica in città
B. È utile permettere la circolazione non automobilistica in città
C. È inutile permettere la circolazione non automobilistica in città
D. Non si può vietare la circolazione automobilistica in città
E. È impossibile affermare che si può nascondere l'inutilità dei continui divieti alla circolazione automobilistica in città

263) La frase "nell'ultimo campionato di calcio tutte le partite giocate dalla Football Stars sono finite in parità o con vittorie soltanto casalinghe" è logicamente equivalente a:

A. nell'ultimo campionato di calcio la Football Stars non può aver pareggiato partite casalinghe
B. nell'ultimo campionato di calcio la Football Stars ha sempre vinto in casa
C. nell'ultimo campionato di calcio la Football Stars ha sempre perso fuori casa
D. nell'ultimo campionato di calcio la Football Stars ha sempre pareggiato fuori casa

E. nell'ultimo campionato di calcio la Football Stars ha sempre vinto fuori casa

264) "La prima cosa che fa il naufrago Robinson Crusoe, appena approdato sull'isola, è costruirsi un calendario, per sapere quando è domenica e sentirsi idealmente parte di una comunità." (spiega Paolo Spinicci, professore di filosofia teoretica all'Università di Milano) Orologi e calendari hanno sempre avuto questa funzione: scandire il *tempo obiettivo* ma si sono scontrati con la difficoltà di tenere insieme gli eventi astronomici usati per definire l'anno, i mesi e i giorni, cioè la rivoluzione della Terra intorno al Sole, le fasi lunari e la rotazione della Terra su se stessa. In Editti nel 237 a. C., durante il regno di Tolomeo III Emergete, fu promulgato a Canopo un editto in cui si prescriveva l'inserzione di un giorno ogni quattro anni per evitare lo sfasamento del calendario rispetto al ciclo solare. Bisognava intervenire per impedire la *distruzione dell'ordine cosmico*. Oggi la necessità di questo aggancio tra tempo umano e tempo cosmico è avvertita in modo meno drammatico: il tempo, come dimostra l'ora legale, si plasma sulle esigenze della società, anche contro il corso del Sole. La marcia verso un orario uguale per tutti è stata lenta. Probabilmente è iniziata in Europa nel XIV secolo, con la diffusione degli orologi meccanici sui campanili. Ma quelli scandivano un tempo locale che valeva solo per il villaggio.

(Luca Fraioli, "*Tempi moderni. Così l'umanità ha deciso di sincronizzarsi*", in Il venerdì di Repubblica, n. 940, 24 marzo 2006)

Nel testo si sostiene che (s'identifichi la risposta corretta):

A. gli adattamenti del calendario erano eventi periodici frequenti a cui tutti erano abituati
B. l'ora legale poté affermarsi in Europa con il passaggio dalla società agricola a quella industriale
C. l'ora legale è fondata su un principio opposto a quello che ha determinato le riforme storiche dei calendari perché antepone le esigenze della società al corso del sole
D. le variazioni dei calendari erano avversate da alcune religioni perché determinavano la distruzione dell'ordine cosmico
E. i calendari, attraverso interventi aggiuntivi, riportavano la giornata al ritmo del sole esclusivamente per rispettare i ritmi dei riti religiosi

265) Quando l'agricoltura si diffuse a latitudini più elevate, venne inevitabilmente confinata in gran parte ad altipiani ben drenati e con terreni leggeri, sebbene questi fossero necessariamente meno produttivi delle terre basse e alluvionali: l'aratro semplice, infatti, non poteva domare questi terreni più ricchi.

(L. White, *Tecnica e società nel medioevo*, Il Saggiatore, Milano, 1967)

SOLO UNA, delle cinque considerazioni seguenti, è condivisa dall'autore. L'agricoltura primitiva si diffonde negli altipiani perché:

A. le terre basse erano più lavorabili ma poco ricche e quindi meno produttive
B. i terreni leggeri erano più facilmente arabili dei ricchi ma duri terreni di pianura
C. l'invenzione dell'aratro semplice aveva permesso di arare anche i pendii
D. i terreni a latitudini più elevate erano meno produttivi
E. il lavoro di aratura andava perso con le frequenti alluvioni

266) "All'inizio il bottone fu trattato come fosse un ornamento, fabbricato e venduto dai gioiellieri. Le donne erano disposte a spendere e a fare spendere talmente tanti denari ai famigliari per tale acquisto, da incorrere nel rigore delle leggi contro il lusso [...]. Progressivamente la funzione pratica dei bottoni passò in primo piano e i bottoni furono fatti di ottone o di rame, o di vetro [...]. I bottoni permisero per la prima volta alle donne del XIII secolo di portare vesti aderenti che danno slancio alla figura, e di modellare la forma del braccio con maniche strette. Al desiderio di sfoggiare comunque grande quantità di tessuto, indice di ricchezza, che l'uso dei bottoni evidentemente contrasta, si supplì con lo strascico e con la sovrapposizione di diversi capi di vestiario [...]. I bottoni però, oltre a permettere di aprire e chiudere lo scollo degli abiti e le maniche, resero quest'ultime addirittura completamente staccabili. [...] Il detto: "È un altro paio di maniche" ci giunge proprio dal Medioevo, quando per necessità pratica, o [...] per esigenza decorativa, le maniche potevano essere riposte in una cassapanca lontano dall'abito di cui facevano parte. Di solito in casa si portavano maniche di tipo modesto, più ricercato ed elegante quando si usciva."

(Da Chiara Frugoni, *Medioevo sul naso. Occhiali, bottoni e altre invenzioni medievali*, Laterza, Roma-Bari, 2001, pp. 102-103)

Solo UNA delle affermazioni seguenti è CORRETTAMENTE dedotta dalle premesse contenute nel brano. La si individui:

A. i bottoni consentirono alle donne medievali l'agognata economia di tessuto nella confezione dei loro abiti
B. l'introduzione dei bottoni consentì di dotare gli abiti femminili di maniche adeguate
C. nell'Alto Medioevo, prima dell'invenzione dei bottoni, a nessuno era venuto in mente di sovrapporre diversi capi di vestiario
D. con il passar del tempo i bottoni divennero sempre più elaborati nelle forme e nei materiali e conseguentemente sempre più costosi
E. l'introduzione dei bottoni non rispose originariamente ad un'impellente esigenza pratica

267) «Un giovanotto in vacanza telefona a casa e parla con il fratello. "Come sta il gatto Oscar?"
"Il gatto è morto, morto stamattina."
"Terribile... gli ero così affezionato, lo sai. Non potevi dirmelo in un modo più morbido?"
"E come?"
"Avresti potuto dirmi che il gatto stava sul tetto. La prossima volta che avessi chiamato, potevi dirmi che non eri riuscito a farlo scendere, e alla fine, per gradi, avresti potuto darmi la notizia."
"Hai ragione, mi dispiace."
"Lascia stare. Come sta la mamma?"
"......................."»

J. A. Paulos, *Penso, dunque rido. L'altra faccia della filosofia*, tr. it. Feltrinelli, Milano, 2004, p. 144

Si INDIVIDUI la conclusione che rispettando l'impalcatura logica e discorsiva della scenetta, le restituisce il suo tetro e cinico umorismo:

A. "È stupita, pensava di averlo mancato..."
B. "È sul tetto..."
C. "Non ha voluto cucinare il gatto..."
D. "È inciampata nel gatto..."
E. "È mancata..."

268) Quando si dice "maggioranza" si denota una procedura, la regola del gioco accettata in democrazia, la regola secondo la quale vengono adottate le decisioni. [...] Quando invece si parla di "minoranze", si parla di quei gruppi che esercitano una influenza determinante sul processo di formazione delle opinioni.

(*G. Sartori*, Democrazia e definizioni, *Il Mulino, Bologna 1959*)

L'autore definisce "minoranze" (SOLO UNA, delle cinque considerazioni proposte, è condivisa dall'autore):

A. le aggregazioni minoritarie che però influenzano giudizi e comportamenti collettivi
B. le procedure di votazione aventi esito negativo
C. l'insieme dei gruppi minoritari che non accettano le regole democratiche
D. gli oppositori ai cambiamenti di opinione imposti dalla maggioranza
E. i gruppi che non accettano le regole del gioco della democrazia

269) Se si fa pratica con uno strumento musicale, si migliorerà a suonare. Io non ho fatto pratica con il pianoforte, quindi non sono migliorato. Tra due mesi ho un esame. Quindi devo allenarmi ogni giorno se voglio che la mia prestazione sia buona.
Quale delle seguenti affermazioni ricalca maggiormente la struttura di questo ragionamento?

A. Chi fa un mestiere diventa più bravo a svolgerlo. Tutti i mastri artigiani hanno passato lungo tempo a praticare la propria arte. È impossibile diventare esperti senza fare pratica
B. Se ci si allena duramente in uno sport, si diventerà più bravi. Io non mi sono allenata duramente al trampolino, quindi non sono migliorata. C'è una gara il mese prossimo. Quindi devo lavorare sodo se voglio che la mia prestazione sia buona
C. L'allenamento rende perfetti. Mi sono allenato duramente a suonare il violino quindi, presto, dovrei essere perfetto. Tra poco tempo ho una gara che mi aspetto assolutamente di vincere
D. Se ci si allena duramente nella corsa si diventerà più veloci. Mi sono allenato duramente per diventare più veloce, e ho cominciato a vincere le gare. C'è una gara la prossima settimana. Se voglio vincere devo continuare ad allenarmi
E. Se si fa pratica con il violoncello, si diventerà più bravi a suonarlo. Dawn non ha fatto molta pratica ma è migliorata, quindi deve averne fatta abbastanza. Può anche riuscire a superare l'esame del terzo livello il mese prossimo

270) Tutti gli alberi hanno le foglie. La quercia è un albero. Quindi le querce hanno le foglie.
Quale delle seguenti affermazioni ricalca maggiormente la struttura di questo ragionamento?

A. Tutte le piante hanno le foglie. Quella foglia è una foglia di quercia. Quindi tutte le piante sono querce
B. Tutti gli alberi hanno le foglie. Quella pianta non è un albero. Quindi quella pianta non ha le foglie
C. Tutti gli alberi hanno le foglie. Quella pianta ha le foglie. Quindi quella pianta è un albero
D. Tutte le foglie crescono sugli alberi. Le piante hanno le foglie. Quindi le piante sono alberi
E. Tutte le querce hanno le foglie. Quell'albero ha le foglie. Quindi quell'albero è una quercia

271) Viaggiare in prima classe equivale a viaggiare con tutte le comodità. Monica non viaggia in prima classe, quindi non avrà tutte le comodità.
Quale delle seguenti affermazioni ha la stessa struttura logica del suddetto ragionamento?

A. Viaggiare in prima classe equivale a viaggiare con tutte le comodità. Monica viaggia in prima classe, quindi starà viaggiando con tutte le comodità

B. Indossare scarpe troppo strette equivale ad avere dolore ai piedi. Le scarpe di Monica non sono troppo strette, quindi Monica non avrà dolore ai piedi
C. Indossare delle scarpe troppo strette equivale ad avere dolore ai piedi. Monica ha dolore ai piedi, quindi le sue scarpe saranno troppo strette
D. Viaggiare in seconda classe equivale a viaggiare con molte altre persone. Monica non viaggia con molte altre persone, quindi non starà viaggiando in seconda classe
E. Viaggiare in seconda classe equivale a viaggiare con molte altre persone. Monica viaggia con molte altre persone, quindi starà viaggiando in seconda classe

272) Per poter richiedere il visto per una vacanza-lavoro in Australia sono necessari due requisiti: bisogna dimostrare di avere un conto corrente con un saldo di almeno € 1.000 e avere un'età massima di 30 anni. Giulia ha più di 30 anni, quindi non è idonea per richiedere tale visto. Quale delle seguenti affermazioni segue la stessa struttura logica del suddetto ragionamento?

A. Per candidarsi alla presidenza degli Stati Uniti, bisogna essere nati in territorio statunitense e bisogna avere un'età superiore ai 40 anni. John è nato negli Stati Uniti ed ha 50 anni, quindi è idoneo per candidarsi alla presidenza degli Stati Uniti
B. Una borsa di studio viene offerta solo agli studenti che si sono laureati con il massimo dei voti e che sono stati già ammessi a una scuola di dottorato. Marco non si è laureato con il massimo dei voti, quindi non è idoneo per richiedere la borsa di studio
C. Molte professioni hanno limiti d'età. L'esercito non recluta nessuno che abbia più di 30 anni. Giovanni ha 25 anni, quindi è idoneo per richiedere di arruolarsi nell'esercito
D. Per vincere una medaglia d'oro alle Olimpiadi, bisogna partecipare ai giochi olimpici. Rita ha vinto una medaglia d'oro, quindi deve aver partecipato alle Olimpiadi
E. Per apparire sulla copertina di una rivista bisogna essere famosi. Luca deve essere più famoso di quanto tutti pensassero, dato che è apparso sulla copertina di una rivista nel del mese di aprile

273) Analizzare le seguenti affermazioni:

1) Ci sono meno ratti che persone.
2) Non ci sono più persone che ratti.
3) Ci sono almeno tanti ratti quante persone.
4) Non ci sono più ratti che persone.

Due delle affermazioni sopra riportate si equivalgono. Quali?

A. 2 e 4
B. 2 e 3
C. 1 e 3
D. 1 e 4
E. 3 e 4

274) Puoi diventare un buon pianista se cominci a suonare quando sei ancora piccolo. Tu hai cominciato quando eri già adulto, quindi non puoi diventare un buon pianista.
Quale delle seguenti affermazioni presenta la stessa struttura di questo ragionamento?

A. I bambini parlano fluentemente due lingue se cominciano a parlarle da quando sono molto piccoli. Mio figlio ha imparato due lingue quando era piccolo, quindi ora le parla correntemente
B. Puoi curarti il mal di testa se hai intenzione di provare l'agopuntura. Ma tu rifiuti di provare l'agopuntura,

quindi non riuscirai a curare il mal di testa

C. Puoi diventare un buon cantante se hai un tono di voce perfetto. Tu sei un buon cantante, quindi devi avere un tono di voce perfetto

D. Puoi evitare di diventare sovrappeso se fai sufficiente esercizio fisico. Tu fai esercizio fisico sufficiente, quindi non diventerai sovrappeso

E. I bambini soffrono meno di otite se prendono l'olio di fegato di merluzzo. I miei figli soffrono pochissimo di otite, quindi non hanno bisogno di prendere l'olio di fegato di merluzzo

275) La teoria della relatività di Einstein è una teoria rivoluzionaria. Solo i grandi scienziati sanno formulare teorie rivoluzionarie, quindi Einstein dovrebbe essere definito un grande scienziato. Quale delle seguenti affermazioni ha la stessa struttura logica del suddetto ragionamento?

A. Il dipinto di Marco non è una grande opera d'arte. Solo i grandi artisti producono grandi opere d'arte, quindi Marco non può essere definito un grande artista

B. Il dipinto *Impressione. Levar del sole* di Monet è una grande opera in tutti i sensi. Solo chi è davvero un grande artista ha il talento per produrre grandi opere, quindi dovremmo definire Monet un grande artista

C. La grande arte scaturisce esclusivamente da grandi artisti. Leonardo da Vinci può essere definito un grande artista, quindi la *Gioconda* è una grande opera d'arte

D. Van Gogh è un grande artista. I grandi artisti producono grandi opere. Questa non è una grande opera d'arte, quindi non può essere stata dipinta da Van Gogh

E. Manet è un grande artista e i grandi artisti hanno prodotto le opere d'arte più importanti. Questo quadro è stato dipinto da Manet, quindi deve trattarsi di una grande opera d'arte

276) La quantità di tempo che le persone dedicano, nel corso della vita, a spostarsi da A a B è rimasta costante nella storia. Quindi, l'avvento di mezzi di trasporto ad alta velocità comporta semplicemente che le persone coprano distanze più lunghe.
Quale delle seguenti affermazioni ricalca al meglio la struttura di questo ragionamento?

A. L'aumento della proprietà immobiliare è sempre stato proporzionale all'aumento del reddito medio. Quindi, l'aumento della costruzione di immobili significa che la gente ha redditi più alti

B. Il rapporto tra la somma che serve per ripagare un mutuo e le spese totali di una famiglia è sempre stato costante. Quindi un aumento del prezzo del cibo comporta un aumento del debito

C. La proporzione tra case nuove e vecchie sul mercato è sempre stata costante. Quindi un aumento nello sviluppo immobiliare significa che più case vecchie saranno restaurate

D. Con un tasso d'interesse fisso sul mutuo, un aumento dei prezzi delle case comporterà un aumento dell'inflazione

E. L'entità di un mutuo ha sempre rappresentato circa 3 o 4 volte il reddito annuale di una persona. Quindi un aumento dei redditi medi risulterà in un aumento dell'entità dei mutui

277) Se Nusra dovesse trovare un lavoro che le interessa sul serio, deve essere preparata a guadagnare molto meno di adesso. Tuttavia, siccome non ha inten-

zione di sacrificare il suo stipendio attuale, non troverà un lavoro che le interessi. Quale delle seguenti affermazioni ricalca al meglio il ragionamento su cui si fonda questa argomentazione?

A. Se Lopez vuole ottenere risultati migliori a scuola, deve lasciare il suo lavoro part-time. Dice sempre di voler andare meglio a scuola, quindi, ovviamente, dovrà lasciare il lavoro
B. Se Paul e Lisa vogliono avere un matrimonio felice, devono parlarsi di più. Durante le sedute di terapia di coppia, tuttavia, hanno dimostrato che per loro è impossibile riuscirci, quindi il loro matrimonio non sarà felice
C. Se Carl e Tesfa procederanno con il divorzio, devono essere sicuri di non voler dare un'altra chance al loro matrimonio. Entrambi hanno insistito sul fatto che il divorzio sia l'unica opzione, quindi è inutile fare altre sedute di terapia di coppia
D. Se Myra vuole cominciare un'attività in proprio, ha bisogno di almeno £ 5000 per coprire i costi iniziali. Ha solo £1000 a disposizione, quindi dovrà chiedere un prestito alla banca per il resto della somma
E. Se Julie e Mike vogliono adottare un bambino, devono essere in grado di dimostrare che hanno una relazione stabile. Sfortunatamente, il loro matrimonio non è mai stato propriamente stabile, quindi dovranno lavorare sodo per migliorarlo

278) Si considerino le seguenti affermazioni:

- **Rongfeldt non si trova più a nord di Sgybo**
- **Sgybo si trova più a sud di Rongfeldt**
- **Sgybo si trova a nord almeno quanto Rongfeldt**

Cosa si evince da queste tre affermazioni?

A. Nessuna delle tre è logicamente equivalente
B. La prima è logicamente equivalente alla terza, ma non alla seconda
C. La prima è logicamente equivalente alla seconda, ma non alla terza
D. La seconda è logicamente equivalente alla terza, ma non alla prima
E. Tutte e tre sono logicamente equivalenti

279) "Con i suoi canoni, Bach ci offre un primo esempio della nozione che qui definiremo degli Strani Anelli. Il fenomeno dello Strano Anello consiste nel fatto di ritrovarsi inaspettatamente, salendo o scendendo lungo i gradini di qualche sistema gerarchico, al punto di partenza (nel nostro esempio il sistema è quello delle tonalità musicali). (...) A mio avviso, le più belle e imponenti realizzazioni visive del concetto di Strano Anello si trovano nell'opera del grafico olandese M.C. Escher, vissuto tra il 1898 e il 1971. Escher ha creato alcuni disegni che sono tra i più intellettualmente stimolanti di tutti i tempi. Molti hanno la loro ispirazione in paradossi, illusioni o doppi sensi. I matematici furono tra i primi ammiratori dei disegni di Escher, e si capisce perché: spesso essi sono basati su princìpi matematici di simmetria o di regolarità... Ma in un disegno tipicamente escheriano c'è molto di più di semplici simmetrie e regolarità; c'è spesso un'idea di fondo che viene realizzata in forma artistica. In particolare lo Strano Anello è uno dei temi più frequenti dell'opera di Escher; (...) pensiamo all'interessante "Mani che disegnano", dove si vedono due mani ognuna delle quali disegna l'altra: è uno Strano Anello a due componenti. (...) Il concetto di Strani Anelli contiene quello di infinito: un anello infatti non è proprio un modo per rappresentare un processo senza fine in modo finito? (...) E come gli anelli di Bach e di Escher fanno appello ad intuizioni molto semplici e antiche come la scala musicale o la scala di un edificio, così la scoperta ad opera di K. Gödel di uno Strano Anello in un sistema matematico trae le sue origini da intuizioni semplici e antiche. La scoperta di Gödel, nella sua forma essenziale, comporta la traduzione in termini matematici di un antico paradosso della filosofia. Si tratta del cosiddetto paradosso di Epimenide, o paradosso del mentitore. Epimenide era un cretese che pronunciò questo paradosso immortale: "Tutti i Cretesi sono mentitori". Una versione più incisiva di questo enunciato è semplicemente: "Io sto mentendo"; o ancora: "Questo enunciato è falso".

Douglas R. Hofstadter, *Gödel, Hescher, Bach: un'eterna Ghirlanda Brillante*, Adelphi, 1992

Questo enunciato è un paradosso perché (UNA SOLA risposta è ESATTA):

A. non è lecito generalizzare giudicando gli uomini per categorie
B. Epimenide era considerato l'emblema stesso del mentitore
C. l'affermazione risulta contemporaneamente vera e falsa
D. Erodoto nega con fermezza che i Cretesi siano bugiardi
E. l'affermazione è contraddittoria, quindi è vero il suo contrario

280) Esistono ragionamenti induttivi e deduttivi. Quanti dei seguenti diversi ragionamenti sono INDUTTIVI?

Rag. 1) Tutte le volte che ho mangiato la pizza a Napoli l'ho trovata buonissima; un mio collega, di passaggio nella città partenopea per lavoro, ne è rimasto entusiasta; non c'è nessuno tra i miei amici che sono stati a Napoli che non vada matto per la pizza fatta laggiù. I napoletani sanno fare la pizza.
Rag. 2) Tutti quelli che pensano di poter fare a meno degli altri sono degli incoscienti. Luciana è convinta di poter vivere da sola in un rifugio alpino sperduto in alta quota; lei non si rende conto degli innumerevoli pericoli ai quali può andare incontro.
Rag. 3) Visitare il centro storico e lanciare la classica monetina nella fontana di Trevi è nei sogni d'ogni turista tedesco in visita alla Capitale; Werner è un giovane turista tedesco appena arrivato a Roma e dunque non vede l'ora di trovarsi a tu per tu con la celebre fontana.
Rag. 4) Nessuna persona dabbene uscirebbe da un locale senza pagare il conto. Con la scusa di dover prendere qualcosa dalla macchina, Paolo, dopo aver cenato, ha lasciato a bocca asciutta il proprietario della pizzeria; non si può dire che Paolo sia una brava persona.

A. Nessuno
B. Due
C. Tre
D. Uno
E. Quattro

281) Esistono ragionamenti deduttivi e induttivi. Quanti dei seguenti diversi ragionamenti sono DEDUTTIVI?

Rag. 1) Quelli che pensano di poter giudicare gli altri sono stupidi; Marina trincia sempre giudizi sulle sue amiche; non si può dire che Marina sia intelligente.
Rag. 2) Tutti i cani che ho posseduto avevano un ottimo fiuto; Argo, il cane di mio nonno, è un eccellente cane da tartufi; Pallina, il barboncino della zia, riesce sempre a scovare la caramella nascosta nel giardino; i cani hanno un formidabile fiuto.
Rag. 3) Ho puntato sul tredici ed ho perso; ho puntato sul venti ed ho perso; ho puntato sul quattro ed ho perso; non ho fortuna nel gioco.

Rag. 4) Tutti quelli che si preparano a visitare un paese straniero farebbero bene a studiarne anche gli usi e costumi; Mario, da due mesi impegnato nella preparazione del suo viaggio in Cina, non dovrebbe dimenticare d'informarsi circa le consuetudini cinesi a tavola.

A. Nessuno
B. Tutti
C. Tre
D. Due
E. Uno

282) Se Marco ha due fratelli e tre sorelle, Maria, una delle sorelle di Marco, quante sorelle e fratelli avrà?

A. 3 sorelle e 2 fratelli
B. I dati forniti dal problema non consentono di stabilirlo con certezza
C. 2 sorelle e 3 fratelli
D. 2 sorelle e 2 fratelli
E. 3 sorelle e 3 fratelli

283) Si considerino le seguenti coppie: Carlo e Diana, Francesco e Giulia, Luigi e Mara. Chi è la compagna di Alessio?

A. Lucia
B. Belinda
C. Federica
D. Sabrina
E. Margherita

284) Quale dei seguenti ragionamenti è necessariamente corretto?

A. Chi beve vodka si ubriaca, Sergio non beve vodka, quindi Sergio non si ubriaca
B. Chi beve vodka si ubriaca, Sergio si ubriaca, quindi Sergio non beve vodka
C. I ragionamenti riportati nelle altre opzioni sono tutti corretti
D. Chi beve vodka si ubriaca, Sergio non si ubriaca, quindi Sergio non beve vodka
E. Chi beve vodka si ubriaca, Sergio si ubriaca, quindi Sergio beve vodka

285) Si considerino le seguenti coppie: Cosimo e Domenica, Franco e Giorgia, Luca e Maria. Chi è la compagna di Alessandro?

A. Carla
B. Maria
C. Giorgia
D. Giulia
E. Benedetta

286) Si dovrebbero addestrare ratti allo scopo di bonificare i campi minati. Alcuni esperimenti hanno dimostrato che i ratti sono troppo leggeri per saltare in aria e che amano compiere azioni ripetitive. L'impiego di animali consentirebbe lo svolgimento di compiti pericolosi con un uso minore di macchinari e, soprattutto, ridurrebbe il rischio di morte per gli esseri umani. Quale delle seguenti affermazioni esprime il principio alla base di questo ragionamento?

A. Si dovrebbero utilizzare le vespe per rilevare gas nocivi nell'aria grazie al loro olfatto sviluppato
B. Si dovrebbero addestrare i primati a compiere alcune mansioni ordinarie e ripetitive
C. Gli esseri umani dovrebbero utilizzare i roditori nonostante questi trasmettano malattie
D. In futuro i macchinari per bonificare i campi minati andrebbero eliminati
E. Chi non ama svolgere lavori ripetitivi non dovrebbe bonificare i campi minati

287) Lo schema riportato di seguito deve essere riempito con le lettere A, B, E, F, I, L, O, P, U.
Per riempire lo schema occorre osservare le seguenti regole:

- **nella prima colonna da sinistra vanno sistemate solo vocali in ordine alfabetico crescente dall'alto verso il basso;**

- **nella terza colonna da sinistra vanno sistemate solo consonanti in ordine alfabetico crescente dall'alto verso il basso;**
- **nella seconda e terza riga vanno sistemate lettere in ordine alfabetico crescente da sinistra verso destra.**

Quale lettera deve essere necessariamente collocata nel cerchio in posizione centrale?

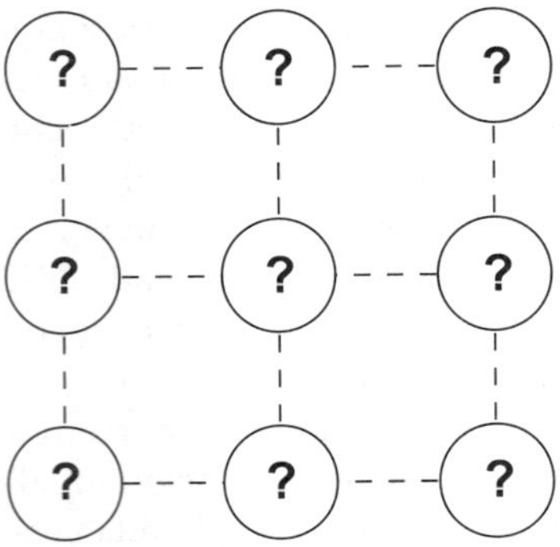

A. La lettera U
B. La lettera I
C. La lettera O
D. La lettera F
E. La lettera L

288) Una gallina ha fatto i pulcini. Maria dice: "Sono nati tre pulcini e sono gialli". Gianni dice: "Sono nati due pulcini gialli e due neri". Anna dice: "Sono nati solo pulcini gialli". Quanti pulcini sono nati, sapendo che una e una sola delle precedenti affermazioni è falsa?

A. 4
B. 2
C. 6
D. 3
E. Non è possibile stabilire il numero con certezza

289) Le spese mediche per gli interventi di chirurgia estetica non necessari dovrebbero essere interamente sostenute dai pazienti.

Quale delle seguenti affermazioni esprime il principio alla base di questo ragionamento?

A. I genitori di bambini con Bisogni Educativi Speciali (BES) dovrebbero poter usufruire di ulteriori sostegni da parte dei servizi sociali e degli enti locali
B. Le protesi estetiche difettose considerate rischiose per la salute dovrebbero essere rimosse senza alcun costo per il paziente dal Servizio Sanitario Nazionale
C. Se si sceglie di cercare lavoro in una città lontana da quella di residenza si dovrebbero sostenere le spese di viaggio o di trasloco
D. Un paziente trasportato d'urgenza al pronto soccorso in ambulanza dovrebbe far ritorno a casa con mezzi propri se dimesso
E. Coloro che pur non essendo disabili parcheggiano deliberatamente nei posti riservati ai disabili non dovrebbero stupirsi di venire multati

290) In un racconto per bambini ci sono tre tipi di mostri, Bongles, Crannies e Dervies. Alcuni Bongles (ma non tutti) sono Crannies e tutti i Crannies sono Dervies.
Quale delle seguenti frasi sicuramente NON è vera?

A. Alcuni Bongles sono Dervies
B. Alcuni Dervies sono sia Bongles che Crannies
C. Tutti i Crannies sono Bongles o Dervies, o entrambi
D. Nessun Dervies è un Bongles
E. Alcuni Dervies non sono né Bongles né Crannies

291) Ogni automobilista in Inghilterra paga la stessa cifra per la tassa stradale, a prescindere da quanto in realtà usufruisca della strada: chi percorre poche miglia, come 1.000, paga la stessa cifra di chi ne percorre 20.000. È ingiusto. La tassa stradale dovrebbe essere frammentata e l'importo innalzato con un aumento della tassa sulla benzina. Questo cambiamento farebbe sì che quelli che usano di più la strada, devono pagare una cifra maggiore. Questo risultato non porterebbe solo a un sistema più giusto, ma anche a entrate maggiori.

Quale delle seguenti affermazioni illustra al meglio il principio su cui si fonda il ragionamento sopra riportato?

A. Chi guadagna più del doppio di un salario medio dovrebbe pagare molto di più per le cure dentistiche
B. Chi va a lavorare in treno ogni giorno dovrebbe pagare una tariffa minore rispetto a chi viaggia solo occasionalmente
C. Le tariffe telefoniche dovrebbero essere più alte per le aziende, rispetto ai privati, perché usano il sistema solamente per guadagnare soldi
D. Si dovrebbero ricevere cure mediche gratuite solo se non ci si può permettere di pagarle
E. I canali televisivi dovrebbero essere pagati con un abbonamento di modo che solamente chi li guarda paga per vederli

292) Il trattamento che molti paesi riservano agli immigrati non autorizzati spesso è crudele e cinico. Perfino i rifugiati provenienti da regioni devastate dalla guerra o colpite da una carestia possono ritrovarsi in prigione appena arrivano, o possono essere deportati verso il posto stesso da cui sono fuggiti. È una decisione terribile da dover prendere, ma se facciamo un'eccezione alla legge per una persona, dovremmo fare la stessa eccezione per tutti. Se si permette ad alcuni immigrati clandestini di rimanere, anche gli altri devono essere trattati allo stesso modo, e nessun paese – specialmente quelli che sono già sovrappopolati – può fisicamente ospitare il numero di persone che si raggiungerebbe. La legge deve essere applicata rigorosamente, anche se ciò implica mandare via persone davvero bisognose.

Quale delle seguenti affermazioni illustra al meglio il principio su cui si basa l'argomentazione sopra riportata?

A. La crescita del congestionamento del traffico urbano implica che in futuro il numero di macchine che possono entrare nei centri di alcune città dovrà essere limitato
B. Tutti i taccheggiatori devono essere perseguiti, perché in caso se ne lasci andare uno, tutti gli altri, giustamente, si aspetterebbero la stessa clemenza
C. Vista la regolamentazione anti-incendio, il numero di persone che possono andare al concerto deve essere controllato severamente
D. Non esiste una regola unica che possa essere applicata a tutti i prigionieri che chiedono la libertà per buona condotta: ogni caso è a sé e deve essere trattato con obiettività
E. Se non ci sono posti ospedalieri a sufficienza per tutti quelli che ne hanno bisogno, i casi più urgenti devono essere curati per primi, anche se altre persone hanno aspettato a lungo

293) Nei dibattiti sul clima, c'è una tendenza a sottovalutare soluzioni singole come l'energia eolica, carburanti alternativi, o investimenti nel trasporto pubblico, perché ognuna di queste, presa singolarmente, non risolverà la crisi climatica. Tuttavia, non esiste, e mai esisterà, un'unica soluzione al cambiamento climatico. Quando per un problema non esiste una soluzione unica, i tentativi di migliorare la situazione non dovrebbero essere scartati sulla base del fatto che non risolvano il problema nella sua interezza. Dovremmo lasciare da parte i battibecchi e andare in direzione della promozione di singole iniziative che hanno un qualunque effetto benefico, per quanto piccolo, sul cambiamento climatico.

Quale delle seguenti affermazioni illustra al meglio il principio su cui si fonda questo ragionamento?

A. Per affrontare il problema dell'obesità ci vuole una campagna nazionale che promuova un maggiore esercizio fisico, anche se dovesse essere dannoso per le articolazioni
B. La pace nel mondo può essere garantita solamente da un governo su scala mondiale
C. Le scuole dovrebbero tornare ai metodi tradizionali nell'insegnamento della lettura, dato che nuove iniziative non sono riuscite ad aumentare gli standard
D. Gli scienziati, non lo Stato, dovrebbero essere responsabili per la ricerca di soluzioni ai problemi ambientali
E. Il coprifuoco non dovrebbe essere rifiutato sulla base del fatto che, da solo, non risolverà il problema dei comportamenti antisociali

294) È necessario che la legge prevenga l'abuso di test genetici richiesti dalle compagnie assicurative. Nuovi test genetici possono rivelare la probabilità che un individuo soffra di patologie debilitanti o addirittura fatali nel corso della vita. Senza una regolamentazione, le compagnie assicurative potrebbero rendere questi test obbligatori e far pagare un'assicurazione più alta alle persone che sono a rischio. Tutto ciò sarebbe ingiusto. Nessuno sceglie i propri geni; si nasce con quelli. Le persone non dovrebbero essere penalizzate per cose su cui non hanno controllo.

Quale delle seguenti affermazioni illustra al meglio il principio su cui si fonda questo ragionamento?

A. Alcune persone hanno perso tutto nell'alluvione. Le loro compagnie di assicurazione sono responsabili delle loro perdite. Quindi il governo non dovrebbe aiutarli
B. Philip non dovrebbe essere aiutato a pagare i suoi debiti, per quanto possa dispiacere della sua situazione. Lo sapeva dall'inizio che la sua iniziativa imprenditoriale era molto rischiosa
C. Tre persone non sono state adeguatamente informate sulla possibilità di perdite economiche quando hanno preso parte al progetto. I loro consulenti finanziari dovrebbero perdere la licenza
D. I ritardi nei pagamenti, normalmente, vengono sanzionati con una multa. Ma il pagamento di Jamuna è stato trattenuto perché i dipendenti delle poste erano in sciopero, quindi non dovrebbe essere costretta a pagare la multa
E. Kylie non l'ha fatto di proposito sbagliare la propria contabilità, ma dovrebbe pagare comunque la multa. Avrebbe dovuto accertarsi che i conti fossero corretti

295) Non paghiamo una quota fissa per l'elettricità, il gas o il telefono indipendentemente da quanto li utilizziamo. Perché quindi a qualcuno viene richiesto di farlo quando si parla dell'acqua? Chi usa relativamente poca acqua non dovrebbe finanziare chi ne usa tanta. I contatori dell'acqua, quindi, dovrebbero essere introdotti in tutte le regioni non appena possibile.

Quale delle seguenti affermazioni evidenzia meglio il principio su cui si fonda questo ragionamento?

A. La strada nuova sarà finanziata dai pedaggi, invece che dalle tasse
B. La nostra città sta mettendo a disposizione dei bidoni per il riciclaggio in modo che i residenti che vogliono fare la raccolta differenziata possono farlo
C. Il governo sta risarcendo i proprietari delle case che sono state danneggiate dall'alluvione
D. Chi ha difficoltà a pagare la tassa della televisione può pagarla in rate mensili
E. Quando andiamo a mangiare fuori in gruppo dividiamo il conto per il numero di persone che hanno cenato

296) Un utilizzo sempre maggiore dei telefoni cellulari sul treno e al ristorante dimostra una grave mancanza di considerazione per le altre persone. Sì, certamente, è comodissimo riuscire a gestire la tua attività mentre sei in viaggio o stai aspettando il pranzo e, che ci piaccia o no, la tecnologia fa parte del nostro mondo. Ma nessuno ha voglia di ascoltare una parte della noiosa conversazione di qualcuno mentre sta mangiando o durante un viaggio. Chi sta telefonando si lamenterebbe subito se io cominciassi a leggere il giornale ad alta voce, disturbando la sua chiamata. Pertanto, visto che le persone dovrebbero trattare gli altri allo stesso modo in cui si aspettano di essere trattati dagli altri, i telefoni cellulari non dovrebbero essere utilizzati liberamente sui treni e nei ristoranti.

Quale delle seguenti affermazioni illustra al meglio il principio su cui si fonda questo ragionamento?

A. Ti lamenteresti se i tuoi figli ti facessero ascoltare la loro musica, quindi non dovresti imporre loro le tue scelte sulla musica
B. La calma e il relax sono la chiave per una vita felice; quindi dovremmo evitare motivi di stress non necessari che il mondo moderno tecnologico porta con sé
C. Nessuno dovrebbe cercare di riportare indietro le lancette dell'orologio, specialmente quando si parla di tecnologia; pertanto dovresti accettare qualche fastidio in nome del progresso e della comodità
D. Il fastidio di una persona è la comodità di un'altra: quindi dovremmo essere più tolleranti verso i comportamenti altrui
E. Sui treni non ci dovrebbero essere posti di prima classe, perché tutti i paganti dovrebbero essere trattati allo stesso modo

297) Se qualcosa che faccio causa la morte di qualcuno, ovviamente, io sono responsabile per questa morte. Sono, però, allo stesso modo, responsabile della morte di qualcuno se è il risultato di qualcosa che non ho fatto? Ad esempio, se sparo a qualcuno, la sua morte è avvenuta per colpa mia. Ma se mi rifiuto di dare dei soldi a una persona che sta morendo di fame e questa persona muore perché io non le ho dato i soldi per comprarsi da mangiare, sono responsabile della sua morte? Se io non fossi mai vissuto, questa persona sarebbe morta di fame comunque, mentre la persona a cui ho sparato non sarebbe morta per colpa mia. Quindi, fare qualcosa rende più responsabili per le conseguenze che ne derivano, rispetto a non fare qualcosa.

Quale delle seguenti affermazioni illustra il principio che sostiene l'autore nel passaggio sopra riportato?

A. Le persone più responsabili per l'alto tasso di criminalità sono quelle che infrangono la legge, non le autorità locali che non riescono a dare il giusto supporto ai programmi di prevenzione del crimine

B. Il programma per la prevenzione del crimine non funziona perché attribuisce la responsabilità dei crimini alle autorità locali, le quali hanno risorse insufficienti per attuarli
C. Molte persone che vengono mandate in prigione commettono altri crimini una volta usciti, il che dimostra che la prigione non riesce a far prendere consapevolezza ai criminali delle proprie azioni
D. Le condanne ai lavori socialmente utili funzionano meglio della prigione perché fanno sì che la mente dei detenuti si concentri sulle conseguenze dirette provocate da un comportamento anti-sociale
E. Il rifiuto da parte del governo di finanziare programmi di prevenzione del crimine li rende responsabili per l'alto tasso di criminalità

298) Se lo Stato stanzia dei finanziamenti per l'arte significa che una parte delle tasse pagate da ognuno sarà utilizzata per finanziare musei e teatri. Ma alcuni contribuenti non hanno mai messo piede in un museo o un teatro e quelli che invece godono di questi servizi solitamente se lo possono permettere senza problemi. Visto che nessuno dovrebbe essere forzato a sovvenzionare servizi che non usa, le tasse dei contribuenti non dovrebbero essere usate per finanziare l'arte.
Quale delle seguenti affermazioni è un'applicazione del principio su cui si fonda il ragionamento espresso in questo passaggio?

A. Senza il supporto del governo, molti aspetti della vita culturale della nazione sarebbero accessibili solamente ai benestanti
B. Il sistema dei trasporti di Londra non dovrebbe essere sovvenzionato dalle tasse dei contribuenti, perché alcuni di loro non vanno mai a Londra
C. L'istruzione dovrebbe essere finanziata dalle tasse dei contribuenti perché è un servizio che porta benefici alla nazione intera
D. Chi si può permettere un'assicurazione sanitaria privata dovrebbe comunque pagare un contributo al sistema sanitario pubblico
E. Se il finanziamento pubblico per le gallerie d'arte fosse revocato e sostituito da quote di iscrizione, chi è veramente interessato all'arte continuerebbe a visitarle

299) Recentemente è nata una grande preoccupazione per la questione delle trasfusioni di sangue. Alcuni donatori di sangue hanno contratto la MCJ, la forma umana della BSE, conosciuta come la "mucca pazza". C'è una bassissima possibilità che anche chi ha ricevuto il loro sangue abbia contratto la MCJ. Per quanto basso sia il rischio, non c'è niente che si possa fare per curare questa malattia e informare il paziente scatenerebbe il panico. Per questi motivi, il servizio sanitario nazionale non dovrebbe prendere provvedimenti per informare le persone che possono essere a rischio.
Quale delle seguenti affermazioni applica il principio utilizzato nel ragionamento sopra espresso?

A. Non informare i passeggeri del motivo per cui il treno è stato ritardato per cause di forza maggiore
B. Non informare i passeggeri di un aereo, durante una turbolenza, del rischio, seppure piccolo, che l'aereo sia danneggiato
C. Non informare un bambino piccolo che ha ottenuto un risultato scarso nel test diagnostico pedagogico

D. Non informare un bambino che è stato adottato dell'identità dei suoi genitori biologici
E. Non informare un paziente che ha contratto una malattia mortale

300) Lanciato nel gennaio 2008 come parte della risposta dell'amministrazione USA alla crisi finanziaria, il "Consiglio per una buona educazione finanziaria", sebbene non sia senza meriti, non è necessariamente il modo migliore per affrontare la situazione, specialmente nel caso del tracollo dei mutui subprime. È certamente vero che molti mutui subprime sono stati concessi a mutuatari che potevano non averne compreso i rischi. Spesso non si erano neanche accorti che la rata mensile sarebbe aumentata all'aumentare dei tassi di interesse. I mutuatari subprime che avevano un tasso regolabile, la cui restituzione del mutuo è aumentata solo del 7%, hanno rappresentato più del 40% delle riappropriazioni iniziate nel quarto trimestre del 2007. Si sarebbe potuta evitare questa situazione con una maggiore consapevolezza e una migliore educazione finanziaria dei mutuatari? Non abbiamo bisogno che un semplice Comitato ci dica qual è la soluzione più semplice: non concedere mutui subprime.

Quale delle seguenti affermazioni illustra il principio su cui si fonda questo ragionamento?

A. Non avrebbe senso ritirare i superalcolici dalla vendita se si potesse fare un lavoro migliore istruendo le persone sui pericoli che derivano dal consumo di questi prodotti
B. Creare comitati che analizzino i problemi causati dal consumo di superalcolici non è necessario. Sarebbe più efficace se i produttori di alcol applicassero delle etichette di avvertimento sui loro prodotti
C. Tentare di istruire le persone sui pericoli che derivano dal consumo di superalcolici non ha senso. Avrebbe più senso se le persone potessero semplicemente non comprarli
D. Tentare di istruire le persone sui pericoli che derivano dal consumo di superalcolici è inutile. Le persone, comunque, ignorerebbero questi avvertimenti
E. Creare comitati che analizzino i problemi causati dal consumo di superalcolici è inutile. Raramente, un comitato raggiungerebbe un consenso all'unanimità

RISPOSTE CORRETTE

1) A	51) D	101) B	151) B	201) C	251) C
2) A	52) B	102) A	152) A	202) D	252) B
3) D	53) A	103) A	153) E	203) A	253) A
4) D	54) C	104) A	154) B	204) B	254) C
5) A	55) D	105) B	155) C	205) B	255) D
6) B	56) D	106) B	156) B	206) C	256) B
7) E	57) C	107) D	157) A	207) D	257) D
8) E	58) A	108) B	158) D	208) C	258) E
9) E	59) B	109) B	159) E	209) E	259) C
10) B	60) D	110) E	160) E	210) C	260) A
11) A	61) B	111) B	161) B	211) D	261) D
12) D	62) C	112) B	162) C	212) D	262) E
13) D	63) A	113) D	163) C	213) D	263) D
14) C	64) A	114) D	164) A	214) C	264) C
15) D	65) C	115) D	165) B	215) B	265) B
16) E	66) A	116) A	166) B	216) E	266) E
17) C	67) E	117) A	167) C	217) E	267) B
18) E	68) C	118) E	168) B	218) C	268) A
19) C	69) C	119) C	169) B	219) D	269) B
20) E	70) A	120) B	170) A	220) D	270) D
21) B	71) C	121) D	171) B	221) E	271) B
22) E	72) E	122) C	172) A	222) B	272) B
23) E	73) A	123) B	173) A	223) C	273) B
24) D	74) A	124) E	174) B	224) E	274) B
25) D	75) C	125) D	175) C	225) A	275) B
26) E	76) B	126) E	176) A	226) A	276) E
27) D	77) A	127) A	177) B	227) E	277) B
28) B	78) B	128) D	178) C	228) B	278) B
29) B	79) E	129) C	179) C	229) C	279) C
30) C	80) E	130) B	180) A	230) D	280) D
31) E	81) B	131) B	181) E	231) D	281) D
32) C	82) D	132) D	182) E	232) B	282) C
33) A	83) A	133) A	183) E	233) A	283) B
34) A	84) D	134) E	184) E	234) A	284) D
35) A	85) B	135) A	185) D	235) C	285) E
36) D	86) A	136) C	186) E	236) D	286) A
37) D	87) B	137) C	187) B	237) B	287) D
38) D	88) B	138) A	188) C	238) B	288) D
39) D	89) C	139) B	189) C	239) C	289) C
40) C	90) A	140) A	190) E	240) D	290) D
41) D	91) E	141) A	191) A	241) B	291) E
42) C	92) E	142) E	192) E	242) D	292) B
43) E	93) E	143) D	193) A	243) A	293) E
44) B	94) E	144) E	194) B	244) B	294) D
45) C	95) C	145) E	195) B	245) C	295) A
46) B	96) C	146) D	196) D	246) A	296) A
47) B	97) A	147) E	197) A	247) D	297) A
48) D	98) E	148) E	198) A	248) E	298) B
49) D	99) D	149) D	199) C	249) D	299) B
50) A	100) A	150) E	200) D	250) A	300) C

CAPITOLO 3

Logica numerica

3.1 • Abilità di calcolo mentale

1) In un tamponamento a catena in autostrada sono coinvolte 13 automobili. Quanti sono i paraurti danneggiati?

A. 22
B. 26
C. 24
D. 18
E. 13

2) Stai partecipando ad una gara motociclistica. Ad un certo punto superi il terzo. In quale posizione ti trovi?

A. Quarto
B. Ultimo
C. Secondo
D. Terzo
E. Primo

3) Due interi hanno somma 5 e prodotto –24. Quanto vale il minore di tali interi?

A. 1
B. 8
C. –8
D. –3
E. 2

4) Un gioco ha le seguenti regole: se un numero è divisibile per 5 vale 5 punti; se è divisibile per 3 vale 4 punti. In base a tali regole, quale dei seguenti numeri vale di più?

A. 18
B. 42
C. 9
D. 276
E. 40

5) Due interi hanno somma 9 e prodotto 18. Quanto vale il minore di tali interi?

A. 4
B. 1
C. 2
D. 0
E. 3

6) Qual è il numero il cui quadruplo più tre è uguale a settantacinque?

A. 18
B. 17
C. 72
D. 20
E. 78

7) La somma di due numeri è –4. La loro differenza è 0. I due numeri sono…

A. –2 e 2
B. 3
C. –2 e –2
D. 4
E. 2 e 2

8) La somma di due numeri è 18. La loro differenza è –6. I due numeri sono…

A. 6 e –12
B. 6 e 12
C. –3 e –8
D. –6 e –12
E. –6 e 12

9) Se aumentiamo un numero di 175 unità e poi lo riduciamo di 77 unità, otteniamo 376. Che numero è?

A. 273
B. 275
C. 276
D. 278
E. 277

10) Se riduciamo un numero di 150 unità e poi lo aumentiamo di 175 unità, otteniamo 420. Che numero è?

A. 445
B. 410
C. 405
D. 415
E. 395

11) Sommando 10 al doppio di un numero si ottiene il suo quadruplo diminuito di 2. Qual è il numero?

A. 0
B. 8
C. 6
D. 4
E. 2

12) Qual è il numero che aggiunto a 7428 dà per risultato 9310?

A. 1902
B. 1872
C. 1890
D. 1892
E. 1882

13) Qual è il numero che diminuito di 724 dà per risultato 399?

A. 1123
B. 1121
C. 1124
D. 1122
E. 1128

14) Antonio vuole far rientrare tutte le sue pecore nei recinti dell'ovile. Inizialmente fa entrare 9 pecore in ciascun recinto, ma gli restano 2 recinti vuoti. Allora fa entrare 6 pecore in ciascun recinto, ma in questo modo 3 pecore non trovano spazio nei recinti.
Quante pecore possiede Antonio?

A. 54
B. 45
C. 36
D. 27
E. 63

15) Due interi hanno somma –4 e prodotto 4. Quanto vale il maggiore di tali interi?

A. –1
B. –3
C. I due numeri sono uguali
D. 2
E. 4

16) Due interi hanno somma 5 e prodotto 4. Quanto vale il maggiore di tali interi?

A. 1
B. 4
C. 2
D. 3
E. 5

17) Qual è il numero il cui quadruplo meno 2 è uguale a 26?

A. 30
B. 7
C. 28
D. 14
E. 25

18) Qual è il risultato della somma "1 + 2 + 3 + 4 + 5 + 6 + 7 + 8 + 9 + 10 + … + 26 = ?"

A. 351

B. 306
C. 406
D. 291
E. 320

19) Teresa vuole installare alcune mensole in una nicchia di 80 cm di larghezza dove riporvi 100 libri con spessore di 25 mm l'uno e 62 libri con spessore di 35 mm l'uno. Ha in progetto di acquistare 560 cm di legname per realizzare le mensole e non ha intenzione di riporre i due tipi di libri su una stessa mensola. Qual è il numero massimo di libri in più che Teresa può acquistare prima di dover installare altre mensole?

A. 15
B. 24
C. 12
D. 35
E. 32

20) La somma di due numeri è 7. La loro differenza è 7. I due numeri sono:

A. –2 e –5
B. 1 e 6
C. –1 e 6
D. 7 e 0
E. 0 e –7

21) Sostituisci ad ogni lettera una cifra in modo che il risultato della moltiplicazione sia esatto. "A7 × 1B = 17CD". Quanto vale la più bassa delle cifre inserite?

A. 6
B. 5
C. 0
D. 4
E. 3

22) Sostituisci ad ogni lettera una cifra in modo che il risultato della moltiplicazione sia esatto. "72 × A7 = 3BCD". Quanto vale la più alta delle cifre inserite?

A. 7
B. 9
C. 8
D. 5
E. 6

23) Francesco acquista dei bigliettini per invitare alcuni amici alla sua festa di compleanno. In cartoleria i bigliettini vengono venduti singolarmente al prezzo di € 0,43 l'uno, oppure in confezioni da 6 al prezzo di € 1,92 a confezione. Francesco acquista 8 confezioni. Dopo avere spedito gli inviti si rende conto che gli sono serviti solo 38 bigliettini.
Quanto ha speso Francesco più del necessario per acquistare i bigliettini di invito?

A. € 3,64
B. € 1,06
C. € 4,70
D. € 1,72
E. € 2,98

24) Se la parola "ognuno" è scritta bene, calcolate il risultato di "35 – 7 × 3", altrimenti calcolate il risultato di "31 – 42 + 17".

A. 27
B. 84
C. 6
D. 56
E. 14

25) Se la parola "abazzia" è scritta bene, calcolate il risultato di "5 + 11 × 5", altrimenti calcolate il risultato di "(31 – 4) : 3".

A. 31
B. 275
C. 9
D. 60
E. 30

26) Se la parola "coscente" è scritta bene, calcolate il risultato di "35 – 7 × 3", altrimenti calcolate il risultato di "31 – 42 + 17".

A. 84
B. 6
C. 14
D. 56
E. 10

27) Una regola di elaborazione trasforma l'ottupla (8, 6, 4, 5, 2, 9, 1, 7) in (6, 8, 4, 5, 2, 9, 1, 7) e quest'ultima in (6, 4, 8, 5, 2, 9, 1, 7). Individuare l'ottupla successiva secondo la stessa regola.

A. (6, 4, 8, 5, 2, 9, 1, 7)
B. (6, 4, 8, 2, 5, 9, 1, 7)
C. (6, 4, 8, 5, 9, 2, 1, 7)
D. (6, 4, 5, 8, 9, 2, 1, 7)
E. (6, 4, 5, 8, 2, 9, 1, 7)

28) Qual è il numero che diminuito di 90 dà per risultato 14?

A. 124
B. 114
C. 94
D. 134
E. 104

29) Due interi hanno somma – 10 e prodotto 25. Quanto vale il minore di tali interi?

A. I due numeri sono uguali
B. 0
C. –1
D. –4
E. 2

30) Due interi hanno somma 10 e prodotto 9. Quanto vale il minore di tali interi?

A. 3
B. 4
C. 2
D. 5
E. 1

3.2 • Esercizi con frazioni e percentuali

31) Gaia ha letto i 4/5 del suo libro. Sapendo che ha letto 96 pagine, quante pagine le restano da leggere?

A. 35
B. 24
C. 40
D. 22
E. 36

32) Si vogliono ripartire 91 biscotti in tre piatti in modo che il primo piatto contenga un terzo dei biscotti del secondo e il secondo piatto un terzo dei biscotti del terzo piatto. Quanti biscotti conterrà il secondo piatto?

A. 33
B. 24
C. 21
D. 31
E. 30

33) Al supermercato le confezioni di caffè da 500 g sono sempre in offerta speciale, tuttavia le offerte variano di settimana in settimana:

- **Settimana 1: una confezione da 250 g in omaggio con l'acquisto di 2 confezioni;**
- **Settimana 2: 25% di sconto sul prezzo intero;**
- **Settimana 3: una confezione in omaggio con l'acquisto di 3 confezioni;**
- **Settimana 4: 10% di sconto sul prezzo indicato e ulteriori 100 g in omaggio;**
- **Settimana 5: con l'acquisto di una confezione, la seconda è a metà prezzo.**

Sebbene le quantità cambino, il costo del caffè per 100 g in ciascuna delle offerte

sopra elencate rimane invariato tutte le settimane, eccetto una: quale?

A. Settimana 1
B. Settimana 2
C. Settimana 3
D. Settimana 4
E. Settimana 5

34) Una palestra ha venduto 400 abbonamenti in ottobre e 480 in novembre. In dicembre si è registrato un decremento del 15% rispetto al mese precedente. A quanto ammonta la variazione percentuale degli abbonamenti venduti nel mese di dicembre rispetto a quelli di ottobre?

A. Non ci sono elementi sufficienti per rispondere
B. 1%
C. 5%
D. –5%
E. 2%

35) L'anno scorso le automobili straniere importate in Italia sono state 250.000, mentre quest'anno sono salite del 40%. Quest'anno si è registrato un 30% di importazioni dal mercato giapponese.
Quante sono state le auto straniere NON giapponesi importate quest'anno?

A. 420.000
B. 245.000
C. 210.000
D. 90.000
E. 270.000

36) In una comunità di 5000 persone il 5% dei membri viene colpito da una malattia infettiva, che richiede il ricovero nel 50% dei casi; quanti ricoveri sono avvenuti?

A. 150
B. 50
C. 200
D. 100
E. 125

37) Il cartello promozionale di un negozio recita:
Ogni 200 euro spesi, vi diamo un buono da 20 euro, spendibile al prossimo acquisto.
Tancredi, passando, riflette su quanto sia lo sconto effettivo praticato dal negozio. Quale osservazione è quella corretta?

A. Il massimo sconto ottenibile mediante questa promozione è del 20%
B. Il massimo sconto ottenibile mediante questa promozione è maggiore del 10%
C. Il massimo sconto ottenibile mediante questa promozione è minore del 10%
D. Il massimo sconto ottenibile mediante questa promozione è del 10%
E. Il massimo sconto ottenibile mediante questa promozione è minore del 2%

38) Il proprietario di una fabbrica di orecchini, in occasione della festa dell'8 marzo, vuole fare un regalo alle sue 100 dipendenti donne. Poiché sa che il 10% di esse porta un solo orecchino e che il rimanente si divide in parti uguali tra chi non ne porta affatto e chi ne porta due, quanti orecchini dovrà far preparare?

A. 100
B. 90
C. 45
D. 200
E. 180

3.3 • Esercizi con proporzioni

39) Tre ragazzi mangiano tre pizze in tre ore. Quante pizze mangiano nove ragazzi in nove ore?

A. 9
B. 15
C. 27
D. 22
E. 18

40) Se 4 impiegati compilano 24 pratiche in 10 minuti, quanti impiegati sarebbero teoricamente necessari per compilare 120 pratiche in 3000 secondi?

A. 10
B. 4
C. 6
D. 8
E. 15

41) Se due conigli mangiano 8 carote in un'ora, in quanto tempo 25 conigli mangeranno 50 carote?

A. 30 minuti
B. 50 minuti
C. 60 minuti
D. 40 minuti
E. 20 minuti

42) Tre panettieri preparano un cornetto rispettivamente in 4, 5 e 6 minuti. Quanto impiegano a preparare insieme 37 cornetti?

A. 2 ore
B. 1 ora e 35 minuti
C. 50 minuti
D. 2 ore e 30 minuti
E. 1 ora

43) Un impiegato può completare 28 pratiche per ogni ora. Se in un giorno lavorativo di 8 ore si accumulano 6720 pratiche da chiudere in giornata, quanti impiegati saranno necessari?

A. 28
B. 30
C. 32
D. 35
E. 34

44) Tre marinai sbucciano un sacco di patate rispettivamente in 6, 8 e 12 ore. Quante ore impiegano a sbucciare insieme le patate di 33 sacchi?

A. 88
B. 26
C. 24
D. 176
E. Non è possibile rispondere in base ai dati forniti

45) Se 6 muratori, lavorando allo stesso ritmo, impiegano 50 minuti per costruire un muretto, quanto impiegherebbe uno solo di essi per costruire lo stesso muretto?

A. 5 ore
B. 250 minuti
C. 2 ore
D. 4 ore
E. 270 minuti

46) Due meccanici sono in grado di riparare 6 automobili in 3 ore. Quanti meccanici saranno necessari per riparare 22 auto in 5 ore?

A. Almeno 7
B. Almeno 8
C. Almeno 6
D. Almeno 5
E. Almeno 10

47) Un solo pasticciere prepara 5 torte in 2 ore e mezza. Quanti pasticcieri dovrebbero lavorare, allo stesso ritmo, per preparare 12 torte in un'ora e mezza?

A. 6
B. 7
C. 3
D. 5
E. 4

48) Tre formiche spostano un mucchio di sabbia rispettivamente in 20, 30 e 60 giorni. Quanto tempo impiegano a spostare lo stesso mucchio di sabbia lavorando insieme?

A. 15 giorni
B. 10 giorni
C. 25 giorni
D. 5 giorni
E. 20 giorni

3.4 • Esercizi su medie

49) In una squadra di calcio vi sono 11 giocatori. L'età media è 22 anni. Durante una partita un giocatore viene espulso; l'età media dei giocatori rimasti diviene allora 21 anni. Che età ha il giocatore che è stato espulso?

A. 35 anni
B. 32 anni
C. 31 anni
D. 33 anni
E. 30 anni

50) In una prima ci sono 3 ragazzi per ogni 2 ragazze. L'età media dei ragazzi è 14 anni e 2 mesi, quella delle ragazze 13 anni e 4 mesi. Qual è l'età media della classe?

A. 13 anni e 4 mesi
B. Il risultato dipende dal numero di alunni della classe
C. 13 anni e 8 mesi
D. 13 anni e 10 mesi
E. 13 anni e 6 mesi

51) In un gruppo di 10 amici, 3 ragazzi hanno 24 anni ciascuno, 4 ragazzi hanno 27 anni ciascuno e 3 ragazzi hanno 30 anni ciascuno. Qual è l'età media del gruppo?

A. 26 anni
B. 25 anni
C. 27 anni
D. 28 anni
E. 27,5 anni

52) Filippo ha conseguito un voto di 3 punti superiore rispetto a quello di Rocco, Giovanni di sei punti inferiore rispetto a quello di Rocco. Quanto vale la media dei voti conseguiti da Filippo, Rocco e Giovanni?

A. È di 3 punti inferiore rispetto al voto conseguito da Rocco
B. È di due punti inferiore rispetto al voto conseguito da Rocco
C. È pari al voto conseguito da Rocco
D. È di un punto inferiore rispetto al voto conseguito da Rocco
E. È di un punto superiore rispetto al voto conseguito da Rocco

53) Uno studente modello ha calcolato la sua media su tutte le 9 materie, esclusa la matematica. Tale media è pari a 8. Dopo l'interrogazione la professoressa gli comunica che il suo voto finale in matematica è 7. Quale sarà la nuova media dello studente?

A. 8
B. 7
C. 7,5
D. 7,8
E. 7,9

54) Un calciatore ha disputato 6 partite segnando in media un gol a partita. Dopo la squalifica di un turno ritorna in campo ed in due partite segna 4 gol. Quale sarà la nuova media di realizzazione di gol per partita disputata?

A. 1,6
B. 1,5
C. 2
D. 1,25
E. 1,2

3.5 • Esercizi su progressioni aritmetiche e progressioni geometriche

55) La popolazione di una coltura batterica raddoppia ogni 2 minuti. Quanti minuti approssimativamente serviranno affinché tale popolazione cresca da 1.000 a 500.000 batteri?

A. 16
B. 12
C. 10
D. 14
E. 18

56) Su Marte il 12 novembre 10 marziani possiedono una cuffia; nei giorni successivi il numero dei marziani che possiedono una cuffia raddoppia ogni giorno. Qual è il primo giorno al termine del quale almeno 10.000 marziani avranno una cuffia?

A. 26 novembre
B. 24 novembre
C. 28 novembre
D. 25 novembre
E. 22 novembre

57) Una colonia di batteri vive sulla superficie di uno stagno, dove una volta al giorno ogni batterio si riproduce per scissione, cioè ogni giorno ogni batterio si divide in due dando origine a due batteri uguali. Se un biologo inizia la sua osservazione all'alba del 1° aprile 2010 e conta un solo batterio, mentre all'alba del 30 aprile 2010 osserva che un ottavo della superficie dello stagno è ricoperta dai batteri, in quale data la superficie dello stesso stagno sarà per la prima volta completamente ricoperta dai batteri?

A. All'alba del 3 maggio 2010
B. Dipende dalla superficie dello stagno
C. All'alba del 29 luglio 2010
D. Dopo il 1° dicembre 2010
E. All'alba del 7 maggio 2010

58) In uno stagno c'è una bellissima ninfea, che ogni giorno raddoppia la sua estensione e in 30 giorni copre tutto lo stagno. Quanto tempo impiega per coprirne la metà?

A. Dipende dalla grandezza dello stagno
B. 2 giorni
C. 15 giorni
D. 7 giorni
E. 29 giorni

59) Una pianta geneticamente modificata raddoppia la sua altezza ogni giorno. Al nono giorno comincia a ridurre la sua altezza con una velocità doppia. Dopo quanti giorni dall'inizio sarà ritornata alla sua altezza iniziale?

A. 15
B. 13
C. 12
D. 10
E. 14

60) Una palla è talmente elastica che, dopo ogni rimbalzo sul terreno, raggiunge i 2/5 dell'altezza precedente. Da quale altezza è stata fatta cadere se dopo 4 rimbalzi raggiunge ancora i 32 centimetri?

A. 2 metri
B. 12,5 metri
C. 60 metri
D. 5 metri
E. 10 metri

61) Un'ameba spaziale cade in un lago. Ogni giorno raddoppia la sua estensione e in 100 giorni diventa così grande da ricoprire l'intera superficie del lago. In quanti giorni ne aveva coperto un quarto?

A. Dopo 25
B. Dopo 96
C. Dopo 98
D. Dopo 88
E. Dopo 30

62) Se ad ogni generazione la popolazione mondiale si quadruplicasse, partendo da Adamo ed Eva, dopo quante generazioni si arriverebbe a 2048 persone?

A. 3
B. 5
C. 6
D. 2
E. 7

3.6 • Esercizi con equazioni e sistemi di equazioni di primo grado

63) Lucia noleggia una macchina per 18 euro più 0,10 euro per chilometro percorso. Carlo noleggia una macchina per 25 euro più 0,05 euro per chilometro percorso. A fine giornata, dopo aver percorso la stessa distanza pagano entrambi lo stesso importo. Quanti chilometri hanno percorso?

A. 150
B. 140
C. 135
D. 120
E. 100

64) Giacomo ha oggi 14 anni in più di Paolo. Se tra 10 anni Giacomo avrà il doppio degli anni di Paolo, quanti anni avrà Giacomo tra 5 anni?

A. 23
B. 19
C. 9
D. 21
E. 33

65) Papà e mamma Tuttosale hanno diversi figli, di cui 3 sono maschi. Se ogni figlio maschio avesse 3 sorelle, quanti sarebbero in tutto i membri della famiglia Tuttosale?

A. 17
B. 19
C. 8
D. 11
E. 14

66) Determinare quel numero il cui quadrato diviso a metà è uguale a 50.

A. 8
B. 7
C. 22
D. 10
E. 18

67) Andrea, Barbara, Camillo e Dario hanno ricevuto 450.000 euro in eredità. Ad Andrea spetta il doppio di Barbara, a Camillo spetta una volta e mezzo la cifra di Andrea e a Dario il triplo di Barbara. Quanto riceve Dario?

A. 200.000 euro
B. 150.000 euro
C. 120.000 euro
D. 100.000 euro
E. 250.000 euro

68) Se Francesco avesse 6 euro in più di Davide, essi avrebbero in totale 34 euro. Ma Francesco ha 6 euro meno di Davide. Quanti euro ha Francesco?

A. 8
B. 12
C. 10
D. 16
E. 14

69) Durante l'ultimo week-end, Pamela, Paola, Giuseppe e Gabriella hanno guadagnato insieme 405 euro. Pamela

ha lavorato il doppio del tempo di Paola; Paola ha lavorato la metà del tempo di Giuseppe; Gabriella ha lavorato il doppio del tempo di Pamela. Essi decidono di dividere i loro guadagni in modo imparziale. Quanti euro toccano a Pamela?

A. 90
B. 180
C. 120
D. 45
E. 150

70) Se un lingotto d'oro pesa 1/2 chilo più la metà del suo peso, quanto pesa il lingotto?

A. 2 chili
B. 200 grammi
C. 1 chilo
D. 1.500 grammi
E. 500 grammi

71) Due colleghi sono stati assunti nello stesso giorno: uno aveva il doppio dell'età dell'altro.
Anni dopo la ditta fallisce: in quel momento il maggiore ha 20 anni più del minore.
A quale età è stato assunto il minore?

A. 35 anni
B. 30 anni
C. 20 anni
D. 15 anni
E. 25 anni

72) Se: X + Y = 3; X = 2Z + 13; Z + Y = 0 allora Y è uguale a:

A. –10
B. +10
C. –4
D. –6
E. +3

73) Se: X + Y = 6; X = Z + 2; Z + 2Y = 0 allora Y è uguale a:

A. –4
B. +8
C. +4
D. –6
E. +10

74) Il costo di un'auto è dato da 9.000 euro più un terzo del costo stesso. Qual è il costo dell'auto?

A. 13.500 euro
B. 13.000 euro
C. 14.500 euro
D. 15.000 euro
E. 12.500 euro

75) La somma di due numeri, di cui il primo è triplo del secondo, è 456. Quanto valgono i due numeri?

A. 332 e 124
B. 336 e 120
C. 333 e 123
D. 330 e 126
E. 342 e 114

76) Due mele e due pere costano 1,10 €; tre mele e una pera costano 1,05 €. Allora tre pere e una mela costano:

A. 1,25 euro
B. 1,15 euro
C. 1,10 euro
D. 1,30 euro
E. 1,20 euro

77) Un gelataio prepara 20 kg di gelato e lo rivende nel corso della giornata in coni piccoli da 1,20 euro di due palline e coni grandi da 1,60 euro e di tre palline. Da ogni kg di gelato ha ricavato 12 palline; alla fine della giornata, ha incassato in totale 137,60 euro. Quanti coni grandi ha venduto?

A. 32

B. 24
C. 48
D. 17
E. 43

78) Un pensionato ha passato la sua vita per un quarto da ragazzo, per un ottavo da giovane, per metà al lavoro. Da 9 anni non lavora più. Quanti anni ha adesso?

A. 66
B. 70
C. 72
D. 74
E. 64

79) Se al doppio di un numero si aggiunge 4, si ottiene il triplo del numero considerato diminuito di 4. Di quale numero si tratta?

A. 6
B. 9
C. 11
D. 8
E. 10

80) La somma di tre numeri naturali consecutivi è 132. Quanto vale il minore dei tre numeri considerati?

A. I dati forniti dalla domanda non consentono di stabilirlo con certezza
B. 43
C. 41
D. 42
E. 40

81) Marco ha speso per il suo viaggio di nozze i 5/4 di quello che ha speso Claudia. Sapendo che la differenza tra il costo di un viaggio e l'altro è pari a 700 euro, quanto ha speso Marco?

A. 2.800 euro
B. 1.000 euro
C. 3.500 euro
D. 6.300 euro
E. 3.800 euro

82) Ad una domanda per un sondaggio 3/4 degli intervistati ha risposto 'SÌ', 1/5 ha risposto 'NO' e 4 hanno risposto 'NON LO SO'. Quanti sono gli intervistati?

A. 90
B. 78
C. 92
D. 80
E. 66

83) Si è chiesto a 440 studenti: "Quale squadra preferisci?". Le preferenze per la "Roma" erano i 3/8 di quelle per l'"Inter", e il loro numero complessivo era sette volte il numero delle scelte di altre squadre. Quanti hanno scelto altre squadre?

A. 120
B. 75
C. 105
D. 55
E. 280

84) Si è chiesto a 440 studenti: "Quale squadra preferisci?". Le preferenze per la "Roma" erano i 3/8 di quelle per l'"Inter", e il loro numero complessivo era sette volte il numero delle scelte di altre squadre. Quanti hanno scelto la "Roma"?

A. 105
B. 120
C. 280
D. 55
E. 85

3.7 • Le equazioni simboliche

85) Se 4 × # + 1 = 7 × (# – 2), allora # è uguale a:

A. 1/2
B. 5
C. 13
D. 9
E. 7

86) Se la lettera N identifica una qualunque cifra numerica (singola), la lettera P identifica una qualunque cifra (singola) pari e la lettera D identifica una qualunque cifra (singola) dispari, allora la scrittura DNND rappresenta un numero:

A. pari di 2 cifre
B. dispari di 4 cifre
C. pari di 4 cifre
D. divisibile per 2
E. dispari di 3 cifre

87) Se CIG significa cifra (singola) divisibile per 6, COG significa cifra (singola) divisibile per 9 e CEG significa cifra (singola) divisibile per 2, allora con quale scrittura può essere espresso il numero 94?

A. CEG CIG
B. CIG COG
C. COG CIG
D. CIG CEG
E. COG CEG

88) Se CUG significa cifra (singola) divisibile per 5, CIG significa cifra (singola) divisibile per 4 e CEG significa cifra (singola) divisibile per 3, allora con quale scrittura può essere espresso il numero 84?

A. CIG CIG
B. CEG CIG
C. CUG CIG
D. CUG CEG
E. CIG CUG

89) Se la lettera N identifica una qualunque cifra numerica (singola), la lettera P identifica una qualunque cifra (singola) pari e la lettera D identifica una qualunque cifra (singola) dispari, allora la scrittura DDD rappresenta un numero:

A. pari di quattro cifre
B. dispari di tre cifre
C. divisibile per due
D. divisibile per tre
E. pari di tre cifre

90) Se la lettera A identifica una qualunque cifra (singola), la lettera L identifica una qualunque cifra (singola) pari e la lettera Q identifica una qualunque cifra (singola) dispari, allora QALL è un numero:

A. dispari di quattro cifre
B. pari di due cifre
C. pari di quattro cifre
D. dispari di due cifre
E. pari di tre cifre

91) Se ZIP significa cifra (singola) divisibile per 5, ZAP significa cifra (singola) divisibile per 4 e ZOP significa cifra (singola) divisibile per 6, allora con quale scrittura può essere espresso il numero 84?

A. ZOP ZAP
B. ZIP ZAP
C. ZAP ZIP
D. ZAP ZAP
E. ZOP ZIP

92) Se BARI = 2, DENTE = 2, GINOCCHIO = 4, PREZZEMOLO = ?

A. 14
B. 4
C. 8
D. 6
E. 10

93) Se BARI = 4, DENTE = 5, GINOCCHIO = 9, PREZZEMOLO = ?

A. 8
B. 12
C. 14
D. 10
E. 18

94) Se 2 è "B", 5 è "E", 10 è "L", come si scrive "MESTOLO" usando numeri invece di lettere?

A. 5 – 11 – 10 – 13 – 17 – 18
B. 11 – 5 – 17 – 18 – 13 – 10 – 13
C. 11 – 5 – 17 – 18 – 13 – 11 – 13
D. 10 – 13 – 17 – 18 – 5 – 11 – 5
E. 11 – 5 – 18 – 17 – 13 – 10 – 13

95) Se 3 è "B", 12 è "E", 21 è "H", come si scrive "GIOCARE" usando numeri invece di lettere?

A. 33 – 34 – 24 – 6 – 5 – 7 – 12
B. 18 – 24 – 36 – 6 – 0 – 45 – 12
C. 18 – 24 – 36 – 6 – 1 – 45 – 12
D. 30 – 32 – 26 – 22 – 40 – 32
E. 18 – 24 – 33 – 6 – 1 – 45 – 12

96) Se ZAP significa cifra (singola) divisibile per 7, ZUP significa cifra (singola) divisibile per 5 e ZEP significa cifra (singola) divisibile per 4, allora con quale scrittura può essere espresso il numero 48?

A. ZEP ZUP
B. ZAP ZAP
C. ZUP ZEP
D. ZEP ZAP
E. ZEP ZEP

97) A ciascuna delle seguenti parole è associato un valore numerico, seguendo sempre lo stesso criterio logico. ANANAS → 3; SALSA → 3; MASSA → 3; NESSO → 4; MESTO → 5; MAESTRA → 6; Quale valore numerico andrebbe assegnato alla parola STATUTO mediante lo stesso criterio logico adoperato in precedenza?

A. 4
B. 6
C. 5
D. 3
E. 7

98) Sostituisci ad ogni lettera una cifra differente in modo che il risultato della moltiplicazione sia esatto: "A6 × 3B = 2C6D". Quanto vale la più bassa delle cifre inserite?

A. 3
B. 0
C. 5
D. 4
E. 2

99) Se:
❤ + ★ = 7 + ✸
✸ + ❤ = 3
6 + ❤ = 3
allora:

A. ❤ = 3
B. ❤ = 9
C. ★ = 16
D. ✸ = 0
E. ❤ = 16

3.8 • Esercizi con il calcolo combinatorio

100) Quanti terni si possono formare con 90 numeri differenti?

A. 45.040
B. 117.480
C. 640.560
D. 12.340
E. 13.520

101) Un pittore dispone di 8 colori e vuole colorare un suo disegno in tanti modi quanti sono possibili combinando due colori, senza mai ripetere le combinazioni: quante combinazioni differenti sono possibili?

A. 28
B. 21
C. 56
D. 48
E. 36

102) Quante parole, anche prive di senso, si possono ottenere anagrammando le lettere della parola "terno"?

A. 75
B. 100
C. 80
D. 60
E. 120

103) Un barista dispone di 6 liquori diversi. Mescolandone in parti uguali tre alla volta, quanti aperitivi diversi può preparare?

A. 18
B. 25
C. 15
D. 12
E. 20

104) Quanti anagrammi distinti è possibile ottenere con le lettere della parola "ZOO"?

A. 2
B. 4
C. 3
D. 6
E. 5

105) Quanti sono i numeri di quattro cifre che si possono scrivere usando solamente le tre cifre 5, 6, 7?

A. 85
B. 75
C. 90
D. 81
E. 60

106) Utilizzando solo i caratteri "0" e "1", quante sequenze diverse di 5 caratteri si possono scrivere?

A. 25
B. 38
C. 32
D. 36
E. 40

107) Dieci persone si incontrano ad una riunione di lavoro. All'inizio ed alla fine dell'incontro ciascuno stringe la mano a tutti gli altri. Quante strette di mano ci sono state complessivamente?

A. 45
B. 60
C. 90
D. 75
E. 80

108) Il numero di parole di tre lettere, anche prive di senso, che si possono ottenere usando 10 lettere, non necessariamente tutte distinte, è uguale a:

A. 600
B. 500
C. 900
D. 1.000
E. 800

109) Quante cinquine si possono formare con 90 numeri differenti?

A. 43.949.268
B. 128.428.968
C. 1.325.156
D. 1.248.168
E. 8.124.568

110) Quante parole, anche prive di significato, si possono scrivere con tre lettere diverse dell'alfabeto inglese?

A. 15.600
B. 13.500
C. 14.500

D. 12.600
E. 10.500

111) In quanti modi differenti 5 persone si possono sedere su 3 poltrone, libere e allineate, di un cinema?

A. 120
B. 30
C. 60
D. 70
E. 90

112) Ho a disposizione tanti cubi quanti ne voglio e dipingo ogni loro faccia con i colori rosso o verde. Quanti cubi diversi posso ottenere?

A. 10
B. 24
C. 64
D. 6
E. 36

113) Dipingiamo le quattro facce di un tetraedro regolare con quattro colori diversi: rosso, bianco, giallo, azzurro. Quanti diversi tetraedri possiamo ottenere?
N.B.: si considerino uguali due tetraedri se coincidono in seguito a opportuni movimenti rigidi di rotazione e traslazione

A. 24
B. 1
C. 16
D. 2
E. 6

114) Un negozio di giocattoli ordina al fornitore una partita di cubetti, chiedendo che tre facce siano colorate di nero e tre di bianco. Il padrone del negozio immaginava, erroneamente, che questa indicazione fosse sufficiente ad avere cubetti identici. Il fornitore, invece, si presenta con tutti i diversi tipi di cubetti che soddisfano i requisiti del negoziante.
Quanti sono i tipi diversi?

A. 3
B. 20
C. 2
D. 6
E. 12

3.9 • Esercizi con le probabilità

115) Paolo ha 10 paia di calzini accoppiati. Se perde 7 calzini, qual è il maggior numero di paia di calzini accoppiati che gli possono rimanere?

A. 5
B. 4
C. 7
D. 3
E. 6

116) Marco, Claudio, Luca e Paolo stanno giocando a poker con tutte le carte dall'otto (8, 9, 10, J, Q, K e asso). Che probabilità (%) ha Paolo di vedersi servito un colore (tutte e 5 le carte dello stesso seme)?

A. 0,5%
B. 0,09%
C. 0,3%
D. 1%
E. 0,01%

117) Lanciando due dadi contemporaneamente, qual è la probabilità di ottenere per somma 3?

A. 1/3
B. 1/18
C. 1/12
D. 1/36
E. 1/8

118) Estraendo una pallina da un'urna contenente 12 palline verdi, 15 rosse e

9 nere, calcolare la probabilità che essa sia rossa oppure nera.

A. 4/5
B. 2/3
C. 3/5
D. 1/5
E. 1/2

119) Estraendo una pallina da un'urna contenente 100 palline, di cui 25 blu, 15 rosse e 60 gialle, qual è la probabilità che esca una pallina rossa?

A. 5/20
B. 20/3
C. 20%
D. 3/20
E. 30%

120) Estraendo una carta da un mazzo di 40 carte, calcolare la probabilità che non esca una figura.

A. 5/7
B. 3/5
C. 4/5
D. 70%
E. 2/3

121) Nel lancio di un dado, qual è la probabilità che esca un numero dispari o maggiore di 4?

A. 1/7
B. 1/2
C. 1/4
D. 2/3
E. 1/3

122) Nel gioco della tombola, qual è la probabilità che esca alla seconda estrazione il numero 17, in caso non sia uscito nella prima estrazione?

A. 1/89
B. 1/90
C. 12/90
D. 8/90
E. 1

123) La probabilità che estraendo a caso uno dei novanta numeri della tombola, si estragga un numero divisibile per 2 e per 3 è:

A. 90/6
B. 4/90
C. 1/6
D. 1/3
E. 6/90

124) In un'urna sono contenute 50 palline numerate da 1 a 50. Estraendo una pallina dall'urna, determinare la probabilità che esca un numero divisibile per 7 compreso tra 15 e 45.

A. 8%
B. 40%
C. 30%
D. 15%
E. 20%

125) Estraendo una pallina da un'urna contenente 12 palline verdi, 18 rosse e 6 nere, calcolare la probabilità che essa sia verde oppure nera.

A. 1/2
B. 3/5
C. 4/5
D. 2/3
E. 3/4

126) Una scatola contiene 5 palline blu, 6 palline verdi e 7 palline gialle. Si supponga di essere bendati in modo da non poter sbirciare nella scatola: quante palline dovreste prendere al minimo per essere sicuri di averne almeno quattro dello stesso colore?

A. 24
B. 13
C. 21

D. 18
E. 10

127) Lanciando un dado, che probabilità c'è di ottenere un numero maggiore di 2?

A. 2/3
B. 2
C. 1/2
D. 2/6
E. 1/3

128) Calcolare la probabilità che nel lancio di due dadi il punteggio di una faccia sia doppio di quello dell'altra.

A. 1/6
B. 1/5
C. 1/4
D. 1/2
E. 1/3

129) La probabilità che nel lancio di due dadi si ottenga somma 5 rispetto a quella che si ottenga somma 10 è:

A. maggiore
B. un terzo
C. un mezzo
D. minore
E. uguale

130) La probabilità che, lanciando due dadi, il prodotto dei numeri usciti sia un multiplo di 5 è:

A. 11/36
B. 2/5
C. 1/3
D. 3/7
E. 1/4

3.10 • Esercizi su spazio, velocità e tempo

131) Un atleta ha ridotto il proprio tempo di percorrenza di una certa distanza del 20% al mese negli ultimi tre mesi. Se inizialmente copriva la distanza in 2′05″, quanto impiega ora?

A. 1′04″
B. 1′15″
C. 1′12″
D. 50″
E. 70″

132) Un impiegato percorre tutte le mattine 10 minuti a piedi alla velocità di 6 km/h, poi fa un tragitto lungo dieci volte tanto in treno alla velocità di 120 km/h e infine una corsa in autobus di 5 minuti alla velocità di 60 km/h. Quanto vale complessivamente lo spazio percorso dall'impiegato?

A. 15,6 km
B. 18,6 km
C. 17 km
D. 18 km
E. 16 km

133) In un momento X, un treno che corre a 30 km/h precede un treno che corre a 50 km/h. Quanti km distano l'uno dall'altro se occorreranno 15 minuti al treno più rapido per raggiungere il più lento?

A. 5
B. 8
C. 6
D. 7
E. 2,5

134) Luca e Giovanni partono nello stesso momento sulla stessa strada di 300 km che collega Firenze a Milano. Luca parte da Firenze a 60 km/h, Giovanni parte da Milano e viaggia a 90 km/h. Dove e quando si incontreranno?

A. Dopo due ore, a 120 km da Milano
B. Dopo tre ore, a 120 km da Milano
C. Dopo quattro ore, a 120 km da Firenze

D. Dopo quattro ore, a 120 km da Milano
E. Dopo due ore, a 120 km da Firenze

135) Un uomo a cavallo parte alle 7 del mattino percorrendo in media 20 km/h. Un motociclista parte dallo stesso punto alle 11 e raggiunge l'uomo a cavallo dopo 2 ore. Qual è la velocità del motociclista?

A. 120 km/h
B. 80 km/h
C. 45 km/h
D. 60 km/h
E. 100 km/h

3.11 • Esercizi sulle pesate

136) Liam ha 6 accendini apparentemente identici, uno dei quali è però più pesante degli altri. Avendo a disposizione una bilancia a due piatti, quante pesate saranno sufficienti per essere certi di individuarlo?

A. 2
B. 3
C. 4
D. 5
E. 6

137) Il professor Albert, noto scienziato di fama internazionale, vuole sbalordire i suoi studenti con un esperimento. Egli possiede 22 palline identiche esternamente, tutte di peso uguale tranne una che ha un peso inferiore del 10% rispetto alle altre 21. Con una bilancia ultraprecisa con due piatti, il professor Albert afferma che egli sarà in grado di individuare la pallina meno pesante con sole 5 pesate e che non è possibile farlo con un numero inferiore di pesate.
Sta affermando il vero?

A. No, sono necessarie almeno 6 pesate
B. No, sono necessarie almeno 21 pesate
C. Sì, 5 è il numero minimo di pesate necessarie
D. No, in quanto bastano al massimo 4 pesate
E. No, sono necessarie almeno 11 pesate

138) Tre amici decidono di pesarsi su una bilancia pubblica, usando solo una moneta. Senza ragionare, non si sono accorti che potrebbero pesarsi direttamente uno per uno. Quindi, prima, salgono John e Ivan, e la bilancia segna 90 kg. Ivan scende e sale Kevin; ora la bilancia segna 95 kg. Infine John scende e Ivan risale; la bilancia segna 99 kg. I tre ragazzi rimangono quindi con il problema di calcolare il proprio peso singolarmente. Quanto pesa John?

A. 45 kg
B. 55 kg
C. 50 kg
D. 48 kg
E. 43 kg

139) Lucia possiede 13 anelli apparentemente identici, uno dei quali è però più pesante degli altri. Avendo a disposizione una bilancia a due piatti, quante pesate saranno sufficienti per essere certi di individuarlo?

A. 3
B. 6
C. 7
D. 8
E. 5

3.12 • Interpretazione di dati da tabelle (ragionamento critico-numerico)

Rispondere ai quesiti 140-144 facendo riferimento alla tabella di seguito riportata.

Assetto Finanziario (dati in migliaia di euro): la seguente tabella mostra il bilancio di un'azienda per gli anni 2004 e 2005.

Operazioni	2005	2004
Vendite	?	2122
Costi di vendita	–1989	–1764
Profitto Lordo	449	358
Spese Amministrazione	–182	–177
Profitto Netto	267	?

140) Qual era il valore delle vendite nel 2005 (in migliaia di euro)?

A. 2438
B. 2442
C. 2468
D. 2122
E. 2112

141) Qual era il valore del profitto netto nel 2004 (in migliaia di euro)?

A. 267
B. 192
C. 171
D. 252
E. 181

142) Il profitto netto nel 2005 è pari a circa:

A. il 30% delle vendite
B. il 10% delle vendite
C. il 20% delle vendite
D. il 5% delle vendite
E. il 25% delle vendite

143) Nel 2005 il rapporto tra profitto netto e lordo rispetto all'anno precedente:

A. è aumentato di circa il 10%
B. non si può dire nulla
C. si è ridotto di circa il 10%
D. si è ridotto di circa il 20%
E. è aumentato di circa il 20%

144) Qual è la voce che nel 2005 ha subito la variazione percentuale minore rispetto all'anno precedente?

A. Spese Amministrazione
B. Costi di vendita
C. Vendite
D. Profitto Lordo
E. Profitto Netto

Rispondere ai quesiti 145-149 facendo riferimento alla tabella di seguito riportata.
Stati dell'Unione Europea: nella seguente tabella sono mostrati dati relativi ad alcuni paesi dell'Unione Europea.

Paese	Superficie (km/q)	Popolazione (milioni)	Seggi nel Parlamento Europeo
Malta	316	0,4	5
Irlanda	70000	3,7	13
Finlandia	338000	5,2	14
Ungheria	93000	10	24
Belgio	30158	10,2	24
Spagna	504782	39,4	54
Italia	301263	57,7	78
Germania	356854	82,1	99

145) Per i paesi riportati in tabella, quale delle seguenti affermazioni è vera?

A. La Spagna è il paese più popoloso e Malta quello meno esteso
B. La Germania è il paese più esteso e la Spagna il più popoloso
C. Malta è il paese meno popoloso e la Finlandia il più esteso
D. La Spagna è il paese più esteso e la Germania è quello più popoloso
E. La Germania è il paese più popoloso e l'Irlanda il meno esteso

146) Quanto vale la densità di abitanti per chilometro quadrato in Finlandia?

A. 30 abitanti per chilometro quadrato
B. 0,5 abitanti per chilometro quadrato
C. 1,5 abitanti per chilometro quadrato
D. 10 abitanti per chilometro quadrato
E. 15 abitanti per chilometro quadrato

147) È vero che:

A. la superficie dell'Italia è circa il doppio di quella dell'Ungheria
B. la superficie dell'Ungheria è circa il doppio di quella del Belgio
C. la superficie dell'Italia è circa dieci volte quella del Belgio
D. la superficie della Spagna è circa il doppio di quella della Germania
E. la superficie della Finlandia è maggiore di quella della Germania

148) Quale paese ha la rappresentanza maggiore nel Parlamento Europeo in rapporto alla propria popolazione?

A. L'Italia
B. La Spagna
C. La Finlandia
D. Malta
E. La Germania

149) Sapendo che il Parlamento Europeo ha 732 seggi in totale, quale % di questi seggi è occupata da parlamentari italiani?

A. Circa il 3%
B. Circa il 17%
C. Circa l'11%
D. Circa il 7%
E. Circa il 20%

Rispondere ai quesiti 150-154 facendo riferimento alla tabella di seguito riportata.

Tariffe aeree: nella tabella sono riportate le tasse, le quote assicurative e le tariffe dei voli aerei per Barcellona da diversi aeroporti italiani. Il costo totale di un biglietto è la somma delle tasse aeroportuali, della quota assicurativa e della tariffa vera e propria.

Aeroporto di partenza	Tasse Aeroportuali	Quota Assicurativa	Tariffa per Barcellona	
			Sola Andata	Andata e Ritorno
Roma Fiumicino	€ 12,50	€ 2,50	€ 62,00	€ 100,00
Milano Malpensa	€ 11,00	€ 3,00	€ 55,00	?
Napoli	€ 9,50	€ 4,50	?	€ 120,00
Genova	€ 15,00	€ 2,50	€ 59,00	€ 75,90
Palermo	€ 11,00	€ 3,50	€ 100,00	€ 142,90

150) Sapendo che il volo andata e ritorno ha una tariffa doppia rispetto al volo di sola andata, quale sarà il totale delle spese (tasse, assicurazione e tariffa aerea) per un passeggero che acquista un biglietto di andata e ritorno da Milano?

A. Euro 124,00
B. Euro 110,00
C. Euro 69,00
D. Euro 114,00
E. Euro 121,00

151) Sapendo che il volo di sola andata ha una tariffa pari a 2/3 di quella del volo andata e ritorno, quale sarà il totale delle spese (tasse, assicurazione e tariffa aerea) per un passeggero che acquista un biglietto di sola andata da Napoli?

A. Euro 134,00
B. Euro 89,50
C. Euro 80,00
D. Euro 84,50
E. Euro 94,00

152) Se la compagnia che gestisce l'aeroporto di Genova, attuando una promozione, decide di offrire gratuitamente la quota assicurativa e di ridurre ad 1/3 le tasse aeroportuali, quale sarà il totale delle spese per due passeggeri che acquistano un biglietto ciascuno di sola andata da Genova?

A. Euro 148,00
B. Euro 128,00
C. Euro 64,00
D. Euro 133,00
E. Euro 161,80

153) Per quanto riportato in tabella, quale aeroporto presenta la migliore offerta di volo sola andata per Barcellona, considerando il totale delle spese (tasse, assicurazione e tariffa aerea)?

A. Milano Malpensa
B. Roma Fiumicino
C. Genova
D. Napoli
E. Palermo

154) Se, partendo da Palermo, con un volo di sola andata si ottiene uno sconto sulla tariffa del 30% ma si è soggetti ad una ulteriore spesa per adeguamento carburante pari ad euro 15,00, quale sarà il costo totale del biglietto aereo (tasse, assicurazione, tariffa ed adeguamento carburante)?

A. Euro 85,00
B. Euro 129,53
C. Euro 129,50
D. Euro 99,50
E. Euro 84,50

Rispondere ai quesiti 155-157 facendo riferimento alla tabella di seguito riportata.

Estratto di Conto Corrente: la seguente tabella riporta la lista dei movimenti su un conto corrente nel mese di febbraio.

Descrizione Operazione	Movimenti (€)		Data
	Dare	Avere	
Riporto Saldo Mese Gennaio		**20.345,76**	**30/01/2017**
Spese Tenuta Conto	2,00		01/02/2017
Spese Invio Postale Estratto Conto	1,80		01/02/2017
Prelievo Sportello Automatico	250,00		10/02/2017
Addebito Bolletta Telefonica	120,67		15/02/2017
Bonifico Vostro Favore		300,00	16/02/2017
Pagamento Carta di Credito	144,99		18/02/2017
Accredito Emolumenti		1.313,54	21/02/2017
Addebito Bolletta Energia Elettrice	86,42		25/02/2017
Interessi su Titoli		114,23	28/02/2017
Saldo al 28/02/2017		**21.467,65**	**28/02/2017**

155) A quanto ammonta la somma di denaro depositata sul conto corrente dopo l'addebito della bolletta telefonica del 15 febbraio?

A. Euro 20.091,96
B. Euro 19.971,29
C. Euro 20.720,23
D. Euro 19.554,88
E. Euro 20.345,76

156) In totale, qual è la somma di denaro che viene prelevata dal conto corrente durante tutto il mese di febbraio?

A. Euro 1727,77
B. Euro 250,00
C. Euro 520,12

D. Euro 605,88
E. Euro 265,66

157) A quanto ammonta la somma di denaro depositata sul conto corrente dopo l'addebito della bolletta di energia elettrica del 25 febbraio?

A. Euro 21.363,42
B. Euro 21.267,00
C. Euro 21.353,42
D. Euro 20.345,76
E. Euro 21.581,88

Rispondere ai quesiti 158-160 facendo riferimento alla tabella di seguito riportata.

Linee di lavorazione industriale: in tabella sono riportati i dati relativi a 5 linee di lavorazione industriale dello stesso prodotto.
Le ore di produzione giornaliere indicano il numero di ore in cui, in un giorno, la linea è tenuta in produzione. La produzione massima giornaliera indica, nelle ore di produzione giornaliere, quale sarebbe il quantitativo massimo di prodotti costruiti sulla linea se essa fosse efficiente al 100%: tale produzione non corrisponde a quella reale nelle ore di operatività della linea.

Linea	Ore di produzione giornaliere	Produzione massima giornaliera	Produzione reale giornaliera	Efficienza %
1	24	2880	2160	75%
2	18	3240	1944	?
3	18	2700	1080	40%
4	16	?	2304	80%
5	12	720	720	100%

158) Qual è l'efficienza della Linea 2?

A. 75%
B. 60%
C. 72%
D. 80%
E. 66%

159) Qual è la produzione massima giornaliera della Linea 4?

A. 1.080
B. 2.304
C. 2.880
D. 2.700
E. 2.512

160) Con tutte le linee a regime massimo, quanti pezzi si produrrebbero in un giorno?

A. 12.420
B. 11.844
C. 12.240
D. 8.208

3.13 • Interpretazione di dati da grafici

Rispondere ai quesiti 161-164 facendo riferimento al grafico di seguito riportato.

Suddivisione del Mercato: il seguente grafico a torta mostra la suddivisione del mercato tra alcune società che si occupano di nuove tecnologie.

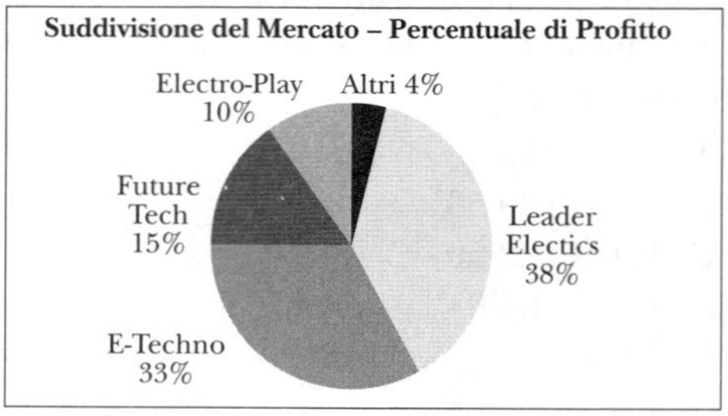

161) Oltre la metà del profitto del mercato è detenuto dalle seguenti compagnie:

A. Future Tech, Electro-Play e gli Altri
B. E-Techno e Future Tech
C. Leader Electrics e Future Tech

D. Leader Electrics e Electro-Play
E. E-Techno e Electro-Play

162) Se il profitto della Leader Electrics è pari a 95 milioni di euro, quanto sarà il profitto totale del mercato?

A. 240 milioni di euro
B. 200 milioni di euro
C. 250 milioni di euro
D. 190 milioni di euro
E. 185 milioni di euro

163) Quante volte è maggiore il profitto della Future Tech rispetto a quello della Electro-Play?

A. 3 volte
B. 2 volte
C. 1 volta e mezzo
D. 2 volte e mezzo
E. 3 volte e mezzo

164) Se il profitto della Electro-Play raddoppiasse a scapito della Future Tech, quale sarebbe la nuova quota di mercato di quest'ultima società?

A. 3%
B. 5%
C. 4%
D. 6%
E. 7%

Rispondere ai quesiti 165-168 facendo riferimento ai grafici di seguito riportati.

Analisi della Forza Lavoro: i due seguenti grafici a torta mostrano la forza lavoro maschile e femminile nei diversi settori di un'azienda.

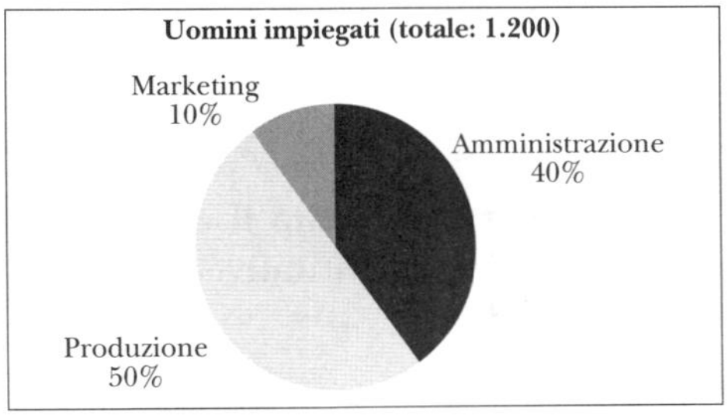

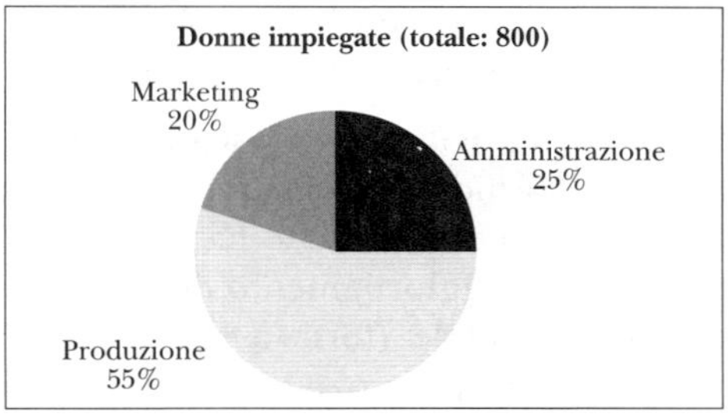

165) Qual è la percentuale di uomini impiegati nell'Amministrazione?

A. 50%
B. 10%
C. 25%
D. 20%
E. 40%

166) Quante donne sono impiegate nel Marketing?

A. 10
B. 20
C. 240
D. 160
E. 25

167) Quante persone in totale lavorano nella Produzione?

A. 1.040
B. 1.050
C. 105
D. 1.000
E. 1.100

168) Cosa si può dire con certezza sulla forza lavoro impiegata nel Marketing?

A. È superiore a quella impiegata nell'Amministrazione
B. È composta da 280 unità
C. È composta maggiormente da uomini
D. Nessuna delle altre affermazioni
E. La sua componente maschile è pari a 110 unità

Rispondere ai quesiti 169-172 facendo riferimento al grafico di seguito riportato.

Ripartizione delle Spese: il seguente grafico a torta mostra la ripartizione delle spese di una impresa che ha affrontato un piano di aggiornamento del proprio profilo aziendale (torta a sinistra). La sezione delle spese per la formazione è ulteriormente specificata nelle sue differenti voci nel grafico a torta sulla destra. Supponiamo che il totale delle spese affrontate dall'impresa sia pari a euro 60.000.

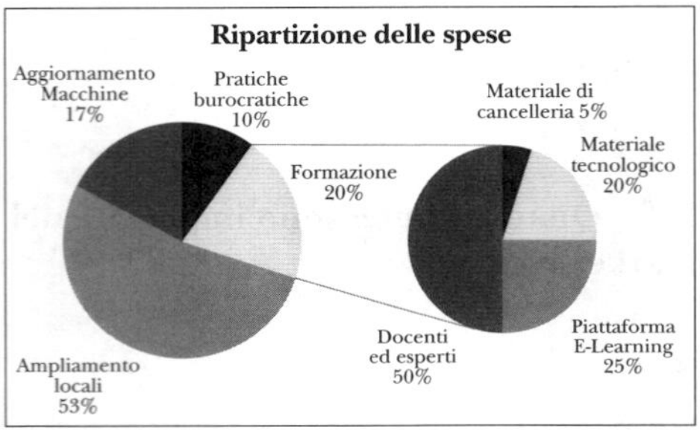

169) A quanto ammonterebbe la quota delle spese per l'ampliamento dei locali?

A. Euro 31.800
B. Euro 35.100
C. Euro 40.200
D. Euro 36.000
E. Euro 24.600

170) A quanto ammonterebbe la quota di spesa affrontata per il pagamento dei docenti e degli esperti di formazione?

A. Euro 5.500
B. Euro 10.000
C. Euro 6.000
D. Euro 5.000
E. Euro 8.000

171) Se le spese affrontate dall'impresa per l'acquisto della piattaforma e-learning fossero pari a euro 4.000, quanto sarebbe il totale delle spese per la formazione affrontate dall'impresa?

A. Euro 45.000
B. Euro 4.500
C. Euro 16.000
D. Euro 60.000
E. Euro 20.000

172) Se le spese di cancelleria affrontate dall'impresa fossero pari a euro 1.200, quanto sarebbe il totale delle spese affrontate dall'impresa?

A. Euro 24.000
B. Euro 40.000
C. Euro 100.000
D. Euro 20.000
E. Euro 120.000

Rispondere ai quesiti 173-174 facendo riferimento al grafico di seguito riportato.

Costo all'ingrosso: il seguente grafico a barre in pila mostra il costo totale di un prodotto a seconda del quantitativo di pezzi che viene acquistato. Ad un costo fisso si aggiunge, di volta in volta, un costo variabile che diminuisce all'aumentare del quantitativo di prodotti ordinati.

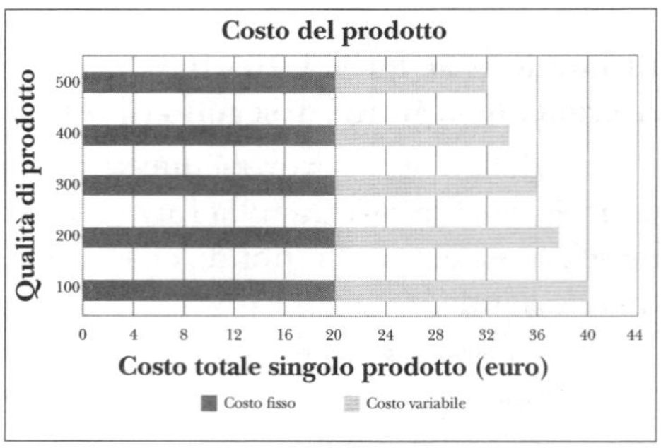

173) A quanto ammonta il costo fisso per un qualsiasi quantitativo di prodotti acquistato?

A. Euro 20,00

B. Euro 19,00
C. Euro 40,00
D. Euro 16,00
E. Euro 18,00

174) A quanto ammonta il costo variabile se acquistiamo 200 prodotti?

A. Euro 16,00
B. Euro 36,00
C. Euro 18,00
D. Euro 20,00
E. Euro 38,00

Rispondere ai quesiti 175-177 facendo riferimento al grafico di seguito riportato.

Numero di centrali nucleari: il seguente istogramma mostra il numero di centrali nucleari presenti in diversi paesi nel 1980 e nel 2000.

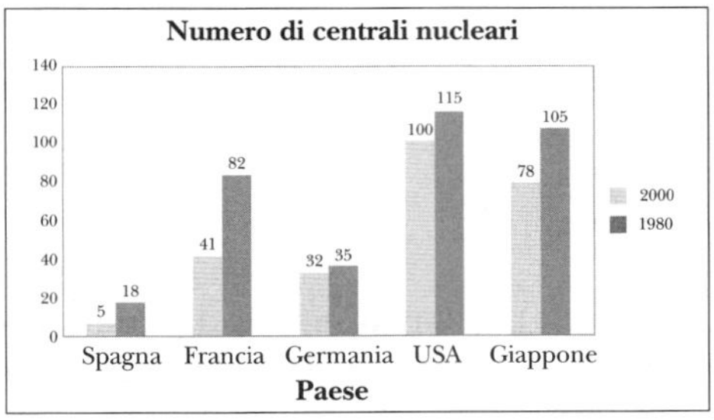

175) Quante erano le centrali nucleari in Germania nel 1980?

A. 41
B. 78
C. 6
D. 32
E. 82

176) Quante centrali nucleari sono state costruite in Giappone dal 1980 al 2000?

A. 25
B. 15
C. 27
D. 40
E. 30

177) Il numero delle centrali nucleari in Francia dal 1980 al 2000:

A. è raddoppiato
B. è diminuito del 41%
C. si è dimezzato
D. è aumentato del 41%
E. è triplicato

Rispondere ai quesiti 178-180 facendo riferimento ai grafici di seguito riportati.

Vendite di automobili: sono presentati di seguito due grafici. Il primo grafico (istogramma) mostra i modelli di auto venduti dalla casa automobilistica Racex a clientela maschile e femminile. Il secondo grafico (torta) mostra, in particolare, come si suddivide per età la clientela che ha acquistato il modello Arrow.

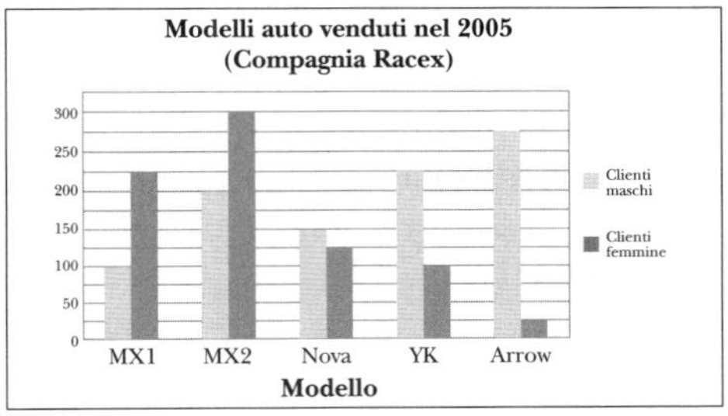

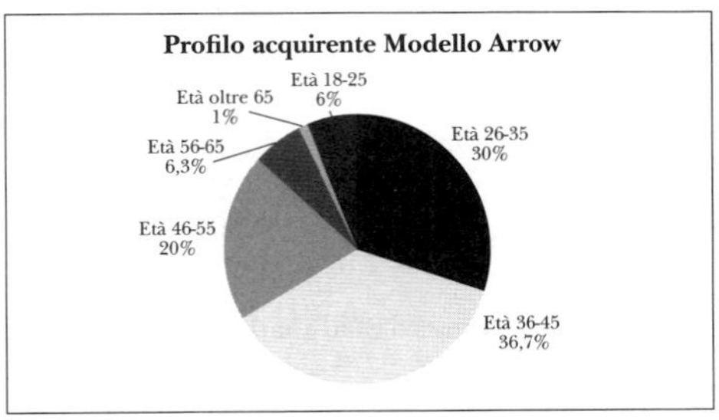

178) A quante unità ammonta la clientela femminile del modello Nova?

A. 100
B. 125
C. 150

D. 110
E. 140

179) Qual è la percentuale di vendite a clientela maschile del modello MX2?

A. 35%
B. 30%
C. 25%
D. 40%
E. 45%

180) Quante auto sono state vendute a clientela maschile?

A. 1050
B. 950
C. 1025
D. 975
E. 1000

Rispondere ai quesiti 181-185 facendo riferimento alla tabella e al grafico di seguito riportati.

Numero degli affiliati: la tabella riassume i dati del numero di affiliati di una società in diverse aree geografiche. Il grafico ad istogramma è in relazione con la tabella.

	2003	2004	2005
Giappone	24	25	26
USA e Canada	25	27	29
Europa	?	30	33
Cina	18	25	30
Totale	99	107	?

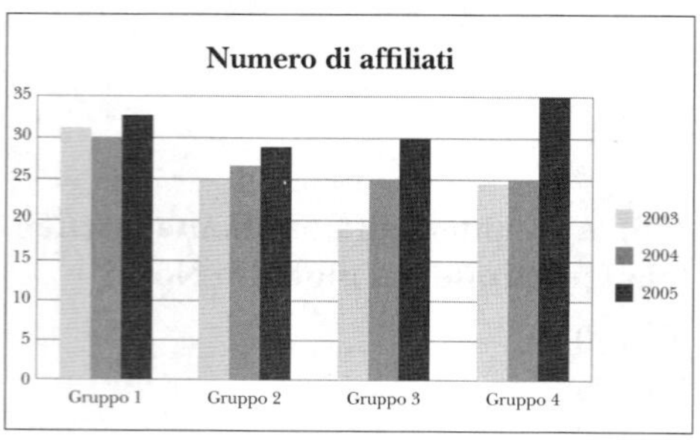

181) Qual è il totale degli affiliati nel 2005?

A. 117
B. 118
C. 116
D. 115
E. 114

182) Qual è il numero degli affiliati in Europa nel 2003?

A. 33
B. 32
C. 30
D. 29
E. 34

183) Nel grafico quale gruppo di dati rappresenta l'andamento, al variare degli anni, del numero di affiliati in Cina?

A. Gruppo 4
B. Nessuno dei gruppi
C. Gruppo 2
D. Gruppo 1
E. Gruppo 3

184) Il Gruppo 4 di dati del grafico rappresenta l'andamento, al variare degli anni, del numero di affiliati in:

A. Cina
B. Europa
C. nessuna delle aree indicate
D. Giappone
E. USA e Canada

185) Qual è il gruppo di dati, presente nel grafico, che non mostra una crescita costante, cioè un andamento in cui il numero di affiliati di un anno è sempre maggiore dell'anno precedente?

A. Gruppo 3
B. Gruppo 4
C. Gruppo 1

D. Tutti i gruppi mostrano una crescita costante
E. Gruppo 2

3.14 • Le serie numeriche (ragionamento numerico)

186) Qual è il numero mancante?
3 ? 9 12 15 18 21

A. 0
B. 8
C. 19
D. 6
E. 16

187) Qual è il numero mancante?
2 7 12 17 22 ? 32

A. 13
B. 28
C. 10
D. 27
E. 21

188) Qual è il numero mancante?
1 2 2 4 ? 8 8 16

A. 5
B. 3
C. 3
D. 4
E. 1

189) Qual è il numero mancante?
17 ? 18 15 19 14 20 13

A. 18
B. 19
C. 16
D. 15
E. 26

190) Qual è il numero mancante?
45 36 28 ? 15 10 6

A. 22
B. 10
C. 18
D. 13
E. 21

191) Qual è il numero mancante?
2 1 3 2 4 ? 5

A. 9
B. 10
C. 3
D. 6
E. 7

192) Qual è il numero mancante?
4 9 ? 25 36 49

A. 18
B. 28
C. 21
D. 16
E. 14

193) Qual è il numero mancante?
103 204 305 ? 507

A. 233
B. 244
C. 416
D. 190
E. 406

194) Qual è il numero mancante?
132 243 354 465 ?

A. 576
B. 230
C. 676
D. 130
E. 176

195) Qual è il numero mancante?
1 5 25 125 ?

A. 500
B. 475
C. 625
D. 200
E. 305

196) Qual è il numero mancante?
3 4 6 8 ? 24

A. 52
B. 130
C. 18
D. 0
E. 92

197) Completa la seguente successione:
"2, 1, 3, 5, 4, 6, 8, ..., ..."

A. 8, 9
B. 7, 9
C. 9, 10
D. 10, 9
E. 6,9

198) Completa la seguente successione: "7, 11, 13, 18, 19, ..., 25, 32"

A. 19
B. 22
C. 25
D. 20
E. 31

199) Completa la seguente successione: "85, 70, 50, 25, ..."

A. 0
B. –2
C. 5
D. –5
E. –10

200) Completa la seguente successione: "25, 37, 46, ..., 55"

A. 52
B. 45
C. 50
D. 43
E. 48

201) Completa la seguente successione: "51, 35, 27, 23, ..."

A. 29
B. 15
C. 33
D. 21
E. 27

202) Completa la seguente successione: "20, 27, 34, ..."

A. 43
B. 42
C. 41
D. 40
E. 45

203) Completa la seguente successione: "9, 6, 8, 5, 7, 4, ..."

A. 2
B. 5
C. 6
D. 9
E. 3

204) Completa la seguente successione: "5, 10, 12, 24, 26, ..., ..."

A. 52, 54
B. 50, 52
C. 48, 50
D. 48, 54
E. 44, 52

205) Completa la seguente successione: "23, 28, 40, ..., 57, 62, 74"

A. 47
B. 45
C. 51
D. 49
E. 43

206) Completa la seguente successione: "2, 4, 3, 9, 8, ..."

A. 64
B. 24
C. 13
D. 11
E. 18

207) Completa la seguente successione: "44, ..., 34, 29"

A. 43
B. 38
C. 39
D. 45
E. 42

208) Date le serie di numeri 9, 12, 15; 5, 12, 11 e 14, 18, 23, completare, seguendo la stessa regola, la serie 10, 24, ?, scegliendo il terzo elemento tra le alternative proposte di seguito.

A. 20
B. 21
C. 22
D. 25
E. 34

209) Individuare il numero mancante nella seguente serie: 42 39 37 34 ?

A. 38
B. 31
C. 43
D. 32
E. 33

210) Se x è il numero mancante nella seguente sequenza:
1, 1; 9, 3; 25, 5; 49, 7; x, 9; ...
dire quante tra le seguenti conclusioni sono corrette:
$x > 9$
$x > 98$
$x < 100$
$x < 50$

A. 2
B. 1
C. 0
D. 3
E. 4

211) Qual è il numero da inserire nella terza riga al posto di x?
... 16 8 4 2 1 2 ...
... 24 12 6 3 6 3 ...
... 112 56 28 14 7 x ...

A. x = 7
B. x = 14
C. x = 3
D. x = 2
E. x = 4

212) Completa la seguente successione: 3, ..., 12, 24

A. 8
B. 5
C. 2
D. 6
E. 4

213) Completa la seguente successione: 1, 1, 2, 3, 5, 8, 13, 21, ...

A. 42
B. 30
C. 34
D. 40
E. 29

214) Completa la seguente successione: 17, 31, 14, 24, ..., 17, 8

A. 11
B. 13
C. 31
D. 17
E. 8

215) Completa la seguente successione: 10, 25, 37, ..., 52

A. 10
B. 37
C. 46
D. 42
E. 31

3.15 • Le serie alfabetiche

216) Completa la seguente successione: A, C, E, G, ...

A. J
B. I
C. A
D. K
E. B

217) Completa la seguente successione: A, D, G, L, ...

A. O
B. N
C. M
D. R
E. Q

218) Completa la seguente successione: E, L, Q, V, D, ..., ...

A. H, Q
B. I, P
C. H, P
D. I, Q
E. H, N

219) Completa la seguente successione: U, D, T, Q, C, S, S, ..., ...

A. V, K
B. O, S
C. D, I
D. T, S
E. O, N

220) Completa la seguente successione: ..., R, N, H, D

A. T
B. U
C. V
D. S
E. Z

221) Completa la seguente successione: Z, U, R, N, G, ...

A. B
B. Z
C. F
D. H
E. A

222) Completare la seguente successione, utilizzando l'alfabeto italiano: V; 11; T; 15; R; 19; ?; ?

A. S; 20
B. P; 23
C. O; 21
D. R; 22
E. T; 21

223) Completa la seguente successione: ..., A, R, C, A

A. O
B. V
C. H
D. Q
E. B

224) Completa la seguente successione: B, E, H, ..., P, S

A. T
B. R
C. M
D. V
E. O

225) Completa la seguente successione: Q, U, B, F, ..., P, T

A. H
B. K
C. J
D. L
E. M

226) Completa la seguente successione: P, L, N, H, L, F, ...

A. H

B. K
C. E
D. F
E. D

227) Completa la seguente successione: M, L, H, E, …

A. A
B. D
C. B
D. C
E. F

228) Completa la seguente successione: U, S, P, L, …

A. G
B. E
C. D
D. F
E. C

229) Individuare la lettera che completa la serie:
C A D E I ?

A. Q
B. P
C. O
D. C
E. R

230) Individuare la lettera che completa la serie:
F I G L H ?

A. N
B. M
C. O
D. C
E. S

231) Individuare la lettera che completa la serie:
A B D H ?

A. M
B. R
C. P
D. T
E. S

232) Individuare la lettera che completa la serie:
L N H L F H ?

A. L
B. F
C. N
D. D
E. O

233) Individuare la lettera che completa la serie:
B H E M H P ?

A. N
B. E
C. S
D. M
E. B

234) Individuare la lettera che completa la serie: D E G M ?

A. S
B. U
C. E
D. T
E. O

235) Individuare la lettera che completa la serie:
N M O I S ?

A. O
B. D
C. C
D. Z
E. A

3.16 • Le serie alfanumeriche

236) Completa la seguente successione: C8, H6, F11, K3, …1

A. A

B. D
C. E
D. B
E. C

237) Completa la seguente successione: A17, G11, P2, K7, ...

A. M5
B. M7
C. N6
D. N9
E. N5

238) Completa la seguente successione: C6, H16, F12, ...

A. M18
B. L16
C. T40
D. J14
E. W38

239) Completa la seguente successione: G8, K12, S20, ...

A. R32
B. F7
C. P12
D. N18
E. M18

240) Individuare, tra le alternative proposte, l'elemento che completa la seguente successione: 3, U, 13, R, 23, O, 33, ?

A. L
B. Q
C. M
D. N
E. 43

241) Completa la seguente successione: X, 7, V, 11, T, 15, R, 19, ..., ...

A. U, 23
B. S, 25
C. P, 23
D. V, 25
E. O, 25

242) Completa la seguente successione: D4, H8, N12, S...

A. 17
B. 16
C. 15
D. 13
E. 14

243) Completa la seguente successione: C3, B6, E12, D24, G48, ...

A. H98
B. F88
C. G96
D. L98
E. F96

244) Proseguire la serie alfanumerica: 7n9n1o 1o3p5p 5q7q9r 9r1s3s 3t5t7u ...

A. 9v1v7z
B. 7u8u1v
C. 7u9v1z
D. 7u9v1v
E. 7u1v9v

245) Proseguire la serie alfanumerica: 6b9v2c 3u6D9t 0e3s6f 7r0G3q 4h7p0i ...

A. 1o4L7n
B. 4L7m8n
C. 2n5M8m
D. 1n4M7m
E. 2o5L1o

246) Completare correttamente la seguente successione, utilizzando l'alfabeto italiano: E; 5; I; 6; Q; 11; U; 17; ?; ?

A. D; 23
B. F; 29
C. E; 23
D. I; 26
E. D; 28

3.17 • Le serie numeriche nelle configurazioni grafico-geometriche

247) Quale dei seguenti numeri integra la serie?

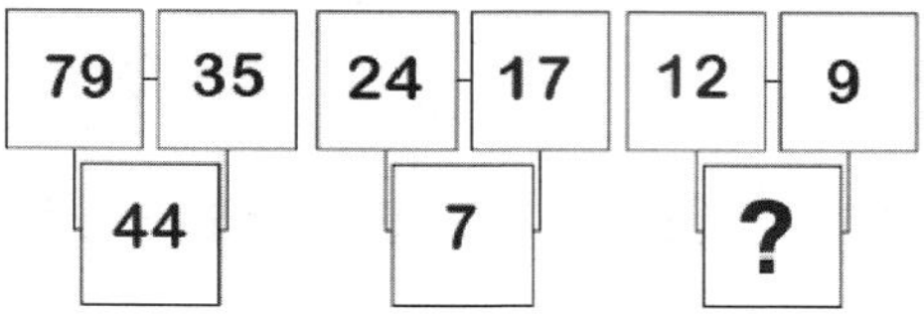

A. 77
B. 15
C. 3
D. 79
E. 89

248) Quale dei seguenti numeri integra la serie?

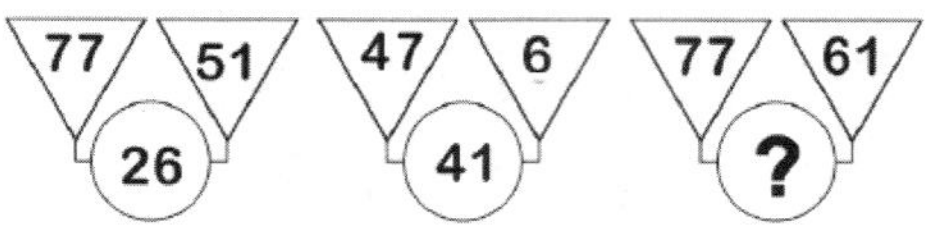

A. 16
B. 79
C. 77
D. 13
E. 3

249) Quale dei seguenti numeri integra la serie?

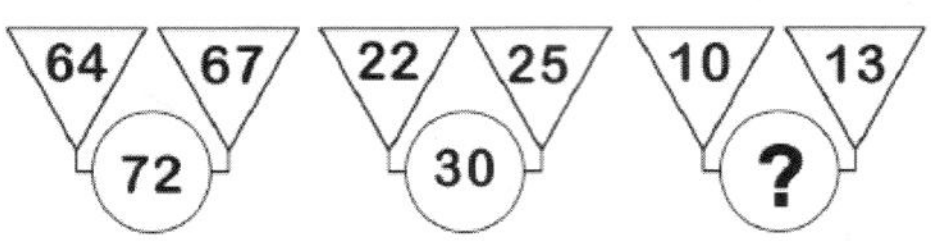

A. 18
B. 3
C. 16
D. 50
E. 77

250) Quale dei seguenti numeri completa la serie proposta?

A. 21
B. 26
C. 17
D. 3
E. 28

251) Quale dei seguenti numeri completa la serie proposta?

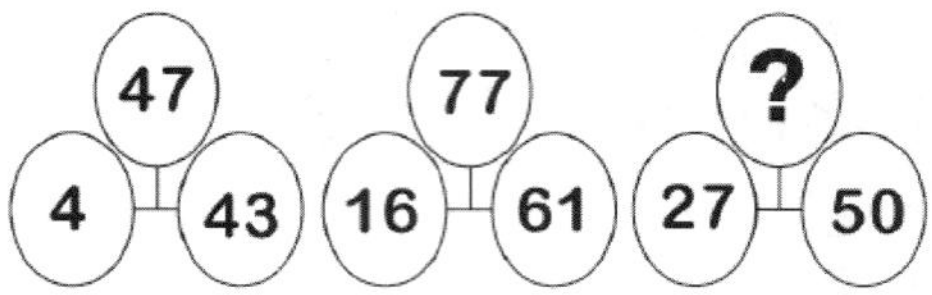

A. 77
B. 70
C. 68
D. 80
E. 78

252) Quale numero tra quelli proposti completa la serie?

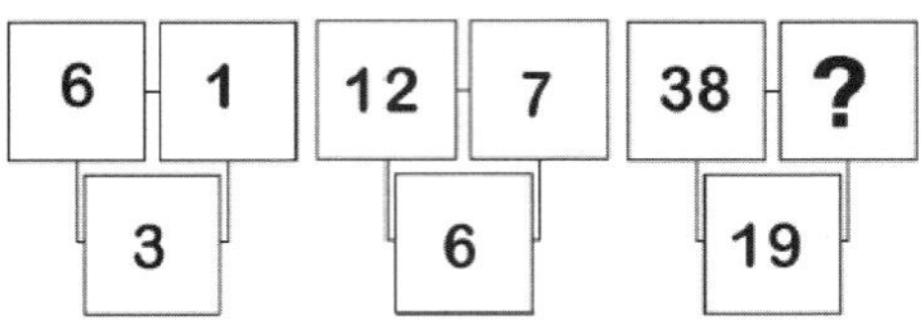

A. 43
B. 35
C. 33
D. 40
E. 31

253) Quale numero tra quelli proposti completa la serie?

41	23	36	14
82	46	72	?

A. 26
B. 28
C. 32
D. 38
E. 30

254) Quale numero tra quelli proposti completa la serie?

44	23	38	17
88	46	76	?

A. 28
B. 34
C. 30
D. 32
E. 36

255) Quale dei seguenti numeri integra la serie?

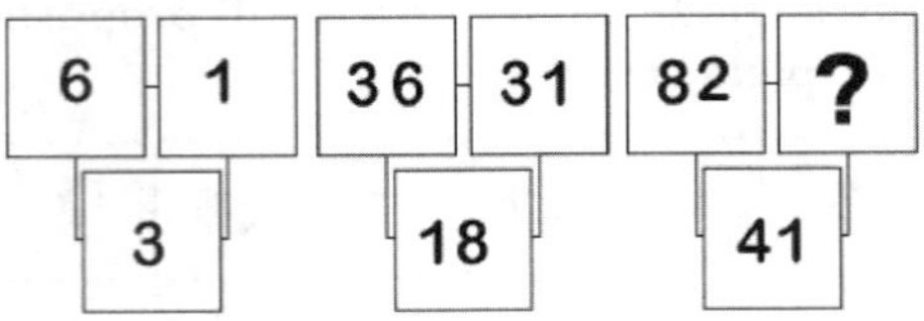

A. 1
B. 72
C. 3
D. 77
E. 50

256) Quale numero tra quelli proposti completa la serie?

10	20	28	25
30	60	84	?

A. 75
B. 70
C. 100
D. 78
E. 50

257) Quale numero tra quelli proposti completa la serie?

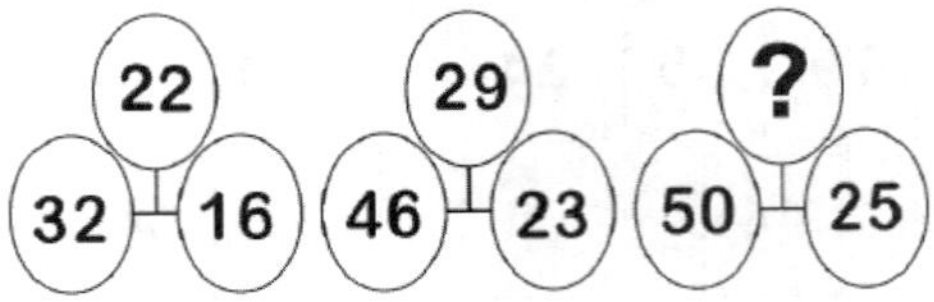

A. 31
B. 34
C. 32
D. 28
E. 29

258) Quale numero tra quelli proposti completa la serie?

30	10	14	35
90	30	42	?

A. 115
B. 110
C. 100
D. 95
E. 105

259) Quale dei seguenti numeri integra la serie?

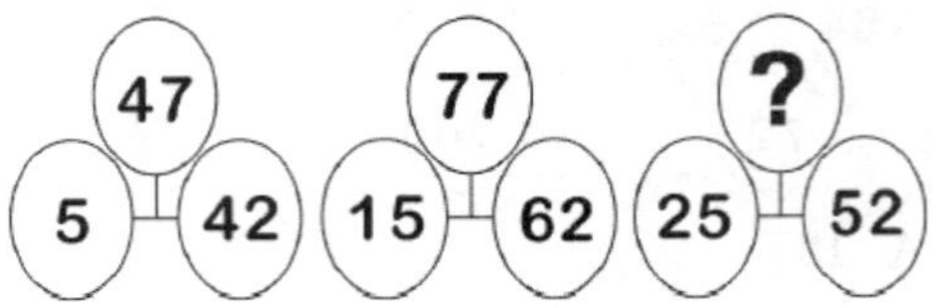

A. 77
B. 76
C. 71
D. 78
E. 29

260) Quale dei seguenti numeri integra la serie?

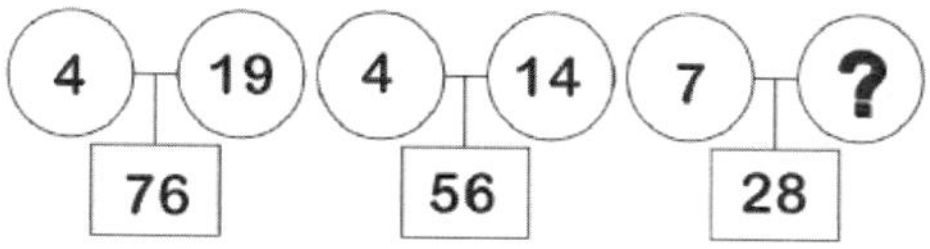

A. 76
B. 17
C. 90
D. 4
E. 8

261) Quale dei seguenti numeri completa la serie proposta?

17	27	39	54
30	40	52	?

A. 76
B. 67
C. 81
D. 32
E. 57

262) Quale numero tra quelli proposti completa la serie?

A. 14
B. 16
C. 20
D. 22
E. 18

263) Quali dei numeri seguenti completano le serie proposte?

12	22	30	27
36	66	90	?

13	23	31	28
39	69	93	?

A. 89 e 92
B. 81 e 84
C. 60 e 48
D. 75 e 78
E. 84 e 87

264) La coppia di numeri che completa le serie proposte è:

24	36	48	60
52	64	76	?

25	37	49	61
53	65	77	?

A. 66 e 89
B. 78 e 79
C. 38 e 39
D. 88 e 89
E. 74 e 75

265) Quale delle seguenti coppie di numeri integra le serie di seguito proposte?

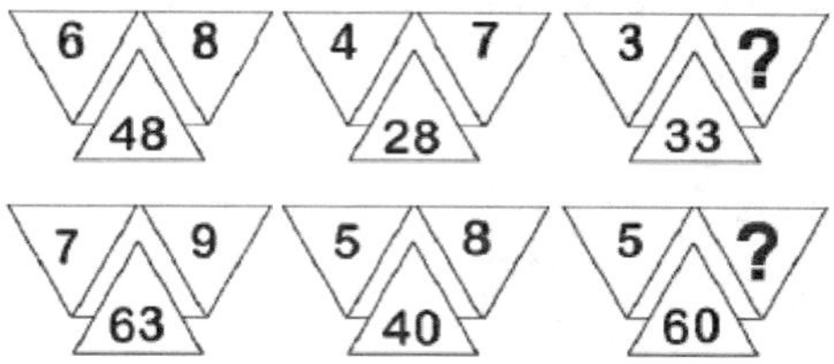

A. 5 e 11
B. 11 e 12
C. 48 e 12
D. 9 e 12
E. 56 e 12

266) Quali dei seguenti numeri integrano le serie proposte?

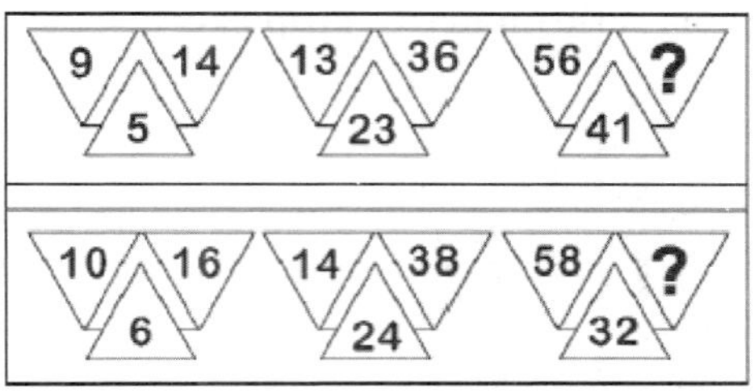

A. 26 e 19

B. 86 e 35
C. 62 e 55
D. 97 e 90
E. 47 e 40

267) Quale numero deve essere inserito nella serie numerica proposta?

A. Il numero 6
B. Il numero 15
C. Il numero 9
D. Il numero 12
E. Il numero 11

268) Quale numero deve essere inserito nella serie numerica proposta?

A. Il numero 81
B. Il numero 38
C. Il numero 40
D. Il numero 36
E. Il numero 45

269) Quale numero può essere inserito nella serie numerica proposta?

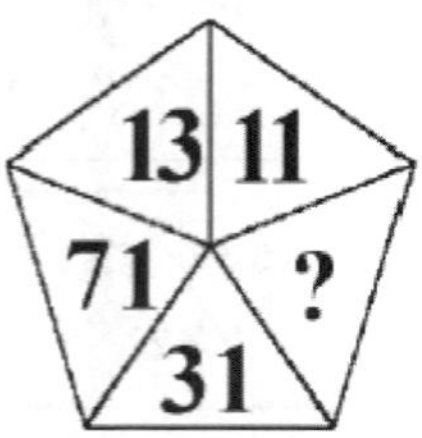

A. Il numero 49
B. Il numero 53
C. Il numero 51
D. Il numero 87
E. Il numero 67

270) Quale numero può essere inserito nella serie numerica proposta?

A. Il numero 40
B. Il numero 39
C. Il numero 41
D. Il numero 49
E. Il numero 45

3.18 • Le serie con configurazioni particolari

271) Quale dei seguenti numeri completa la serie proposta?

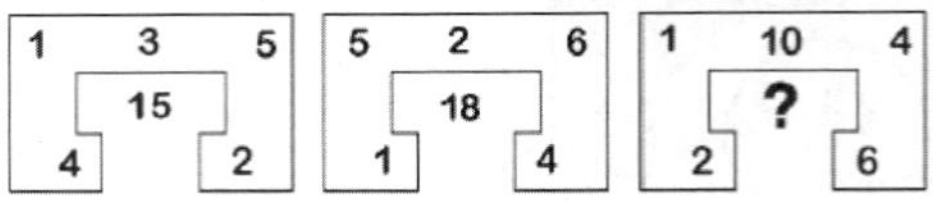

A. 23
B. 30
C. 29
D. 25
E. 27

272) Quale dei seguenti numeri integra la serie?

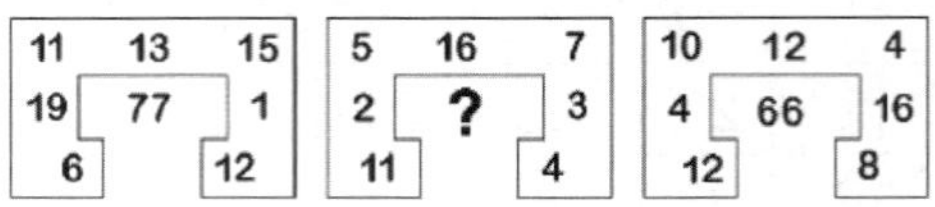

A. 38
B. 46
C. 48
D. 52
E. 50

273) Quale numero deve essere inserito al posto del "?" per completare la serie?

A. 18
B. 14
C. 12
D. 20
E. 16

274) Quale dei seguenti numeri integra la serie?

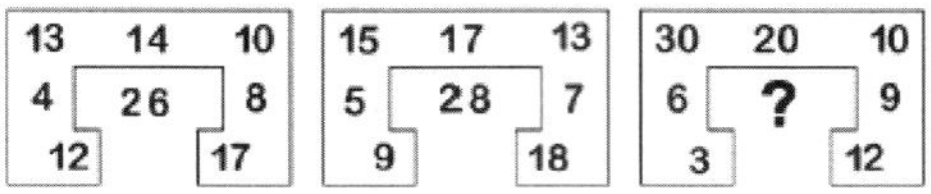

A. 28
B. 25
C. 30
D. 33
E. 35

275) Quale dei seguenti numeri integra la serie?

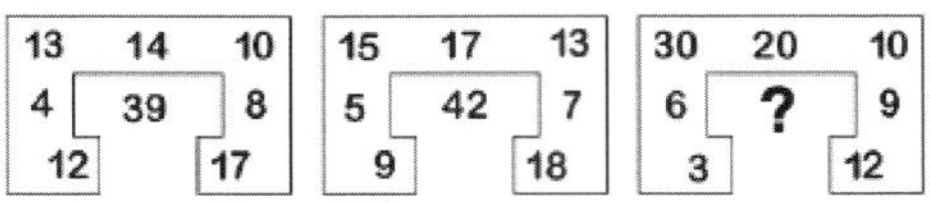

A. 45
B. 48
C. 60
D. 54
E. 43

276) Quale dei seguenti numeri integra la serie?

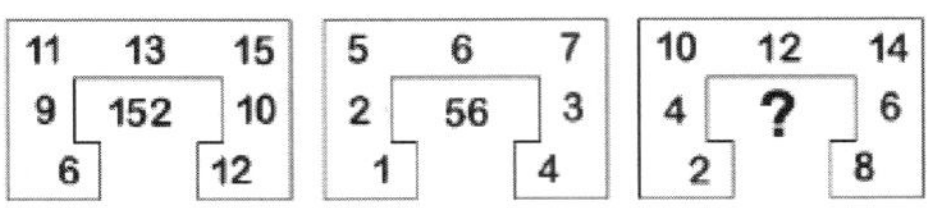

A. 150
B. 112
C. 30
D. 42
E. 75

277) Quale numero deve essere inserito al posto del "?" per completare la serie?

A. 30
B. 29
C. 28
D. 31
E. 32

3.19 • Le matrici quadrate

278) Individuare il numero mancante nella seguente matrice:

7 3 21
6 4 24
18 9 ?

A. 3
B. 45
C. 28
D. 504
E. 162

279) Individuare il numero mancante nella seguente matrice:

8 3 5
2 ? 0
7 0 7

A. 4
B. 0
C. 2
D. 5
E. 7

280) Individuare il numero mancante nella seguente matrice:

6 0 6
5 4 1
8 ? 2

A. 7
B. 0
C. 2
D. 6
E. 3

3.20 • Esercizi sugli insiemi e sulle ripartizioni

281) In un ristorante 15 avventori stanno seduti, 10 mangiano una torta. Con questi dati si può concludere con certezza che il numero totale *N* degli avventori è:

A. $N > 25$
B. $N = 25$
C. $N \geq 15$
D. $N < 15$
E. $N > 15$

282) Per il suo acquario Michele ha acquistato 50 pesci fra neon, guppy, black angel e clown loach. 46 non sono guppy, 33 non sono clown loach e i neon sono uno in più dei black angel. Quanti sono i neon?

A. 15
B. 13
C. 11
D. 12
E. 14

283) Cinquanta famosi matematici sono riuniti a congresso. Non tutti sono distratti. Però, presi a caso due matematici, almeno uno dei due è distratto. Dunque, necessariamente i congressisti distratti sono:

A. almeno 2, ma possono essere meno di 25
B. 49
C. 25
D. 50
E. più di 25, ma non si può dire quanti

284) Ad un ricevimento la contessa Viendalmare vuole sistemare i 40 invitati in tavoli da 4. Purtroppo la contessa si rende conto che comunque si dispongano gli invitati c'è sempre almeno un tavolo di sole donne. Quante sono almeno le donne invitate?

A. 39
B. 9
C. 31
D. 21
E. 10

285) Per la festa di compleanno di Luigi, Alessandra ha acquistato 80 dolci tra sfogliatelle, cannoli, cassatine e babà. 46 non sono cannoli, 55 non sono babà e le sfogliatelle sono 3 in più delle cassatine. Quante sono le sfogliatelle?

A. 6
B. 4
C. 5
D. 12
E. 11

286) Ad un corso universitario partecipano 80 studenti. Di questi, 45 parlano inglese e 60 sono ragazze. Determinare, sulla base di questa sola informazione, quale delle seguenti situazioni è impossibile.

A. I ragazzi che parlano inglese sono esattamente 13
B. Le ragazze che parlano inglese sono esattamente 23
C. Tutti i ragazzi parlano inglese
D. Nessuno dei ragazzi parla inglese
E. Il numero delle ragazze che parlano inglese è maggiore del numero dei ragazzi che parlano inglese

287) In una scatola ci sono 50 penne; non tutte sono penne rosse. Se però si prendono due penne qualsiasi dalla scatola, almeno una delle due è rossa. Quante sono le penne rosse contenute nella scatola?

A. 25
B. 26

C. 19
D. 39
E. 49

288) Una libreria ha 6 ripiani; ponendo su ciascuno di essi 21 libri, si occupano solo i primi 4 ripiani. Se si volesse occupare tutta la libreria, invece, quanti libri bisognerebbe disporre su ogni ripiano facendo in modo che il numero di libri sia lo stesso su ogni ripiano?

A. 14
B. 17
C. 18
D. 15
E. 16

289) In una casa editrice, in cui lavorano 50 redattori, stanno per essere pubblicate due nuove collane: Ammissioni universitarie e Concorsi pubblici. Sapendo che 30 redattori si occuperanno della collana Ammissioni universitarie, 20 della collana Concorsi pubblici, 5 di nessuna delle due collane, quanti redattori si occuperanno di entrambe le collane?

A. 10
B. 12
C. 20
D. 15
E. 5

290) "In un cinema ci sono 200 spettatori: 40 sono italiani, 50 sono donne, e 60 preferiscono i film di genere fantasy". Sulla base di queste informazioni, di quanti spettatori si può affermare con certezza che sono allo stesso tempo italiani, donne e amanti del genere fantasy?

A. Di cento
B. Di dieci
C. Di nessuno
D. Di cinquanta
E. Di quaranta

3.21 • Altri esercizi di logica numerica

291) Nel paese dove vivo, tutti i numeri telefonici sono composti da sei cifre e cominciano con 58. Per sbaglio ho strappato e buttato via un pezzettino di carta dove mi ero scritto il numero di telefono di un amico che vive qui vicino. L'unico pezzo che ho ritrovato è quello raffigurato qui sotto.
Quanti numeri di telefono possibili in questo paese sarebbero coerenti con il pezzetto del mio biglietto?

A. 2
B. 10
C. 22
D. 12
E. 11

292) In un dado normale, la somma delle facce opposte è 7. Di seguito sono raffigurate quattro prospettive dello stesso dado, in cui i numeri sono disposti in modo diverso da un dado normale. Sulla faccia che non si vede c'è il numero due.
Quanti puntini ci sono nella faccia opposta al numero due, in questo dado?

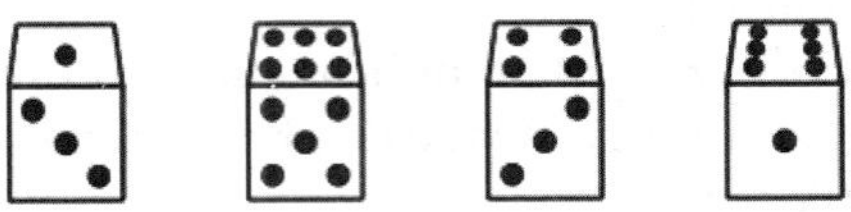

A. 4
B. 5
C. 6
D. 1
E. 3

293) Un nastro di 150 cm è annodato intorno a un libro che misura: 30 cm × 20 cm × 2 cm, come da figura sotto.
Dopo aver fatto e legato un nodo, sono avanzati 24 cm di nastro.
Un secondo pezzo di nastro, lungo anch'esso 150 cm, viene usato per legare un pacco di numerose copie del libro tutte impilate una sopra l'altra con le copertine che combaciano. Vengono legati con un nodo simile a quello usato per il primo pacco e, stavolta, non avanza nessun pezzo di nastro.
Quante copie ci sono nel secondo pacco?

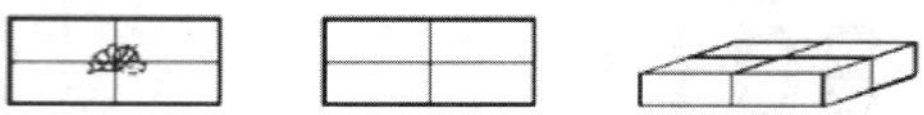

A. 15
B. 3
C. 12
D. 8
E. 4

294) La figura di seguito riportata mostra su una mappa la posizione di tre ornitologi. I quadrati sulla mappa sono lunghi 1000 m per lato.
Gli ornitologi stanno cercando un falcone ferito cui è stato impiantato un radiotrasmettitore.
Ogni ornitologo ha un dispositivo di tracciamento. L'indicatore della direzione non funziona ma la forza del segnale dà un'indicazione sulla distanza dall'uccello.
Gli ornitologi hanno le seguenti informazioni sulla distanza che li separa dall'uccello.

- **Gordon è nella posizione 22,06; la forza del segnale indica più di 500 m e meno di 2000 m.**
- **Helen è nella posizione 23,06; la forza del segnale indica più di 100 m e meno di 2000 m.**
- **Ingrid è nella posizione 23,08; la forza del segnale indica più di 1100 m e meno di 1800 m.**

In quale dei seguenti punti potrebbe trovarsi l'uccello?

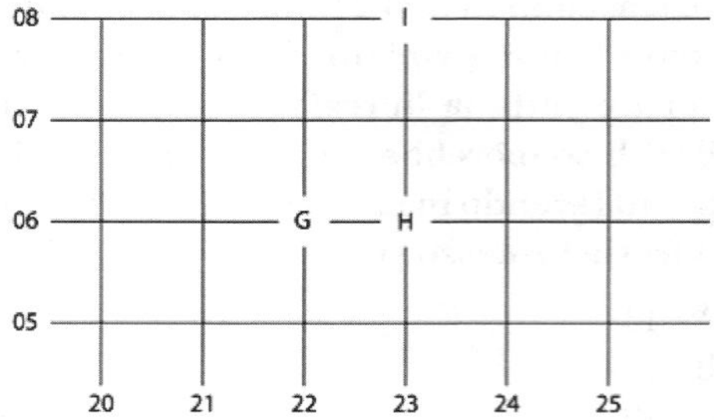

A. 24,07
B. 22,05
C. 22,07
D. 21,06
E. 23,07

295) 100 palline di cibo per polli servono a nutrire un pollo grosso e due piccoli per un giorno. 175 palline servono a nutrire due polli grossi e tre piccoli per un giorno.
Quale delle seguenti affermazioni non è vera?

A. Un pollo piccolo può essere nutrito per più di un giorno con 30 palline di cibo
B. Un pollo grosso ha bisogno del doppio di palline rispetto a un pollo piccolo
C. 50 palline di cibo sono sufficienti per nutrire un pollo grosso per un giorno
D. Due polli grossi e quattro piccoli hanno bisogno di 200 palline di cibo al giorno
E. Tre polli grossi e dieci piccoli hanno bisogno di 450 palline di cibo al giorno

296) In una gara a premi di sollevamento pesi il vincitore riceve 100 euro se riesce a sollevare 80 kg. Poi riceve 10 euro per i successivi 5 kg in più, 15 euro

per i secondi, e il premio aumenta di 5 euro per ogni unità addizionale da 5 kg che riesce a sollevare.
Il vincitore della gara ha sollevato 110 kg. Quanti soldi riceve?

A. 130 euro
B. 160 euro
C. 235 euro
D. 240 euro
E. 310 euro

297) Devo ricordarmi così tanti codici numerici a quattro cifre che non riesco a farli stare tutti in testa. Le banche dicono che non dovresti scrivere i PIN delle tue carte di credito e tenere il foglietto nel portafoglio insieme alle carte. Per ovviare a questo problema, ho ideato un codice che dovrebbe essere sufficientemente complicato da confondere qualunque ladro. Metto i numeri in codice in questo modo: 1 = A, 2 = B fino a 9 = I, 0 = J e poi scrivo i numeri in codice al contrario, quindi 1234 è scritto DCBA. Infine, in fondo a ogni numero in codice aggiungo una lettera in più dalla A alla J per definire a cosa si riferisce il codice: C sta per carta di credito; F sta per telefono; B per lucchetto della bici; E per carta della Banca Eastern e D per il tesserino per entrare nel palazzo dove lavoro (*Denton Building Society*). La mia lista si presenta così.
Qual è il codice del lucchetto della mia bici?

A	D	G	E	F
C	J	D	B	E
B	G	F	A	C
G	J	A	C	D
D	F	G	C	B

A. 7613
B. 4356
C. 3764
D. 5741
E. 4673

298) Un'insegnante di una scuola frequentata da ragazzi tra gli 11 e i 16 anni stabilisce un codice numerico per aprire la porta della classe. L'insegnante ha un metodo per ricordarselo. Utilizza:

- **le due cifre del suo mese di nascita a rovescio (ad esempio, febbraio è 02, a rovescio è 20);**
- **poi l'età dei bambini della sua classe all'inizio dell'anno con le cifre invertite;**
- **e infine, la data del giorno del suo compleanno nel mese, sempre al contrario.**

Quale dei seguenti non può essere il codice per aprire la porta?

A. 215150
B. 602124
C. 903121
D. 701131
E. 115191

299) I tre supermercati della zona in cui abito, in questo periodo, stanno proponendo tutti le seguenti offerte per i miei cereali preferiti che mangio a colazione.
Se compri un pacco standard, il secondo è a metà prezzo.
Il prezzo di un pacco standard è scontato di 1/3.
Il prezzo normale di un pacco standard ma con il 25% di prodotto in più.
Quali offerte sono equivalenti in termini di prezzo per quantità unitaria di cereali?

A. Solo 2 e 3
B. Solo 1 e 2
C. Solo 1 e 3
D. 1, 2 e 3
E. Nessuna

300) Un'indagine ha rivelato che, nel 1990, in Gran Bretagna, il 40% della popolazione adulta fumava. Inoltre, nel

1991, a seguito di una campagna anti-fumo, fumava solo il 30% della popolazione adulta britannica. Il numero dei fumatori era diminuito del 10%. Tuttavia, chi aveva organizzato la campagna, nei cartelloni pubblicitari, riportava una diminuzione del 25% del numero dei fumatori. I cartelloni pubblicitari degli organizzatori della campagna riflettevano:

A. la variazione del numero di fumatori espressa come percentuale della popolazione nel 1991
B. la variazione del numero di fumatori espressa come percentuale dei fumatori nel 1990
C. la variazione della dimensione della popolazione espressa come percentuale della popolazione nel 1990
D. la variazione del numero di fumatori espressa come percentuale della popolazione nel 1990
E. la variazione del numero di fumatori espressa come percentuale dei fumatori nel 1991

RISPOSTE CORRETTE

1) C	51) C	101) A	151) E	201) D	251) A
2) D	52) D	102) E	152) B	202) C	252) C
3) D	53) E	103) E	153) A	203) C	253) B
4) E	54) D	104) C	154) D	204) A	254) B
5) E	55) E	105) D	155) B	205) B	255) D
6) A	56) E	106) C	156) D	206) A	256) A
7) C	57) A	107) C	157) C	207) C	257) A
8) B	58) E	108) D	158) B	208) C	258) E
9) D	59) C	109) A	159) C	209) D	259) A
10) E	60) B	110) A	160) A	210) A	260) D
11) C	61) C	111) C	161) C	211) B	261) B
12) E	62) B	112) A	162) C	212) D	262) B
13) A	63) B	113) D	163) C	213) C	263) B
14) B	64) A	114) C	164) B	214) A	264) D
15) C	65) C	115) E	165) E	215) C	265) B
16) B	66) D	116) B	166) D	216) B	266) D
17) B	67) B	117) B	167) A	217) A	267) E
18) A	68) A	118) B	168) B	218) B	268) D
19) E	69) A	119) D	169) A	219) E	269) B
20) D	70) C	120) D	170) C	220) C	270) A
21) D	71) C	121) D	171) C	221) E	271) A
22) C	72) B	122) A	172) E	222) B	272) C
23) E	73) A	123) C	173) A	223) E	273) A
24) E	74) A	124) A	174) C	224) C	274) C
25) C	75) E	125) A	175) D	225) D	275) A
26) B	76) B	126) E	176) C	226) A	276) B
27) E	77) A	127) A	177) A	227) A	277) A
28) E	78) C	128) A	178) B	228) B	278) E
29) A	79) D	129) A	179) D	229) B	279) C
30) E	80) B	130) A	180) B	230) B	280) D
31) B	81) C	131) A	181) B	231) B	281) C
32) C	82) D	132) E	182) B	232) D	282) A
33) A	83) D	133) A	183) E	233) D	283) B
34) E	84) A	134) E	184) C	234) B	284) C
35) B	85) B	135) D	185) C	235) E	285) D
36) E	86) B	136) A	186) D	236) E	286) B
37) C	87) E	137) D	187) D	237) A	287) E
38) A	88) A	138) E	188) D	238) C	288) A
39) C	89) B	139) A	189) C	239) B	289) E
40) B	90) C	140) A	190) E	240) A	290) C
41) A	91) D	141) E	191) C	241) C	291) E
42) E	92) B	142) B	192) D	242) A	292) D
43) B	93) D	143) A	193) E	243) E	293) E
44) A	94) B	144) A	194) A	244) D	294) C
45) A	95) B	145) D	195) C	245) A	295) E
46) D	96) E	146) E	196) C	246) E	296) C
47) E	97) C	147) C	197) B	247) C	297) C
48) B	98) B	148) D	198) C	248) A	298) B
49) B	99) C	149) C	199) D	249) A	299) E
50) D	100) B	150) A	200) A	250) A	300) B

CAPITOLO 4
Ragionamento astratto e attitudine visuo-spaziale

4.1 • Rotazioni mentali e orientamento spaziale

1) Individuare la figura che corrisponde alla prima composizione vista allo specchio.

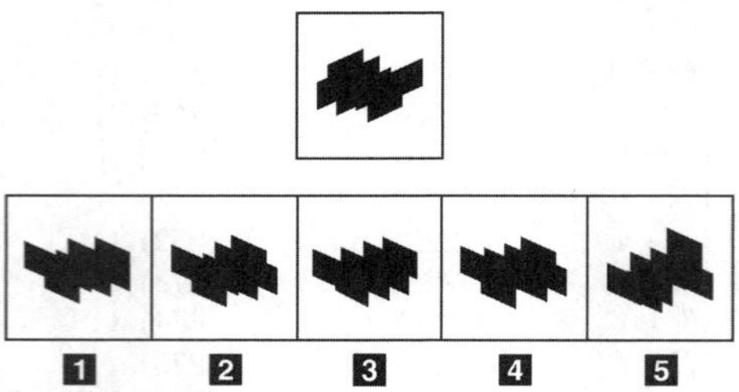

A. Figura 5
B. Figura 1
C. Figura 3
D. Figura 2
E. Figura 4

2) Individuare la figura che corrisponde alla prima composizione vista allo specchio.

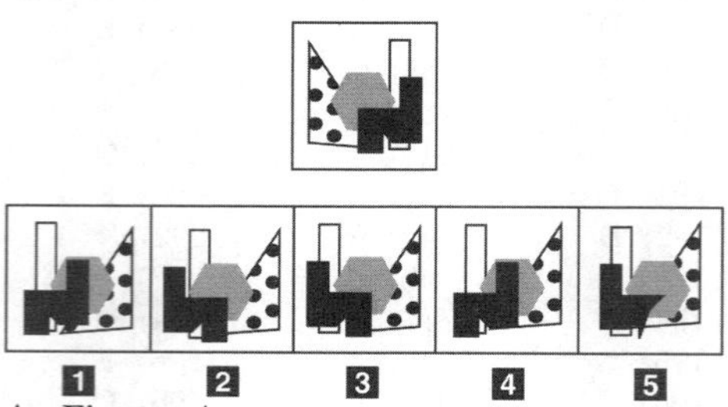

A. Figura 4
B. Figura 2
C. Figura 5
D. Figura 3
E. Figura 1

3) Quale, tra le figure proposte, è uguale a quella data ruotata in senso antiorario di 350°?

A. Figura 1
B. Figura 2
C. Figura 4
D. Figura 5
E. Figura 3

4.2 • Le serie

4) Individuare la figura che completa correttamente la prima serie.

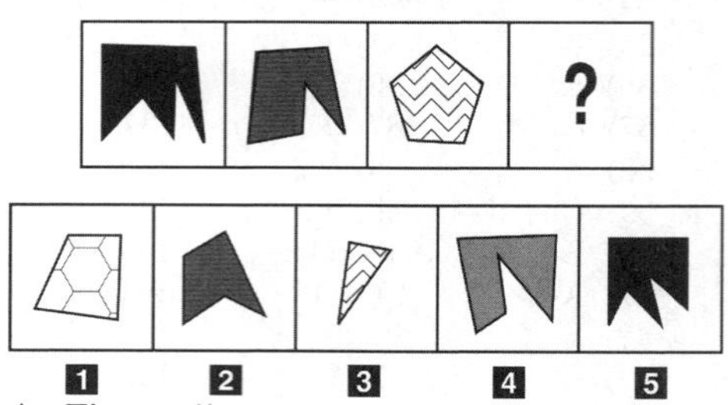

A. Figura 5
B. Figura 2
C. Figura 4
D. Figura 1
E. Figura 3

5) Completare correttamente la serie incompleta di figure.

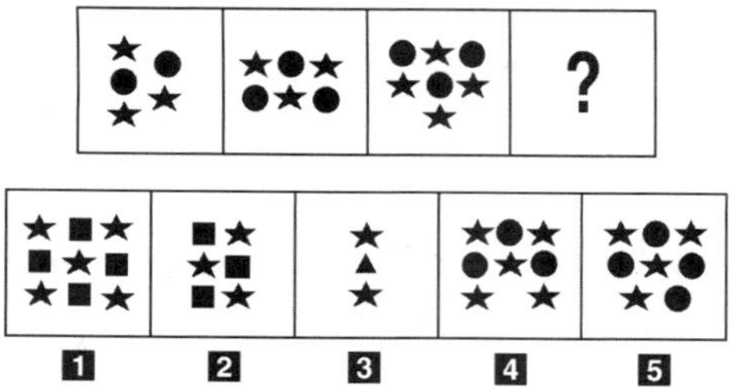

A. Figura 2
B. Figura 4
C. Figura 3
D. Figura 5
E. Figura 1

6) Individuare la figura che completa la serie proposta.

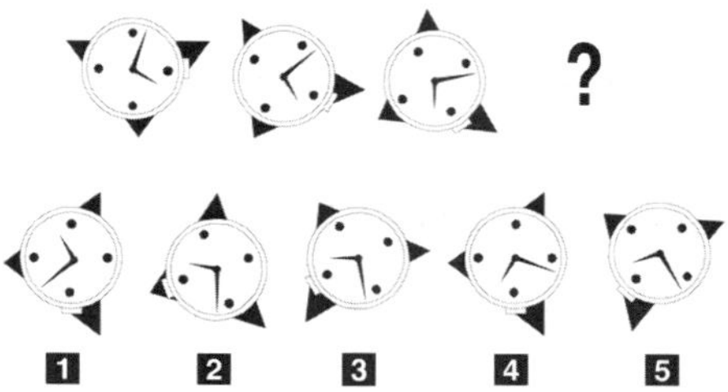

A. Figura 2
B. Figura 3
C. Figura 1
D. Figura 4
E. Figura 5

7) Quale figura completa la serie?

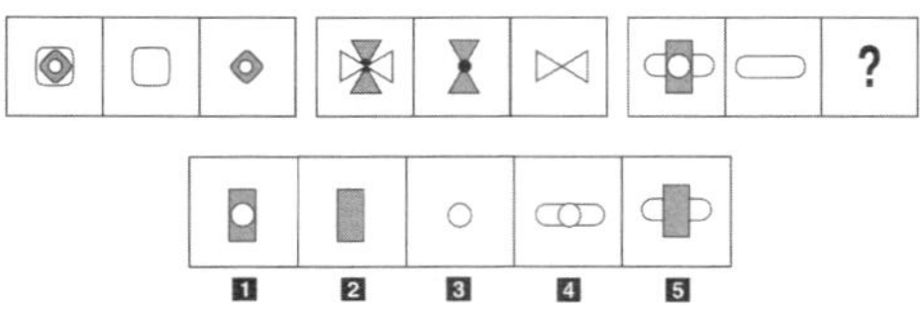

A. Figura 4
B. Figura 2
C. Figura 5
D. Figura 1
E. Figura 3

8) Individuare la figura che completa la serie.

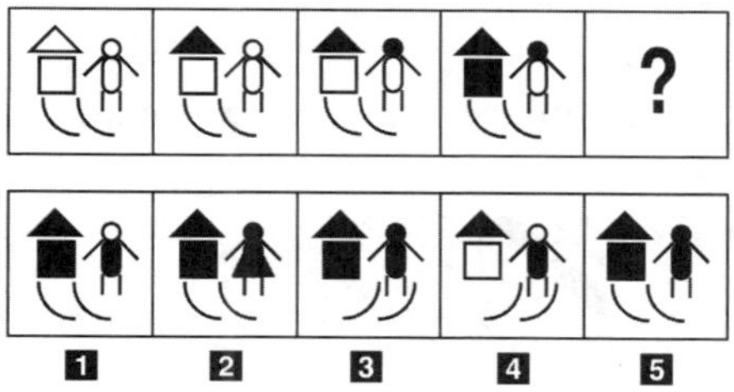

A. Figura 2
B. Figura 5
C. Figura 3
D. Figura 4
E. Figura 1

9) Si osservi la serie incompleta di figure: quale delle alternative proposte la completa correttamente?

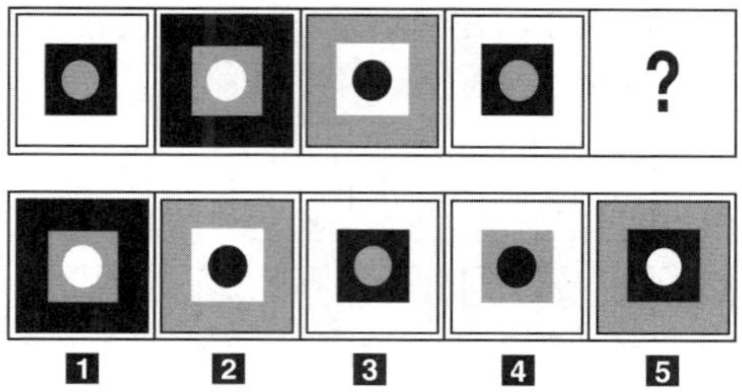

A. Figura 2
B. Figura 5
C. Figura 3
D. Figura 4
E. Figura 1

10) Individuare la figura che completa la serie.

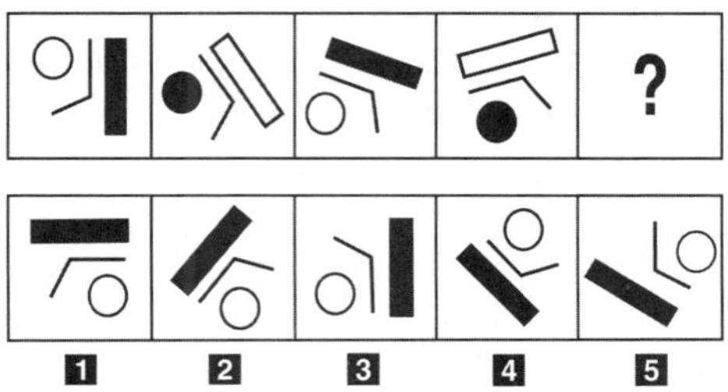

A. Figura 2
B. Figura 4

C. Figura 3
D. Figura 1
E. Figura 5

11) Individuare la figura che completa la serie.

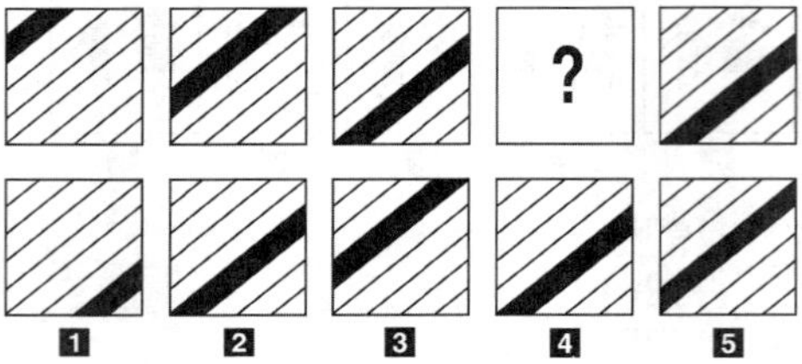

A. Figura 5
B. Figura 1
C. Figura 2
D. Figura 3
E. Figura 4

12) Individuare la figura che completa la serie.

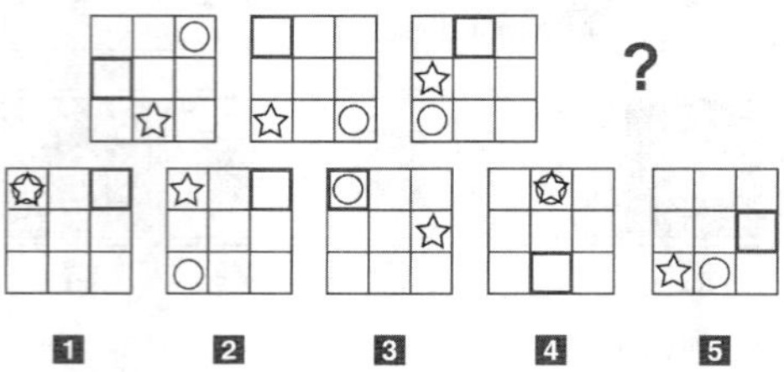

A. Figura 4
B. Figura 3
C. Figura 5
D. Figura 2
E. Figura 1

13) Uno solo dei disegni contrassegnati con lettere costituisce il logico completamento della serie di disegni numerata da 1 a 5. Quale?

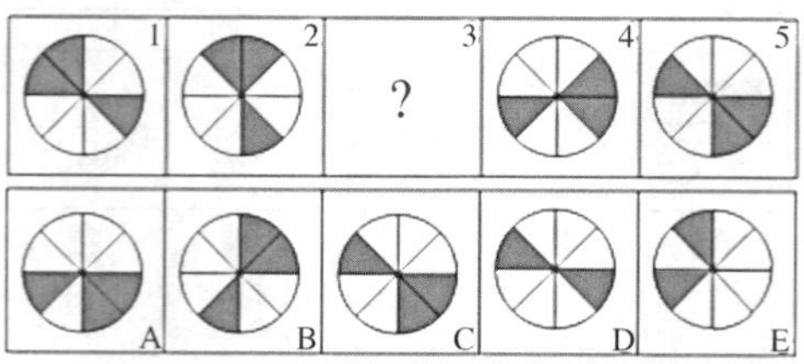

A. Il disegno indicato con la lettera C
B. Il disegno indicato con la lettera D
C. Il disegno indicato con la lettera A
D. Il disegno indicato con la lettera B
E. Il disegno indicato con la lettera E

14) Quale delle figure proposte integra correttamente la serie?

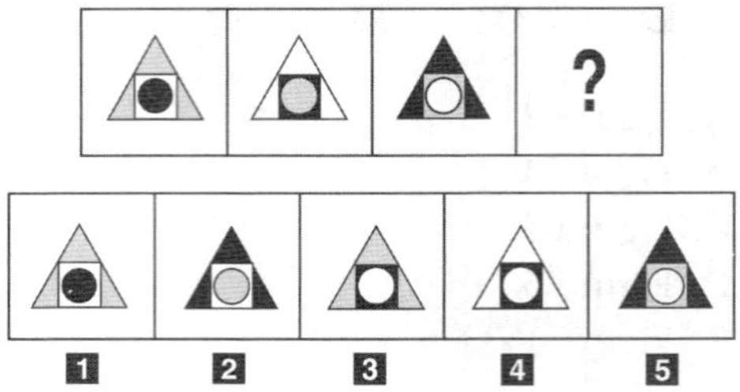

A. Figura 2
B. Figura 4
C. Figura 5
D. Figura 1
E. Figura 3

15) Quale dei disegni proposti integra correttamente la serie?

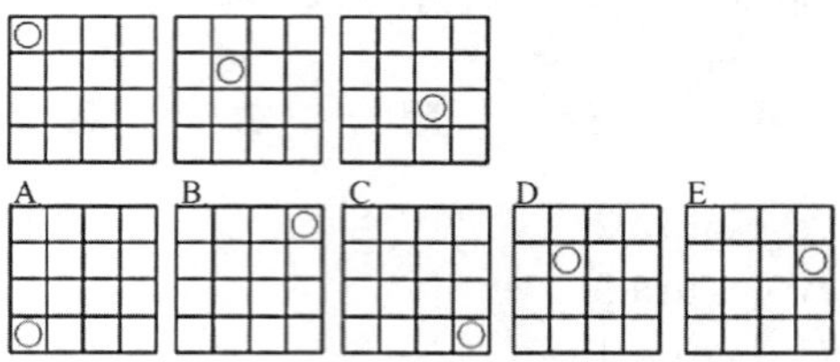

A. Il disegno indicato con la lettera E
B. Il disegno indicato con la lettera C
C. Il disegno indicato con la lettera D
D. Il disegno indicato con la lettera B
E. Il disegno indicato con la lettera A

16) Quale dei disegni proposti integra correttamente la serie?

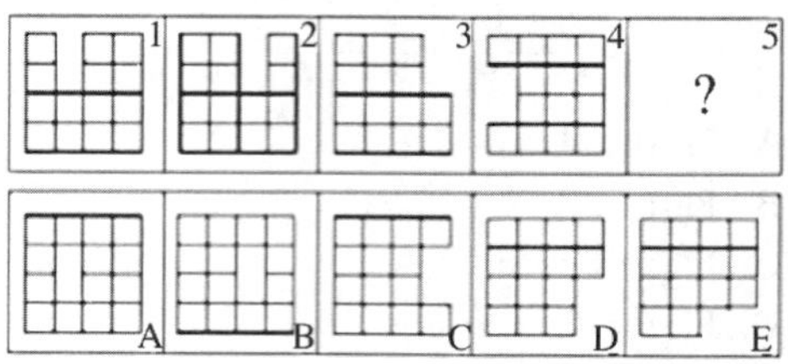

A. Il disegno indicato con la lettera C
B. Il disegno indicato con la lettera B
C. Il disegno indicato con la lettera A
D. Il disegno indicato con la lettera D
E. Il disegno indicato con la lettera E

17) Quale delle figure proposte integra correttamente la serie?

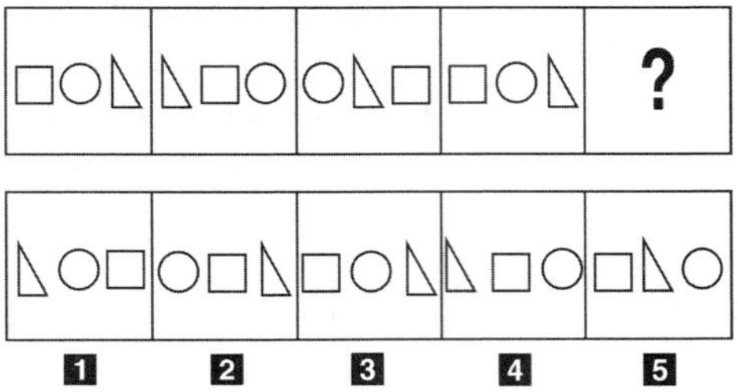

A. Figura 4
B. Figura 5
C. Figura 1
D. Figura 2
E. Figura 3

4.3 • Le matrici

18) Data la seguente configurazione, individuate la figura mancante.

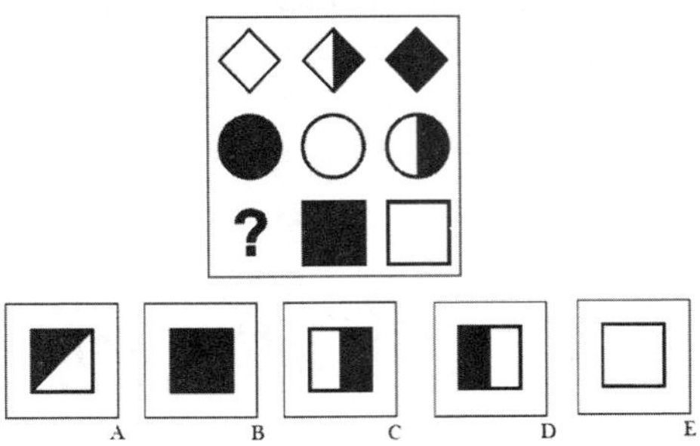

A. La figura C
B. La figura D
C. La figura A
D. La figura B
E. La figura E

19) Data la seguente configurazione, individuate la figura mancante.

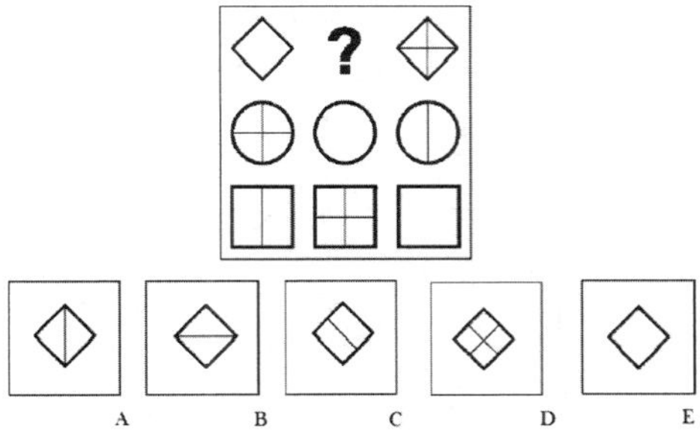

A. La figura contrassegnata con la lettera D
B. La figura contrassegnata con la lettera C
C. La figura contrassegnata con la lettera A
D. La figura contrassegnata con la lettera B
E. La figura contrassegnata con la lettera E

20) Data la seguente configurazione, individuate la figura mancante.

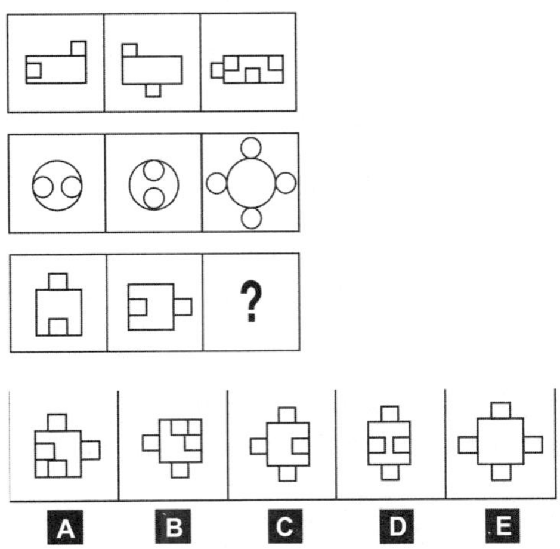

A. Figura C
B. Figura B
C. Figura A
D. Figura E
E. Figura D

21) Quale semicirconferenza integra correttamente la serie?

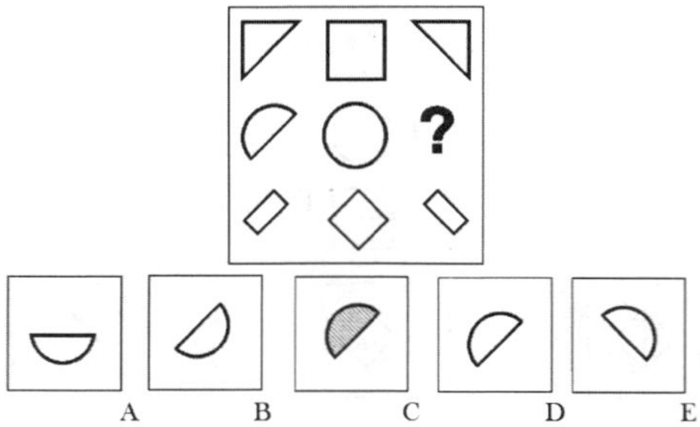

A. Quella contrassegnata con la lettera D
B. Quella contrassegnata con la lettera B
C. Quella contrassegnata con la lettera C
D. Quella contrassegnata con la lettera A
E. Quella contrassegnata con la lettera E

4.4 • Le proporzioni

22) Quale tra le figure proposte integra logicamente la proporzione che segue?

A. La figura indicata con la lettera E
B. La figura indicata con la lettera A
C. La figura indicata con la lettera C
D. La figura indicata con la lettera B
E. La figura indicata con la lettera D

23) Quale tra le figure proposte integra logicamente la proporzione che segue?

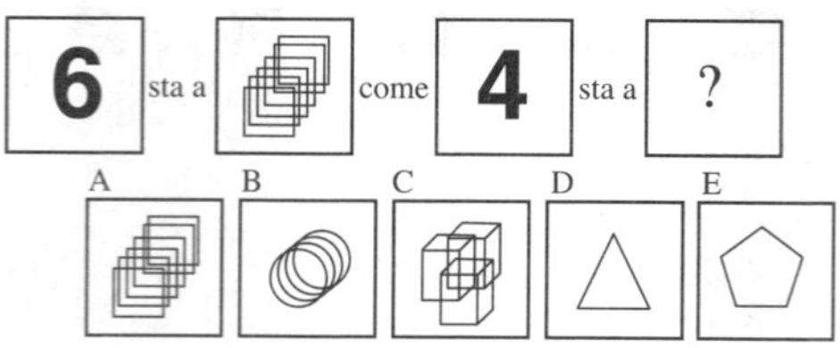

A. La figura indicata con la lettera A
B. La figura indicata con la lettera B
C. La figura indicata con la lettera C
D. La figura indicata con la lettera D
E. La figura indicata con la lettera E

24) Dopo aver osservato i primi due termini della proporzione, individuare fra i cinque disegni proposti (A, B, C, D, E) quali, inseriti rispettivamente come terzo e quarto termine, ne rappresentano il logico completamento.

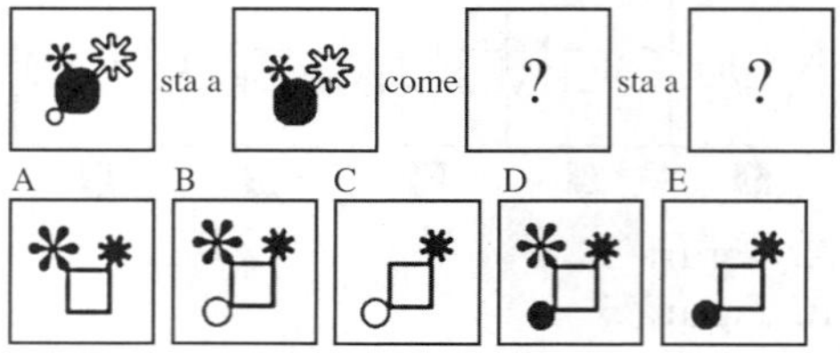

A. I disegni indicati con le lettere D e A
B. I disegni indicati con le lettere B e D
C. I disegni indicati con le lettere B e A
D. I disegni indicati con le lettere C e A
E. I disegni indicati con le lettere C e E

25) Quale tra le figure A, B, ... è corretto inserire come quarto termine della proporzione che segue?

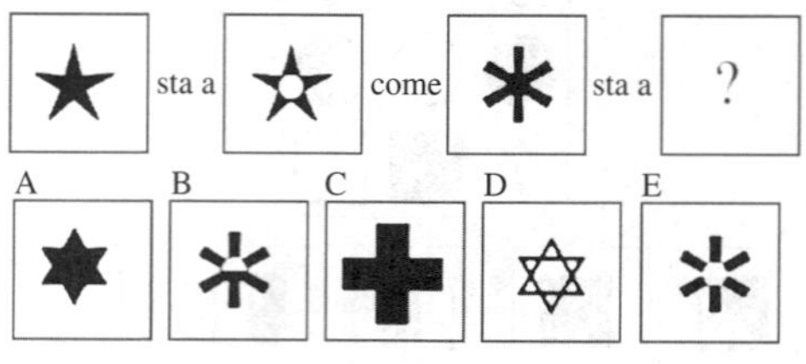

A. La figura A
B. La figura B
C. La figura D
D. La figura C
E. La figura E

26) Individuare fra le figure proposte quella che è logico inserire quale terzo termine della proporzione data:

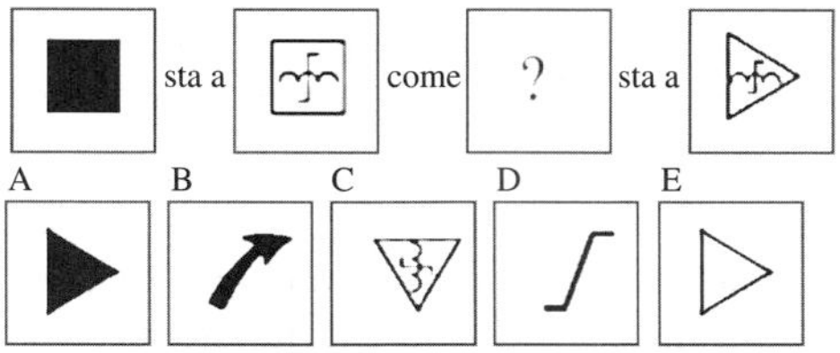

A. La figura indicata con la lettera D
B. La figura indicata con la lettera A
C. La figura indicata con la lettera B
D. La figura indicata con la lettera C
E. La figura indicata con la lettera E

27) Individuare fra le cinque figure/ risposta quelle che, inserite rispettivamente come terzo e quarto termine della proporzione, ne rappresentano, per analogia, il logico completamento.

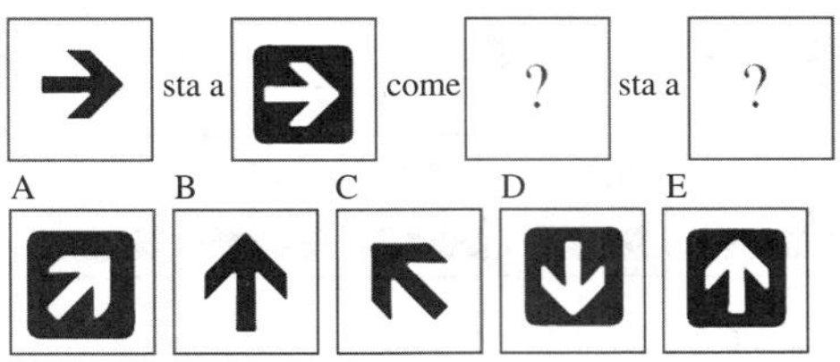

A. Le figure indicate con le lettere C e A
B. Le figure indicate con le lettere B e D
C. Le figure indicate con le lettere D e B
D. Le figure indicate con le lettere B e A
E. Le figure indicate con le lettere B e E

28) Individuare fra le cinque figure quelle che inserite rispettivamente come terzo e quarto termine della proporzione ne rappresentano, per analogia, il logico completamento.

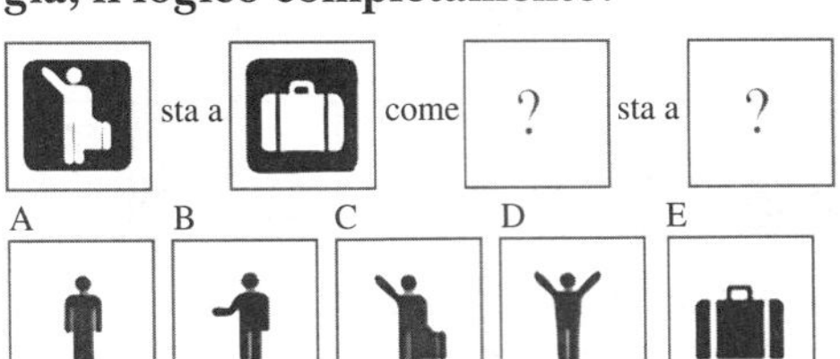

A. Le figure indicate con le lettere A e E
B. Le figure indicate con le lettere B e D
C. Le figure indicate con le lettere C e D
D. Le figure indicate con le lettere A e C
E. Le figure indicate con le lettere C e E

29) Dopo aver osservato i primi due termini della proporzione, individuare fra i cinque disegni proposti (A, B, C, D, E) quali, inseriti rispettivamente come terzo e quarto termine, ne rappresentano il logico completamento.

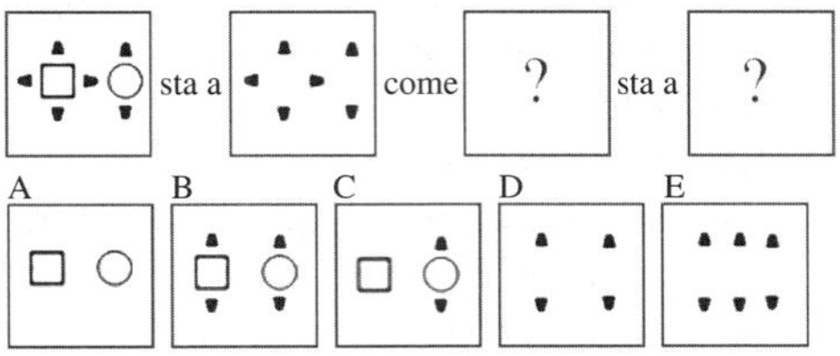

A. I disegni indicati con le lettere D e A
B. I disegni indicati con le lettere B e D
C. I disegni indicati con le lettere B e A
D. I disegni indicati con le lettere C e A
E. I disegni indicati con le lettere C e E

30) Individuare fra le figure proposte quella che è logico inserire quale terzo termine della proporzione data:

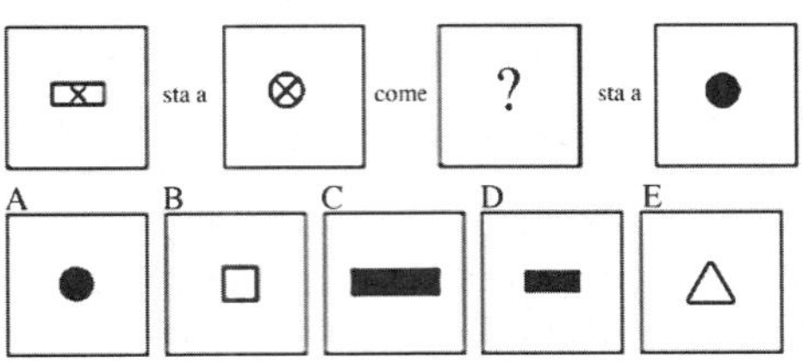

A. La figura indicata con la lettera C
B. La figura indicata con la lettera A
C. La figura indicata con la lettera D
D. La figura indicata con la lettera B
E. La figura indicata con la lettera E

31) Individuare fra le figure proposte quella che è logico inserire quale terzo termine della proporzione data:

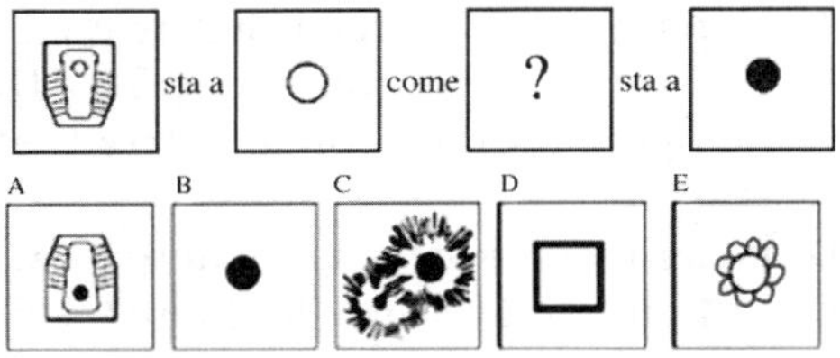

A. La figura che ne rappresenta il logico completamento è quella indicata con la lettera A
B. La figura che ne rappresenta il logico completamento è quella indicata con la lettera B
C. La figura che ne rappresenta il logico completamento è quella indicata con la lettera D
D. La figura che ne rappresenta il logico completamento è quella indicata con la lettera E
E. La figura che ne rappresenta il logico completamento è quella indicata con la lettera C

32) Individuare fra le figure proposte quella che è logico inserire quale quarto termine della proporzione data:

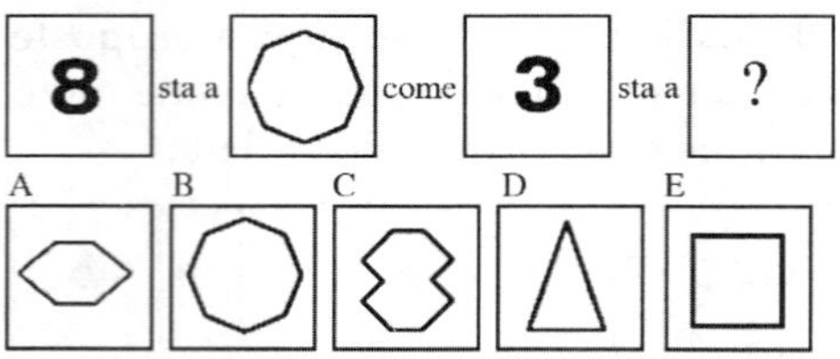

A. La figura indicata con la lettera A
B. La figura indicata con la lettera B
C. La figura indicata con la lettera E
D. La figura indicata con la lettera C
E. La figura indicata con la lettera D

33) Individuare fra le figure proposte quella che è logico inserire quale terzo termine della proporzione data:

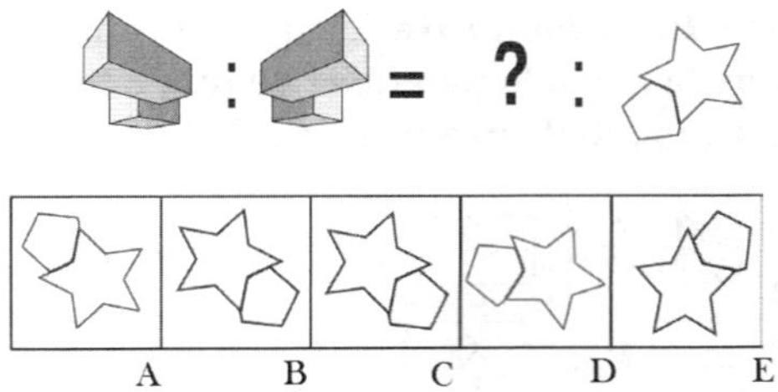

A. La figura indicata con la lettera C
B. La figura indicata con la lettera A
C. La figura indicata con la lettera D
D. La figura indicata con la lettera B
E. La figura indicata con la lettera E

34) Dopo aver osservato i primi due termini della proporzione, individuare fra i cinque disegni proposti (A, B, C, D, E) quali, inseriti rispettivamente come terzo e quarto termine, ne rappresentano il logico completamento.

A. I disegni indicati con le lettere D ed E
B. I disegni indicati con le lettere B e D
C. I disegni indicati con le lettere B e C
D. I disegni indicati con le lettere C e D
E. I disegni indicati con le lettere A e D

35) Quali tra le figure/risposta della seconda riga è corretto utilizzare per completare la proporzione della prima riga lasciata incompleta?

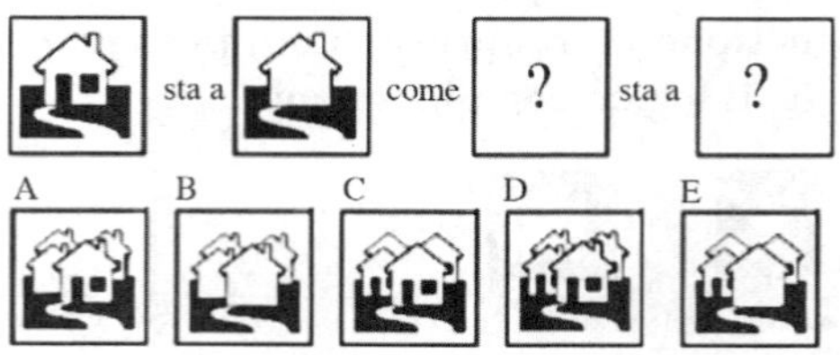

A. Le figure D e B
B. Le figure A ed E

C. Le figure D e A
D. Le figure C e D
E. Le figure D ed E

36) Quali tra le figure/risposta della seconda riga è corretto utilizzare per completare la proporzione della prima riga lasciata incompleta?

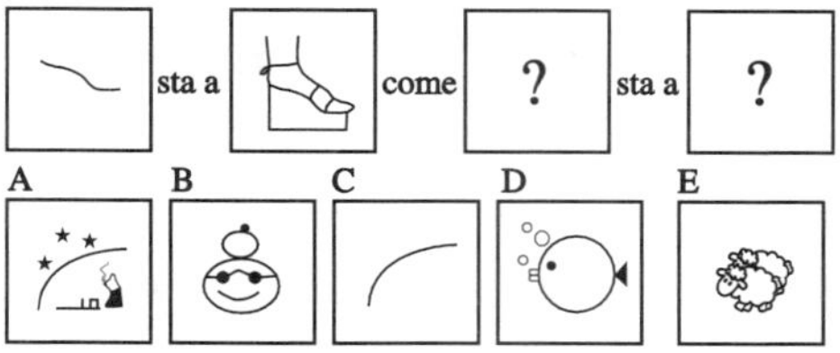

A. Le figure C e D
B. Le figure A e C
C. Le figure C e B
D. Le figure C e A
E. Le figure E e C

4.5 • Figure da scartare

37) Individuare la figura da scartare.

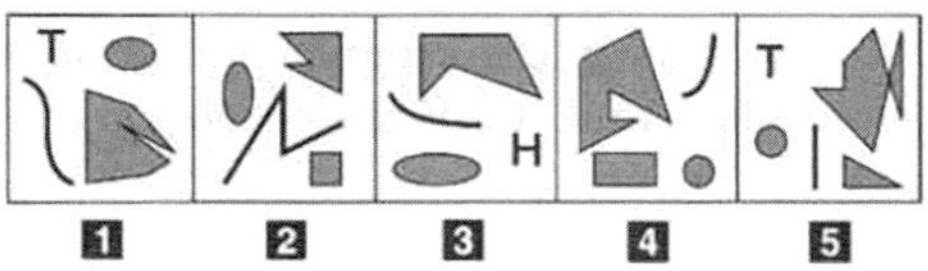

A. Figura 5
B. Figura 3
C. Figura 2
D. Figura 1
E. Figura 4

38) Individuare la figura da scartare.

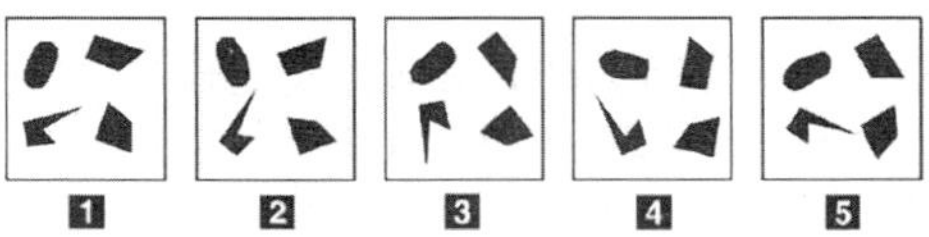

A. Figura 3
B. Figura 5
C. Figura 2
D. Figura 4
E. Figura 1

4.6 • Scomposizione e ricostruzione di figure geometriche tridimensionali

39) Quale delle figure corrisponde alla composizione volumetrica della figura piana data?

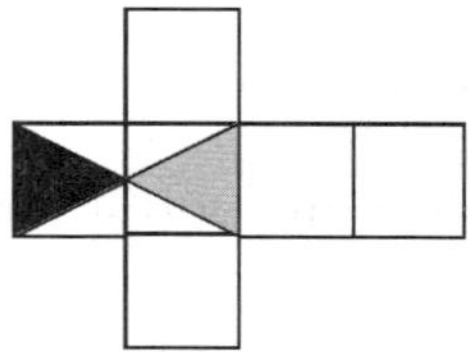

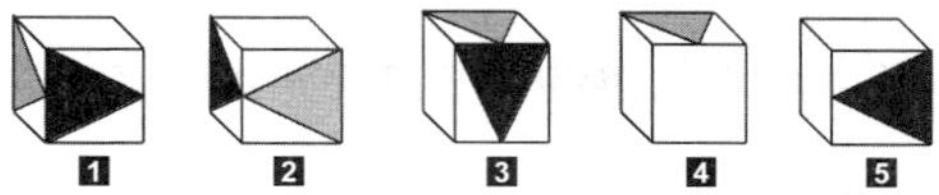

A. Figura 1
B. Figura 4
C. Figura 3
D. Figura 5
E. Figura 2

40) Quale delle figure corrisponde alla composizione volumetrica della figura piana data?

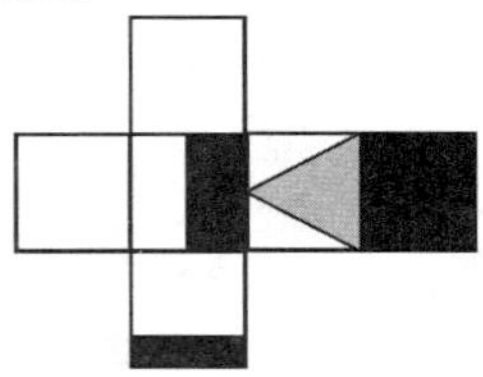

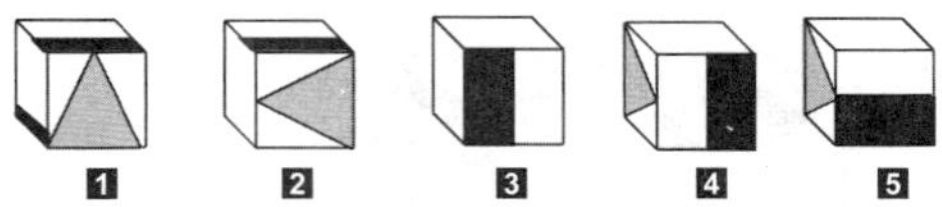

A. Figura 2
B. Figura 4
C. Figura 3
D. Figura 5
E. Figura 1

41) Dopo aver osservato attentamente il disegno proposto, indicare l'affermazione corretta.

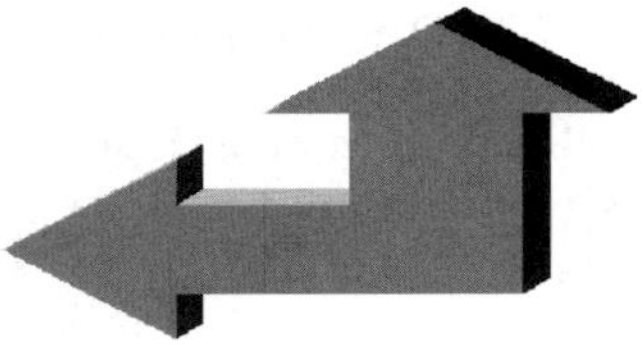

A. Il solido proposto si compone di 17 facce
B. Il solido proposto si compone di 14 facce
C. Il solido proposto si compone di 18 facce
D. Il solido proposto si compone di 15 facce
E. Il solido proposto si compone di 16 facce

42) Lo sviluppo raffigurato qui di seguito è stato piegato per formare un cubo. Quale dei seguenti cubi è stato formato?

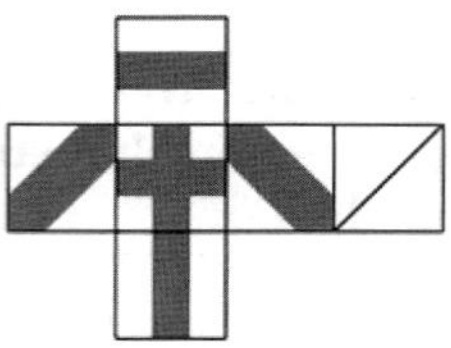

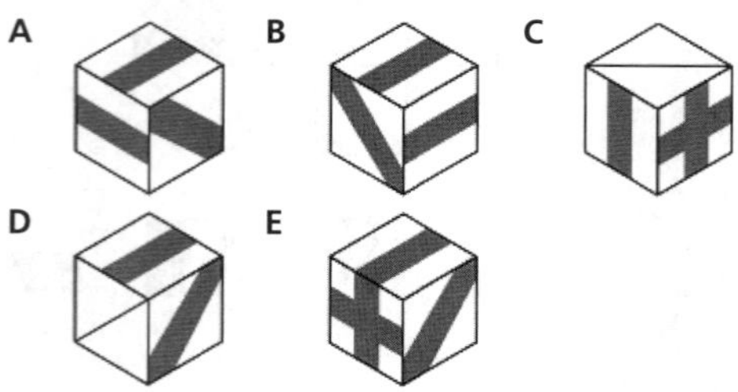

A. Figura D
B. Figura A
C. Figura E
D. Figura C
E. Figura B

43) Da quante facce è composto il solido 5?

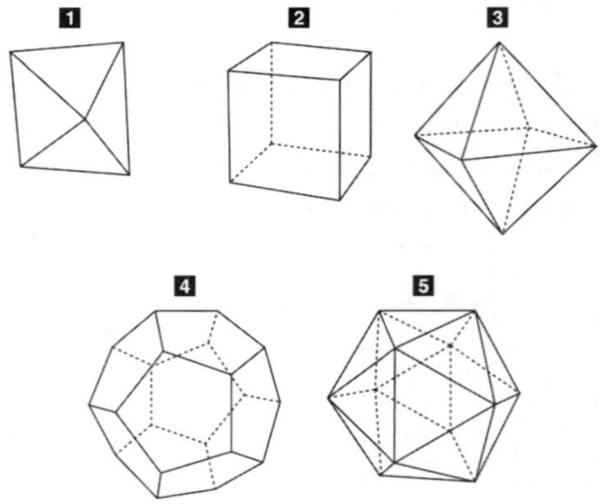

A. 10 facce
B. 20 facce
C. 12 facce
D. 18 facce
E. 16 facce

4.7 • Altri esercizi di ragionamento spaziale

44) La figura che segue può essere scomposta in 4 dei 6 frammenti riportati. Quali?

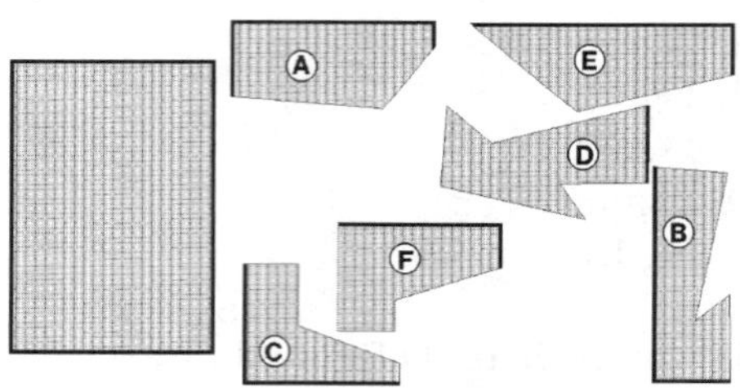

A. I frammenti contrassegnati con le lettere A, C, D, E
B. I frammenti contrassegnati con le lettere A, B, D, E
C. I frammenti contrassegnati con le lettere B, C, D, F

D. I frammenti contrassegnati con le lettere A, C, D, F
E. I frammenti contrassegnati con le lettere A, B, C, D

45) La figura che segue può essere ricomposta soltanto con tre dei cinque frammenti proposti. Quali?

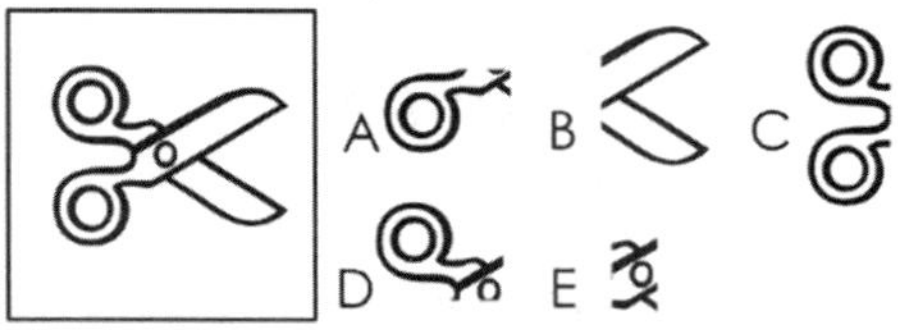

A. Frammenti A, C e E
B. Frammenti A, B e D
C. Frammenti B, C e D
D. Frammenti C, D e E
E. Frammenti A, B e C

46) È possibile con sole sei rette separare ciascun pallino da tutti gli altri?

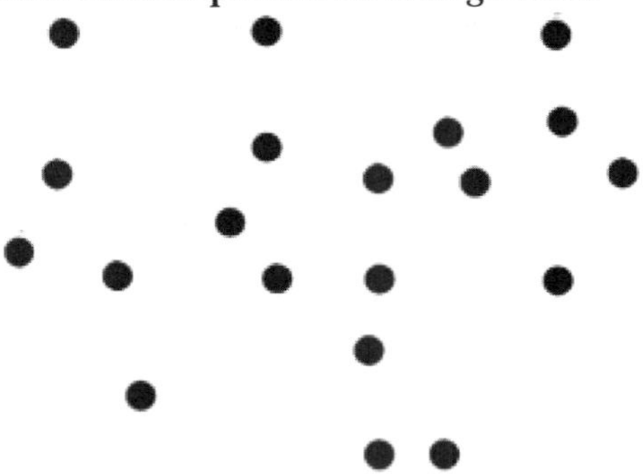

A. No, se ne impiegano minimo 9
B. Sì
C. No, se ne impiegano minimo 8
D. No, se ne impiegano minimo 7
E. No, se ne impiegano minimo 10

47) La figura che segue può essere scomposta in 4 degli 8 frammenti riportati. Quali sono i frammenti residui?

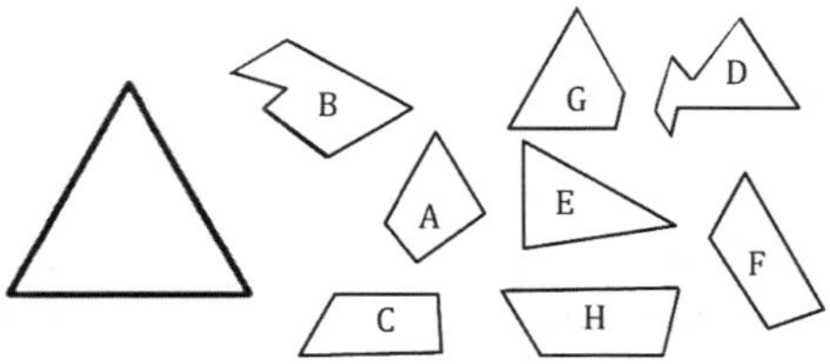

A. I frammenti contrassegnati con le lettere A, C, F, H
B. I frammenti contrassegnati con le lettere A, C, D, H
C. I frammenti contrassegnati con le lettere A, C, E, F
D. I frammenti contrassegnati con le lettere B, C, D, G
E. I frammenti contrassegnati con le lettere A, B, C, F

48) La figura che segue può essere ricomposta soltanto con 4 dei 6 frammenti proposti. Quali?

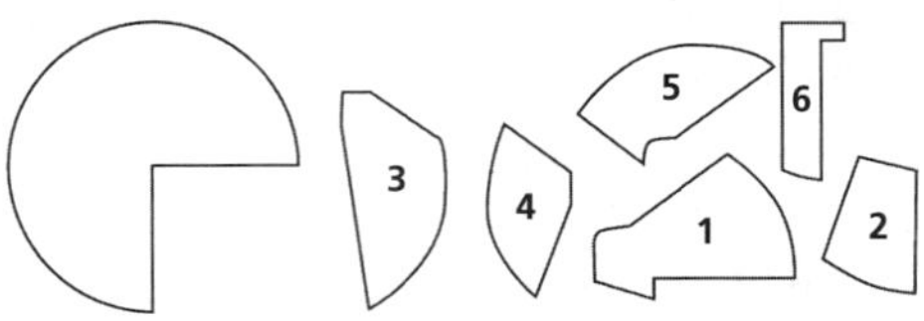

A. Frammenti 1, 3, 4 e 6
B. Frammenti 1, 2, 3 e 4
C. Frammenti 1, 2, 4 e 5
D. Frammenti 1, 3, 4 e 5
E. Frammenti 2, 3, 4 e 5

49) La figura che segue può essere ricomposta soltanto con 4 dei 6 frammenti proposti. Quali?

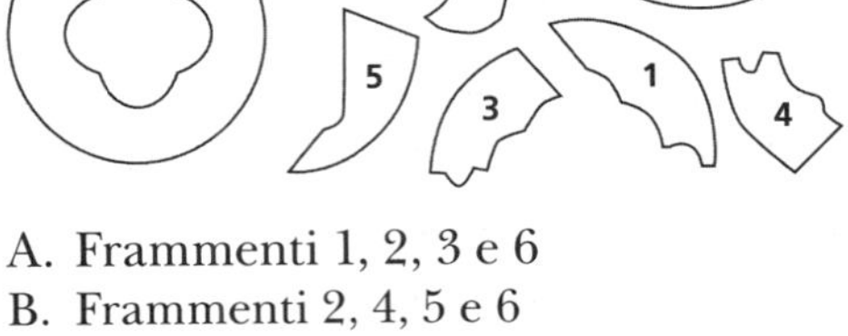

A. Frammenti 1, 2, 3 e 6
B. Frammenti 2, 4, 5 e 6
C. Frammenti 1, 2, 3 e 6

D. Frammenti 2, 3, 4 e 5
E. Frammenti 1, 2, 3 e 4

50) Osservando attentamente le cinque figure proposte è possibile notare che quattro di esse presentano elementi di omogeneità. Quali?

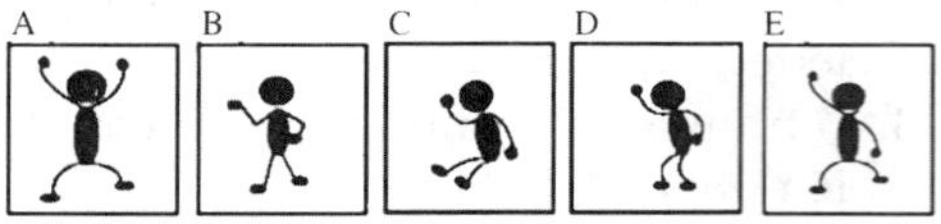

A. Figure A B D E
B. Figure B C D E
C. Figure A B C E
D. Figure A C D E
E. Figure A B C E

4.8 • Attenzione e precisione

51) Individuare quale delle serie di numeri o lettere è identica a quella data: 3663999936663

A. 3663399996663
B. 3663999936663
C. 3639969936663
D. 3663999396663
E. 3663993336663

52) Individuare quale delle cinque serie di numeri o lettere è identica a quella data: 88080080080808

A. 88080088080808
B. 88080080080808
C. 88080080080008
D. 80080080080808
E. 88080080080888

53) Individuare quale delle cinque serie di numeri o lettere è identica a quella data: ILLILIILIIILIILLI

A. ILLILIILIIILLLLI
B. ILLILILIIIILIILLI
C. ILLILIILILLIILLI
D. ILLILIILIIILIILLI
E. ILLILIILIIILIILLL

54) Individuare quale delle cinque serie di numeri o lettere è identica a quella data: MMNMNNNNMNNN

A. MMNMNNNMNNNN
B. MMNNMNNNMNNN
C. MMMNNNNNMNNN
D. MMNMNNNNMNNN
E. MMNMNMNNMNNN

55) Individuare quale delle cinque serie di numeri o lettere è identica a quella data: RPRPPRRRRPRRPR

A. RPRPPRPRRPRRPR
B. RPRPPPRRRPRRPR
C. RPRPPRRRRPRRPR
D. RPRPPRRRRPRPPR
E. RPRPPPRRRPRRPR

56) Individuare la riga che contiene il maggior numero di lettere X:

A. YYXYXXXYYYXXXYYXYXY
B. YYXYYYYXXXYXXXXXYYY
C. YYYXXXXXXXXXXYYYYYYY
D. XYYXXYXXYYXXXYXYYXY
E. XYYXXYXXYYYYXYXYYXY

57) Quale delle seguenti sequenze è identica a hy;opx97;th:13:32+tq:& ma proposta in senso contrario?

A. &:qt+23:31:ht;97xpo;yh
B. &:qt+23:31-th;79xpo;yh
C. &:qt+23:31:ht;79xpo;yh
D. &:qt+23;13:ht;79xpo;yh
E. &:qt+26:31:ht;79xpo;yh

58) Indicare in quale dei seguenti gruppi è riproposta l'identica stringa alfanumerica:
78AB+11AC-8A1H:1A1X-332&-7XK+233(/

A. 78AB+11AC-8A1H:1A1X-332@-7XK+233(/
B. 78AB+11AC-8A1H:1A1X-332&-7XK+233[/
C. 78AB+11AC-8A1H:1A1X-332&-7XK+233(/
D. 78AB+11AC-8A1H:1A1Y-332&-7XK+233(/
E. 78AB+11AC-8A1H:1A1X-332&-7XK+253(/

59) Individuare la riga che contiene il maggior numero di lettere B:

A. PPPPPBBBPBBPPPPBPPPP
B. PPBPBBPBPPBPPPBPPPPP
C. PPPBPPBBPPBBPPPBPPBP
D. PPPBPPPBPPPBPPPBPPBB
E. PPPBPPPBPPBBPPPBPPBP

60) Individuare la riga che contiene il maggior numero di lettere N:

A. VNVNNVNNVNV
B. VNVNVNVVNVN
C. VVNNVVNVNVN
D. NVVNNVNNVVV
E. VNVNNVNVVNV

61) Individuare la riga che contiene un numero di "×" uguale al numero di "+":

A. ×××+++××++×++××++
B. ××++××++×+×++××+
C. ×××+×××++++++×××+
D. ××+××+++××+×××++×++
E. ××++××++××+×++××+

62) Se dalla seguente sequenza "SSILVVTSAELIIAICSCL" si escludessero le lettere dei termini "STIVALI" e "SCIALLE", si otterrebbe la sequenza:

A. LSSLV
B. SSCIV
C. IACIV
D. SVSIV
E. SSLSV

63) Quale dei seguenti gruppi alfanumerici ripropone in senso inverso la sequenza "HgUmOsWFbH"?

A. HbFWOsmUgH
B. HbWFsOmUgH
C. HbFWsOmUgH
D. HbFWsOmgUH
E. HbFOsWmUgH

64) Se dalla seguente sequenza "VAAPEREPAPADEREPPPAI" si escludessero le lettere dei termini "PAPERE" e "PAPAVERI", si otterrebbe la sequenza:

A. PAAEDD
B. PAEPDE
C. PAAPPD
D. AAEPPD
E. APEEPD

65) Se dalla seguente sequenza "ELANPPOLOMZONOARODDMNA" si escludessero le lettere dei termini "POMODORO" e "MELANZANA", si otterrebbe la sequenza:

A. POLND
B. POLLD
C. POOND
D. POLNP
E. PONLR

66) Se dalla seguente sequenza "MCIANMCOCFACMENALECGNIE" si escludessero le lettere dei termini "MECCANICO" e "FALEGNAME", si otterrebbe la sequenza:

A. CCNM
B. GMCI
C. CMCNA
D. CNMCI
E. CNNCI

67) Quale delle seguenti alternative contiene una lettera ripetuta esattamente cinque volte?

A. WWTGWGTTGWTG
B. GGHTHTHGGTGT
C. XXXDQXDDDQQQ
D. EETRRETRETTR
E. MMNNIMNMNIII

68) Individuare la riga che contiene il maggior numero di lettere A:

A. AAVVVAVVAAAAAAAAVVVAAAV
B. AAVVVAVAAAAAAAAAVVVAAAV
C. VVAVAVAVVVAAAVAAVVVAAAA
D. AAVAAAVAAAVVVAVAAVVAVVA
E. VVAAAAAVVAAVAAAVAVAAAAVV

69) Si osservi il testo che segue: "Using the links below you can obtain answers to the most common questions about the EUROPA site (FAQ). You can also consult recent statistics on the use of EUROPA and the results of surveys conducted among its users". Esso contiene:

A. 10 lettere "maiuscole"
B. 13 vocali "u"
C. 16 consonanti "s"
D. 8 vocali "a"
E. 15 vocali "i"

70) Quale delle seguenti sequenze è uguale a 143GM2900967HD?

A. 143GM2900976HD
B. 143GM2900967HD
C. 143GM2909067HD
D. 143GM2090967HD
E. 143GN2901967HD

71) In quale dei seguenti gruppi il numero 1 non segue il numero 9?

A. P H L G 1 9 A V Q B O J 9 1 9 U I-GLIJKS1UBW9
B. P H L G 1 9 A V Q B O J P 1 9 U I-GLIJK91UBW9
C. P H L 9 1 9 A V Q B O J L 1 9 U I-GLIJKS1UBW9
D. P H L G 1 9 A V Q B O J E 1 9 U I-GLIJKS1UBW9
E. P H L G 1 8 A V Q D O J E 9 1 U I-GLIJKS1UBW9

72) Quale dei seguenti gruppi alfanumerici, letto in senso contrario, è uguale a SK1LGWEGPOIDSFH?

A. HFSDIOMPEWGL1KS
B. HFSDIMPGEWGL1KS
C. HFSDIOPQEWGL1KS
D. HFSDIOPGEWGL1KS
E. HFSBIOPGEWFL1KS

73) In quale dei seguenti gruppi alfanumerici sono contenuti tutti gli elementi indicati nella seguente stringa: SD678YTTWIHIXD834RT9?

A. 34RT9SD678YPQIXD8TTW
B. 34RT9SD67LPIHIXD8TTW
C. 34RT9SD678YIHIXD8TTW
D. 34RT9SD968YIHIXD8TTW
E. 34RT9SS678YIHIYD8TTW

74) Considerando che il segno "+" identifica "-", il segno "-" identifica "+", il segno "×" identifica ":", il segno ":" identifica "×", in quale delle seguenti alternative è riproposta la seguente stringa: 32 + (12 × 4) - (216 × 6) + 39 = tenuto conto di quanto detto in precedenza?

A. 32 – (12 : 4) + (216 : 6) + 39 =
B. 32 – (12 : 4) - (216 : 6) – 39 =
C. 32 – (12 : 4) + (216 : 6) – 39 =
D. 32 – (12 × 4) + (216 × 6) – 39 =
E. 32 + (12 : 4) + (216 : 6) – 39 =

75) In quale dei seguenti gruppi il numero 2 è preceduto dalla lettera Q?

A. JKF2Z2ILZKQWLJFZQQN2CIJQFUEI
B. JKF2Z2I2QQWLJ2FZQN2QJQFUIRLE
C. JKF2Z2IQQWLJFZ2QCIJQILFUIRFE
D. JKF2Z2IQ2QWLJFZQN2CIJQFUIRVE
E. JKF2X2I2QQYLJFZQN2CIJTFUIRVE

76) "123456789ABCDEFGHILMNOPQRSTUVZ". Da questo gruppo alfanumerico sono state prelevate le lettere che formano la parola "IMPOSTARE" ed i numeri "726". Restano pertanto le lettere e i numeri:

A. 134589BCDFGHLMQUVZ
B. 134589BCDFGHLNQUVZ
C. 134589BCDEGHLNQUVZ
D. 134689ABCDFGHLMNPQUVZ
E. 1345898BCFFGHMNQUVZ

77) Indicare quale dei seguenti gruppi numerici è identico a: 38823+8378+889 +89384+734822398

A. 38823+8378+889+89384+734838398
B. 38823+8378+889+89384+734838498
C. 38823+8378+889+89384+734822398
D. 38823+8378+889+89483+734822398
E. 38823+8478+889+89384+534822398

78) Indicare quale delle seguenti sequenze è uguale a: 7Y9K4VW9B5NH67

A. 7J9K4VW9B5NH67
B. 7Y9KU4W9B5NH67
C. 7Y9K4VW9B5NH67
D. 7Y9H4VW9B5NH67
E. 7Y9K4WW9D5NH67

79) Quante vocali e quante consonanti sono presenti rispettivamente nel termine "GASTROPROTETTORE"?

A. 6 e 10
B. 9 e 6
C. 8 e 8
D. 7 e 9
E. 10 e 7

80) In quale dei seguenti gruppi alfanumerici sono contenuti tutti gli elementi indicati nella seguente stringa: DF354F76HJ09LM1356SF?

A. 56SFDF364F76HJ09LM13
B. 56SFDF354F76HJ09LM13
C. 56SFDO354F76HJ09LM13
D. 56SFDP354F76HJ09LM13
E. 56SFCF355F76KJ09LM13

81) In quale dei seguenti gruppi il numero 1 non segue il numero 3?

A. LZ13XCVBN1MPI3PYT13RWQL-31IH
B. LZ31XCVBN1MPI3PYT13RWQL-1DIH
C. LZ13XCVBN1MPI31YT13RWQL-1DIH
D. LZ13XCVBN1MPI3PYT13RWQL-1DIH
E. LV31XCVBN1MPI3PYT16RWQL-1DIH

82) Considerando che il segno "+" identifica "–", il segno "-" identifica "+", il segno "×" identifica ":", il segno ":" identifica "×", in quale delle seguenti alternative è riproposta la seguente stringa: (40 × 3) + (320 × 80) = tenuto conto di quanto detto in precedenza?

A. (40 × 3) – (320 × 80) =
B. (40 : 3) – (320 × 80) =
C. (40 : 3) + (320 : 80) =
D. (40 : 3) – (320 : 80) =
E. (40 : 3) – (340 : 80) =

83) Indicare quale dei seguenti gruppi numerici è identico a: 87345+5613+689+18383+432923495

A. 87345+5613+689+18482+432923495
B. 87345+5613+689+18383+432923495
C. 87345+5613+689+18383+432934395
D. 87345+5613+689+18383+432934295
E. 87345+5613+686+18383+432923495

84) Quale delle seguenti sequenze è identica a -em;fh:17;ks:26+39-yd-=l: ma proposta in senso contrario?

A. :l=-yd-93+62:sk;77:hf;me-
B. =l-dy-93+62,sk;71:hf;me-
C. :l=-dy-93+62xks;71:hf;me-
D. :l=-dy-93+62:sk;71:hf;me-
E. :l=-dy+93+62:sh;71:hf;me-

85) Individuare la riga che contiene un numero di "punti esclamativi" uguale al numero di "punti interrogativi":

A. !!!???!!!???!!!???
B. !!?????!!!!??!!??
C. ?!!!!???!!!!!?!!!??????
D. !!!?!!???!!???!!!!???
E. !!!???!!!!!???!!!???

86) Quante volte è presente nel gruppo numerico che segue la sequenza 872? 3490887229838729011238725989087872868724247347845872598724872612561

A. 8
B. 7
C. 9
D. 14
E. 12

87) Individuare la stringa alfanumerica che contiene la lettera L preceduta da un numero pari:

A. K87I9SW41LFDG67LAGHH6568FV
B. NSGRS45L41F4317DSZ45L547ZS5
C. K87I9SW46LFDG67LAGHH6568FV
D. JE5LGHB658893VW421L35L5VFR8
E. XDR5479L8V54G65LJHU7I8JKHY5

88) In quale dei seguenti gruppi il numero 7 non segue il numero 9?

A. MZ97XCBL7UIH79OTUIH9RU-IKR7Q
B. MZ79XCBL7UIH79OTUIH97U-IKR7Q
C. MZ79XCBL7UIH97OTUIH9RU-IKR7Q
D. MZ79XCBL7UIH79OTUIH9RU-IKR7Q
E. MZ79XCBL7UIH97OTUIH9RU-IKR7Q

89) Indicare in quale delle seguenti alternative viene rispettata la regola di alternanza "vocale-consonante".

A. oderaxetuixidic
B. oderaxetupafestxidic
C. oderaxetzixidic
D. oderaxetupafesixidic
E. odoraxitupafastxidic

90) Individuare tra le alternative quella che contiene un'inesattezza rispetto a:
Stambecchi Carla, Via Enrico Martini 18/A, Crema (CR)
Carbone Daniela, Via C.L. Prisco 22, Castellammare Di Stabia (NA)
Oppido Luigi, Via Stendhal 17, Crotone (KR)
Luigi Alessandrini, Via Botteghelle 76, San Giorgio a Cremano (NA)

A. Carbone Daniela, Via C.L. Prisco 22, Castellammare Di Stabia (NA)
B. Luigi Alessandrini, Via Botteghelle 76, San Giorgio a Cremano (NU)
C. Stambecchi Carla, Via Enrico Martini 18/A, Crema (CR)
D. Oppido Luigi, Via Stendhal 17, Crotone (KR)
E. Luigi Alessandrini, Via Botteghelle 76, San Giorgio a Cremano (NA)

91) Individuare tra le alternative quella che contiene un'inesattezza rispetto a:
Colucci Maria, Via Orazio 37, Miggiano (LE)
Adami Carla, Via Cavour 42, Marina Di Nocera Terinese (CZ)
Pavon Rosa, Via Roma 20, Verona (VR)

A. Adami Carla, Via Cavour 42, Marina Di Nocera Terinese (CZ)
B. Pavon Massimo, Via Roma 20, Verona (VR)
C. Pavon Rosa, Via Roma 20, Verona (VR)
D. Colucci Maria, Via Orazio 37, Miggiano (LE)
E. nessuna alternativa risponde correttamente al quesito

92) Dopo aver osservato il disegno proposto indicare quale affermazione è corretta.

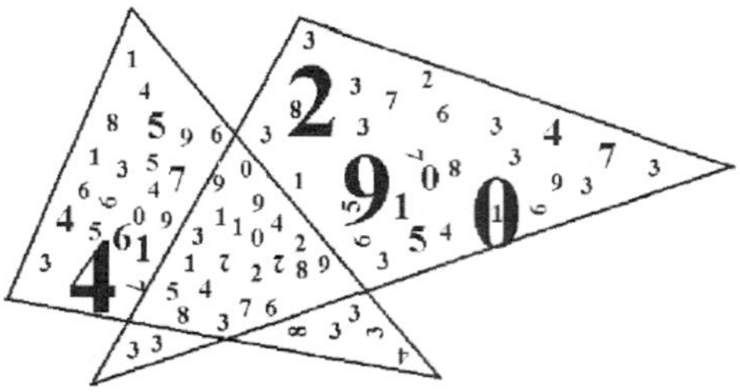

A. Il numero 9, contenuto in entrambe le figure, è presente 5 volte
B. Tra i numeri comuni alle due figure non è presente il 5
C. I numeri comuni alle due figure sono 21
D. In nessuna delle figure è presente il numero 8
E. I numeri comuni alle due figure sono 30

93) Indicare quale affermazione riferita al contenuto delle tre figure è corretta.

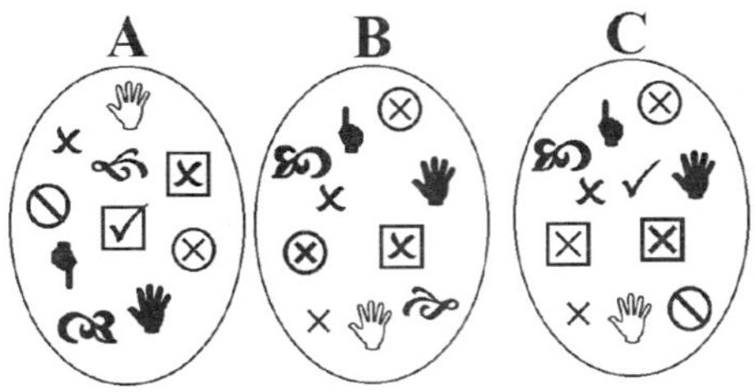

A. A e C contengono lo stesso numero di elementi
B. A rispetto a B contiene più mani
C. B e C contengono un numero diverso di elementi
D. Tutti i disegni contengono gli stessi elementi
E. A e B contengono un numero diverso di elementi

94) Dopo aver osservato attentamente il disegno, indicare quale affermazione non è corretta.

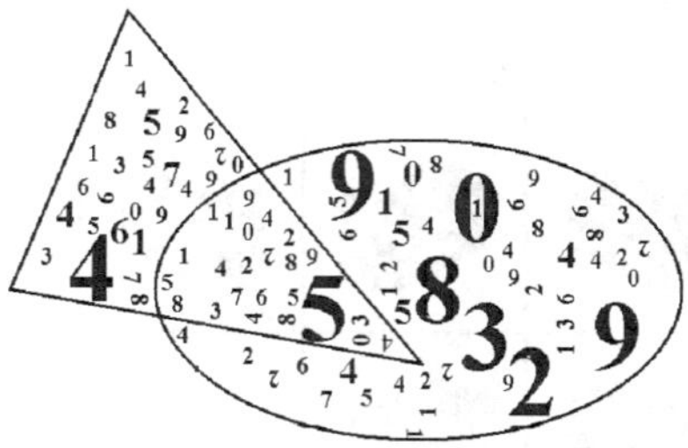

A. I numeri contenuti solo nel triangolo sono 51
B. I numeri contenuti nell'ellisse sono più di quelli contenuti nel triangolo
C. I numeri contenuti sia nell'ellisse che nel triangolo sono più di 20
D. I numeri contenuti sia nell'ellisse che nel triangolo sono meno di 30
E. I numeri contenuti solo nel triangolo sono meno di 60

95) Partendo dalla disposizione illustrata è possibile spostando tre sole graffe ottenere quattro quadrati?

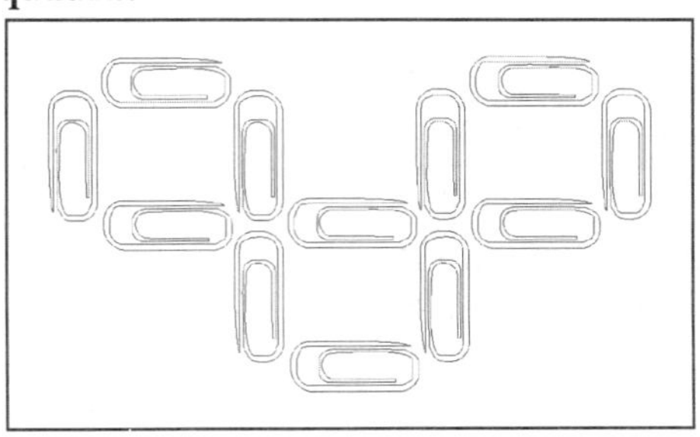

A. Sì, formando un quadrato grande suddiviso in quattro

B. No, è possibile formare solo tre quadrati adiacenti
C. Sì, è possibile formare quattro quadrati separati tra loro
D. No
E. No, è possibile formare solo due quadrati adiacenti

96) Dopo aver osservato attentamente le sei valigie apparentemente uguali indicare quale tra le seguenti affermazioni è errata.

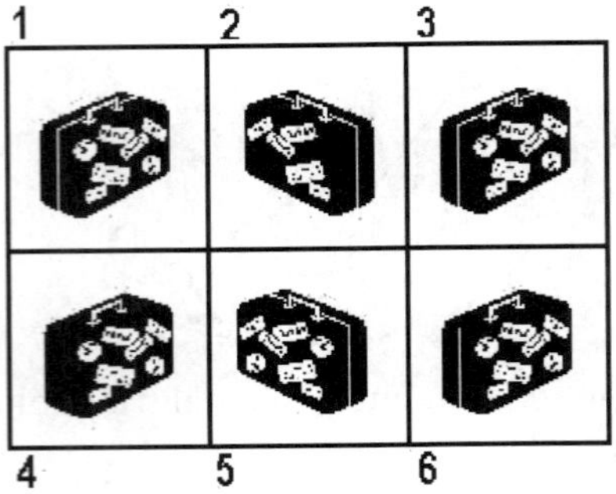

A. Almeno 4 valigie sono uguali
B. Le valigie 1 e 3 sono uguali
C. La valigia 6 è diversa da tutte le altre
D. La valigia 5 è uguale alla 1 e alla 3 viste allo specchio
E. La valigia 2 è diversa da tutte le altre

97) In quale figura è possibile collocare il punto nella giusta posizione?

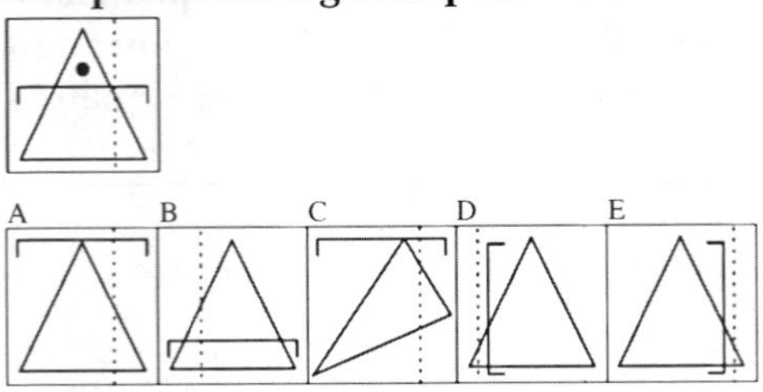

A. Nella figura D
B. Nella figura B
C. Nella figura A
D. Nella figura C
E. Nella figura E

98) In quale figura è possibile collocare il punto nella giusta posizione?

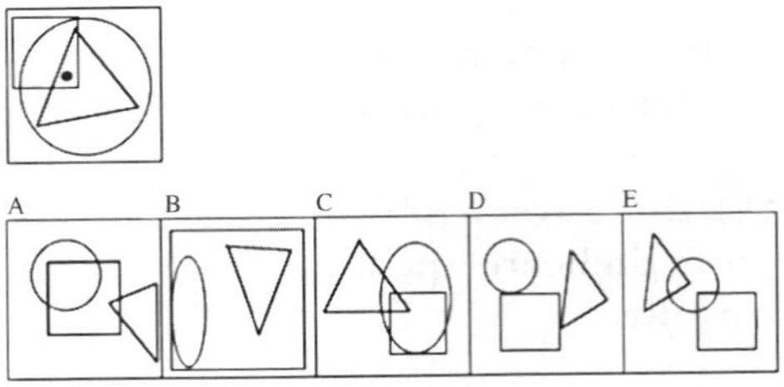

A. Nella figura B
B. Nella figura A
C. Nella figura C
D. Nella figura D
E. Nella figura E

99) Il numero di Π più il numero di μ è uguale a:

¥	R	Q	•	•	Q	»	*f*	¥	Π
f	@	μ	*f*	R	¥	μ	»	μ	μ
μ	¥	Q	μ	•	•	μ	*f*	¥	@
Q	@	R	¥	»	R	•	¥	μ	•
R	»	•	@	μ	¥	@	Q	*f*	*f*
¥	Π	Q	R	•	Q	μ	@	R	μ
Π	*f*	*f*	μ	¥	μ	•	¥	@	¥
R	@	Q	•	μ	¥	»	Π	Q	¥
•	»	R	μ	*f*	Q	Π	@	@	*f*
Q	¥	»	Q	R	Π	¥	Π	»	Q

A. 22
B. 18
C. 21
D. 20
E. 25

100) Dopo aver osservato attentamente le sei figure apparentemente uguali indicare quale tra le seguenti affermazioni è corretta.

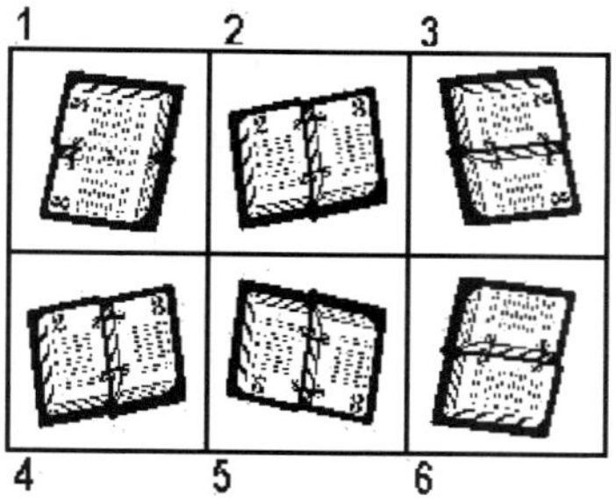

A. Le figure 2 e 4 sono diverse
B. La figura 6 è uguale alla 5 ruotata di 90 gradi
C. La figura 3 è uguale alla 2 e alla 4 ruotata di 90 gradi
D. Cinque figure sono uguali tra loro
E. Tre figure sono uguali fra loro

RISPOSTE CORRETTE

1) D	21) E	41) B	61) B	81) D
2) D	22) B	42) C	62) B	82) D
3) B	23) B	43) B	63) C	83) B
4) D	24) C	44) B	64) D	84) D
5) D	25) E	45) B	65) A	85) A
6) D	26) B	46) B	66) D	86) A
7) D	27) E	47) C	67) B	87) C
8) B	28) E	48) C	68) B	88) D
9) E	29) B	49) E	69) B	89) D
10) A	30) C	50) B	70) B	90) B
11) B	31) A	51) B	71) D	91) B
12) E	32) E	52) B	72) D	92) C
13) D	33) A	53) D	73) C	93) C
14) D	34) C	54) D	74) C	94) A
15) B	35) A	55) C	75) D	95) A
16) C	36) D	56) D	76) B	96) A
17) A	37) A	57) C	77) C	97) B
18) A	38) A	58) C	78) C	98) C
19) C	39) E	59) C	79) A	99) A
20) B	40) E	60) A	80) B	100) C

CULTURA GENERALE

CAPITOLO 1 | Lingua

CAPITOLO 2 | Letteratura

CAPITOLO 3 | Storia

CAPITOLO 4 | Educazione civica 221

CAPITOLO 5 | Geografia

CAPITOLO 1
Lingua

1.1 • Analisi grammaticale e logica

1) Quale frase contiene la congiunzione errata rispetto al contesto?

A. Ti ascolterò purché non mi fai perdere tempo
B. Pensi che debba comprare del pesce oppure della carne?
C. Posto che insisti ti ascolterò per questa volta
D. I tuoi amici non c'erano e neppure quelli di Mirco
E. Tu ed io andremo sempre d'accordo

2) Quale frase contiene il sostantivo nella forma plurale errata?

A. I chirurghi operano in ospedale
B. I drammaturghi lavorano a teatro
C. I filologhi sono studiosi di letteratura
D. Gli astronauti viaggiano nello spazio
E. Gli operatori ecologici si occupano del verde pubblico

3) Quale frase contiene il pronome errato rispetto al contesto?

A. Ci si siede o si resta in piedi?
B. Senti, lasciacimi abituare
C. Ci siete riuscito facilmente signore, complimenti
D. Eccovi, finalmente, vi aspettavo
E. Questa è la nostra casa, ve ne sono altre simili nei dintorni

4) Quale frase contiene il pronome errato rispetto al contesto?

A. Come sta, Monsignore? Lo vedo pallido
B. Nonostante lo avessi avvertito non se lo ricordò
C. Glielo dici tu o preferisci che lo faccia io?
D. Lo so, lo so, glielo avreste dovuto riferire
E. Persero il controllo in prossimità dell'albero e ci si schiantarono contro

5) Quale frase contiene un errore nel superlativo?

A. Sei il più volenteroso della scolaresca
B. Sandro è abilissimo in queste cose
C. Ho incontrato un'attrice celebrissima
D. Ha dipinto un quadro astrusissimo per sua madre
E. Quel piatto di lasagne sembra buonissimo

6) Quale frase contiene il sostantivo nella forma plurale errata?

A. I capodogli sono cetacei
B. Mi hanno regalato due portapane d'argento molto belli e costosi
C. Non ho potuto prenotare i due vagoni-letto come mi avevi chiesto
D. Riuscirono a demolire i contrafforte del castello
E. Devo comprare tre apribottiglie nuovi perché gli altri sono rotti

7) Si identifichi, fra le seguenti proposizioni, quella che NON contiene errori.

A. Prendo un taxi, purché arriva presto

B. Si ritiene che l'opera di Aristarco, se con molte imprecisioni, sia un punto di riferimento dell'astronomia classica
C. Matteo ha regalato al babbo una nuova serie di cacciaviti che userà per le piccole riparazioni
D. Vollero provare a pattinare, ma caddero subitamente
E. La malattia della nonna iniziò con improvvisi e frequenti capigiri

8) Completare correttamente la seguente frase con una congiunzione coordinativa. "Va bene in tutto, ... in latino".

A. Mai
B. Purché
C. Anche
D. Affatto
E. Sempre

9) Completare la frase seguente utilizzando, se possibile, il comparativo organico dell'aggettivo. "Quella persona, rispetto a tante altre, è ...".

A. Più buona
B. Migliore
C. Il più maggiore
D. Il più meglio
E. Il massimo

10) Completare la frase seguente con il superlativo assoluto organico dell'aggettivo. "I viticoltori sono molto soddisfatti: la vendemmia quest'anno è stata...".

A. Ottima
B. Migliore
C. Più migliore
D. Buona
E. Notevole

11) Completare la seguente frase con un aggettivo indefinito: "Ti chiedo... libri".

A. Interessanti
B. Questi
C. Alcuni
D. Codesti
E. Quei

12) Individuare fra le seguenti alternative il *nome collettivo*.

A. Campagna
B. Fulmine
C. Stormo
D. Acqua
E. Suono

13) Individuare quale fra le seguenti alternative NON è un accrescitivo.

A. Bonaccione
B. Torrone
C. Portone
D. Muraglione
E. Cordone

14) La frase "Giovanni è tanto affezionato quanto te" contiene un:

A. comparativo di maggioranza
B. comparativo di uguaglianza
C. accrescitivo
D. superlativo relativo
E. superlativo assoluto

15) Qual è il superlativo relativo dell'aggettivo *caldo*?

A. Più caldo
B. Caldissimo
C. Il più caldo
D. Molto caldo
E. Bollente

16) Quale tra i seguenti pronomi indefiniti NON può mai essere usato come aggettivo?

A. Nessuno
B. Alquanto
C. Qualcuno
D. Parecchio
E. Altrettanto

17) Quale fra le seguenti alternative è un *nome difettivo*?

A. Nozze
B. Matrimonio
C. Consorte
D. Cerimonia
E. Sposa

18) Individuare il grado di alterazione dell'aggettivo *magrolino*.

A. Comparativo
B. Peggiorativo
C. Diminutivo
D. Accrescitivo
E. Superlativo

19) Tra le alternative proposte, individuare quella composta da due aggettivi.

A. Lungomare
B. Grigioverde
C. Bassorilievo
D. Terremoto
E. Sottobanco

20) Individuare, tra i seguenti sostantivi, quello NON composto.

A. Cantautore
B. Ottentotto
C. Tirapiedi
D. Paravento
E. Poggiapiedi

21) Il comparativo di maggioranza di *basso* è:

A. assai basso
B. inferiore
C. il più basso
D. infimo
E. imo

22) Il termine *marinaio* è:

A. un sostantivo composto
B. un sostantivo derivato
C. un sostantivo dispregiativo
D. un sostantivo alterato
E. un sostantivo difettivo

23) Individuare quale, tra le frasi che seguono, contiene un verbo usato transitivamente.

A. La pioggia colpisce i vetri
B. Ci stabilimmo in una casetta vicino al mare
C. Carola e Marta sono andate in vacanza in Austria
D. Mi vergognai moltissimo per quello sgarbo
E. Laura si lava le mani

24) Si consideri la seguente domanda: "Chi ha telefonato?". La parola *chi* si definisce:

A. una congiunzione
B. una preposizione
C. un pronome interrogativo
D. un articolo determinativo
E. un sostantivo

25) Indicare, tra le frasi che seguono, quella in cui è presente un avverbio di dubbio.

A. Durante l'estate mi sono allenato molto
B. Probabilmente domani pioverà
C. Mangerei volentieri un gelato
D. Il corteo procedeva lentamente
E. Come è buffo questo disegno

26) Quale tipologia di aggettivi non è presente nella seguente frase: "sulle loro povere facce, ingenue e miti, si aprivano quei meravigliosi occhi azzurri, dolci e calmi"?

A. Qualificativi
B. Dimostrativi
C. Possessivi
D. Indefiniti
E. Determinativi

27) La formazione del plurale di un aggettivo deve tenere conto di diversi fattori, ad esempio la presenza in una frase di sostantivi e aggettivi con esso concordati. Quale delle seguenti opzioni è corretta?

A. Nessuna delle risposte proposte è corretta
B. Ho una giacca e una camicia bianchi
C. Ho una giacca e una camicia bianche
D. Ho una giacca e una camicia bianca
E. Tutte le opzioni proposte sono corrette

28) Tra le voci verbali che seguono, quale è coniugata correttamente al modo indicativo, tempo passato prossimo, seconda persona plurale?

A. Che tu sia tornato
B. Suoneremmo
C. Avete dormito
D. Vedrai
E. Sveglia!

29) Relativamente al valore d'uso dei tempi verbali, si può affermare che il futuro anteriore esprime:

A. un evento che accadrà in un futuro lontanissimo
B. un evento che deve ancora concludersi nel futuro
C. un evento che accadrà nel futuro, che sarà già compiuto prima che se ne realizzi un altro
D. un evento che accadrà a lungo nel futuro
E. un evento che probabilmente non accadrà

30) Fra le seguenti frasi individuare quella che contiene un predicato nominale:

A. la zia è arrivata ieri da Roma
B. fantasticare è sognare a occhi aperti
C. il presidente è in Senato
D. la mamma è entrata ora in casa
E. il sindaco è al Comune

31) Relativamente al valore d'uso dei modi e dei tempi verbali, si può affermare che l'infinito passato, rispetto al tempo della proposizione principale, indica:

A. un rapporto di anteriorità
B. un rapporto di posteriorità
C. un rapporto di contemporaneità
D. un valore sostantivato
E. un rapporto d'appartenenza

32) Relativamente al valore d'uso dei tempi verbali, si può affermare che il passato remoto indica:

A. un'azione che accadeva abitualmente nel passato
B. la durata di un'azione passata
C. qualcosa iniziato, avvenuto e terminato nel passato
D. un'azione compiuta in un periodo di tempo non ancora concluso
E. un'azione iniziata nel passato e conclusa nel presente

33) Relativamente al valore d'uso dei modi e dei tempi verbali, si può affermare che i verbi copulativi:

A. devono essere accompagnati da un complemento oggetto
B. devono essere accompagnati da un aggettivo o da un sostantivo
C. sono sempre accompagnati da un soggetto esplicito
D. anche da soli hanno sempre senso compiuto
E. sono a volte accompagnati da un soggetto

34) Tra le seguenti frasi, individuare quella che trasforma il seguente periodo ipotetico della possibilità in periodo ipo-

tetico della realtà: "Se finissi di leggere, ti restituirei il libro".

A. Se finisco di leggere, ti restituisco il libro
B. Se avessi finito di leggere, ti avrei restituito il libro
C. Se finirò di leggere, ti restituirei il libro
D. Se finissi di leggere, ti restituirò il libro
E. Se avessi finito di leggere, ti restituirò il libro

35) Il termine *davvero* è:

A. una locuzione avverbiale
B. un avverbio di quantità
C. un avverbio di modo
D. un avverbio di affermazione
E. una locuzione di tempo

36) Il termine *passeggiata* è un sostantivo:

A. primitivo
B. derivato
C. promiscuo
D. alterato
E. relativo

37) Nell'espressione "tutti sanno" che funzione grammaticale svolge il termine *tutti*?

A. Aggettivo dimostrativo
B. Pronome indefinito
C. Pronome dimostrativo
D. Aggettivo indefinito
E. Aggettivo interrogativo

38) Si completi con un avverbio di modo la seguente frase: "Il gatto si sdraia … sul divano".

A. Con pigrizia
B. Comodamente
C. Morbido
D. Sempre
E. Leggiadro

39) "Ho visto con questi miei occhi tua sorella che usciva con l'ombrello, con apparente tranquillità". Indicare l'alternativa che riporta tutti e nel giusto ordine i complementi introdotti dalla preposizione *con* nella frase precedente.

A. Mezzo, unione, modo
B. Unione, compagnia, mezzo
C. Modo, mezzo, modo
D. Mezzo, modo, mezzo
E. Compagnia, mezzo, modo

40) Nella frase "Per il mio compleanno Dario mi ha regalato un libro di poesie di Nazim Hikmet", *di Nazim Hikmet* è un complemento:

A. d'agente
B. di limitazione
C. di specificazione
D. di argomento
E. di causa efficiente

41) Nella frase: "L'amica di tua sorella è una persona straordinaria dal carattere dolce", *dal carattere dolce* è un complemento di:

A. modo
B. specificazione
C. qualità
D. quantità
E. termine

42) Individua nella frase seguente il complemento di tempo: "L'inverno scorso, a memoria degli anziani, è stato il più rigido che abbiamo patito negli ultimi sessant'anni".

A. A memoria
B. Il più rigido
C. Negli ultimi sessant'anni
D. Degli anziani
E. Abbiamo patito

43) Nella frase "Maggio è il mese che preferisco per viaggiare in Grecia: il caldo e l'afa si fanno sentire solo per poche ore!", il complemento di tempo è:

A. maggio
B. per poche ore
C. il mese
D. in Grecia
E. il caldo e l'afa

44) Nella frase "I soldati romani combatterono coraggiosamente per la conquista di nuove terre per l'impero", *per la conquista* è un complemento di:

A. scopo
B. causa
C. termine
D. mezzo
E. moto

45) Individuare il complemento di stato in luogo nella frase seguente: "Oggi rimarrò in casa tutto il giorno, in città verrò domani".

A. in città
B. tutto il giorno
C. in casa
D. domani
E. oggi

46) Nella frase "Me lo mangio in un boccone" la parola *lo* è:

A. articolo
B. complemento oggetto
C. predicato verbale
D. soggetto
E. congiunzione

47) Quale proposizione subordinata contiene la frase "Lucia esce mentre dovrebbe restare a casa a studiare"?

A. Temporale
B. Finale
C. Concessiva
D. Condizionale
E. Avversativa

48) Qual è la proposizione concessiva nella frase "Sono certo che non mi abbia ascoltato sebbene io abbia ragione quando insisto tanto"?

A. Sono certo
B. Che non mi abbia ascoltato
C. Sebbene io abbia ragione
D. Quando insisto tanto
E. Che non mi

49) Qual è la proposizione principale nella frase "Mario sa che è troppo tardi per chiedere scusa perché Marcella è arrabbiata"?

A. Mario sa
B. Che è troppo tardi
C. Per chiedere scusa
D. Perché Marcella è arrabbiata
E. Tardi per chiedere

50) Quale proposizione subordinata si trova nella frase "Il bambino è così timido da rimanere troppo spesso in silenzio"?

A. Proposizione consecutiva
B. Proposizione condizionale
C. Proposizione modale indiretta
D. Proposizione causale
E. Proposizione finale

51) Qual è il soggetto della frase "Anche se è necessario mentire è sempre una brutta cosa perché è disonesto"?

A. Anche se è necessario
B. Mentire
C. È sempre una brutta cosa
D. Perché è disonesto
E. Necessario

52) Qual è il vocativo nella frase "Senti, cara Silvia, devi dirmi perché hai insultato Lucio"?

A. Senti
B. Cara Silvia
C. Devi dirmi
D. Perché hai insultato Lucio
E. Lucio

53) Qual è il soggetto della frase "Confessare è sempre un gesto lodevole perché è onesto"?

A. È sempre un gesto lodevole
B. Perché è onesto
C. È sempre
D. Confessare
E. Un gesto lodevole

54) Quale proposizione subordinata contiene la frase "Anche se mi odia non lo condanno"?

A. Causale
B. Oggettiva
C. Condizionale
D. Concessiva
E. Temporale

55) Qual è l'inciso nella frase "Ti confesso di aver scoperto la verità Marta, mia cara, quando sono tornata"?

A. Ti confesso
B. Di aver scoperto la verità
C. Mia cara
D. Quando sono tornata
E. Marta

56) "Le cronache ci riferiscono che la partita, giocata a porte chiuse, si è svolta regolarmente e senza aver bisogno di una sorveglianza particolare". Qual è, in questo periodo, la subordinata relativa?

A. E senza aver bisogno
B. Che la partita si è svolta regolarmente
C. Giocata a porte chiuse
D. Le cronache ci riferiscono
E. Di una sorveglianza particolare

57) Quale delle alternative proposte è una subordinata strumentale che completa correttamente la seguente proposizione? "Andrai dalla nonna...".

A. Perché devi lasciarle il regalo
B. Così da farle un po' di compagnia
C. Usando il tram?
D. Correndo come al solito?
E. Perché devi chiederle scusa

58) Quale delle seguenti frasi contiene un complemento di mezzo o strumento?

A. Usciva sempre con l'ombrello
B. Lo raggirò con scuse subdole
C. Col tempaccio di oggi resto in casa
D. Il caffè con il latte non mi piace
E. L'ho visto correre felice per i campi

59) Quale delle seguenti frasi contiene una proposizione oggettiva?

A. Esci prima che sia troppo tardi!
B. Va'! E che Dio ti protegga!
C. Pretendo di sapere dove è mia figlia!
D. Man mano che parlava capivamo
E. Vieni a sentire cosa racconta Tina

60) Quale delle frasi seguenti contiene una proposizione dichiarativa?

A. In ciò l'uomo si distingue dalle bestie, che ha l'uso della ragione
B. Di lui mi colpì tutto: l'intelligenza, l'umanità, la creatività, l'umiltà
C. Mi disturba molto sapere che ti ha confessato il nostro segreto
D. Non desidero altro che morire velocemente
E. Ti sei preparato per l'esame?

61) Nel periodo "Andava ad una velocità tale che gli fu impossibile evitare

l'ostacolo", la proposizione "*che gli fu impossibile*" è:

A. una finale
B. una temporale
C. una causale
D. una consecutiva
E. una relativa

1.2 • Uso dei verbi

62) Quale frase contiene un verbo riflessivo?

A. Quando si rese conto dell'accaduto era troppo tardi
B. L'imputato si accusò davanti alla giuria
C. La tela si strappò e il quadro fu danneggiato
D. Si dice che "l'erba del vicino è sempre più verde"
E. La cascina è stata abbattuta

63) Quale frase contiene un verbo al passivo?

A. È stato denunciato un crimine efferato
B. È stato lui ad accusarmi
C. È stato facile scoprire la verità
D. È chiaro che Massimo è innocente
E. Il lago era scuro

64) Quale frase contiene un verbo in forma riflessiva apparente?

A. Si cospargeva il corpo di unguenti profumati
B. Il gatto si leccava accuratamente per ripulirsi
C. Si graffiava con le unghie per la rabbia
D. Si deturpava truccandosi in modo vistoso e pesante
E. Si appoggiò al muro

65) Individuare quale, tra le seguenti voci verbali, è un condizionale presente attivo.

A. Sciogliesti
B. Discutesti
C. Raddrizzeresti
D. Indulgesti
E. Comprasti

66) Individuare quale fra le seguenti forme verbali è un trapassato prossimo.

A. Si arrese
B. Si è arresa
C. Si era arresa
D. Si fu arresa
E. Si arrenderà

67) Individuare tra le seguenti forme verbali il congiuntivo passato passivo del verbo *prendere*:

A. siate stati presi
B. foste stati presi
C. sareste stati presi
D. siate presi
E. sarete presi

68) Indicare, tra le seguenti alternative, qual è un participio passato.

A. Cognato
B. Commento
C. Asciutto
D. Distrutto
E. Selciato

69) Individuare quale fra le seguenti forme verbali è al modo imperativo.

A. Fai
B. Facciate
C. Fanno
D. Facendo
E. Fatto

70) Individuare, fra le seguenti alternative, il participio presente.

A. Eloquenti
B. Galante
C. Perdenti

D. Guanti
E. Fanti

71) La corrispondente forma attiva di *saranno incoronati* è:

A. incoronano
B. incoroneranno
C. hanno incoronato
D. avranno incoronato
E. sono incoronati

72) La prima persona plurale del congiuntivo presente del verbo *essere* è:

A. saremo
B. siano
C. saremmo
D. siamo
E. fossimo stati

73) Quale frase contiene un verbo impersonale?

A. Certi accadimenti mi sconcertano per la loro violenza incontenibile
B. Nei momenti di bisogno si rivolge sempre ai suoi amici più cari
C. Accadde che il cane non lo riconobbe e lo azzannò
D. Certe necessità sono difficili da soddisfare
E. Non conviene inimicarsi i vicini di casa

74) Individuare fra le seguenti alternative il verbo intransitivo.

A. Abolire
B. Affidare
C. Abbacinare
D. Abbisognare
E. Lodare

75) Indicare, tra le seguenti voci verbali, il futuro anteriore.

A. Avrai demolito
B. Avresti demolito
C. Hai demolito
D. Avevi demolito
E. Demolisti

76) Individuare fra le seguenti alternative il verbo transitivo.

A. Crepitare
B. Saltellare
C. Rompere
D. Singhiozzare
E. Squittire

77) Quale frase contiene il modo verbale errato rispetto al contesto?

A. Per quanto possa sforzarmi non ce la farò mai
B. Se reagivi in modo diverso avresti risolto il problema
C. Se fossi sincera mi diresti la verità
D. Non so chi sia stato a fare questo scempio
E. Chi pensi sia stato a fare questo imbroglio?

78) Quale frase contiene l'ausiliare errato?

A. Non mi sono voluto adeguare alla loro decisione
B. Non ho potuto arrampicarmi sulla cima dell'albero
C. Non ho voluto adeguarmi alla loro decisione
D. La notizia è stata edulcorata dalla stampa
E. Se non mi avessi avvisata sarebbe stato un guaio

79) Quale frase contiene un verbo al passivo?

A. Quelli furono momenti davvero drammatici
B. Quando furono sicuri del disastro intervennero subito
C. I naufraghi furono avvistati dai soccorritori

D. I giorni che seguirono furono difficili
E. Non è stato facile farla ragionare

80) Quale frase contiene l'ausiliare errato?

A. Ho fatto tardi e non ho potuto passare da te
B. Se avesse potuto avvisarmi avrei cercato di aiutarla
C. Anche se è piovuto a dirotto non ci sono pozzanghere
D. Ha proprio declinato l'invito di sua sorella?
E. Non hanno potuto avere accesso alle scale

81) Individuare fra le seguenti alternative quale è un participio passato.

A. Affricato
B. Gelato
C. Minuto
D. Gelido
E. Afflato

82) Quale, tra i seguenti termini, NON è un verbo?

A. Promano
B. Dipano
C. Allontano
D. Caimano
E. Accomuno

1.3 • Ortografia

83) Quale frase contiene un errore di punteggiatura?

A. Gli intimò: "Fermati!".
B. Gli suggerì, di fermarsi
C. Gli disse di fermarsi.
D. Gli sussurrò: "Perché non ti fermi?".
E. Gli implorò: "Ti prego, fermati"

84) Quale frase contiene un errore ortografico?

A. Nella scansia trovarono l'arma del delitto
B. La rimproverava con fare irritante e insopportabile
C. Lalla lo stava lodando con fare cansonatorio
D. La conferenza illustrava scoperte inedite e originali
E. Bisogna riordinare la stanza

85) Quale frase contiene un errore di punteggiatura?

A. Ecco, ecco, che cosa mi nascondeva quel malvagio
B. Ecco qui: ti ho portato ciò che volevi
C. Ecco tutta la verità; non ho altro da aggiungere
D. Senti, stavolta mi hai davvero seccata!
E. Non ci posso credere … sei proprio tu!

86) Quale frase contiene un errore ortografico?

A. Rita è proprio una ragazza combattiva e volitiva
B. Tuo fratello Raffaele è proprio un reietto
C. Con il latte caiato si produce un tipo di formaggio
D. Lo imbavagliarono e lo lasciarono legato nel garage
E. Marianna e Raffaele sono gemelli omozigoti

87) Qual è l'esatta divisione in sillabe di *deflagrazione*?

A. De-flag-ra-zi-o-ne
B. De-fla-gra-zi-o-ne
C. De-flag-ra-zio-ne
D. De-fla-gra-zio-ne
E. Def-lag-razio-ne

88) Quale frase contiene un errore di punteggiatura?

A. Ascolta; tu passa da me e le telefoneremo insieme
B. Dopo la lite se ne andò; solo più tardi ne riparlammo
C. Ho appreso la notizia: è stata una sciagura tremenda
D. Se non ti amassi, sai, me ne sarei già andato
E. Perché mi parli così? Cosa ti ho fatto?

89) Quale frase contiene un errore di punteggiatura?

A. Se proprio insisti, mi fermo a cena da te stasera
B. Se ne sei certo, ma proprio certo, allora ti credo
C. Ora, sono proprio stanco; lasciami stare
D. Vuoi che ti segua ora? A quest'ora della notte?
E. Vogliamo uscire stasera? Dai, ti aspetto

90) Qual è l'esatta divisione in sillabe di *transizione*?

A. Tran-si-zio-ne
B. Tran-si-zi-o-ne
C. Tran-siz-i-one
D. Trans-i-zio-ne
E. Tra-nsi-zi-o-ne

91) Quale frase contiene un errore di punteggiatura?

A. Ero certo, Marisa, che stavi mentendo
B. Lo sapevo, Carlo: non posso mai fidarmi di te
C. Sapevo, Gilda; che mi avresti telefonato
D. Confessa! Chi ha sottratto il denaro dalla cassa?!
E. Non avevo dubbi sulla tua onestà, credimi

92) Quale frase contiene un errore ortografico?

A. Gli agglomerati urbani sono orrendi
B. La negoziazione andò per le lunghe
C. Dovette pagare una franchigia salata
D. Ha seri problemi di degglutizione
E. Il traffico urbano è snervante

93) Quale frase contiene un errore di punteggiatura?

A. Ciao. Mi Chiamo Laura. E tu come ti chiami?
B. Se ne andò. Anni dopo lo rincontrai: mi parve invecchiato
C. Incredibile! Non posso credere alle mie orecchie!
D. Dai, dai che ce la fai!
E. Il film in programmazione non è adatto ai bambini, mi spiace

94) Qual è l'esatta divisione in sillabe di *superstizioso*?

A. Su-per-sti-zio-so
B. Su-per-sti-zi-o-so
C. Su-pers-ti-zio-so
D. Su-pers-ti-zi-o-so
E. Supers-ti-zi-oso

95) Quale frase contiene un errore ortografico?

A. I tuoi ragionamenti capziosi mi disturbano
B. Il suo atteggiamento coercittivo mi spaventa
C. Le sue ragioni sono inoppugnabili e finirà per avere la meglio
D. La sua gloria imperitura segnerà il trionfo della giustizia sul male
E. Il notebook rosa che hai acquistato è davvero carino

96) Quale frase contiene un errore di punteggiatura?

A. Voglio sapere, adesso, dove sei stato

B. Sai dirmi l'ora, per favore?
C. Sai dirmi, con certezza, dove si trova?
D. Voglio, sapere adesso, dove sei stato
E. Buongiorno! Vorrei sapere, per piacere, il prezzo del cappotto in vetrina

97) Quale dei seguenti termini NON è scritto correttamente?

A. Giaggiolo
B. Liliacee
C. Efferratezza
D. Impiastro
E. Intermittenza

98) Quale frase contiene un errore ortografico?

A. Hanno rivocato lo spirito di un morto
B. Le spese sono state ridimensionate
C. La ricchezza va ridistribuita
D. Le tue rimostranze mi seccano molto
E. Questa stanza è stata messa a soqquadro

99) Quale frase contiene un errore di punteggiatura?

A. Eppure l'ho visto, ne sono convinta!
B. Basta! Devi finirla con queste storie!
C. Era esasperata. Così decise di andarsene
D. Mi disse. "Arrangiati!"
E. Ed io le risposi: non preoccuparti, è tutto a posto

100) Quale frase contiene un errore di punteggiatura?

A. Ne sono proprio convinto: è così, davvero
B. Tra poco, tra qualche giorno, vedrò mia madre
C. Davvero, sei andato a cena con lui, ieri sera?
D. Se vuoi, ma solo se vuoi, puoi fermarti da me
E. Ero stanca, proprio tanto stanca

RISPOSTE CORRETTE

1) A	21) B	41) C	61) D	81) B
2) C	22) B	42) C	62) B	82) D
3) B	23) A	43) B	63) A	83) B
4) A	24) C	44) A	64) A	84) C
5) C	25) B	45) C	65) C	85) A
6) D	26) D	46) B	66) C	86) C
7) C	27) C	47) E	67) A	87) D
8) C	28) C	48) C	68) D	88) A
9) B	29) C	49) A	69) A	89) C
10) A	30) B	50) A	70) C	90) A
11) C	31) A	51) B	71) B	91) C
12) C	32) C	52) B	72) D	92) D
13) B	33) B	53) D	73) C	93) A
14) B	34) A	54) D	74) D	94) A
15) C	35) D	55) C	75) A	95) B
16) C	36) B	56) C	76) C	96) D
17) A	37) B	57) C	77) B	97) C
18) C	38) B	58) B	78) B	98) A
19) B	39) A	59) C	79) C	99) D
20) B	40) C	60) A	80) A	100) C

CAPITOLO 2
Letteratura

2.1 • Letteratura antica (dalle origini al Cinquecento)

1) In quale canto della *Divina Commedia* si incontrano Paolo Malatesta e Francesca da Rimini?

A. Nel canto V del Purgatorio
B. Nel canto V del Paradiso
C. Nel canto V dell'Inferno
D. Nel canto X dell'Inferno
E. Nel canto VI dell'Inferno

2) In quale lingua è espressa la lirica d'amore dei Trovatori?

A. In lingua d'oil
B. In lingua d'oc
C. In volgare
D. In italiano
E. In dialetto

3) Fra i primissimi documenti in lingua volgare se ne trova uno molto particolare; di quale si tratta?

A. L'indovinello veronese
B. Il Cantico di Frate Sole
C. La disputa della rosa e della viola
D. Donna de Paradiso
E. La Divina Commedia

4) Quale fra queste è un'opera di San Francesco d'Assisi

A. Gentil donzella, di pregio nomata
B. Meravigliosamente Dolente, triste e pien di smarrimento
C. Gioiosamente canto
D. Donna de Paradiso
E. Il Cantico di Frate Sole

5) Chi è il poeta di *Al cor gentil rempaira sempre amore*?

A. Guido Cavalcanti
B. Guido Guinizzelli
C. Dante Alighieri
D. Lapo Gianni
E. Francesco Petrarca

6) La corte di Federico II di Svevia fu culla di un'importante scuola letteraria; quale?

A. La scuola barocca
B. La scuola toscana
C. La scuola siciliana
D. La scuola stilnovista
E. La scuola fiorentina

7) In che opera Dante usa la terzina di endecasillabi a rima incatenata?

A. Nelle Rime
B. Nel De vulgari eloquentia
C. Nella Monarchia
D. Nella Divina Commedia
E. Nel Convivio

8) Quale fra le seguenti è una ballata di Guido Cavalcanti?

A. S'i fosse foco, arderei 'l mondo
B. Al cor gentil rempaira sempre amore
C. Perch'i' no spero di tornar giammai
D. Donne ch'avete intelletto d'amore
E. Amore, che ne la mente mi ragiona

9) Di quanti libri consta il *De vulgari eloquentia*?

A. Sarebbe dovuto essere di quattro libri, ma Dante scrisse solo il primo e parte del secondo
B. Di quattro libri
C. Di due libri
D. Di tre libri
E. Di cinque libri

10) In quanti cerchi è suddiviso l'Inferno dantesco?

A. In trentatré cerchi
B. In nove cerchi
C. In trentaquattro
D. In diociotto cerchi
E. In dieci cerchi

11) Per Machiavelli che cosa l'uomo può opporre alla fortuna?

A. La costanza
B. La fede
C. La virtù
D. Non può opporre nulla
E. L'amore

12) Quale tra queste è una novella del *Decameron*?

A. Lisabetta da Messina
B. Le ninfe
C. La caccia e l'insidia di Cupido
D. La predica delle Profezie
E. Il Filostrato

13) Dove nacque Torquato Tasso?

A. A Parma
B. A Napoli
C. A Ferrara
D. A Bologna
E. A Sorrento

14) La corte estense a quale poeta è legata?

A. A Angelo Poliziano
B. A Torquato Tasso
C. A Pietro Bembo
D. A Pico della Mirandola
E. A Carlo Goldoni

15) La *Gerusalemme liberata* si svolge:

A. durante la caduta dell'impero romano d'oriente
B. durante la seconda crociata
C. durante la caduta dell'impero romano d'occidente
D. durante la prima crociata
E. durante la prima guerra punica

16) Il nome di Pietro Bembo è legato:

A. al Dolce stil novo
B. al Romanticismo
C. al Petrarchismo
D. alla corte Estense
E. al Verismo

17) Francesco Guicciardini scrisse:

A. Dei Delitti e delle pene
B. I Discorsi sopra la prima deca di Tito Livio
C. L'Arte della Guerra
D. La Storia d'Italia
E. Il Canzoniere

18) A quale opera si riallaccia *L'Orlando furioso*?

A. Alla Gerusalemme liberata di Torquato Tasso
B. All'Orlando innamorato del Boiardo
C. All'Aminta di Torquato Tasso
D. Al Principe di Niccolò Machiavelli
E. Al Decameron di Boccaccio

19) Che cosa ha scritto Michelangelo Buonarroti?

A. Il Diario
B. Le Rime
C. Le Vite d'artisti
D. L'Estetica
E. I Masnadieri

20) I *Discorsi sopra la prima deca di Tito Livio* di Machiavelli riguardano:

A. il problema della dittatura
B. la costituzione dello Stato
C. il rovesciamento del potere costituito
D. lo Stato come istituzione
E. il ritorno allo status quo ante

21) Qual è la maggiore raccolta italiana di novelle dopo il *Decameron*?

A. Novelle per un anno di Luigi Pirandello
B. Le novelle di Giovanni Verga
C. Le novelle di Gabriele D'Annunzio
D. Quattro libri delle novelle di Matteo Maria Boiardo
E. I fioretti di San Francesco d'Assisi

22) Chi ha scritto il *Convivio*?

A. Bembo
B. Boccaccio
C. Dante
D. Petrarca
E. Castiglione

23) La *Mandragola* di Machiavelli è:

A. un trattato d'erboristeria
B. un dramma
C. una tragedia
D. una commedia
E. una novella

24) Quanti sono i protagonisti del *Decameron* di Boccaccio?

A. 10 (7 donne e 3 uomini)
B. 7 (3 donne e 4 uomini)
C. 10 (5 donne e 5 uomini)
D. 6 (4 donne e 2 uomini)
E. 10 (3 donne e 7 uomini)

25) Il sonetto di Dante *Guido i vorrei/che tu Lapo ed io* a quale Guido si riferisce?

A. Guido Malatesta
B. Guido Guinizzelli
C. Guido Gozzano
D. Nessuno tra quelli citati
E. Guido Cavalcanti

26) Chi viene preso come modello di Principe nell'opera di Machiavelli?

A. Cesare Borgia
B. Lorenzo de' Medici
C. Giuliano de' Medici
D. Federico II di Svevia
E. Cesare Beccaria

27) Di chi sono i versi "Rosa fresca aulentissima (...)"?

A. Cielo d'Alcamo
B. Giacomo Leopardi
C. Gaspara Stampa
D. Giovanni Boccaccio
E. Francesco Petrarca

28) Quale poema mitologico di Poliziano è considerato la prima opera teatrale in volgare di un argomento pagano?

A. Favola d'Orfeo
B. Orlando innamorato
C. Nencia da Barberino
D. Orazia
E. Alla lucciola

29) Quale fra le seguenti opere di Tommaso d'Aquino è considerata tra le più intense della filosofia medievale?

A. Itinerarium mentis in Deum
B. Summa Theologiae
C. Chronicon
D. Pange Lingua
E. Nessuna delle altre

30) La Maga Circe è:

A. un personaggio dell'Eneide
B. un personaggio dell'Iliade
C. un personaggio dell'Odissea
D. un personaggio dell'Orlando Furioso
E. una celebre cartomante televisiva

31) Nelle *Stanze per la giostra* di Poliziano cosa significa la parola "stanza"?

A. Discorso in versi
B. Endecasillabo
C. Sonetto
D. Canzone
E. Strofa

32) Quale delle seguenti opere di Francesco Petrarca NON è in latino?

A. L'Africa
B. I Trionfi
C. Il Secretum
D. Le epistole
E. De viris illustribus

33) A quale genere letterario appartiene l'*Orlando Furioso*?

A. Romanzo
B. Poema cavalleresco
C. Dramma pastorale
D. Tragedia
E. Commedia dell'arte

34) Chi ha scritto le *Considerazioni sui discorsi del Machiavelli*?

A. Giovanni Boccaccio
B. Giovanni della Casa
C. Francesco Guicciardini
D. Ludovico Ariosto
E. Angelo Poliziano

35) Chi è il guardiano del Purgatorio dantesco?

A. Giuda Iscariota
B. Catone Uticense
C. Mercurio
D. Diomede
E. Il Minotauro

36) In quale canto della *Divina Commedia* Dante conia il termine "dolce stil novo"?

A. XIV del Purgatorio
B. XXXIII del Purgatorio
C. XXIV del Purgatorio
D. III del Paradiso
E. V dell'Inferno

37) Chi è l'autore de *Gli Asolani*?

A. Guicciardini
B. Ariosto
C. Bembo
D. Pretarca
E. Machiavelli

2.2 • Letteratura moderna

38) Chi fu il massimo esponente del Barocco letterario italiano?

A. Galileo Galilei
B. Giambattista Marino
C. Torquato Tasso
D. Ludovico Ariosto
E. Guido Cavalcanti

39) Nel 1816 scoppia in Italia una polemica letteraria; quale?

A. La polemica classico-illuminista
B. La polemica illuminista
C. La polemica classicista
D. La polemica classico-romantica
E. La polemica tardo-barocca

40) A chi sono indirizzate le lettere di Jacopo Ortis?

A. A Ugo Foscolo
B. A Teresa
C. A Lorenzo Alderani
D. A Napoleone
E. Al giovane Werther

41) Quale fu il motivo che portò alla stesura dei *Sepolcri* di Foscolo?

A. L'emanazione dell'editto di Nantes
B. L'emanazione dell'editto di Saint-Cloud
C. La morte di Napoleone
D. La morte dell'amica Luigia Pallavicini

E. La soppressione della cattedra di cui era titolare su ordine di Napoleone

42) Chi ha scritto la *Bassvilliana*?

A. Pietro Metastasio
B. Ugo Foscolo
C. Vittorio Alfieri
D. Vincenzo Monti
E. Alessandro Manzoni

43) Una fra le seguenti non è una tragedia di Vittorio Alfieri; quale?

A. Saul
B. Mirra
C. Prometeo
D. Antigone
E. Caio Gracco

44) Che cos'è il *Giorno* di Giuseppe Parini?

A. Un poema allegorico
B. Un poema satirico
C. Una tragedia
D. Una commedia sullo stile di Goldoni
E. Un dramma

45) Gaetano Filangieri fu:

A. uno scapigliato
B. un romantico
C. un classicista
D. un illuminista
E. un verista

46) Quale giornale aveva come scopo la diffusione dell'utile e la guerra ai pregiudizi?

A. Il Caffè
B. Lacerba
C. Il Politecnico
D. Il Regno
E. L'Osservatore veneto

47) Solo una fra le seguenti opere è di Carlo Goldoni; quale?

A. Mirra
B. Mandragola
C. Giorno
D. Bottega del caffè
E. Gerolamo Medebach

48) Quando fu l'epoca dei "lumi"?

A. Verso la metà dell'Ottocento
B. All'inizio del Settecento
C. Verso la metà del Settecento
D. All'inizio del Novecento
E. All'inizio dell'Ottocento

49) Quale fu il maggiore poeta dell'Arcadia?

A. Giambattista Felice Zappi
B. Pietro Metastasio
C. Giambattista Vico
D. Francesco Redi
E. Gian Vincenzo Gravina

50) Quale fra le seguenti opere non è di Pietro Metastasio?

A. Semiramide
B. Didone abbandonata
C. Mandragola
D. Catone in Utica
E. Artaserse

51) Qual è il tema della poesia del Marino?

A. La meraviglia
B. La paura
C. L'educazione
D. La morale
E. La religione

52) Che cosa ha scritto Alessandro Tassoni?

A. La secchia rapita
B. Didone abbandonata
C. Marzo 1821
D. Saul
E. Semiramide riconosciuta

53) Chi ha riformato il melodramma?

A. Pirandello
B. Metastasio
C. Brecht
D. Alfieri
E. Goldoni

54) Tommaso Campanella è autore di:

A. La Scienza nuova
B. Dialogo sopra i due Massimi Sistemi del Mondo
C. Le Confessioni
D. La città del sole
E. De rerum natura iuxta propria principia

55) "Questo matrimonio non s'ha da fare...": chi pronuncia questa famosa frase?

A. L'Innominato
B. Uno dei bravi di Don Rodrigo
C. Don Rodrigo
D. Don Abbondio
E. Fra' Cristoforo

56) Di quale genere letterario *I promessi sposi* sono il più celebre esempio italiano?

A. Romanzo d'appendice
B. Romanzo storico
C. Romanzo gotico
D. Romanzo d'avventura
E. Romanzo d'amore

57) Il personaggio della Monaca di Monza nel celebre romanzo di Alessandro Manzoni è realmente esistito?

A. Sì, si tratta di Marianna De Leyva, religiosa italiana e protagonista di uno scandalo che sconvolse Monza
B. No, è un personaggio inventato dal Manzoni
C. Sì, Manzoni trae fedelmente l'identità della Monaca di Monza dalla storia dell'epoca
D. Sì, si tratta di una giovane donna spagnola che scelse di ritirarsi in monastero a Monza
E. Sì, si tratta di una ragazza costretta alla prostituzione da un potente barone; per sfuggirvi si nascose in un convento di Monza

58) Chi è l'autore de *Dei delitti e delle pene*?

A. Alessandro Manzoni
B. Cesare Beccaria
C. Carlo Imbonati
D. Giuseppe Parini
E. Alessandro Verri

59) A quale sonetto appartengono i versi "Né mai più toccherò le sacre sponde ove il mio corpo fanciulletto giacque, (...)"?

A. Alla sera
B. Il sabato del villaggio
C. All'Italia
D. A Zacinto
E. Il cinque maggio

60) Chi è la protagonista de *La locandiera* di Carlo Goldoni?

A. Colombina
B. La Pisana
C. Lucia
D. Mirandolina
E. Proserpina

61) Quale fra questi aggettivi è il più appropriato a descrivere la filosofia di Tommaso Campanella?

A. Empirista
B. Razionalista
C. Sensista
D. Idealista
E. Romantico

62) Chi è l'autore del *Dialogo sopra i due massimi sistemi del mondo tolemaico e copernicano*?

A. Cartesio
B. Giambattista Vico
C. Galileo Galilei
D. Leonardo da Vinci
E. Marco Polo

63) Quali sono le *tre tragedie della libertà* scritte da Vittorio Alfieri?

A. Filippo – Antigone – Polinice
B. L'uno – I pochi – I troppi
C. La congiura de' pazzi – Virginia – Timoleone
D. Merope – Saul – Mirra
E. Nessuna delle risposte è corretta

64) In quale delle seguenti opere Vittorio Alfieri, studiando i limiti che i regimi tirannici pongono all'esplicazione della personalità, giunge a giustificare il tirannicidio?

A. Della virtù sconosciuta
B. L'antidoto
C. Il divorzio
D. Del principe e delle lettere
E. Della tirannide

65) Un'importante opera poetica di Giuseppe Parini è la raccolta delle:

A. Odi
B. Rime
C. Canzoni
D. Poesie
E. Odi barbare

66) Nel 1827 e nel 1840 uscirono la prima e la seconda edizione di un famoso romanzo che l'autore aveva sottoposto, nel frattempo, a un'accurata revisione linguistica. Di quale romanzo si tratta?

A. Fermo e Lucia
B. I Promessi sposi
C. Don Chisciotte
D. Il ritratto di Dorina Grey
E. Nessuna delle risposte è corretta

67) Da quale opera furono ispirate *Le ultime lettere di Jacopo Ortis* di Ugo Foscolo?

A. "I dolori del giovane Werther" di J.W. Goethe
B. "Il giorno" di G. Parini
C. "Le mie prigioni" di S. Pellico
D. "I canti di Ossian" di J. Macpherson
E. "Il ritratto di Dorian Gray" di O. Wilde

2.3 • Letteratura contemporanea

68) Chi ha scritto *Elias Portolu*, *Cenere* e *Cosima*?

A. Grazia Deledda
B. Dacia Maraini
C. Giuseppe Verga
D. Luigi Pirandello
E. Elsa Morante

69) Chi è il protagonista di *Senilità* di Italo Svevo?

A. Zeno Cosini
B. Emilio Brentani
C. Mattia Pascal
D. Alfonso Nitti
E. Anna Karenina

70) Quale fra le seguenti opere NON è di Italo Svevo?

A. La coscienza di Zeno
B. Una vita
C. Senilità
D. Dedalus
E. Diario per la fidanzata

71) Una fra queste NON è un'opera di Ignazio Silone; quale?

A. Un viaggio a Parigi
B. Fontamara
C. Pane e vino
D. Il segreto di Luca
E. Novelle della Pescara

72) Una fra queste NON è un'opera di Salvatore Quasimodo; quale?

A. Ed è subito sera
B. Giorno dopo giorno
C. Il falso e il vero verde
D. Il porto sepolto
E. Con il piede straniero sopra il cuore

73) Chi ha scritto *Il barone rampante*?

A. Andrea De Carlo
B. Pier Vittorio Tondelli
C. Italo Svevo
D. Italo Calvino
E. Arrigo Boito

74) Chi ha scritto *Ragazzi di vita* e *Una vita violenta*?

A. Pier Paolo Pasolini
B. Pier Vittorio Tondelli
C. Aldo Busi
D. Andrea De Carlo
E. Vasco Pratolini

75) Quale fra queste NON è un'opera di Leonardo Sciascia?

A. Nuovo commento
B. A ciascuno il suo
C. Il giorno della civetta
D. Todo modo
E. Una storia semplice

76) Chi è l'autore di *La tregua*?

A. Italo Calvino
B. Luigi Pirandello
C. Giovanni Verga
D. Primo Levi
E. Giosuè Carducci

77) Di quale celebre romanzo è autore Giorgio Bassani?

A. Un Fenoglio alla prima guerra mondiale
B. Il Bell'Antonio
C. Il giardino dei Finzi Contini
D. Conversazione in Sicilia
E. Il giardino delle vergini suicide

78) Quale fra i seguenti romanzi NON è di Alberto Moravia?

A. La Romana
B. La Ciociara
C. Il Bell'Antonio
D. Agostino
E. Gli indifferenti

79) Qual è la raccolta di versi più celebre di Umberto Saba?

A. Il Canzoniere
B. I Canti
C. I Canti orfici
D. Le Rime
E. Novelle per un anno

80) Chi è l'autore di *Ossi di seppia*?

A. Giuseppe Ungaretti
B. Eugenio Montale
C. Salvatore Quasimodo
D. Edoardo Sanguineti
E. Dino Campana

81) Quale romanzo di Italo Svevo fu concepito come una confessione psicoanalitica?

A. Una vita
B. Senilità
C. La coscienza di Zeno
D. Corto viaggio sentimentale
E. Le confessioni di un vegliardo

82) Qual è il tema di *Sei personaggi in cerca d'autore* di Pirandello?

A. Il parricidio

B. L'adulterio
C. L'incesto
D. L'incomunicabilità
E. L'uxoricidio

83) A quale poesia del Pascoli appartengono i seguenti versi? "(...) Ritornava una rondine al tetto: / l'uccisero: cadde tra spini: / ella aveva nel becco un insetto: / la cena de' suoi rondinini. / (...) Anche un uomo tornava al suo nido: / l'uccisero; disse: Perdono; / e restò negli occhi aperti un grido: / portava due bambole in dono... (...)".

A. Il gelsomino notturno
B. X Agosto
C. La cavallina storna
D. Lavandare
E. La grande proletaria si è mossa

84) A quale poesia di Gabriele D'Annunzio appartengono i seguenti versi? "Taci. Su le soglie / del bosco non odo / parole che dici / umane; ma odo / parole più nuove / che parlano gocciole e foglie / lontane. (...)".

A. Nella belletta
B. La sera fiesolana
C. La pioggia nel pineto
D. I pastori
E. Sogno di un tramonto d'autunno

85) Chi è l'autore de *Il Gattopardo*?

A. Antonio Fogazzaro
B. Gabriele D'Annunzio
C. Giuseppe Tomasi di Lampedusa
D. Luigi Capuana
E. Alberto Moravia

86) A quale corrente letteraria appartiene Luigi Capuana?

A. Al Simbolismo
B. Al Verismo
C. All'Estetismo
D. Al Sensismo
E. Allo Sperimentalismo

87) Da quale sonetto di Giosuè Carducci sono tratti i seguenti versi? "L'albero a cui tendevi / la pargoletta mano, / il verde melograno / da' bei vermigli fior, / nel muto orto solingo / rinverdì tutto or ora, / e giugno lo ristora / di luce e di calor. / (...)".

A. Pianto antico
B. San Martino
C. Davanti San Guido
D. Alla stazione in una mattina d'autunno
E. Giambi ed Epodi

88) Quale fra questi autori è considerato un classicista?

A. Giovanni Pascoli
B. Alessandro Manzoni
C. Giosuè Carducci
D. Attilio Bertolucci
E. Emilio Praga

89) Per gli Scapigliati qual è l'oggetto della poesia?

A. La patria
B. Il sentimento
C. I temi già introdotti dal tardo Romanticismo
D. Il vero
E. La natura

90) Chi era l'autore del sonetto *Languore* dove comparve per la prima volta la parola "decadenza", da cui prese nome il movimento artistico-letterario omonimo?

A. Arthur Rimbaud
B. Charles Baudelaire
C. Stéphane Mallarmé
D. Paul Verlaine
E. Thomas Mann

91) Quale fra queste opere NON è di Umberto Eco?

A. Sette anni di desiderio
B. Lector in fabula
C. Il pendolo di Foucault
D. Il gioco del rovescio
E. Vertigine della lista

92) L'opera di Italo Calvino *Marcovaldo ovvero le stagioni in città*:

A. è una raccolta di venti racconti
B. è un romanzo
C. fa parte della trilogia "I nostri antenati"
D. è una novella
E. è una favola

93) Chi è il protagonista di *Una vita violenta* di Pasolini?

A. Guglielmo da Baskerville
B. Andrea
C. Anguilla
D. Tommasino
E. Ntoni

94) Chi è l'autore del libro di poesie *Verrà la morte e avrà i tuoi occhi*?

A. Giacomo Leopardi
B. Cesare Pavese
C. Andrea De Carlo
D. Alda Merini
E. Elsa Morante

95) *Le ceneri di Gramsci* di Pasolini è:

A. un libro di poesia
B. un romanzo
C. un film
D. un trattato politico
E. una raccolta di immagini

96) Chi è l'autore di *La scomparsa di Majorana*?

A. Nero Wolfe
B. Elio Vittorini
C. Agatha Christie
D. Leonardo Sciascia
E. Pier Paolo Pasolini

97) In quale romanzo è protagonista Arturo Bandini?

A. "L'isola di Arturo" di Elsa Morante
B. "Chiedi alla polvere" di John Fante
C. "Sostiene Pereira" di Antonio Tabucchi
D. "Il Libro dell'inquietudine" di Fernando Pessoa
E. "Il piacere" di Gabriele D'Annunzio

98) Chi è l'autore del romanzo *Il castello di Udine*?

A. Marcel Proust
B. Carlo Emilio Gadda
C. Vasco Pratolini
D. Cesare Pavese
E. Enzo Siciliano

99) Chi è l'autrice di *Canne al vento*?

A. Dacia Maraini
B. Elsa Morante
C. Oriana Fallaci
D. Grazia Deledda
E. Alda Merini

100) *Tra un fiore colto e l'altro donato l'inesprimibile nulla* è un componimento di:

A. Eugenio Montale
B. Giuseppe Ungaretti
C. Salvatore Quasimodo
D. Aldo Palazzeschi
E. Charles Baudelaire

RISPOSTE CORRETTE

1) C	21) D	41) B	61) C	81) C
2) B	22) C	42) D	62) C	82) D
3) A	23) D	43) C	63) C	83) B
4) E	24) A	44) B	64) E	84) C
5) B	25) E	45) D	65) A	85) C
6) C	26) A	46) A	66) B	86) B
7) D	27) A	47) D	67) A	87) A
8) C	28) A	48) C	68) A	88) C
9) A	29) B	49) B	69) B	89) D
10) B	30) C	50) C	70) D	90) D
11) C	31) E	51) A	71) E	91) D
12) A	32) B	52) A	72) D	92) A
13) E	33) B	53) B	73) D	93) D
14) B	34) C	54) D	74) A	94) B
15) D	35) B	55) B	75) A	95) A
16) C	36) C	56) B	76) D	96) D
17) D	37) C	57) A	77) C	97) B
18) B	38) B	58) B	78) C	98) B
19) B	39) D	59) D	79) A	99) D
20) D	40) C	60) D	80) B	100) B

CAPITOLO 3
Storia

3.1 • Storia antica e medievale

1) Come si chiamava l'ultimo re di Roma?

A. Tullio Ostilio
B. Tarquinio il Superbo
C. Servio Tullio
D. Anco Marzio
E. Tarquinio Prisco

2) Nel 476 Odoacre, re degli Eruli, depone l'ultimo imperatore romano d'Occidente. Chi era costui?

A. Romolo Augustolo
B. Giulio Nepote
C. Giuliano
D. Valente
E. Petronio Massimo

3) Nel 73 a.C. l'Italia fu sconvolta da una ribellione servile, chi ne era alla guida?

A. Crasso
B. Silla
C. Spartaco
D. Pompeo
E. Publio Clodio

4) Come si chiamava il grande condottiero mongolo che tra il 1206 e il 1227 si impadronì di gran parte dell'Asia?

A. Timur Lenk detto "Tamerlano"
B. Batu Kahn
C. Gengis Khan
D. Kubilay Kahn
E. Khasar Khajiun

5) Da chi fu combattuta la battaglia di Maratona del 490 a.C.?

A. Da romani e greci
B. Da ateniesi e persiani
C. Da bizantini e ottomani
D. Da romani e macedoni
E. Da bizantini e greci

6) Chi era Teodorico il Grande?

A. Re dei Visigoti
B. Re degli Eruli
C. Re dei Vandali
D. Re ostrogoto d'Italia
E. Re degli Unni

7) Nel 728 il sovrano longobardo Liutprando cedette formalmente a papa Gregorio II dei territori che andarono a formare il primissimo nucleo del potere temporale della Chiesa, che sarebbe durato fino al 1870. Come si chiama questa donazione?

A. Donazione di Benevento
B. Donazione di Roma
C. Donazione di Ravenna
D. Donazione di Sutri
E. Donazione del Sannio

8) In quale anno Carlo Magno venne incoronato Imperatore?

A. 800
B. 771
C. 788
D. 811
E. 801

9) La leggendaria guerra di Troia fu combattuta da:

A. Greci e Persiani
B. Greci e Troiani
C. Troiani e Persiani
D. Greci e Fenici
E. Romani e Troiani

10) Quale regione dei balcani l'Imperatore Traiano conquistò tra il 101 ed il 106 d.C. facendone una nuova provincia romana?

A. Dalmazia
B. Illiria
C. Macedonia
D. Dacia
E. Cilicia

11) Da quale popolo fu fondata la città di Cartagine?

A. Fenici
B. Etruschi
C. Greci
D. Numidi
E. Celti

12) Gli Aztechi furono una delle grandi civiltà precolombiane che si sviluppò nella regione meso-americana dell'attuale:

A. California
B. Nicaragua
C. Colombia
D. Messico
E. Perù

13) Chi fu il primo re di Israele?

A. David
B. Salomone
C. Saul
D. Samuele
E. Golia

14) Nel 732 d.C. si svolge la battaglia di Poitiers nella quale l'esercito franco arresta l'invasione araba. Chi fu il re franco che fermò l'invasione?

A. Carlo Magno
B. Pipino il Breve
C. Carlo Martello
D. Ludovico il Pio
E. Giovanni II

15) Come si chiama la più grande unità amministrativa dei possedimenti stranieri della antica Roma?

A. Diocesi
B. Colonia
C. Prefettura
D. Provincia
E. Regione

16) Chi erano gli "Opliti"?

A. Soldati dell'Impero Persiano
B. Soldati della fanteria pesante greca antica
C. Rematori schiavi dell'antica Grecia
D. Una formazione di cavalleria pesante nell'esercito macedone
E. Ufficiali dell'Impero Romano

17) Nel 367 a.C. a Roma, con le leggi Licinie-Sestie, viene permesso:

A. il festeggiamento dei ludi secolari
B. l'uso delle armi anche a donne e bambini
C. l'accesso ai giochi olimpici anche alle donne
D. l'accesso alle magistrature ai plebei
E. l'accesso ai palazzi imperiali ai plebei

18) Chi successe alla morte di Carlo Magno?

A. Ludovico il Pio
B. Carlomanno
C. Lotario

D. Carlo il Calvo
E. Desiderio

19) Nel 494 a.C. la plebe romana, stanca di combattere per una città che non le riconosce i propri diritti, si ritira in armi sul Monte sacro (secessione della plebe). Quali furono le cause che fecero rientrare a Roma i plebei?

A. L'abolizione della monarchia e l'introduzione di organi assembleari elettivi a suffragio universale (maschile)
B. Due concessioni fondamentali: il diritto per i plebei di riunirsi in una propria assemblea (*concilium plebis*) e il diritto di nominare i propri magistrati (tribuni della plebe)
C. L'accesso a tutte le cariche pubbliche anche per i plebei
D. La distribuzione di terre demaniali a cittadini poveri contro un modesto canone di affitto annuo
E. Due concessioni fondamentali: terre demaniali per i meno abbienti e accesso alle cariche pubbliche

20) L'imperatore Caracalla nel 212 d.C. concesse la cittadinanza romana:

A. alle popolazioni galliche e iberiche
B. a tutta la popolazione italica
C. alle popolazioni barbare della Germania
D. a tutti i sudditi dell'impero romano
E. alla popolazione alamanna

21) Che cosa fu il Grande Scisma d'Occidente del 1378?

A. Il tentativo francese di creare una Chiesa nazionale autonoma
B. La separazione formale tra la Chiesa di Roma e la Chiesa di Bisanzio
C. I cardinali francesi si opposero al ritorno del papa a Roma ed elessero un proprio antipapa ad Avignone
D. La riforma luterana e l'inizio del protestantesimo
E. Il tentativo inglese di creare una Chiesa anglicana autonoma

22) Il centro della civiltà etrusca era:

A. l'Emilia Romagna
B. l'Umbria
C. il Lazio
D. la Toscana
E. la Campania

23) L'antica capitale dell'Impero Azteco era Tenochtitlan, situata dove oggi sorge:

A. Città del Messico
B. Città del Guatemala
C. Managua
D. San Francisco
E. Hermosillo

24) In quale anno si consumò definitivamente lo scisma d'Oriente, tra il Papa e il Patriarca di Costantinopoli?

A. 1309
B. 1215
C. 1054
D. 1096
E. 1000

25) Il 1° dicembre 1167, con il giuramento di Pontida, i Liberi Comuni si alleano contro l'imperatore:

A. Ottone IV di Brunswick
B. Federico I Hohenstaufen detto il Barbarossa
C. Federico II duca di Svevia
D. Enrico VI di Hohenstaufen
E. Enrico I d'Inghilterra

26) Che cos'è il *cursus honorum*?

A. È la carriera politica del cittadino romano dove tutte le cariche della magistratura devono essere ricoperte, in ordine crescente e a distanza di almeno due anni l'una dall'altra

B. È la carriera militare nell'esercito romano
C. È l'elezione dei due consoli che restano in carica per un anno e non possono essere subito rieletti
D. È la nomina onorifica attribuita ai "grandi" dal Senato romano
E. È la preparazione alle alte cariche del Senato

27) Come si chiamava il condottiero gallico che verrà da Cesare catturato ed imprigionato nel carcere romano di Tulliano?

A. Vercingetorige
B. Brenno
C. Genserico
D. Orgetorige
E. Ladislao

28) Quando si svolse la prima guerra punica combattuta tra Roma e Cartagine?

A. Fra il 149 a.C. e il 146 a.C.
B. Dal 29 a.C. al 19 a.C.
C. Dal 219 a.C. al 202 a.C.
D. Dal 264 a.C. al 241 a.C.
E. Dal 222 a.C. al 238 a.C.

29) Quale fu il primo imperatore romano a non essere di origine italica?

A. Caligola poiché nato ad Anzio
B. Caracalla poiché nato in Gallia
C. Aureliano poiché nato in Illiria
D. Diocleziano poiché nato in Dalmazia
E. Traiano poiché nato in Hispania

30) In quale anno fu assassinato Caio Giulio Cesare?

A. 56 d.C.
B. 44 a.C.
C. 96 d.C.
D. 135 a.C.
E. 54 d.C.

3.2 • Storia moderna

31) Quali erano le quattro Repubbliche Marinare?

A. Bari - Pisa - Genova - Venezia
B. Amalfi - Genova - Venezia - Ragusa
C. Amalfi - Genova - Pisa - Venezia
D. Amalfi - Bari - Genova - Venezia
E. Bari - Genova - Pisa - Ragusa

32) Nel 1743 Austria, Inghilterra e regno di Sardegna firmano il Trattato di Worms con lo scopo di:

A. dichiarare guerra alla Spagna
B. cacciare gli Aragona dall'Italia
C. dichiarare guerra alla Prussia
D. cacciare i Borbone dall'Italia
E. allontanare il papa dalla sede italiana

33) Chi era Martin Lutero?

A. Un teologo tedesco
B. Uno dei capi della rivolta contadina in Germania, un riformatore estremista
C. Un teologo svizzero e fondatore della Chiesa Riformata Svizzera
D. Un umanista e teologo francese
E. Un monaco agostiniano docente di teologia biblica presso l'università di Wittenberg

34) In che anno Francia e Spagna firmano la pace dei Pirenei che pone fine alla guerra franco-spagnola?

A. Nel 1660
B. Nel 1659
C. Nel 1759
D. Nel 1669
E. Nel 1559

35) Quale regione italiana era diventata la signoria di Cesare Borgia, detto il Valentino?

A. Romagna
B. Umbria
C. Marche
D. Abruzzi
E. Toscana

36) Nel 1534 in Inghilterra il Parlamento, con l'Atto di Supremazia, riconosce come capo della Chiesa d'Inghilterra re:

A. Carlo V
B. Enrico VIII
C. Enrico III
D. Guglielmo II
E. Giorgio I

37) Mantova dal 1328 al 1707 fu governata:

A. dagli Estensi
B. dai Visconti
C. dai Gonzaga
D. dai Malatesta
E. dai Medici

38) Tra chi fu combattuta la battaglia di Lepanto del 1571?

A. Tra aragonesi e l'Impero Ottomano
B. Tra francesi e aragonesi
C. Tra austriaci e francesi
D. Tra l'Impero ottomano e la Lega Santa
E. Tra l'Impero ottomano e gli austriaci

39) Nel 1664 gli inglesi tolsero New Amsterdam agli olandesi ribattezzandola:

A. New York
B. Boston
C. Baltimora
D. Filadelfia
E. Washington

40) Con l'affissione alla porta del duomo di Wittenberg delle Tesi, Lutero dichiara pubblicamente la rottura con la chiesa di Roma dando origine allo scisma protestante. In che anno furono affisse?

A. 1567
B. 1517
C. 1541
D. 1535
E. 1534

41) In che cosa consisteva la questione delle indulgenze?

A. È la concezione che suddivide la storia umana e quella del Popolo di Dio in particolare, in differenti periodi, età, ere o "dispensazioni". In ciascuno di quei periodi Dio avrebbe impartito particolari grazie, stabilito leggi, istituzioni, privilegi ecc. da considerarsi solo propri a quei periodi e non ad altri
B. Esiste un numero determinato di persone destinate ad essere in eterna comunione con Dio, mentre il resto dell'umanità segue la via del peccato fino alle sue estreme e giuste conseguenze
C. Verso il 1500 si diffuse la pratica dell'acquisto dell'indulgenza, ovvero il "peccatore" poteva comprare l'indulgenza in modo da accelerare il passaggio dell'anima dal purgatorio al paradiso
D. È lo studio della salvezza nel senso della liberazione dal male e dalle conseguenze della morte o come sopravvivenza dell'anima
E. È il divieto di predicazione ai questuanti, il dovere di residenza come condizione per la rendita dei benefici ecclesiastici e l'obbligo di residenza dei vescovi nelle loro diocesi

42) Come si concluse la famosa "disfida di Barletta" tenutasi il 13 febbraio

1503 tra tredici cavalieri italiani di stanza a Barletta ed altrettanti francesi?

A. Con la vittoria dei francesi
B. Con la vittoria degli italiani
C. Morirono tutti i cavalieri
D. L'intervento papale mise fine allo scontro senza vinti né vincitori
E. L'intervento delle popolazioni del luogo mise fine allo scontro senza né vinti né vincitori

43) Chi viene considerato il fondatore della scienza politica moderna?

A. Francesco Guicciardini
B. Lorenzo de' Medici
C. Girolamo Savonarola
D. Francesco Mario Pagano
E. Niccolò Machiavelli

44) In che anno terminò il cosiddetto scisma d'Occidente?

A. Nel 1427
B. Nel 1517
C. Nel 1417
D. Nel 1327
E. Nel 1527

45) In che anno il Congresso di Filadelfia approva la Dichiarazione d'indipendenza degli Stati Uniti d'America?

A. Nel 1775
B. Nel 1773
C. Nel 1783
D. Nel 1776
E. Nel 1789

46) Nel 1534 in Inghilterra venne dichiarato l'Atto di Supremazia ad opera del re Enrico VIII. Di cosa si trattava?

A. Dell'atto di supremazia della corona di Inghilterra su quella di Scozia
B. Della scissione della chiesa anglicana da quella cattolica, proclamata per decreto dallo stesso re
C. È un testo normativo che sanciva il passaggio per eredità delle cariche feudali maggiori
D. Chiariva i rapporti con i feudatari e regolamentava le questioni giurisdizionali interne e con gli Stati esteri
E. Dell'atto di supremazia della corona d'Inghilterra sulle colonie americane

47) L'editto di Nantes fu un decreto che pose termine alla serie di guerre di religione che avevano devastato la Francia dal 1562 al 1598, emanato dal re di Francia:

A. Francesco II
B. Carlo IX
C. Luigi XIII
D. Enrico IV
E. Enrico VIII

48) Nel 1572 Caterina de' Medici tentò di ricomporre la frattura fra protestanti e cattolici francesi. Come?

A. Con la promulgazione dell'Editto di Saint-Germain
B. Con l'abolizione dell'Editto di Saint-Germain
C. Con il matrimonio fra sua figlia Margherita e il re di Navarra, il protestante Enrico di Borbone
D. Con l'attentato al capo ugonotto Gaspard de Coligny
E. Nessuna risposta è corretta

49) In che periodo si svolsero i lavori del Concilio di Trento?

A. 1542 – 1561
B. 1545 – 1563
C. 1527 – 1560
D. 1536 – 1572
E. 1537 – 1545

50) In quale avvenimento storico si colloca la storia di Giovanna D'Arco, la "pulzella d'Orleans"?

A. Durante la guerra dei Tre Enrichi
B. Durante la guerra dei Sette Anni
C. Durante la guerra dei Trenta Anni
D. Nella guerra delle Due Rose
E. Nella guerra dei Cent'Anni tra Francia e Inghilterra

51) Nel corso della Rivoluzione Francese per "Terrore" si intende:

A. il periodo durante il quale i giacobini attuarono una fortissima repressione politica
B. il tentativo dei contadini di abolire con la forza la feudalità nelle campagne
C. il tentativo della borghesia di ripristinare con la forza il potere monarchico
D. il periodo durante il quale i girondini attuarono una fortissima repressione politica
E. la paura che serpeggiava fra i nobili

52) La guerra delle due rose fu una sanguinosa lotta dinastica combattuta in Inghilterra tra il 1455 ed il 1485 tra due diversi rami della casa regnante dei Plantageneti:

A. Stuart e Tudor
B. Tudor e York
C. Lancaster e York
D. Stuart e Windsor
E. Windsor e Lancaster

53) Il predominio spagnolo su tutta l'Italia venne definito nel 1559 con la pace di:

A. Augusta
B. Cateau-Cambrésis
C. Noyon
D. Lodi
E. Cambrai

54) In che anno Luigi XIV di Francia (detto Re Sole) sottomise alla monarchia la Chiesa cattolica francese (Chiesa gallicana)?

A. 1789
B. 1775
C. 1815
D. 1682
E. 1816

55) Nel 1660 in Inghilterra fu restaurata la monarchia ad opera di:

A. Elisabetta I
B. Oliver Cromwell
C. Giorgio I
D. Giacomo II
E. Carlo II

56) Che cosa sancì il Concilio di Trento?

A. Negò validità alla dottrina protestante affermando, fra le altre cose, che la Bibbia e l'insegnamento della Chiesa sono sullo stesso piano e che deve esistere un ordine sacerdotale distinto dai fedeli
B. Negò validità alla dottrina protestante introducendo però un nuovo rito della Messa, che portò al superamento, di fatto, del latino e delle pratiche religiose medievali
C. Accettò in seno alla Chiesa cattolica una parte della dottrina protestante abolendo alcune pratiche cattoliche come le indulgenze, i pellegrinaggi, la venerazione dei santi e delle reliquie
D. Negò validità alla dottrina protestante affermando che la salvezza cristiana non può ottenersi senza la liberazione economica, politica, sociale e ideologica, come visibili segni della dignità umana
E. Approvò la teoria calvinista della predestinazione degli Eletti e venne evidenziato il ruolo della libertà umana nella propria salvezza

57) Con la pace di Westfalia del 1648 quale potenza ottenne il predominio sul Baltico?

A. Polonia
B. Danimarca
C. Svezia
D. Russia
E. Germania

58) La guerra di successione spagnola fu determinata dal fatto che:

A. Carlo II d'Asburgo, per evitare che la Spagna passasse in mano francese, aveva indicato come legittimo erede al trono di Spagna l'imperatore austriaco Giuseppe I d'Asburgo
B. Carlo II, morto nel novembre del 1700, aveva designato come erede universale suo nipote Filippo d'Angiò, pronipote di Luigi XIV, con la clausola che le due corone di Francia e di Spagna non potessero mai essere riunite
C. Luigi XIV non voleva affidare al nipote il trono di Spagna, come contenuto nel testamento di Carlo II d'Asburgo
D. Carlo II d'Asburgo, morto senza eredi discendenti, aveva indicato nel suo testamento come erede al trono di Spagna Luigi XIV
E. Carlo II d'Asburgo, per evitare che la Spagna passasse in mano francese, aveva indicato come legittimo erede al trono di Spagna Leopoldo d'Asburgo

59) La Costituzione francese del 1791 prevedeva:

A. un sistema monocamerale senza diritto del re di interferire sul parlamento
B. un sistema bicamerale, con una camera elettiva e una di nomina regia
C. un sistema bicamerale cui spettava il potere legislativo, con il diritto di veto sospensivo per il re
D. il potere esecutivo esercitato dal re, ma sottoposto al controllo dell'Assemblea legislativa, e il potere giudiziario esercitato dai magistrati non più di nomina regia
E. un sistema monocamerale cui spettava il potere legislativo, con diritto di veto definitivo per il re

60) Carlo V abdicò, cedendo i suoi domini ereditari del ramo spagnolo, a favore del figlio:

A. Filippo III
B. Ferdinando il Cattolico
C. Filippo II
D. Ferdinando d'Asburgo
E. Filippo il Bello

3.3 • Storia contemporanea

61) Il Giappone coinvolge nella guerra gli USA quando attacca a sorpresa la base aeronavale di Pearl Harbor, nelle isole Hawaii. In quale anno avviene questo attacco?

A. 1940
B. 1943
C. 1944
D. 1941
E. 1938

62) I punti cardine del "New Deal", il programma attuato dal Presidente americano Roosevelt negli anni compresi tra i due conflitti mondiali, furono il sostegno all'agricoltura, la lotta alla disoccupazione e lo sviluppo del sindacalismo. L'enunciato proposto è corretto?

A. No, il "New Deal" aveva come punti cardine il sostegno all'industria a scapito dell'agricoltura e l'ostilità al sindacalismo

B. No, il "New Deal" non fu attuato negli anni compresi tra i due conflitti mondiali, ma negli anni Sessanta
C. No, il "New Deal" non fu avviato dal Presidente Roosevelt, ma dal Presidente Carter
D. Sì
E. No, il "New Deal" aveva come punto cardine solo il sostegno alla piccola e media industria

63) Luigi Einaudi e Benedetto Croce, nel secondo dopoguerra italiano, furono esponenti di rilievo:

A. del Partito socialista italiano
B. del Partito comunista italiano
C. del Partito liberale italiano
D. della Democrazia cristiana
E. del Partito radicale italiano

64) Gli USA, nel 1949, costituirono un'alleanza militare di difesa, la NATO, alla quale si contrappose, nel 1955, un'alleanza sottoscritta tra l'URSS e i Paesi dell'Europa orientale nota come Patto di Varsavia. È corretto l'enunciato proposto?

A. Sì
B. No, nel 1949 venne costituito il Patto di Varsavia e nel 1955, di conseguenza, la NATO
C. No, la NATO venne costituita nell'immediato primo dopoguerra
D. No, il Patto di Varsavia venne costituito soltanto nel 1985, a seguito della dissoluzione dell'URSS
E. No, le date proposte nel quesito sono errate

65) In quale anno il Gran Consiglio del Fascismo approvò le leggi razziali e in cosa consistevano?

A. Furono deliberate nel 1928. Si trattava di una serie di provvedimenti che limitavano gravemente la libertà dei soli musulmani stranieri in Italia
B. Emanate nel 1921, si prefiggevano di espellere tutti gli stranieri dall'Italia e dalle colonie di Libia e Tunisia
C. Furono deliberate nel 1938. Si trattava di una serie di provvedimenti che limitavano gravemente la libertà degli Ebrei italiani e decretavano l'espulsione dal Paese degli Ebrei stranieri
D. Furono deliberate nel 1945. Si trattava di una serie di provvedimenti che limitavano la libertà di culto degli Ebrei italiani ma che di fatto non vennero mai applicate
E. Furono deliberate nel 1928. Si trattava di una serie di provvedimenti che limitavano la possibilità, per gli Ebrei italiani, di lavorare presso industrie militari

66) Il Presidente statunitense che, d'intesa col comando militare supremo, decise di stroncare ogni ulteriore resistenza giapponese ordinando i bombardamenti atomici di Hiroshima e Nagasaki dell'agosto 1945 fu:

A. Carter
B. Truman
C. Roosevelt
D. Nixon
E. Kennedy

67) Una delle grandi opere che fornirono le infrastrutture per il rilancio della produzione italiana nei primi anni del Novecento fu il traforo del Sempione, terminato nel 1906 quando a capo del governo vi era:

A. Giolitti
B. Depretis
C. Einaudi
D. Gramsci
E. Spadolini

68) Da chi era presieduto il Governo italiano che presentò al Parlamento, nel 1899, alcune leggi eccezionali che prevedevano pesanti limitazioni al diritto di associazione, di riunione e alla libertà di stampa?

A. Giuseppe Garibaldi
B. Luigi Pelloux
C. Camillo Benso di Cavour
D. Gabriele D'Annunzio
E. Vittorio Emanuele II

69) Nel 1945 in Italia, subito dopo la liberazione, si forma un governo provvisorio guidato da un leader del Partito d'Azione e del CLN; di chi si tratta?

A. Giovanni Leone
B. Ferruccio Parri
C. Giuseppe Saragat
D. Enrico Mattei
E. Giovanni Spadolini

70) In quale data Hitler fu chiamato a presiedere il governo?

A. Aprile 1922
B. Luglio 1943
C. Gennaio 1933
D. Dicembre 1939
E. Marzo 1938

71) Artefici della Carta Atlantica, nella quale vennero fissati, nell'agosto 1941, i principi di una politica comune tra Inghilterra e Stati Uniti, furono:

A. Truman e Carter
B. Truman e Churchill
C. Roosevelt e Churchill
D. Nixon e Churchill
E. Truman e Roosevelt

72) Nel 1978 un illustre statista democristiano, che si adoperava per un incontro tra le forze politiche del centro e della sinistra, fu rapito e ucciso. Chi era?

A. Aldo Moro
B. Giacomo Matteotti
C. Alcide De Gasperi
D. Enrico Mattei
E. Enrico Berlinguer

73) Per quello che riguarda la riforma elettorale, Giolitti estese il diritto di voto:

A. a tutti i cittadini, maschi e femmine
B. a tutti i cittadini maschi
C. anche ai cattolici e ai socialisti
D. a tutti i cittadini maschi con un reddito superiore alle ventimila lire annue
E. a tutti i cittadini maschi che avessero compiuto 22 anni

74) Nel corso del secondo conflitto mondiale, quando fu annunciato l'armistizio tra il Regno d'Italia e gli angloamericani?

A. 8 settembre 1943
B. 25 luglio 1943
C. 6 giugno 1944
D. 4 novembre 1940
E. 25 aprile 1945

75) In quale anno vi fu la marcia fascista su Roma?

A. 1924
B. 1919
C. 1922
D. 1920
E. 1921

76) In quale anno fu costruito il muro di Berlino?

A. 1961
B. 1968
C. 1953
D. 1946
E. 1951

77) Alla caduta del fascismo chi era sul trono italiano?

A. Umberto II
B. Umberto I
C. Vittorio Emanuele II
D. Vittorio Emanuele III
E. Vittorio Emanuele I

78) Il nome in codice con il quale i nazisti intendevano l'invasione dell'Unione Sovietica era:

A. Operazione Compass
B. Operazione Torch
C. Operazione Leone Marino
D. Operazione Barbarossa
E. Operazione Steppa

79) L'americano Neil Armstrong, con la missione Apollo 11, è il primo uomo a mettere piede sulla Luna. Che anno era?

A. 1969
B. 1967
C. 1971
D. 1968
E. 1972

80) La definizione del XX secolo come "secolo breve" è di:

A. Max Weber
B. Ernesto Galli della Loggia
C. Eric J. Hobsbawn
D. Giovanni Sabbatucci
E. Michel Foucault

81) Nel 1893 Giolitti è costretto a dimettersi:

A. perché la sua coalizione perse le elezioni
B. perché coinvolto nello scandalo della Banca Romana
C. perché era fallito l'ennesimo tentativo italiano di penetrare in Abissinia
D. per la feroce repressione di alcuni moti popolari
E. per gravi motivi di salute che lo portarono in breve tempo alla morte

82) Da quali potenze fu invasa la Polonia nel 1939?

A. Urss e Lituania
B. Germania e Urss
C. Germania e Finlandia
D. Germania e Ungheria
E. Urss e Cina

83) In che anno avvennero gli attentati mafiosi in cui trovarono la morte i giudici Giovanni Falcone e Paolo Borsellino?

A. Nel 1999
B. Nel 1994
C. Nel 1978
D. Nel 1992
E. Nel 1982

84) Quando e in quale località gli Stati Uniti furono attaccati a sorpresa dai giapponesi nel corso del secondo conflitto mondiale?

A. Il 23 agosto 1939 nelle Isole Midway
B. Il 10 giugno 1940 a Guadalcanal
C. Il 7 dicembre 1941 a Pearl Harbor
D. Il 10 luglio 1943 nelle Filippine
E. Il 25 novembre 1940 nel Mar dei Caraibi

85) Nel giugno del 1924 il segretario dei Socialisti riformisti fu rapito e ucciso dai fascisti dopo aver pubblicamente denunciato in Parlamento i brogli e le intimidazioni squadriste durante le elezioni del 1924. Chi era?

A. Carlo Rosselli
B. Eugenio Colorni
C. Giovanni Amendola
D. Giacomo Matteotti
E. Giuseppe Di Vittorio

86) Il piano Marshall:

A. fu varato dal Presidente Wilson insieme all'istituzione della Società delle Nazioni
B. fu varato dagli USA nel secondo dopoguerra
C. fu alla base del New Deal
D. venne pensato da Hitler per attaccare l'URSS
E. indirizzò lo sviluppo urbanistico di Londra

87) Dove e in quale anno fu assassinato John Fitzgerald Kennedy?

A. Nel 1967 a Houston
B. Nel 1961 a Chicago
C. Nel 1965 a Boston
D. Nel 1963 a Dallas
E. Nel 1968 a Washington

88) In quale anno avvenne il colpo di stato in Cile?

A. 1973
B. 1968
C. 1975
D. 1977
E. 1976

89) Quale movimento politico fu fondato a Parigi nel 1929 da un gruppo di esuli antifascisti, tra cui emerse come leader Carlo Rosselli?

A. Giustizia e Libertà
B. Mazzini Society
C. Concentrazione Antifascista
D. Brigate Garibaldi
E. Forza Nuova

90) Chi è il maggior rappresentante del pensiero politico federalista del Risorgimento?

A. Felice Cavallotti
B. Carlo Cattaneo
C. Gabriele Rosa
D. Giuseppe Mazzini
E. Giuseppe Garibaldi

91) Chi era Augusto Pinochet?

A. Dittatore del Cile dal 1973 al 1990
B. Capo delle forze armate argentine fino al 1983
C. Dittatore del Paraguay fino al 1989
D. Dittatore del Venezuela dal 1948 al 1958
E. Presidente della repubblica cilena dal 1950 al 1995

92) Come si chiama il luogo dove avvenne il 17 aprile 1961 un tentativo di invasione di Cuba effettuato da 1.511 esuli cubani emigrati negli Stati Uniti (Brigata 2506)?

A. Baia di Guantanamo
B. Isola della Gioventù (Isla de la Juventud)
C. Baia dei porci
D. Sierra Maestra
E. Baia di Hudson

93) Qual era la sede del governo della Repubblica Sociale Italiana?

A. Venezia
B. Verona
C. Milano
D. Salò
E. Torino

94) Charles De Gaulle esortò i francesi alla resistenza lanciando un drammatico appello dai microfoni di:

A. Radio Francia
B. Radio Parigi Libera
C. Radio Maquis
D. Radio Londra
E. Radio Resistenza

95) In quale città si assisté al massacro di Piazza Tien'anmen del 1989?

A. Shenzhen

B. Hong Kong
C. Shanghai
D. Canton
E. Pechino

96) Nel 1969, Yasser Arafat divenne il Presidente del Comitato Esecutivo dell'Organizzazione:

A. Movimento per la jihad islamica in Palestina
B. Hamas
C. OLP (Organizzazione per la Liberazione della Palestina)
D. Congresso Islamico Mondiale
E. Al Qaida

97) Che cosa avvenne il 12 dicembre 1969 in Italia?

A. Un tentativo di colpo di Stato (Golpe Borghese)
B. Il sequestro di Aldo Moro
C. La strage di Piazza Fontana
D. La caduta del governo democristiano guidato da Mariano Rumor
E. L'attentato a Giovanni Paolo II

98) Da chi fu redatto il "Manifesto di Ventotene" durante il periodo di confino negli anni '40?

A. Altiero Spinelli ed Ernesto Rossi
B. Riccardo Bauer e Silvio Trentin
C. Carlo Rosselli e Nello Rosselli
D. Norberto Bobbio e Aldo Garosci
E. Sandro Pertini e Primo Levi

99) Da quali nazioni venne combattuta la "guerra dei sei giorni" nel 1967?

A. Israele contro Egitto, Siria e Giordania
B. Israele contro Egitto, Siria e Libano
C. Israele contro Egitto e Libia
D. Egitto contro Giordania e Libano
E. Libano contro Giordania e Siria

100) In quale anno le truppe statunitensi si ritirarono dal Vietnam?

A. 1985
B. 1968
C. 1975
D. 1979
E. 1965

RISPOSTE CORRETTE

1) B	21) C	41) C	61) D	81) B
2) A	22) D	42) B	62) D	82) B
3) C	23) A	43) E	63) C	83) D
4) C	24) C	44) C	64) A	84) C
5) B	25) B	45) D	65) C	85) D
6) D	26) A	46) B	66) B	86) B
7) D	27) A	47) D	67) A	87) D
8) A	28) D	48) C	68) B	88) A
9) B	29) E	49) B	69) B	89) A
10) D	30) B	50) E	70) C	90) B
11) A	31) C	51) A	71) C	91) A
12) D	32) D	52) C	72) A	92) C
13) C	33) E	53) B	73) B	93) D
14) C	34) B	54) D	74) A	94) D
15) D	35) A	55) E	75) C	95) E
16) B	36) B	56) A	76) A	96) C
17) D	37) C	57) C	77) D	97) C
18) A	38) D	58) B	78) D	98) A
19) B	39) A	59) D	79) A	99) A
20) D	40) B	60) C	80) C	100) C

CAPITOLO 4
Educazione civica

1) Un cittadino che abbia 40 anni può aspirare ad essere eletto:

A. Presidente della Repubblica
B. solo alla carica di Deputato
C. sia alla carica di Senatore sia alla carica di Deputato
D. a tutti gli incarichi citati
E. solo alla carica di Senatore

2) A quale organo la Costituzione attribuisce la funzione giudiziaria?

A. Alla Magistratura
B. Al Governo
C. Alla Corte Suprema
D. Al Parlamento
E. Al Ministero dell'Interno

3) La sede della Camera dei Deputati è:

A. Palazzo Madama
B. Palazzo Montecitorio
C. Palazzo Farnese
D. Palazzo Chigi
E. La Consulta

4) In quale anno è stato introdotto l'istituto del divorzio in Italia?

A. Nel 1948 con la Costituzione
B. Nel 1975 e confermato col referendum del 1980
C. Nel 1980
D. Nel 1970 e confermato con un referendum popolare nel 1974
E. Nel 1975

5) A norma del dettato costituzionale la Camera dei Deputati e il Senato della Repubblica sono eletti per cinque anni; tale periodo è indicato con il termine:

A. legislatura
B. governatorato
C. reggenza
D. quinquennio istituzionale
E. direttorio

6) In Italia le nomine dei magistrati:

A. sono stabilite dalla Corte di Cassazione
B. sono di esclusiva competenza dei nove giudici costituzionali eletti dal Parlamento in seduta comune
C. hanno luogo per concorso
D. sono di competenza del Presidente della Repubblica
E. sono stabilite esclusivamente dal Consiglio superiore della magistratura

7) Quale organo dell'ONU ha sede a L'Aia?

A. L'Assemblea Generale
B. Il Consiglio europeo
C. La Corte di giustizia
D. Il Consiglio di Sicurezza
E. Il Segretario generale

8) Chi ha il potere di sciogliere anticipatamente le Camere?

A. Il Ministro dell'Interno
B. Il Senato
C. Il Presidente del Consiglio dei Ministri
D. Il Presidente della Corte Costituzionale
E. Il Presidente della Repubblica

9) Secondo la Costituzione italiana, chi ha la sovranità?

A. Il popolo che la esprime delegando il potere decisionale o esercitandolo direttamente
B. Il Presidente della Repubblica
C. La Corte Costituzionale
D. Direttamente il popolo italiano
E. Il Parlamento

10) Dove è la sede del Parlamento Europeo?

A. A Monaco, in Germania
B. A Strasburgo, in Francia
C. A Madrid, in Spagna
D. A Ginevra, in Svizzera
E. A Roma, in Italia

11) Il Parlamento in seduta comune NON si riunisce per:

A. eleggere i senatori a vita
B. eleggere il Presidente della Repubblica
C. assistere al giuramento di fedeltà alla Repubblica e di osservanza della Costituzione del Presidente della Repubblica
D. eleggere un terzo dei membri del Consiglio Superiore della Magistratura
E. eleggere cinque membri della Corte costituzionale

12) Una Costituzione si dice flessibile quando le norme costituzionali possono essere abrogate o modificate:

A. solo da leggi speciali
B. solo da una particolare procedura
C. da leggi ordinarie
D. da leggi regionali
E. da altre leggi costituzionali

13) Quali sono i principali organi dell'ONU?

A. Parlamento, Consiglio dei ministri, Consiglio di Sicurezza
B. Assemblea generale, Consiglio di sicurezza, Segretario generale
C. Assemblea generale, Assemblea decisionale, Cancellierato
D. Parlamento, Camera dei Comuni, Premierato
E. Consiglio di sicurezza e Assemblea generale

14) È possibile appartenere contemporaneamente alle due Camere?

A. No, la Costituzione italiana vieta l'appartenenza contemporanea alle due Camere
B. Sì, lo prevede espressamente la Costituzione italiana
C. La Costituzione italiana prevede la possibilità di contemporanea appartenenza alle due Camere soltanto per chi abbia illustrato la patria per particolari meriti
D. La Costituzione italiana prevede la possibilità di contemporanea appartenenza alle due Camere soltanto per chi abbia superato i sessanta anni di età
E. La Costituzione italiana prevede la possibilità di contemporanea appartenenza alle due Camere soltanto per gli ex Presidenti della Repubblica

15) Le leggi sono promulgate:

A. dalla Camera dei deputati
B. dal Senato della Repubblica
C. da entrambe le Camere
D. dal Presidente della Repubblica
E. dal Presidente del Consiglio dei ministri

16) Cosa si intende per "cittadinanza"?

A. Il diritto a possedere una carta d'identità
B. Il documento che dichiara l'appartenenza di una persona ad uno Stato

C. L'appartenenza di un cittadino ad uno Stato, e quindi l'insieme dei diritti e doveri che un cittadino possiede nei confronti di tale Stato
D. L'appartenenza di una persona ad una città che si trova in un determinato Stato
E. Il Comune di residenza

17) La Corte Costituzionale è l'organo che giudica sulla:

A. legittimità delle leggi e dei regolamenti amministrativi
B. legittimità delle leggi e degli altri atti aventi forza e valore di legge
C. legittimità delle leggi e degli altri atti aventi forza di legge rispetto al Trattato della Unione Europea
D. lesione dei diritti fondamentali dell'uomo
E. costituzionalità dei disegni di legge

18) Dove ha sede la Presidenza del Consiglio dei Ministri?

A. A Palazzo Chigi, a Roma
B. A Palazzo Grazioli, a Roma
C. A Palazzo Madama, a Roma
D. A Palazzo del Quirinale, a Roma
E. Alla Farnesina

19) Una legge pubblicata sulla Gazzetta Ufficiale, salvo diversi termini in essa stabiliti, entra in vigore:

A. dopo un mese dal giorno della pubblicazione
B. il giorno stesso della pubblicazione
C. dopo sei mesi dalla pubblicazione
D. dopo quindici giorni dalla pubblicazione
E. dopo una settimana dalla pubblicazione

20) Quando è stata costituita l'ONU?

A. Nel 1955
B. Nel 1918
C. Nel 1945
D. Nel 1935
E. Nel 1948

21) Quale dei seguenti è l'organo di indirizzo e controllo politico-amministrativo dell'Amministrazione comunale?

A. Difensore civico comunale
B. Consiglio comunale
C. Segretario Comunale
D. Giunta comunale
E. Sindaco

22) In base alla Costituzione italiana, la libertà personale è:

A. inviolabile
B. sacra
C. assoluta
D. totale
E. soggettiva

23) È un atto avente forza di legge emanato dal potere esecutivo per delega del potere legislativo:

A. il referendum
B. il Decreto del Presidente della Repubblica
C. il Decreto legislativo
D. il Decreto ingiuntivo
E. il Decreto Legge

24) La capacità di eleggere e di essere eletti Senatori si acquista, rispettivamente:

A. a 18 e a 40 anni
B. a 25 e a 50 anni
C. a 21 e a 50 anni
D. a 25 e a 40 anni
E. a 18 e a 50 anni

25) L'amnistia si ha quando:

A. viene condonata in tutto o in parte la pena inflitta

B. lo Stato rinuncia ad accertare e/o punire alcuni tipi di reato
C. viene concessa al condannato la possibilità di uscire dal carcere o dal riformatorio
D. il condannato a pene detentive viene ammesso alla libertà condizionata
E. il condannato all'ergastolo usufruisce di una riduzione della pena

26) Quale dei seguenti non ha ricoperto la carica di Presidente della Repubblica?

A. Giulio Andreotti
B. Francesco Cossiga
C. Enrico De Nicola
D. Oscar Luigi Scalfaro
E. Giovanni Leone

27) I primi dodici articoli della Costituzione italiana contengono:

A. i principi fondamentali
B. i diritti e doveri dei cittadini
C. l'ordinamento della Repubblica
D. la formazione delle leggi
E. i rapporti etico-sociali

28) Da chi sono svolte le funzioni del Presidente della Repubblica nel caso che egli non possa adempierle?

A. Dal Presidente del Consiglio dei ministri
B. Da nessuno; si indice necessariamente l'elezione del nuovo Presidente della Repubblica
C. Dal Presidente della Camera dei deputati
D. Dal Presidente del Senato
E. Dal Presidente della Corte Costituzionale

29) La crisi di Governo si determina quando:

A. un Ministro viene indagato
B. il Governo perde la fiducia delle Camere
C. la situazione economica del Paese è critica
D. le opposizioni lo richiedono
E. il Presidente della Repubblica sfiducia il Parlamento

30) Il disegno di legge è una proposta di legge presentata al Parlamento:

A. dal Consiglio di Stato
B. da almeno 50.000 elettori
C. da qualunque parlamentare
D. da almeno cinque Consigli regionali
E. dal Governo

31) Tra gli istituti specializzati dell'ONU, quale opera per favorire la conoscenza e la comprensione reciproca fra i popoli?

A. Fondo Monetario Internazionale (FMI)
B. Organizzazione Internazionale del Lavoro (OIL)
C. Organizzazione Mondiale della Sanità (OMS)
D. Organizzazione delle Nazioni Unite per l'Educazione, la Scienza e la Cultura (UNESCO)
E. Alto Commissariato delle Nazioni Unite per i rifugiati (UNHCR)

32) Quale delle seguenti istituzioni ha il compito di controllare le finanze dell'Unione Europea?

A. Banca centrale europea
B. Corte dei conti europea
C. Comitato economico e sociale europeo
D. Parlamento europeo
E. Corte di giustizia dell'Unione Europea

33) Cosa stabilisce la Costituzione italiana in merito ai rapporti tra lo Stato e la Chiesa cattolica?

A. La Costituzione italiana all'art. 7 stabilisce che la Chiesa cattolica si trova in posizione di completa dipendenza dallo Stato italiano

B. La Costituzione italiana non affronta in alcun modo la questione dei rapporti tra Stato e Chiesa cattolica
C. La Costituzione italiana recita che “lo Stato e la Chiesa cattolica sono, ciascuno nel proprio ordine, indipendenti e sovrani”
D. Che in proposito non hanno alcun valore i Patti Lateranensi
E. Che i rapporti tra lo Stato e la Chiesa cattolica devono essere stabiliti da leggi ordinarie

34) Il Presidente della Repubblica italiana può sciogliere le Camere?

A. Sì, lo scioglimento delle Camere costituisce l’unica funzione attribuita al Presidente della Repubblica dalla Costituzione
B. No, la Costituzione non prevede alcun caso in cui le Camere possano essere sciolte
C. No, l’unico organo legittimato a sciogliere le Camere è il Presidente del Consiglio dei ministri
D. Sì, la Costituzione italiana prevede che il Presidente della Repubblica possa sciogliere le Camere, o anche una sola di esse
E. No, l’unico organo legittimato a sciogliere le Camere è il vice presidente di ciascun ramo del Parlamento

35) La nostra Costituzione è “rigida”, quindi è immutabile?

A. No, in qualsiasi momento il Parlamento può approvare una modifica alla Costituzione come un qualsiasi altro provvedimento legislativo
B. Può essere modificata, ma può farlo solo il Presidente della Repubblica
C. No, la revisione è possibile ma solo mediante particolari procedure e maggioranze
D. Certo
E. No, la revisione è possibile solo mediante il referendum costituzionale

36) Le leggi entrano in vigore:

A. quindici giorni dopo la loro pubblicazione, a meno che le stesse leggi non stabiliscano un termine diverso
B. in ogni caso, quindici giorni dopo la loro pubblicazione
C. subito dopo la loro promulgazione
D. subito dopo la loro approvazione da parte del Parlamento
E. subito dopo la loro approvazione da parte delle Commissioni permanenti

37) Una forma di regime nella quale tutto il potere statale è nelle mani di un unico uomo si definisce:

A. democrazia
B. autocrazia
C. aristocrazia
D. oligarchia
E. anarchia

38) Il giudice di appello sulle sentenze dei tribunali amministrativi regionali è:

A. la Cassazione
B. la Corte dei Conti
C. la Corte Costituzionale
D. la Corte d’Assise
E. il Consiglio di Stato

39) Qual è la durata della legislatura?

A. La Costituzione italiana prescrive che la Camera dei deputati e il Senato della Repubblica sono eletti, rispettivamente, per sette anni e per sei anni
B. La Costituzione italiana stabilisce che la legislatura duri tre anni
C. La Costituzione italiana prescrive che la Camera dei deputati e il Senato della Repubblica sono eletti per cinque anni

D. La Costituzione italiana prevede che la legislatura duri quattro anni
E. La Costituzione prevede che la legislatura duri fin quando non vengono sciolte le Camere

40) Nel nostro ordinamento non esiste l'istituto:

A. della mozione di sfiducia
B. del referendum abrogativo
C. del referendum costituzionale
D. del voto di fiducia costruttivo
E. del referendum confermativo

41) Quale delle seguenti affermazioni, in materia di diritti e doveri dei cittadini, non è conforme a quanto prescritto dalla Costituzione italiana?

A. Non è ammessa la pena di morte
B. La responsabilità penale è personale
C. L'imputato non è considerato colpevole sino alla condanna definitiva
D. Tutte le pene possono tendere alla rieducazione del condannato
E. La scuola è aperta a tutti

42) Prima di assumere le sue funzioni, il Presidente della Repubblica presta giuramento di fedeltà alla Repubblica e di osservanza della Costituzione; dinanzi a chi presta tale giuramento?

A. Dinanzi al Parlamento in seduta comune
B. Dinanzi al Presidente del Senato
C. Dinanzi ai senatori a vita
D. Dinanzi al Presidente del Consiglio dei ministri
E. Dinanzi al Palazzo del Quirinale

43) Le leggi regionali possono essere fonte del diritto penale?

A. Sì, perché la Costituzione riconosce alle Regioni la potestà legislativa
B. No, perché la Costituzione non riconosce alle Regioni la potestà legislativa
C. Sì, perché le leggi regionali rientrano tra le fonti del diritto
D. Sì, ma soltanto riguardo ai reati penali commessi nell'ambito del proprio territorio
E. No, perché la potestà legislativa in materia penale spetta solo allo Stato

44) Perché ne sia garantita l'autonomia di giudizio, la magistratura costituisce un ordine autonomo, che non dipende:

A. dal Governo, ma dipende solo dal Parlamento
B. né dal Parlamento né dal Governo
C. dal Parlamento, ma dipende solo dal Governo
D. dal Parlamento, ma dal Governo e dal Presidente della Repubblica
E. dal Parlamento né dal Governo, ma solo dal Presidente della Repubblica

45) Che cosa è necessario per riformare un articolo della Costituzione italiana?

A. Due deliberazioni da parte di entrambe le Camere e la maggioranza assoluta nella seconda votazione in ciascuna Camera
B. Un'unica deliberazione di entrambe le Camere e la maggioranza dei due terzi al Senato
C. Un'unica deliberazione a Camere riunite alla presenza del Presidente della Repubblica
D. Due deliberazioni a Camere riunite alla presenza del Presidente della Repubblica
E. Un decreto legge approvato dal Consiglio dei Ministri ed emanato dal Presidente della Repubblica

46) Quanti elettori possono richiedere un referendum abrogativo?

A. Settantamila elettori
B. Cinquantamila elettori
C. Cinquecentomila elettori

D. Centomila elettori
E. Trentamila elettori

47) In Italia la Festa della Repubblica si celebra il giorno:

A. 1° maggio
B. 5 luglio
C. 8 settembre
D. 2 giugno
E. 14 luglio

48) Non è una Regione a statuto speciale:

A. Trentino-Alto Adige
B. Friuli-Venezia Giulia
C. Veneto
D. Valle d'Aosta
E. Sicilia

49) Quale organo dell'ONU ha il potere decisionale?

A. L'Assemblea generale
B. La Corte Suprema
C. Il Gran Consiglio degli Stati
D. Il Consiglio di sicurezza
E. La Corte internazionale di giustizia

50) La Dichiarazione universale dei diritti umani è stata emanata:

A. nel 1948
B. nel 1987
C. nel 2003
D. nel 1789
E. nel 1816

51) Da chi fu discussa, elaborata ed approvata la Costituzione italiana?

A. Dal Parlamento
B. Dall'Assemblea Costituente
C. Dal Consiglio dei Ministri
D. Dal Senato della Repubblica
E. Dal Gran Consiglio del fascismo

52) La Costituzione italiana prevede l'esistenza dei partiti politici?

A. Sì, l'art. 49 dispone la facoltà di tutti i cittadini di associarsi liberamente in partiti
B. No, l'esistenza dei partiti è una consuetudine storica
C. No, i partiti politici sono espressione della democrazia moderna
D. Sì, ma solo di quelli che già esistevano al momento dell'approvazione della carta costituzionale
E. Sì, nelle disposizioni transitorie e finali

53) Come si chiama l'atto giudiziario col quale una persona viene informata che il Pubblico Ministero sta indagando nei suoi confronti?

A. Indagini preliminari
B. Istruttoria
C. Ipotesi di reato
D. Incidente probatorio
E. Informazione di garanzia

54) Chi ha l'obbligo di esercitare l'azione penale?

A. Il Giudice di pace
B. Il Consiglio di Stato
C. Il Pubblico Ministero
D. Il Giudice naturale
E. Il Guardasigilli

55) Una imposta che incide sull'imponibile attraverso un'aliquota stabile e costante si dice:

A. verticale
B. proporzionale
C. progressiva
D. reale
E. orizzontale

56) A quale organo la Costituzione attribuisce la funzione legislativa?

A. Alla Magistratura
B. Al Governo

C. Al Presidente del Consiglio
D. Al Parlamento
E. Ai singoli ministri

57) Quanto dura in carica il Presidente della Repubblica?

A. 10 anni
B. 7 anni
C. 4 anni
D. 5 anni
E. 3 anni

58) Quanti Paesi firmarono il Trattato di Roma che, nel 1957, diede vita all'odierna Unione Europea?

A. 6 Paesi
B. 5 Paesi
C. 10 Paesi
D. 8 Paesi
E. 25 Paesi

59) Cosa sono i dazi doganali?

A. Imposte che possono essere messe solo sui beni importati sui territori nazionali
B. Imposte che possono essere messe solo sui beni importati o in transito sui territori nazionali
C. Imposte che possono essere messe sui beni importati o esportati sui territori nazionali
D. Imposte che possono essere messe solo sui beni in transito
E. Imposte che possono essere messe solo sui beni esportati

60) La Costituzione italiana, trattando dei diritti e doveri dei cittadini, affronta il tema della famiglia. In proposito all'art. 29 sancisce che la Repubblica riconosce i diritti della famiglia come società naturale fondata:

A. sull'educazione dei figli
B. sul matrimonio
C. sul rispetto dei coniugi
D. sulla salute
E. sulla fedeltà dei coniugi

61) Un terzo dei giudici della Corte Costituzionale è nominato:

A. dall'Associazione Nazionale Magistrati
B. dall'Ordine degli Avvocati
C. dal Consiglio Superiore della Magistratura
D. dal Presidente della Repubblica
E. dal popolo chiamato ad esprimersi tramite referendum

62) Quante regioni sono previste dalla Costituzione italiana?

A. 15
B. 32
C. 21
D. 20
E. 22

63) In quale data l'euro è entrato in circolazione?

A. Il 1° gennaio 2002
B. Il 1° gennaio 2000
C. Il 1° gennaio 2001
D. Il 1° gennaio 2003
E. Il 1° gennaio 1999

64) Indicare il più giovane Presidente degli Stati Uniti d'America:

A. Theodore Roosevelt
B. Barack Hussein Obama
C. John Fitzgerald Kennedy
D. Bill Clinton
E. Ronald Reagan

65) Il diritto al lavoro di tutti i cittadini è sancito:

A. dal diritto sindacale
B. dalla Costituzione
C. dal Codice civile

D. dalla Gazzetta Ufficiale
E. dal Codice penale

66) Uno degli elementi che differenziano la Camera dei Deputati dal Senato della Repubblica è dato dai requisiti richiesti ai cittadini per esercitare la capacità di voto e per essere eletti. Non si può essere eletti senatori se non al superamento:

A. dei 25 anni di età
B. dei 50 anni di età
C. dei 40 anni di età
D. dei 21 anni di età
E. dei 35 anni di età

67) Ai sensi del dettato costituzionale, è senatore di diritto e a vita, salvo rinunzia:

A. chi è stato Presidente del Senato
B. solo chi ha illustrato la patria per meriti civili o sociali
C. chi è stato Presidente della Repubblica
D. chi ha ricoperto la carica di Presidente del Consiglio dei Ministri
E. tutti i senatori che abbiano compiuto 80 anni

68) Dove ha sede il Senato della Repubblica?

A. A Palazzo Madama
B. A Palazzo Montecitorio
C. A Palazzo del Quirinale
D. A Palazzo Venezia
E. A Palazzo Chigi

69) A cosa si riferisce l'espressione semestre bianco?

A. Ai primi sei mesi del mandato del Presidente della Repubblica
B. Ai primi sei mesi di una legislatura
C. Al periodo durante il quale le Camere devono interrompere i lavori parlamentari
D. Al periodo durante il quale le Camere devono approvare tutti i disegni di legge in discussione
E. Al periodo durante il quale il Presidente della Repubblica italiana non può sciogliere le Camere

70) Qual è l'organo deliberativo del Comune?

A. Il Consiglio comunale
B. La Giunta comunale
C. Il Sindaco
D. Il Segretario comunale
E. Il Commissario prefettizio

71) Quale dei seguenti Ministri è anche comunemente detto Guardasigilli?

A. Ministro della Giustizia
B. Ministro della Difesa
C. Ministro dell'Interno
D. Ministro degli Esteri
E. Ministro dell'Economia

72) Qual è la forma di governo dell'Unione Europea?

A. Federale
B. Parlamentare
C. Presidenziale
D. Direttoriale
E. Repubblicana

73) Quale dei seguenti Paesi non fa parte della cosiddetta zona euro?

A. Irlanda
B. Malta
C. Portogallo
D. Danimarca
E. Lussemburgo

74) Qual è la sede permanente della Corte Costituzionale?

A. Il Palazzo Chigi di Ariccia
B. Il Palazzo Barberini a Roma
C. Il Palazzo della Consulta a Roma

D. Il Palazzo Sforza a Milano
E. Castel Sant'Angelo a Roma

75) Quale dei seguenti Paesi è membro permanente del Consiglio di sicurezza dell'ONU?

A. La Spagna
B. Il Cile
C. La Grecia
D. Il Regno Unito di Gran Bretagna
E. Cuba

76) Nel dicembre 1991 si è verificato in Italia l'unico caso di richiesta di messa in stato d'accusa di un Presidente della Repubblica: di chi si trattava?

A. Francesco Cossiga
B. Oscar Luigi Scalfaro
C. Giovanni Leone
D. Giorgio Napolitano
E. Giuseppe Saragat

77) Cosa s'intende per Prodotto Interno Lordo?

A. L'insieme delle spese e delle entrate di uno Stato
B. Il valore complessivo dei beni e dei servizi che vengono prodotti in un Paese
C. L'ammontare totale dei debiti contratti dallo Stato
D. La spesa che lo Stato sostiene per il mantenimento dei Ministeri
E. Il valore complessivo dei beni acquistabili dai cittadini

78) Per scrutinio palese si intende una procedura di votazione:

A. per iscritto
B. per acclamazione
C. per alzata di mano
D. segretata
E. per lettura orale dinanzi all'Assemblea

79) Il referendum abrogativo non è ammesso:

A. per le leggi tributarie e di bilancio
B. per le leggi di amnistia
C. per le leggi di indulto
D. per la ratifica dei trattati internazionali
E. tutte le alternative sono vere

80) Cosa s'intende per Bilancia dei Pagamenti?

A. La registrazione delle transazioni di un Paese con il Resto del mondo
B. Il bilancio dello Stato
C. L'insieme dei crediti vantati da uno Stato nei confronti di un altro
D. Il disavanzo pubblico
E. La registrazione delle entrate di moneta derivanti dalla vendita di beni e servizi

81) Il Consiglio Atlantico, organo supremo della NATO, ha sede a:

A. Bruxelles
B. Ginevra
C. New York
D. Strasburgo
E. Roma

82) Quale tra le seguenti personalità politiche italiane NON è mai stato eletto Presidente della Repubblica?

A. Giuseppe Saragat
B. Giovanni Gronchi
C. Giovanni Spadolini
D. Luigi Einaudi
E. Carlo Azeglio Ciampi

83) Quale dei seguenti noti personaggi del mondo politico, in un discorso del 1950, propose per la prima volta un'unione dei Paesi europei?

A. Il Primo ministro britannico Winston Churchill

B. Il ministro degli Affari Esteri francese Robert Schuman
C. Il Presidente della Repubblica Italiana Giovanni Leone
D. Il Presidente della Repubblica democratica tedesca Walter Ulbricht
E. Il Presidente del Consiglio italiano Alcide De Gasperi

84) Come viene chiamato in Germania il Capo del Governo?

A. Cancelliere
B. Lord Major
C. Segretario di Stato
D. Capo del Bundestag
E. Presidente

85) Di quanti articoli si compone la nostra Costituzione?

A. 150
B. 438
C. 491
D. 139
E. 135

86) Come si definiscono le sentenze della Corte Costituzionale che negano l'incostituzionalità di una legge?

A. Sentenze di rigetto
B. Sentenze costitutive
C. Sentenze nomofilattiche
D. Sentenze di accoglimento
E. Sentenze negative

87) I Paesi membri dell'ONU aventi diritto di veto sono:

A. tutti gli Stati membri del Consiglio di Sicurezza
B. Stati Uniti, Russia, Cina, Italia, Gran Bretagna, Francia
C. Stati Uniti e Gran Bretagna
D. Stati Uniti, Russia, Cina, Gran Bretagna, Francia
E. Stati Uniti, Russia, Cina, Giappone, Gran Bretagna, Francia

88) In base alla Costituzione italiana, chi giudica sulle accuse promosse contro il Presidente della Repubblica?

A. Il Parlamento in seduta plenaria
B. La Magistratura ordinaria
C. L'Avvocatura di Stato
D. La Corte Costituzionale
E. La Suprema Corte di Cassazione

89) Quanti anni restano in carica i giudici della Corte costituzionale?

A. 5 anni
B. 10 anni
C. 9 anni
D. 7 anni
E. A vita

90) Quale delle seguenti affermazioni è corretta in base al dettato costituzionale?

A. Solo i provvedimenti restrittivi della libertà personale devono essere motivati
B. Tutti i provvedimenti giurisdizionali devono essere motivati
C. Solo i provvedimenti amministrativi devono essere motivati
D. Alcuni provvedimenti giurisdizionali possono essere motivati a discrezione del giudice
E. Tutti i provvedimenti emessi dalle autorità di pubblica sicurezza devono essere motivati e sono immediatamente ricorribili per Cassazione

91) Secondo la Costituzione italiana, lo Stato italiano e la Chiesa sono:

A. sovrani e indipendenti, ciascuno nel proprio ordine
B. dipendenti, nel senso che l'ordinamento della Chiesa deve essere conforme a quello dello Stato italiano
C. sovrani ciascuno nel proprio ordine, ma la Chiesa dipende economicamente dallo Stato italiano

D. indipendenti, ma l'ordinamento della Repubblica deve tenere conto dei principi della religione cattolica, che è la religione di Stato
E. dipendenti, nel senso che l'ordinamento dello Stato deve essere conforme ai principi della Chiesa

92) Secondo la Costituzione italiana, la Repubblica richiede espressamente l'adempimento dei doveri inderogabili di solidarietà politica, economica e:

A. umana
B. nazionale
C. popolare
D. cristiana
E. sociale

93) Prima di assumere le proprie funzioni, i ministri prestano giuramento:

A. nelle mani del Presidente del Consiglio dimissionario
B. sul Vangelo e sulla Costituzione
C. davanti al popolo italiano rappresentato dal senatore a vita più anziano
D. nelle mani del Presidente della Repubblica
E. in nome del popolo italiano

94) Quale dei seguenti è un requisito indispensabile perché uno Stato possa essere accettato nell'Unione Europea?

A. Rispetto dei parametri di Maastricht
B. Sottoscrizione del Trattato di Kyoto
C. Stabilità della democrazia
D. Essere membro permanente del Consiglio di Sicurezza dell'ONU
E. Avere la bilancia commerciale in attivo da almeno cinque anni

95) La norma giuridica ha carattere coercitivo perché:

A. il suo rispetto si impone con la forza o minacciando di usarla
B. è spontaneamente accettata dall'uomo
C. deve essere osservata dai cittadini solo in casi eccezionali
D. essa si fonda esclusivamente sull'uso della bonaria persuasione
E. deve essere imposta all'uomo in quanto incapace di autogestirsi

96) Cosa sanciscono in generale le leggi?

A. Solo i doveri dei cittadini
B. Solo i diritti dei cittadini
C. La posizione di preminenza dello Stato nei confronti dei cittadini
D. I diritti e i doveri dei cittadini
E. Solo le materie non espressamente trattate dalla Costituzione

97) Lo Stato è rappresentativo se:

A. rappresenta le classi sociali meno abbienti
B. rappresenta effettivamente tutti i cittadini aventi diritti al voto
C. il popolo esercita la sovranità attraverso i suoi rappresentanti
D. rappresenta esclusivamente le classi sociali produttive
E. rappresenta tutti i cittadini maggiorenni e con un titolo di studio superiore

98) Il diritto di sciopero nei servizi pubblici essenziali:

A. può essere esercitato in qualsiasi momento senza preavviso
B. non è regolato da alcuna norma
C. è assolutamente vietato
D. può essere esercitato solo in particolari periodi dell'anno
E. è disciplinato da apposita legge

99) Non è ammesso il referendum popolare per le leggi:

A. che disciplinano la materia elettorale
B. tributarie e di bilancio

C. costituzionali
D. disciplinanti l'ordinamento della Magistratura
E. in materia penale

100) Il Presidente della Repubblica alla scadenza del mandato è rieleggibile?

A. No, alla scadenza del mandato il Presidente diventa senatore a vita
B. Sì, ma solo in seguito ad accordo unanime del Parlamento
C. Sì, in quanto il testo costituzionale non pone alcun espresso divieto al riguardo
D. Sì, ma solo per una volta
E. No, alla scadenza del mandato il Presidente non può ricoprire alcuna carica istituzionale

RISPOSTE CORRETTE

1) C	21) B	41) D	61) D	81) A
2) A	22) A	42) A	62) D	82) C
3) B	23) C	43) E	63) A	83) B
4) D	24) A	44) B	64) C	84) A
5) A	25) B	45) A	65) B	85) D
6) C	26) A	46) C	66) C	86) A
7) C	27) A	47) D	67) C	87) D
8) E	28) D	48) C	68) A	88) D
9) A	29) B	49) D	69) E	89) C
10) B	30) E	50) A	70) A	90) B
11) A	31) D	51) B	71) A	91) A
12) C	32) B	52) A	72) B	92) E
13) B	33) C	53) E	73) D	93) D
14) A	34) D	54) C	74) C	94) C
15) D	35) C	55) B	75) D	95) A
16) C	36) A	56) D	76) A	96) D
17) B	37) B	57) B	77) B	97) C
18) A	38) E	58) A	78) C	98) E
19) D	39) C	59) C	79) E	99) B
20) C	40) D	60) B	80) A	100) C

CAPITOLO 5
Geografia

5.1 • Geografia fisica

Geografia d'Italia

1) Parlando delle catene montuose che si estendono nella Penisola italiana, si può dire che le Cozie appartengono:

A. alle Alpi Centrali
B. alle Alpi Orientali
C. agli Appennini
D. alle Alpi Occidentali
E. alle Dolomiti

2) Escludendo la Sicilia e la Sardegna, quale tra le regioni italiane vanta la maggiore lunghezza del proprio litorale?

A. Puglia
B. Campania
C. Liguria
D. Toscana
E. Calabria

3) L'isola di Lipari appartiene al territorio della Provincia di:

A. La Spezia
B. Grosseto
C. Napoli
D. Messina
E. Reggio Calabria

4) Il Cilento fa parte del territorio della regione:

A. Lazio
B. Sicilia
C. Puglia
D. Campania
E. Calabria

5) In Italia sono presenti alcuni vulcani, tra i quali il maggiore per altitudine è:

A. Vesuvio
B. Stromboli
C. Etna
D. Vulcano
E. Campi Flegrei

6) Il territorio della penisola italiana è interessato da due catene montuose, quali?

A. Le Alpi lungo tutta la penisola e gli Appennini a sud
B. Le Alpi a nord e gli Appennini lungo tutta la penisola
C. Le Alpi a sud e gli Appennini a nord
D. I Carpazi e le Alpi a nord e gli Appennini a sud
E. Gli Appennini a nord e le Alpi lungo tutta la penisola

7) Qual è il nome del noto Parco Nazionale presente in Basilicata?

A. Parco Nazionale dello Stelvio
B. Parco Nazionale del Gran Sasso
C. Parco Nazionale della Maiella
D. Parco Nazionale del Pollino
E. Parco Nazionale del Circeo

8) Quale delle seguenti affermazioni è corretta?

A. La Sicilia è la più grande isola del Mediterraneo
B. La Corsica è la più grande isola del Mediterraneo

C. Creta è la più grande isola del Mediterraneo
D. La Sardegna è la più grande isola del Mediterraneo
E. Capri è la più grande isola del Mediterraneo

9) Il Golfo di Squillace e l'Aspromonte si trovano:

A. in Abruzzo
B. in Emilia-Romagna
C. in Liguria
D. in Calabria
E. in Campania

10) È il più grande dei laghi italiani e prealpini, è di origine glaciale e si trova nell'Italia settentrionale. Si tratta del:

A. lago Trasimeno
B. lago di Varano
C. lago di Massaciuccoli
D. lago di Garda
E. lago di Bolsena

11) Le Alpi rappresentano la più imponente catena montuosa interamente in territorio europeo. Quale tra le seguenti è la più alta vetta alpina?

A. Il Monte Cimone
B. La Maiella
C. Il Gran Sasso
D. Il Monte Bianco
E. Il Monte Rosa

12) In quale regione italiana è situato il promontorio del Gargano?

A. Calabria
B. Campania
C. Toscana
D. Puglia
E. Sicilia

13) La Penisola Salentina si trova nel territorio della:

A. Calabria
B. Puglia
C. Campania
D. Sicilia
E. Sardegna

14) Cos'è e dove si trova il Gennargentu?

A. Un fiume che scorre nella Maremma toscana
B. Un altopiano situato nella zona del Polesine, in Veneto
C. Un lago di origine alpina situato nel Trentino-Alto Adige
D. Un massiccio montuoso situato nell'area centro-orientale della Sardegna
E. Un centro turistico molto rinomato della Calabria

15) In quale delle seguenti regioni italiane il francese è la lingua ufficiale accanto all'italiano?

A. Valle d'Aosta
B. Liguria
C. Toscana
D. Veneto
E. Trentino-Alto Adige

16) Nel sistema orografico italiano la vetta più alta è costituita:

A. dal Velino
B. dal Monte Bianco
C. dalla Maiella
D. dal Gran Sasso
E. dal Monte Matese

17) Il Lago di Garda appartiene al Trentino-Alto Adige?

A. No, è un lago totalmente veneto
B. Sì, anche se solo la parte settentrionale
C. Sì, per intero

D. No, appartiene solo al Veneto e alla Lombardia
E. No, appartiene in parte al Trentino e in parte al Friuli

18) La Val Venosta si trova:

A. in Abruzzo
B. in Trentino-Alto Adige
C. in Campania
D. in Toscana
E. nel Lazio

19) In quali regioni si estende il Parco Nazionale del Gran Paradiso?

A. Lombardia e Trentino-Alto Adige
B. Piemonte e Valle d'Aosta
C. Liguria e Toscana
D. Lombardia e Valle d'Aosta
E. Veneto ed Emilia-Romagna

20) In Valle d'Aosta qual è la lingua ufficiale, oltre all'Italiano?

A. Il Francese
B. Lo Slavo
C. Il Tedesco
D. Il Ladino
E. L'Albanese

21) Quale tra le seguenti isole non appartiene all'arcipelago delle Egadi?

A. Salina
B. Levanzo
C. Marettimo
D. Favignana
E. Maraone

22) I valichi dello Stelvio e del Tonale mettono in comunicazione:

A. Trentino-Alto Adige e Austria
B. Trentino-Alto Adige e Veneto
C. Trentino-Alto Adige e Lombardia
D. Trentino-Alto Adige e Friuli-Venezia Giulia
E. Trentino-Alto Adige e Valle d'Aosta

23) Nel Friuli-Venezia Giulia è presente il territorio del Carso; esso:

A. è una zona umida che ben si presta alla risicoltura
B. è un terreno fertile, adatto alle coltivazioni
C. essendo formato di rocce calcaree molto permeabili ha una rete idrografica per lo più ipogea
D. è un litorale basso e sabbioso, simile alla costa romagnola
E. è un terreno vulcanico molto fertile

24) Sul territorio italiano sono presenti diverse minoranze linguistiche; dialetti greci si trovano:

A. nel Salento e nell'Aspromonte
B. nel Polesine
C. nella Lunigiana
D. nella Bassa Maremma
E. nel Cilento

25) In quali regioni scorre il Po?

A. Piemonte, Lombardia, Emilia-Romagna e Toscana
B. Piemonte, Lombardia, Emilia-Romagna e Veneto
C. Piemonte, Emilia-Romagna, Veneto e Friuli-Venezia Giulia
D. Piemonte, Lombardia, Emilia-Romagna e Friuli-Venezia Giulia
E. Piemonte, Emilia-Romagna e Friuli-Venezia Giulia

26) Quale tra le seguenti affermazioni relative ai confini dello Stato italiano, non è corretta?

A. L'Italia ha confini terrestri con Francia, Germania, Austria, Croazia e Slovenia
B. L'Italia ha confini terrestri con Francia, Svizzera, Austria e Slovenia
C. L'Italia ha confini terrestri solo da Nord-Ovest a Nord-Est

D. Il tratto peninsulare dell'Italia è circondato dai mari mediterranei: Ligure, Tirreno, Ionio e Adriatico
E. I confini territoriali dello Stato italiano si estendono complessivamente per 1.800 km

27) Dove si innalza il massiccio del Cervino? A quale sezione delle Alpi appartiene?

A. Si innalza al confine tra la Valle d'Aosta e il cantone svizzero del Vallese ed appartiene alle Alpi Pennine
B. Si innalza in Valle d'Aosta ed appartiene alle Alpi Graie
C. Si innalza in Piemonte ed appartiene alle Alpi Graie
D. Si innalza in Piemonte ed appartiene alle Alpi Pennine
E. Si innalza in Lombardia ed appartiene alle Alpi Pennine

28) In quale regione italiana si trovano le zone del Sannio e dell'Irpinia?

A. In Toscana
B. In Emilia-Romagna
C. In Calabria
D. In Campania
E. In Umbria

29) Tra i rilievi del territorio italiano vi sono vette che superano i 4.000 m di altitudine?

A. Sì, tra esse il Terminillo e il Monte Cervino
B. Sì, tra esse il Velino e il Pizzo Bernina
C. Sì, tra esse il Monte Rosa e il Gran Paradiso
D. No, l'unica vetta che si avvicina ai 4.000 m è il Monte Bianco
E. Sì, tra esse il Matese e il Monte Rosa

30) In quali regioni italiane si concentra maggiormente la coltivazione di pomodori?

A. Campania, Puglia ed Emilia-Romagna
B. Piemonte e Liguria
C. Lombardia, Veneto e Trentino-Alto Adige
D. Abruzzo e Marche
E. Calabria e Campania

31) A quale regione appartiene il Polesine che nel 1951 fu colpito da una disastrosa alluvione costringendo 160.000 persone a lasciare la propria abitazione?

A. Lombardia
B. Sicilia
C. Veneto
D. Campania
E. Liguria

32) Cos'è e dove si trova l'Aspromonte?

A. È il picco montuoso più alto della Sardegna
B. È il massiccio montuoso della Calabria
C. È un vulcano spento in Sicilia
D. È un'isola dell'arcipelago delle Tremiti
E. È un picco montuoso delle Alpi Graie

33) In quale di queste località esistono delle rinomate terme sorte per la presenza di fenomeni vulcanici attivi?

A. Frosinone
B. Ischia
C. Siena
D. Merano
E. Prato

34) Dove si trova il Canale di Sicilia?

A. Nel tratto di mare tra la Sicilia e la Sardegna
B. Nel tratto di mare tra la Sicilia e la Calabria
C. Nel tratto di mare tra la Sicilia e la Tunisia

D. Nel tratto di mare tra la Sicilia e le Isole Eolie
E. Nel tratto di mare tra la Sicilia e le Isole Egadi

35) Qual è, dopo la Sicilia, la regione più estesa d'Italia?

A. Lombardia
B. Sardegna
C. Campania
D. Piemonte
E. Emilia Romagna

36) In quale regione si trova il Parco Nazionale delle Cinque Terre?

A. Campania
B. Basilicata
C. Liguria
D. Abruzzo
E. Molise

37) In quale zona d'Italia il fenomeno del bradisismo è più accentuato?

A. Napoli
B. Pozzuoli
C. Venezia
D. Ancona
E. Friuli

38) Qual è la pianura italiana più estesa dopo quella padana?

A. Tavoliere delle Puglie
B. Campidano
C. Pianura Veneta
D. Agro Pontino
E. Pianura Pisana

39) Cosa sono le "foibe"?

A. Canali d'irrigazione
B. Fiumi sotterranei
C. Nevicate particolarmente persistenti
D. Strette fenditure del paesaggio carsico, tipiche del Friuli-Venezia Giulia
E. Vegetazione alpina

40) L'orografia è:

A. mappa dei giacimenti d'oro nel mondo
B. scrittura con penna dalla punta in oro
C. branca della geografia che si occupa dei rilievi terrestri
D. sezione della geografia che si occupa dei corsi d'acqua
E. corretta rappresentazione scritta di suoni e parole

Geografia europea ed extraeuropea

41) Di quale arcipelago fa parte l'isola di Formentera?

A. Cicladi
B. Canarie
C. Baleari
D. Azzorre
E. Capo Verde

42) In quale paese dell'Europa dell'est si parla una lingua latina?

A. Polonia
B. Romania
C. Bulgaria
D. Ungheria
E. Slovacchia

43) Qual è l'isola per metà greca e per metà turca?

A. Ceylon
B. Creta
C. Cefalonia
D. Cipro
E. Corfù

44) A quale nazione appartengono le isole Azzorre?

A. Portogallo
B. Spagna
C. Marocco
D. Algeria

E. Tunisia

45) Qual è la capitale della Scozia?

A. Glasgow
B. Aberdeen
C. Dundee
D. Edimburgo
E. Moray

46) Dove sfocia il Danubio?

A. Mar di Marmara
B. Mar Baltico
C. Mar Egeo
D. Mar Nero
E. Mar Caspio

47) In quale paese è avvenuta nel 1974 la "*rivoluzione dei garofani*"?

A. Cecoslovacchia
B. Polonia
C. Iugoslavia
D. Portogallo
E. Romania

48) Qual è la superficie della Città del Vaticano?

A. Meno di 1 kmq
B. Poco più di un kmq
C. Circa 10 kmq
D. Circa 50 kmq
E. Circa 15 kmq

49) Dove si trova il territorio della Bretagna?

A. Nel nord est della Francia
B. Nel nord ovest della Francia
C. Nel sud dell'Inghilterra
D. A est della Scozia
E. A ovest dell'Inghilterra

50) Qual è il lago più grande d'Europa?

A. Lago di Silvaplana
B. Onega
C. Lago dei Ciudi
D. Iso-Saimaa
E. Ladoga

51) Quale città spagnola è il capoluogo della Catalogna?

A. Siviglia
B. Valencia
C. Barcellona
D. Malaga
E. Madrid

52) Dove si trovano le isole Canarie?

A. A sud della Sicilia
B. A ovest del Portogallo
C. A sud della Spagna
D. A sud-ovest del Marocco
E. A est del Portogallo

53) Dove si trova il mar Rosso?

A. A sud della Somalia
B. A est dell'Egitto
C. A est dell'Arabia Saudita
D. A nord di Israele
E. A nord del Libano

54) Qual è la montagna più alta dell'Africa?

A. Kilimangiaro
B. Kenia
C. Karisimbi
D. Camerun
E. Shimbiris

55) Qual è il golfo più grande del mondo?

A. Golfo di Guinea
B. Golfo del Messico
C. Golfo del Bengala
D. Golfo d'Alaska
E. Golfo Persico

56) A quale arcipelago appartiene la Giamaica?

A. Caroline

B. Piccole Antille
C. Ebridi
D. Grandi Antille
E. Delle Hawaii

57) Chi sono gli originari abitanti dell'Australia?

A. Zulu
B. Boeri
C. Aborigeni
D. Pigmei
E. Afrikaans

58) A chi appartiene la Groenlandia?

A. Canada
B. Danimarca
C. Stati Uniti
D. Russia
E. Alaska

59) Qual è la capitale della Slovacchia?

A. Nitra
B. Praga
C. Brno
D. Bratislava
E. Presov

60) Il Sudafrica è noto per i giacimenti di:

A. piombo
B. zinco
C. diamanti
D. rame
E. zaffiri

61) Dove si parla il fiammingo?

A. Terra del Fuoco
B. Danimarca
C. Finlandia
D. Belgio
E. Francia

62) Qual è lo Stato indipendente più piccolo del mondo?

A. La Città del Vaticano
B. La Repubblica di San Marino
C. Il Principato di Andorra
D. Il Regno del Lesotho
E. L'isola di Cuba

63) Qual è la religione più diffusa in Gran Bretagna?

A. Induista
B. Protestante
C. Cattolica
D. Anglicana
E. Animista

64) Come si chiama la zona compresa fra il tropico del Cancro e il tropico del Capricorno?

A. Zona tropicale
B. Zona boreale
C. Zona australe
D. Zona mediana
E. Zona equatoriale

65) Il tratto di mare compreso tra la Francia settentrionale e le coste meridionali dell'Inghilterra è denominato:

A. Bocche di Bonifacio
B. Golfo di Biscaglia
C. Mar Baltico
D. Canale della Manica
E. Canale di Suez

66) La Normandia, la Bretagna, la Provenza, la Borgogna sono tutte regioni che si trovano in:

A. Ucraina
B. Polonia
C. Francia
D. Spagna
E. Austria

67) Lourdes e Santiago de Compostela, mete di pellegrinaggio di milioni di fedeli, si trovano rispettivamente in:

A. Francia e Portogallo

B. Francia e Spagna
C. Belgio e Spagna
D. Spagna e Portogallo
E. Francia e Belgio

68) La città di Minsk è la capitale:

A. della Russia
B. della Bosnia ed Erzegovina
C. della Bielorussia
D. dell'Ucraina
E. della Bulgaria

69) Dove vivono gli abitanti delle Province Basche?

A. In Portogallo
B. Nella Francia meridionale
C. Nella Repubblica di Andorra
D. In Belgio
E. A Nord della Spagna

70) In quale nazione si trova Greenwich, dove si è convenuto di far passare il meridiano a longitudine "0"?

A. Inghilterra
B. Francia
C. Irlanda
D. Italia
E. Islanda

71) A quale nazione appartengono le isole Baleari?

A. Portogallo
B. Marocco
C. Algeria
D. Spagna
E. Olanda

72) Dove si trova lo Stretto di Bering?

A. È lo stretto che separa la Svezia dalla Danimarca
B. È lo stretto che separa l'America Centrale dall'America del Sud
C. È lo stretto che separa Gibilterra dall'Africa
D. È lo stretto che separa la Scozia dall'Islanda
E. È il passaggio marittimo tra l'Asia (Siberia) e l'America (Alaska)

73) L'Everest, la montagna più alta del mondo, si trova in:

A. Tanzania
B. Nepal
C. Perù
D. Pirenei
E. Australia

74) Quale metropoli si estende su due continenti?

A. Copenhagen
B. Helsinki
C. San Pietroburgo
D. Istanbul
E. Città del Messico

75) Qual è e dove si trova il deserto più esteso della terra?

A. Sahara/Africa
B. Gobi/Asia
C. Deserto Libico/Africa
D. Deserto del Sinai/Arabia
E. Deserto di Atacama/Sud America

76) Quali sono le principali penisole d'Europa?

A. Penisola Iberica, Italia, Norvegia, Penisola Balcanica
B. Penisola Iberica, Italia, Scandinavia, Penisola Balcanica
C. Spagna, Italia, Scandinavia, Penisola Balcanica
D. Penisola Iberica, Italia, Scandinavia, Peloponneso
E. Bretagna, Italia, Scandinavia, Penisola Balcanica

77) Cosa separa la penisola arabica dal continente asiatico?

A. L'Oceano Pacifico
B. Il Mar Nero
C. Il Mar Rosso
D. Il Golfo Persico
E. Il Canale di Suez

78) Lo Stato più esteso degli Stati Uniti d'America è:

A. l'Alaska
B. il Texas
C. il New Mexico
D. la Louisiana
E. l'Arkansas

79) Un atollo è:

A. un'isola circondata da formazioni coralline
B. un'isola corallina a forma di anello che al suo interno racchiude una laguna
C. un'isola delle Antille
D. un blocco di ghiaccio galleggiante
E. una lunga e stretta lingua di sabbia galleggiante detta anche isola di sbarramento

80) La catena montuosa più lunga del mondo è:

A. Carpazi
B. Pirenei
C. Himalaya
D. Cordigliera delle Ande
E. Rocky Mountains

81) Nella penisola iberica, oltre a Spagna e Portogallo, esiste un piccolo Stato indipendente, quale?

A. Malta
B. Liechtenstein
C. Monaco
D. Andorra
E. Città del Vaticano

82) A quali Stati appartiene la Lapponia?

A. Norvegia, Danimarca, Finlandia e Russia
B. Norvegia, Svezia, Finlandia e Russia
C. Finlandia, Svezia, Norvegia
D. Norvegia, Finlandia, Danimarca
E. Norvegia, Svezia, Russia, Canada

83) Quale religione prevale in Germania?

A. Cattolica
B. Metodista
C. Calvinista
D. Luterana
E. Anglicana

84) Dove si trova la Foresta Nera?

A. Nelle Alpi occidentali
B. Nella Svizzera settentrionale
C. Nella Francia orientale
D. Nella Polonia occidentale
E. Nella Germania sud-occidentale

85) Cos'è e dove è situata la Terra del Fuoco?

A. Una penisola/all'estrema punta del Sud America
B. Un'isola/a sud dell'Argentina
C. Un'isola/a sud del Cile
D. Un arcipelago/all'estremità meridionale del Sud America
E. Una lingua di terra/a sud dell'Argentina

5.2 • Geografia economica e umana

86) Quale tra le seguenti affermazioni relative al tasso di mortalità infantile NON è corretta?

A. Il tasso di mortalità infantile esprime il rapporto, per mille nati, fra i bam-

bini morti entro il primo anno di vita e il totale dei bambini nati vivi nello stesso anno
B. Il tasso di mortalità infantile è un forte indicatore del livello di sviluppo di un Paese
C. Un alto tasso di mortalità infantile si registra nei Paesi in cui i servizi sociosanitari sono carenti
D. Un basso livello di istruzione della popolazione è tra le cause di mortalità infantile
E. Nei Paesi sviluppati il tasso di mortalità infantile è pari a zero

87) Come viene definito l'indicatore demografico che misura il numero di anni che un bambino può attendere di vivere rispetto alle condizioni sociali ed economiche del Paese in cui nasce?

A. Tasso di incremento naturale
B. Tasso di fecondità
C. Speranza di vita alla nascita
D. Indice di dipendenza demografica
E. Tasso di mortalità infantile

88) Cos'è la "crisi del debito" dei Paesi in via di sviluppo?

A. È legata all'andamento al ribasso dei prezzi delle materie prime e del petrolio in particolare
B. È la massa del debito che questi Paesi hanno nei confronti dei propri cittadini
C. È l'origine della povertà dei Paesi in via di sviluppo
D. È la conseguenza dell'indebitamento massiccio avvenuto negli anni Settanta del secolo scorso
E. È la conseguenza di una strategia economica che punta a uno sviluppo meno dipendente dall'estero

89) Quali tra questi elementi sono considerati cause interne del sottosviluppo?

A. Bassi livelli educativi, modesti accumuli di capitale, corruzione
B. Colonialismo, elevati flussi migratori, sperequazioni sociali
C. Neocolonialismo economico, bassi tassi demografici, mentalità
D. Interventi delle istituzioni economiche internazionali
E. Mancata integrazione tra il settore industriale e quello agricolo

90) Quale tra le seguenti affermazioni NON è corretta?

A. La malnutrizione, un fenomeno molto diffuso nei Paesi poveri, colpisce lentamente, rallentando lo sviluppo fisico e intellettivo
B. Il movimento migratorio dal Sud al Nord del mondo genera, nei Paesi di origine, l'allontanamento della popolazione giovane e dinamica
C. Per "neocolonialismo" si intende il passaggio da forme di dominazione politico-militare all'ingerenza delle multinazionali
D. Le multinazionali sono imprese oligopolistiche che producono la maggior parte dei beni di largo consumo
E. I Paesi del Sud del mondo, che contano una popolazione pari al 77% di quella mondiale, detengono il 60% del reddito complessivo

91) Tra gli indicatori sociali, utilizzati per misurare il livello di benessere della popolazione, NON si può annoverare:

A. l'offerta turistica
B. il tasso di analfabetismo
C. l'accesso all'acqua potabile
D. il numero di abitanti per medico
E. il livello dei consumi tecnologici

92) Lo sviluppo sostenibile:

A. è un concetto che risale agli anni Cinquanta

B. ha lo scopo di soddisfare le necessità delle attuali generazioni senza pregiudicare le possibilità delle generazioni future
C. è sinonimo di crescita economica
D. mira ad aumentare la produzione di beni di consumo
E. è incompatibile con la salvaguardia dell'ambiente

93) Quale fra queste forme di energia non deriva da una fonte rinnovabile?

A. L'energia eolica
B. L'energia geotermica
C. L'energia nucleare
D. L'energia solare
E. L'energia idroelettrica

94) È vero che la produzione alimentare mondiale sarebbe sufficiente a coprire il fabbisogno calorico della popolazione mondiale?

A. No, altrimenti non ci sarebbe il problema della fame
B. Sì, ma il problema è che i gusti alimentari sono diversi nei vari Paesi
C. No, perché bisogna tener conto delle diverse abitudini e tradizioni alimentari dei vari Paesi
D. Sì, il problema è soprattutto di distribuzione
E. Non è stato calcolato

95) Il più importante fattore di condizionamento della produzione agricola è:

A. l'era geologica del territorio
B. il clima
C. una costante disponibilità di abbondante manodopera
D. la possibilità di disporre e utilizzare ampiamente i concimi chimici
E. un efficiente sistema di irrigazione a cielo aperto

96) In quali regioni italiane si trovano i giacimenti di gas naturale più produttivi?

A. In Italia gli unici giacimenti di gas naturale produttivi sono quelli della Toscana e quelli della Basilicata
B. I giacimenti di gas naturale più produttivi sono quelli della Puglia, seguiti da quelli del Molise, del Lazio e dell'Abruzzo
C. I giacimenti di gas naturale più produttivi sono quelli del Piemonte, seguiti da quelli della Lombardia, del Veneto e della Calabria
D. I giacimenti di gas naturale più produttivi sono quelli dell'Emilia-Romagna, seguiti da quelli delle Marche, della Calabria, dell'Abruzzo e della Puglia
E. I giacimenti di gas naturale più produttivi sono quelli della Lombardia, seguiti da quelli dell'Emilia-Romagna e della Puglia

97) Da quale risorsa naturale si ricava l'energia elettrica prodotta in Toscana?

A. Dai soffioni boraciferi della zona di Larderello
B. Dall'abbondanza di acqua, dovuta alla presenza di numerosi corsi d'acqua che percorrono la Maremma
C. Dal vento, caratterizzante il clima delle colline senesi
D. Dall'irraggiamento solare, presente per la maggior parte dell'anno grazie al clima favorevole
E. Dalle immense distese di pale eoliche presenti praticamente su tutto il territorio regionale

98) Che cosa produce il settore economico denominato "terziario"?

A. Attività artigianali
B. Attività minerarie
C. Agricoltura
D. Servizi
E. Industrie

99) Il fenomeno delle carestie è dovuto solo alla scarsità di cibo e riguarda solo il continente africano?

A. Le carestie dipendono solo dalla scarsità di cibo in certe annate e hanno colpito esclusivamente l'Africa
B. Le carestie dipendono solamente dalla scarsità di cibo in certe annate e hanno colpito tutti i continenti
C. Le carestie dipendono da diversi fattori e hanno colpito Paesi diversi in tempi diversi
D. Le carestie dipendono da diversi fattori, pur avendo colpito solo Paesi asiatici e africani
E. Le carestie colpiscono i Paesi in cui imperversano le guerre

100) Cosa si intende per "rivoluzione verde" in agricoltura?

A. La selezione di nuove sementi adatte all'aridocoltura e diffusesi nelle fasce predesertiche
B. L'avvento negli ultimi anni di coltivazioni geneticamente modificate
C. L'introduzione, negli anni Sessanta del secolo scorso, di nuovi cultivar in certe regioni dell'Asia in modo da poter incrementare la produzione
D. La diffusione dell'agricoltura biodinamica nei Paesi del Nord del mondo
E. La graduale ma costante sostituzione degli antiparassitari con pratiche maggiormente rispettose dell'ecosistema

RISPOSTE CORRETTE

1) D	21) A	41) C	61) D	81) D
2) A	22) C	42) B	62) A	82) B
3) D	23) C	43) D	63) D	83) D
4) D	24) A	44) A	64) A	84) E
5) C	25) B	45) D	65) D	85) D
6) B	26) A	46) D	66) C	86) E
7) D	27) A	47) D	67) B	87) C
8) A	28) D	48) A	68) C	88) D
9) D	29) C	49) B	69) E	89) A
10) D	30) A	50) E	70) A	90) E
11) D	31) C	51) C	71) D	91) A
12) D	32) B	52) D	72) E	92) B
13) B	33) B	53) B	73) B	93) C
14) D	34) C	54) A	74) D	94) D
15) A	35) D	55) C	75) A	95) B
16) B	36) C	56) D	76) B	96) D
17) B	37) B	57) C	77) D	97) A
18) B	38) C	58) B	78) A	98) D
19) B	39) D	59) D	79) B	99) C
20) A	40) C	60) C	80) D	100) C

CULTURA MATEMATICO-SCIENTIFICA

CAPITOLO 1
Biologia

1) Quale di queste proteine NON è contenuta nel plasma?

A. Anticorpi
B. Emoglobina
C. Albumina
D. Fibrinogeno
E. Lipidi

2) Secondo la teoria classica neo-darwinista dell'evoluzione, quali sono le unità biologiche che evolvono?

A. Le popolazioni
B. Le specie
C. Le sottospecie
D. Gli individui
E. Le cellule

3) La classificazione degli organismi attuata da Linneo si basava su:

A. il genotipo
B. la storia evolutiva
C. il fenotipo
D. i caratteri biomolecolari
E. i caratteri cellulari

4) Gli stami sono:

A. le cavità presenti nei tessuti parenchimatosi
B. i minuscoli fori presenti sulla superficie delle foglie
C. gli organi produttori di polline
D. un particolare tipo di radici aeree
E. delle radici sotterranee

5) Quale di queste affermazioni riguardante gli enzimi è vera?

A. Sono sostanze di natura sintetica
B. Sono sostanze di natura lipidica
C. L'enzima viene trasformato dalla reazione che catalizza
D. Ognuno di essi può catalizzare tanti tipi di reazioni
E. Ognuno di essi catalizza un determinato tipo di reazione

6) La denominazione *Equus caballus* indica:

A. il genere e la specie
B. la classe e il genere
C. l'ordine e la classe
D. la famiglia e il genere
E. il tipo di specie

7) I principali costituenti dei fosfolipidi presenti nelle membrane biologiche sono:

A. polisaccaridi
B. acidi grassi
C. idrocarburi
D. terpeni
E. enzimi

8) Il collagene è il principale componente:

A. del citoscheletro
B. della lamina nucleare
C. della matrice extracellulare
D. delle strutture giunzionali
E. dell'osseina

9) Il colore della pelle è correlato alla presenza di:

A. emoglobina
B. melanina
C. carotene

D. emocianina
E. ferritina

10) Il codice genetico è un insieme di regole che permette:

A. la riparazione dei danni al DNA causati dalle condizioni ambientali
B. la comprensione del meccanismo di replicazione del DNA
C. la sintesi dell'RNA messaggero sullo stampo del DNA
D. la decifrazione del messaggio genetico scritto nel DNA
E. la delezione cellulare

11) I mitocondri sono organuli che partecipano al processo di:

A. fotosintesi
B. respirazione cellulare
C. secrezione
D. digestione cellulare
E. nessuna delle risposte è corretta

12) Cosa è il miocardio?

A. Una membrana cellulare
B. Una ghiandola
C. Un tessuto muscolare
D. Un tessuto di sostegno
E. Una cavità ematica

13) Con il termine biosfera si intende:

A. le terre emerse
B. le zone di acqua, terra e aria occupate da organismi viventi
C. i mari e gli oceani
D. tutte le opzioni sono errate
E. l'ambiente

14) Un processo si definisce aerobico quando:

A. avviene in presenza di azoto
B. avviene solo ad elevate quote atmosferiche
C. avviene in presenza di ossigeno
D. ha bisogno di energia per poter avvenire
E. in anaerobiosi

15) Quanti sono i regni in cui vengono classificati i viventi?

A. Quattro
B. Tre
C. Sei
D. Cinque
E. Otto

16) Gli stomi sono:

A. i connettivi vegetali
B. peli urticanti vegetali
C. aperture sulle superfici delle foglie
D. peli radicali
E. i tessuti spinosi

17) Il gambero appartiene alla classe:

A. degli aracnidi
B. dei crostacei
C. dei poriferi
D. dei condroitti
E. dei molluschi

18) Le cellule procariote differiscono dalle cellule eucariote perché:

A. non hanno ribosomi
B. non hanno la membrana plasmatica
C. non hanno il citoplasma
D. non hanno acidi nucleici
E. non hanno il nucleo

19) Il termine "eucariota" si riferisce a:

A. particolari anticorpi
B. particolari cellule ben sviluppate
C. cellule con vero nucleo
D. i cromosomi sessuali
E. i cromatidi

20) Le membrane biologiche sono semipermeabili. Ciò significa che il passaggio di sostanze attraverso di esse:

A. non è completamente libero
B. è completamente libero dall'esterno verso l'interno
C. avviene solo in una metà
D. avviene sempre con un consumo di energia
E. avviene per osmosi

21) Le cellule possono inglobare particelle liquide con un processo chiamato:

A. fagocitosi
B. trasporto attivo
C. pinocitosi
D. esocitosi
E. endocitosi

22) I microtubuli che compongono un centriolo sono organizzati in:

A. 9 coppie periferiche e una tripletta centrale
B. 9 coppie periferiche
C. 9 coppie periferiche e una coppia centrale
D. 9 triplette periferiche
E. 9 coppie centrali

23) La struttura cellulare alla quale sono eventualmente adesi i ribosomi è:

A. il lisosoma
B. il reticolo endoplasmatico
C. il citoscheletro
D. l'apparato di Golgi
E. il mitocondrio

24) La funzione dell'apparato di Golgi è di:

A. modificare le proteine destinate alla secrezione o ad altri organuli
B. costituire una riserva di carboidrati
C. metabolizzare i lipidi
D. demolire sostanze di riserva
E. formare una riserva enzimatica

25) Si definisce "aploide" una cellula:

A. che ha perso il nucleo
B. che si sta dividendo
C. embrionale
D. in cui i cromosomi non hanno il corrispondente omologo
E. in metafase

26) Cosa sono le sinapsi?

A. Organuli cellulari propri delle cellule vegetali
B. Interconnessioni tra neuroni in cui si effettua la trasmissione degli impulsi nervosi
C. Organuli cellulari propri dei neuroni
D. Zone di contatto tra due batteri durante lo scambio di materiale genetico
E. Zone di contatto tra virus

27) Quale funzione hanno le foglie nella vita della pianta?

A. Assorbire sali
B. Assorbire acqua
C. Fotosintetica
D. Riproduttiva
E. Estetica e protettiva

28) Mediante il processo della fotosintesi le piante trasformano anidride carbonica e acqua in:

A. proteine e ossigeno
B. carboidrati e ossigeno
C. acidi nucleici e acqua
D. lipidi
E. azoto e derivati

29) La molecola più utilizzata nello svolgimento delle reazioni endoergoniche cellulari è:

A. il citocromo C
B. la glicina
C. l'adenosintrifosfato
D. il glucosio
E. l'ossidasi

30) La glicolisi è un processo:

A. proprio degli organismi aerobi
B. proprio dei batteri
C. proprio degli organismi anaerobi
D. proprio di tutti gli organismi
E. di origine vegetale

31) Indica quale tra le seguenti è la più tipica funzione biologica degli acidi nucleici:

A. la funzione di riserva energetica
B. la funzione di autoduplicazione
C. la funzione strutturale
D. la funzione catalitica
E. la funzione metabolica

32) La sintesi di RNA è un processo definito:

A. trascrizione
B. trasposizione
C. traduzione
D. terminazione
E. clonazione

33) I geni sono elementi funzionali del genoma che codificano per:

A. RNA e proteine
B. DNA
C. ribosomi
D. nucleo
E. lisosomi

34) Elementi cellulari incapaci di effettuare mitosi sono:

A. gli eritroblasti
B. le cellule germinali
C. le cellule nervose
D. le cellule renali
E. i linfociti

35) La determinazione del sesso nella specie umana, come in altri organismi, dipende:

A. dallo zigote
B. dall'ovulo
C. dallo spermatozoo
D. dall'età
E. dai fattori X

36) La fase della mitosi, caratterizzata dal fatto che tutti i cromosomi si raccolgono al centro della cellula, prende il nome di:

A. profase
B. anafase
C. interfase
D. metafase
E. telofase

37) Gli individui di gruppo sanguigno 0:

A. hanno sempre entrambi i genitori di gruppo 0
B. possono avere figli di qualsiasi gruppo sanguigno
C. hanno sicuramente qualche parente di gruppo 0
D. hanno ereditato un allele di tipo 0 da entrambi i genitori
E. possono avere un genitore di gruppo AB

38) La pecora Dolly, morta nel 2003, è diventata famosa perché:

A. è stata clonata a partire da una cellula di topo
B. è stata clonata a partire da una cellula umana
C. è stato il primo mammifero clonato della storia
D. è stato il primo animale clonato della storia
E. è stato il primo esempio di clonazione vegetale

39) Nella selezione naturale, l'agente selettivo è:

A. la fauna
B. la selezione convergente

C. l'uomo
D. l'ambiente
E. la flora

40) Le vene sono i vasi che:

A. portano il sangue verso il cuore
B. portano il sangue al cervello
C. effettuano la filtrazione della linfa
D. trasportano ossigeno
E. trasportano sostanze cataboliche

41) Negli esseri umani le ghiandole endocrine producono:

A. tessuto osseo
B. sudore
C. ormoni
D. globuli rossi
E. globuli bianchi

42) I primi ominidi del genere *Australopithecus* comparvero all'incirca:

A. 10 milioni di anni fa
B. 5 milioni di anni fa
C. 20 milioni di anni fa
D. 1 milione di anni fa
E. 2 milioni di anni fa

43) Quale degli organismi seguenti è in grado di effettuare la fotosintesi?

A. Corallo
B. Spugna
C. Muschio
D. Protozoo
E. Polipo

44) Un organismo che si riproduce asessualmente genera dei figli che normalmente sono:

A. con una variabilità genetica più elevata
B. più adatti al loro ambiente
C. capaci di sopravvivere più a lungo
D. geneticamente identici tra loro
E. destinati a vivere poco

45) Il micelio è:

A. l'apparato vegetativo dei funghi più evoluti
B. un tipo di membrana
C. un corpo fruttifero
D. una foglia metamorfosata
E. un petalo

46) La molecola coinvolta nel trasferimento dell'informazione genetica dal nucleo al citoplasma è:

A. tRNA
B. mRNA
C. proteine
D. rRNA
E. un enzima

47) Una cellula sta ingerendo particelle solide presenti nell'ambiente extracellulare. Si dice che sta compiendo:

A. apoptosi
B. pinocitosi
C. esocitosi
D. fagocitosi
E. anitosi

48) Due organismi che utilizzano le stesse risorse disponibili in quantità limitate vengono definiti:

A. mutualisti
B. predatori
C. competitori
D. parassiti
E. simbionti

49) Indicare quali prodotti si generano durante la fase luminosa della fotosintesi:

A. NADPH, ATP e ossigeno
B. NADPH, ATP e anidride carbonica
C. NADH, ossigeno e acqua
D. NADH, anidride carbonica e acqua
E. NADP, ATP e anidride carbonica

50) Luigi Pasteur fu un:

A. citologo
B. astronauta
C. matematico
D. allievo di Freud
E. batteriologo

51) L'esatto ordine degli stadi della vita di un insetto è:

A. uovo, pupa, larva, adulto
B. pupa, larva, uovo, adulto
C. uovo, larva, pupa, adulto
D. pupa, uovo, larva, adulto
E. uovo, larva, pupo, adulto

52) L'acqua si muove tra le particelle del suolo verso le radici delle piante per:

A. imbibizione
B. capillarità
C. adesione
D. coesione
E. contatto

53) Le piogge acide sono dovute a modifiche ambientali operate dall'uomo su:

A. ciclo del carbonio e dello zolfo
B. ciclo dell'azoto e del fosforo
C. ciclo dell'azoto e dello zolfo
D. ciclo del carbonio e dell'ossigeno
E. ciclo della CO_2

54) Il carbonio inorganico entra nel ciclo dei viventi mediante il processo di:

A. fossilizzazione
B. decomposizione
C. respirazione
D. fotosintesi
E. degradazione

55) La definizione biologica di specie si fonda:

A. sulle differenze genotipiche tra due organismi
B. sulle differenze anatomiche e di sviluppo tra due gruppi di organismi
C. sull'isolamento riproduttivo di due gruppi di organismi
D. sulle differenze nell'adattamento di due gruppi di individui
E. sulle differenze sferotipiche

56) I batteri:

A. contengono un singolo cromosoma
B. presentano un nucleo delimitato da membrana
C. hanno riproduzione sessuata
D. sono sempre causa di malattia
E. sono sempre autotrofi

57) Un batterio si dice anaerobio obbligato se:

A. vive solo in assenza di ossigeno
B. vive solo in presenza di aria
C. vive in assenza di aria ma si replica solo in presenza di aria
D. vive solo in presenza di ossigeno puro
E. vive senza acqua

58) Il *Plasmodium falciparum*, responsabile della malaria, è un:

A. fungo
B. insetto
C. virus
D. protozoo
E. enzima

59) Che cosa sono gli antibiotici?

A. Sostanze prodotte dalle cellule tumorali
B. Proteine prodotte dall'uomo o da altri mammiferi
C. Sostanze che stimolano il sistema immunitario
D. Sostanze antimicrobiche prodotte da batteri, funghi e vegetali
E. Sostanze di sintesi vegetale

60) Le piante verdi di notte producono:

A. glucosio
B. solo anidride carbonica
C. azoto
D. idrogeno
E. solo ossigeno

61) Il trasporto dei gas respiratori tra esterno e interno negli insetti avviene:

A. attraverso la pelle
B. mediante le antenne
C. mediante trachee
D. mediante i polmoni
E. mediante spore

62) Quale fra i seguenti animali produce uova dotate di guscio rigido?

A. Rana
B. Pinguino
C. Salmone
D. Canguro
E. Balena

63) Gli animali per vivere hanno bisogno dei vegetali, perché rimarrebbero privi di:

A. idrogeno
B. acqua
C. vitamine
D. energia
E. azoto

64) Le cellule sono in grado di compiere reazioni chimiche a temperature relativamente basse soprattutto grazie:

A. agli enzimi
B. alle vitamine
C. ai substrati ricchi di energia
D. all'ATP
E. ai mitocondri

65) Le vitamine sono:

A. sostanze che si trovano solo negli agrumi
B. sostanze da cui l'organismo ottiene calorie
C. sostanze necessarie per l'attività degli enzimi
D. le unità fondamentali delle proteine strutturali
E. sostanze che si trovano negli acidi grassi

66) Individuare l'unica affermazione del tutto corretta.

A. Tutte le cellule contengono mitocondri
B. Tutte le cellule traggono origine da altre cellule
C. Tutte le cellule presentano la parete cellulare
D. Tutte le cellule presentano compartimenti interni
E. Tutte le cellule contengono i loci

67) Molecole di ossigeno entrano in un globulo rosso mediante il processo di:

A. pinocitosi
B. osmosi
C. trasporto attivo
D. diffusione
E. diapedesi

68) Il processo attraverso il quale le sostanze vengono trasportate dall'interno all'esterno della cellula è detto:

A. esocitosi
B. fagocitosi
C. pinocitosi
D. osmosi
E. diffusione

69) La cromatina è:

A. una sostanza responsabile della colorazione della pelle
B. una sostanza colorabile presente nel nucleo delle cellule
C. una proteina presente nelle cellule vegetali

D. una proteina presente in tutte le cellule
E. un patrimonio genetico

70) I lisosomi sono organuli cellulari:

A. in cui avviene il ciclo di Krebs
B. in cui avviene la sintesi delle proteine
C. che contengono enzimi idrolitici
D. in cui avviene la respirazione cellulare
E. che contengono cellule epitelioidi

71) Una cellula è immersa in una soluzione isotonica. Avviene che:

A. l'acqua esce dalla cellula
B. l'acqua entra nella cellula
C. l'acqua entra ed esce dalla cellula in ugual misura
D. la cellula va incontro a lisi
E. la cellula diventa iperplasica

72) La più piccola unità contrattile di un muscolo è:

A. la fibra muscolare
B. il sarcomero
C. la miofibrilla
D. il filamento di astina
E. la capsula

73) In quale parte della cellula vegetale avviene la fotosintesi?

A. Nucleo
B. Ribosomi
C. Mitocondri
D. Cloroplasti
E. Lisosomi

74) La tappa finale della degradazione degli alimenti, quella che porta alla formazione di ATP, avviene:

A. nel citosol
B. nel nucleo
C. nei mitocondri
D. nei ribosomi
E. nel follicolo endoplasmico

75) Quando una molecola di clorofilla è colpita da energia luminosa:

A. la luce verde non è assorbita
B. la luce verde è la più assorbita
C. la luce rossa è riflessa
D. tutte le lunghezze d'onda sono riflesse
E. anche la luce gialla non è assorbita

76) Qual è la sequenza degli eventi che trasformano le informazioni codificate nel DNA in strutture proteiche tridimensionali?

A. Trascrizione – duplicazione – traduzione
B. Traduzione – trascrizione – duplicazione
C. Traduzione – duplicazione – trascrizione
D. Trascrizione – traduzione – duplicazione
E. Duplicazione – trascrizione – traduzione

77) Una proteina è costituita da 100 aminoacidi. Quanti nucleotidi costituiscono l'mRNA codificante?

A. 100
B. 200
C. 300
D. 50
E. 125

78) In quale fase del ciclo cellulare i cromosomi non sono condensati?

A. Nella profase
B. Nell'interfase
C. Nell'anafase
D. Nella metafase
E. Nella telofase

79) Quale dei seguenti ormoni viene rilasciato dalla neuroipofisi?

A. Somatotropina
B. Prolattina

C. Vasopressina
D. Tireostimolante
E. Tirosina

80) Quale, tra i seguenti mammiferi, NON ha dentatura?

A. Il formichiere
B. Il gatto persiano
C. L'armadillo
D. Il bradipo
E. L'istrice

81) Quale delle seguenti piante si riproduce tramite spore?

A. La betulla
B. La felce
C. L'ulivo
D. Il mandorlo
E. Il larice

82) La carenza di vitamina C provoca:

A. rachitismo
B. scorbuto
C. gozzo
D. pellagra
E. ossidazione cellulare

83) La gastrula è:

A. una fase della mitosi
B. un tessuto
C. il rivestimento dello stomaco
D. uno stadio dello sviluppo embrionale
E. la morte di una cellula

84) La mancanza di ferro nell'organismo può provocare:

A. anoressia
B. aporia
C. anossia
D. idiozia
E. astenia

85) In ambito ecologico per "popolazione" si intende:

A. un gruppo numeroso di organismi viventi
B. un gruppo di organismi viventi della stessa specie che occupano una data zona
C. un insieme di organismi viventi di specie affini
D. tutti gli organismi viventi presenti in un preciso ambiente
E. un ecosistema

86) Una fondamentale differenza tra piante ed animali consiste nella capacità di:

A. utilizzare l'ossigeno atmosferico
B. demolire i polisaccaridi
C. riprodursi
D. produrre ossigeno
E. glicolisi

87) Quale tra i seguenti organismi è un animale?

A. Il mais
B. Il lievito
C. Il corallo
D. Il plasmodio
E. Il riso

88) Il regno dei Funghi non è costituito da organismi:

A. autotrofi
B. le cui cellule hanno una parete cellulare composta da chitina
C. per la maggior parte decompositori
D. che possono essere patogeni
E. eterotrofi

89) Negli acidi nucleici gli zuccheri contenuti sono:

A. solo ribosio e deossiribosio a seconda se si tratta di RNA o DNA
B. maltosio e glucosio
C. glucosio e ribosio
D. legati a 2 gruppi fosforici
E. solo il ribosio

90) Le piramidi ecologiche possono rappresentare:

A. concentrazioni di veleni ambientali
B. i cicli biogeochimici
C. le concentrazioni di inquinanti nel suolo
D. le concentrazioni di inquinanti nell'aria
E. la struttura trofica dell'ecosistema

91) Gli animali del fondo marino formano:

A. il surplus
B. il benthos
C. il necton
D. il plancton
E. l'humus

92) Le piastrine si formano:

A. nei muscoli scheletrici
B. nelle vene
C. nel rene
D. nel midollo osseo
E. nel plasma

93) La proteina che ha concentrazione più elevata nel plasma umano è:

A. la gammaglobulina
B. l'emoglobina
C. l'albumina
D. il fibrinogeno
E. la globulina

94) Il processo che fa maturare molte specie animali da larva ad animale adulto si chiama:

A. metamorfosi
B. maturazione
C. metempsicosi
D. meta-trasformazione
E. crisalide

95) Le muffe sono:

A. protozoi
B. funghi
C. licheni
D. batteri
E. metazoi

96) L'ecologia studia:

A. le interazioni tra gli organismi viventi e l'ambiente
B. le interazioni tra gli animali
C. l'inquinamento dell'ambiente
D. le condizioni dell'ambiente
E. l'ecosistema

97) L'ippocampo è:

A. un crostaceo marino
B. un piccolo pesce marino
C. un animale della mitologia con corpo di cavallo e grandi ali bianche
D. una piccola struttura funzionale dell'orecchio che capta i suoni ad alta frequenza
E. un mollusco

98) La sequenza di fasi nella divisione cellulare è:

A. citocinesi, anafase, metafase, profase, telofase
B. profase, metafase, citocinesi, anafase, telofase
C. citocinesi, metafase, profase, anafase, telofase
D. profase, metafase, anafase, telofase, citocinesi
E. telofase, megafase, profase, citocinesi

99) La citodieresi è:

A. la divisione e separazione dei centromeri durante l'anafase della mitosi
B. la suddivisione di ogni cromosoma in due parti identiche
C. la divisione del citoplasma per formare due cellule figlie
D. una manifestazione citologica
E. una mutazione

100) Da cosa sono determinati i gruppi sanguigni?

A. Dai tipi di globuli bianchi del sangue
B. Dagli antigeni presenti sui globuli rossi
C. Solo dal gruppo sanguigno paterno
D. Solo dal gruppo sanguigno materno
E. Dalle ematoporfirine

101) L'acronimo OGM si riferisce:

A. unicamente a organismi vegetali
B. unicamente a organismi animali
C. a organismi unicellulari
D. a qualsiasi organismo vivente
E. soltanto a organismi commestibili

102) I muscoli scheletrici cardiaci e lisci:

A. differiscono solo per struttura anatomica
B. differiscono solo per la sede
C. non differiscono affatto
D. differiscono per sede, funzione e struttura anatomica
E. differiscono per sede e funzione

103) Il tessuto muscolare possiede una proprietà caratteristica:

A. estensibilità
B. contrattilità
C. elasticità
D. permeabilità
E. irritabilità

104) Il cuore:

A. contiene solo sangue non ossigenato
B. contiene solo sangue ossigenato
C. si trova nell'ipocondrio sinistro
D. batte a un ritmo molto diverso da individuo a individuo
E. è formato da un muscolo con caratteristiche intermedie tra quello liscio e quello striato

105) La vena più vicina al cuore prende il nome di:

A. giugulare
B. sopraepatica
C. safena
D. cava
E. iliaca

106) L'atrio sinistro riceve sangue:

A. dalle vene polmonari
B. dalle vene cave
C. dall'aorta
D. dall'atrio destro
E. non ossigenato

107) Una di queste non è una delle cellule circolanti nel sangue:

A. eosinofilo
B. monocita
C. neutrofilo
D. mastocita
E. linfocita

108) I globuli rossi hanno vita assai breve. Vengono distrutti:

A. nei reni
B. nel fegato e nella milza
C. nel midollo osseo
D. nel miocardio
E. nel midollo spinale

109) L'ultimo tratto dell'intestino si chiama:

A. duodeno
B. retto
C. colon
D. ileo
E. cieco

110) Le strutture intestinali deputate all'assorbimento sono:

A. i ponti di villina
B. i filamenti di actina
C. i microfilamenti

D. i microvilli
E. i microtubuli

111) Il fegato è:

A. una ghiandola esocrina isolata
B. un organo linfoide
C. un organo che regola il metabolismo del glucosio
D. una ghiandola olocrina
E. una ghiandola esocrina ed endocrina annessa al canale digerente

112) Il cardias è:

A. uno sfintere dello stomaco
B. una valvola del cuore
C. il muscolo cardiaco
D. uno sfintere del duodeno
E. uno sfintere del retto

113) Il tessuto muscolare liscio:

A. è il tessuto del muscolo cardiaco
B. permette i movimenti dello scheletro
C. possiede cellule allungate contenenti numerosi nuclei
D. costituisce i muscoli volontari
E. risponde a stimoli nervosi e ormonali

114) I muscoli volontari:

A. non esistono
B. sono quelli cardiaci
C. sono quelli connettivi
D. sono quelli lisci
E. sono quelli scheletrici

115) La cellula muscolare si identifica con:

A. la fibra muscolare
B. una tripla-elica
C. l'intero muscolo
D. la miofibrilla muscolare
E. il filamento di miosina

116) La mioglobina è:

A. una proteina enzimatica
B. una proteina muscolare
C. una proteina strutturale
D. una vitamina
E. un enzima

117) La rotula è:

A. un legamento del ginocchio
B. un osso corto del piede
C. una valvola cardiaca
D. sinonimo di patella
E. un muscolo

118) Quali tra le ossa elencate fanno parte del bacino?

A. Pube
B. Tutte le risposte sono esatte
C. Osso sacro
D. Ischio
E. Ileo

119) La clavicola è:

A. un osso della cintura scapolare
B. un osso del cingolo pelvico
C. un organo dell'apparato digerente
D. un legamento del ginocchio
E. un muscolo dell'arto superiore

120) In quale regione della colonna vertebrale cinque vertebre sono fuse insieme in un unico blocco?

A. Regione sacrale
B. Regione toracica
C. Regione cervicale
D. Regione lombare
E. Coccige

121) L'inizio della contrazione a livello della placca motrice di un muscolo scheletrico è permesso da:

A. riassorbimento di ioni calcio da parte dell'actina
B. liberazione di ossigeno da parte dei numerosi mitocondri

C. liberazione di ioni calcio dal reticolo sarcoplasmatico
D. liberazione di ioni Fe^{2+} da parte della mioglobina
E. accorciamento della miosina

122) Il termine opposto di abduzione è:

A. flessione
B. adduzione
C. rotazione
D. rivoluzione
E. estensione

123) L'osso del braccio più vicino alla spalla prende il nome di:

A. omero
B. ulna
C. femore
D. tibia
E. sterno

124) Il movimento di adduzione permette che l'arto:

A. si avvicini al corpo
B. si sposti in avanti
C. si fletta
D. si allontani dal corpo
E. si sposti all'indietro

125) I legamenti servono a:

A. garantire l'azione contrattile del muscolo sulla superficie articolare dell'osso
B. connettere le ossa tra loro, mantenendole in posizione appropriata
C. assicurare la giusta tensione della muscolatura liscia
D. connettere i muscoli scheletrici alle ossa
E. legare i muscoli scheletrici tra di loro

126) Individuare l'accoppiamento improprio.

A. Coxalgia - Dolore
B. Tendinite - Piede
C. Tibia - Gamba
D. Cifosi - Ginocchio
E. Artrite – Articolazione

127) Fa parte dei muscoli della spalla:

A. sartorio
B. gran dorsale
C. trapezio
D. grande pettorale
E. nessuna delle alternative è valida

128) Cos'è l'atlante?

A. Una vertebra toracica
B. Nessuna delle altre risposte è corretta in quanto l'atlante non è una vertebra
C. Una vertebra sacrale
D. Una vertebra cervicale
E. Una vertebra lombare

129) Il muscolo bicipite si trova anteriormente e il tricipite posteriormente:

A. nell'avambraccio
B. nel piede
C. nella gamba
D. nel braccio
E. nella coscia

130) Lo sterno è:

A. un osso anteriore del torace
B. la fase di contrazione del cuore
C. un muscolo dell'avambraccio
D. il nervo che controlla i muscoli della faccia
E. un muscolo del torace

131) Non è un osso:

A. il radio
B. lo sterno
C. il piloro
D. il femore
E. il perone

132) In assenza di malattie specifiche i crampi muscolari sono principalmente dovuti alla perdita da parte dell'organismo di:

A. proteine
B. zuccheri
C. fattori endogeni che regolano la temperatura corporea
D. sali
E. aminoacidi

133) Il movimento è il risultato:

A. di un'azione involontaria
B. della contrazione e del rilassamento di coppie di muscoli, detti antagonisti
C. del rilassamento di un singolo muscolo
D. nessuna delle altre risposte è corretta
E. della contrazione di un singolo muscolo

134) Nella coscia si trovano:

A. il deltoide anteriormente e il tricipite posteriormente
B. il quadricipite anteriormente e il tricipite posteriormente
C. il bicipite posteriormente e il quadricipite anteriormente
D. il bicipite anteriormente e il quadricipite posteriormente
E. solo il quadricipite anteriormente

135) Una sola delle seguenti affermazioni a proposito delle ossa lunghe è corretta. Indicare quale.

A. Generalmente le ossa lunghe si articolano con altre ossa in corrispondenza della diafisi
B. Le ossa lunghe non contengono mai midollo osseo
C. Un osso lungo è formato da due diafisi e una epifisi
D. Un osso lungo è formato da due epifisi e una diafisi
E. La diafisi delle ossa lunghe è formata da una lamina di tessuto osseo compatto che riveste tessuto osseo spugnoso

136) Due muscoli sono detti antagonisti perché:

A. agiscono contemporaneamente
B. producono il movimento in ossa differenti
C. uno produce il movimento negli arti superiori mentre l'altro in quelli inferiori
D. mentre uno è in contrazione l'altro è rilassato, e viceversa, e inoltre fanno muovere lo stesso segmento osseo in direzioni opposte
E. uno si contrae sempre e l'altro si rilassa sempre

137) L'omero è:

A. un osso del braccio
B. un muscolo dell'arto inferiore
C. un muscolo dell'arto superiore
D. un osso della spalla
E. un osso dell'avambraccio

138) Individuare l'accoppiamento improprio.

A. Spalla - Clavicola
B. Menisco - Ginocchio
C. Alluce - Dito
D. Polso – Radio
E. Valgo - Nervo vegetativo

139) Lo scheletro umano è formato da:

A. circa 50 ossa
B. circa 100 ossa
C. circa 200 ossa
D. circa 300 ossa
E. un numero variabile di ossa secondo l'età e il sesso

140) L'attività di una coppia di muscoli antagonisti è tale per cui:

A. scorrono gli uni sugli altri
B. possono solo distendersi
C. possono contrarsi e distendersi contemporaneamente
D. si accavallano
E. possono solo contrarsi

141) Il deltoide è:

A. una delle vertebre cervicali
B. un muscolo che si attacca a scapola, clavicola e omero
C. un muscolo che consente di flettere la testa
D. un osso della scatola cranica
E. un muscolo che permette di incrociare le gambe

142) La fibra muscolare è:

A. la parte striata del tessuto
B. il muscolo
C. l'unità più piccola che forma il muscolo
D. la cellula muscolare
E. la fibra nervosa che innerva il muscolo

143) I muscoli vengono stimolati alla contrazione da:

A. metaboliti
B. ioni H^+
C. neuroni
D. enzimi
E. impulsi nervosi

144) I gameti maschili e femminili:

A. sono i cromosomi Y e X
B. hanno un corredo cromosomico aploide
C. hanno corredo cromosomico aneuploide
D. possiedono 46 cromosomi
E. sono i luoghi di produzione delle cellule sessuali

145) L'agamia è:

A. la riproduzione asessuata
B. la riproduzione sessuata
C. l'assenza di riproduzione
D. la riproduzione partenogenetica
E. una anomalia del processo riproduttivo

146) Con il termine di fecondazione intendiamo:

A. la riproduzione asessuata
B. l'atto sessuale
C. la fusione artificiale di due cellule germinali
D. la produzione di gameti
E. la fusione di due gameti

147) Per cariotipo intendiamo:

A. il numero totale dei cromosomi di un organismo
B. le caratteristiche strutturali di un individuo
C. il numero esatto di denti di un organismo
D. il meccanismo di formazione della matrice mitocondriale
E. il numero totale dei mitocondri nell'uomo

148) Il corredo cromosomico caratteristico di ciascuna specie viene definito:

A. genotipo
B. carioteca
C. carico genetico
D. cariotipo
E. centrosoma

149) Il piede d'atleta è una:

A. espressione comune per indicare un buon camminatore
B. ectoparassitosi
C. micosi
D. forma di ipertrofia da sforzo
E. malattia professionale del calciatore

150) Il virus è:

A. una cellula eucariotica
B. una struttura molecolare, inerte al di fuori di una cellula
C. un particolare tipo di batterio
D. una cellula procariota
E. un protozoo

RISPOSTE CORRETTE

1) B	31) B	61) C	91) B	121) C
2) A	32) A	62) B	92) D	122) B
3) C	33) A	63) D	93) C	123) A
4) C	34) C	64) A	94) A	124) A
5) E	35) C	65) C	95) B	125) B
6) A	36) D	66) B	96) A	126) D
7) B	37) D	67) D	97) B	127) E
8) C	38) C	68) A	98) D	128) D
9) B	39) D	69) B	99) C	129) D
10) D	40) A	70) C	100) B	130) A
11) B	41) C	71) C	101) D	131) C
12) C	42) B	72) B	102) D	132) D
13) B	43) C	73) D	103) B	133) B
14) C	44) D	74) C	104) E	134) C
15) D	45) A	75) A	105) D	135) D
16) C	46) B	76) E	106) A	136) D
17) B	47) D	77) C	107) D	137) A
18) E	48) C	78) B	108) B	138) E
19) C	49) A	79) C	109) B	139) C
20) A	50) E	80) A	110) D	140) E
21) C	51) C	81) B	111) E	141) B
22) D	52) B	82) B	112) A	142) D
23) B	53) C	83) D	113) E	143) E
24) A	54) D	84) C	114) E	144) B
25) D	55) C	85) B	115) A	145) A
26) B	56) A	86) D	116) B	146) E
27) C	57) A	87) C	117) D	147) A
28) B	58) D	88) A	118) B	148) D
29) C	59) D	89) A	119) A	149) C
30) D	60) B	90) E	120) A	150) B

CAPITOLO 2
Chimica

1) In quale gruppo del sistema periodico degli elementi si trovano gli alogeni?

A. III gruppo
B. II gruppo
C. VII gruppo
D. V gruppo
E. VI gruppo

2) Nell'elettrolisi dell'acqua i volumi di idrogeno e ossigeno che si liberano agli elettrodi sono in rapporto di:

A. 2 : 1
B. 3 : 1
C. 1 : 1
D. 1 : 2
E. 1 : 3

3) Il simbolo chimico del bronzo è:

A. Br
B. il bronzo non è un elemento chimico
C. Bo
D. Bn
E. Bz

4) Il simbolo chimico del sodio è:

A. Sc
B. S
C. Si
D. Na
E. Sd

5) La differenza tra gli isotopi 18 e 16 dell'ossigeno consiste nel fatto che:

A. il primo possiede un neutrone e un protone in più
B. il primo possiede due neutroni in più
C. il primo possiede un neutrone e un elettrone in più
D. il primo possiede due protoni in più
E. il primo possiede due elettroni in più

6) Quale, tra le seguenti molecole, è un carboidrato?

A. Il galattosio
B. L'albumina
C. L'acido pantotenico
D. L'elastina
E. Il metano

7) Quale delle seguenti proprietà dei reagenti e dei prodotti viene sempre conservata durante una reazione chimica?

A. Il numero di aggregazione
B. Il numero di ossidazione
C. Lo stato di aggregazione
D. La massa
E. Il colore

8) Le molecole d'acqua interagiscono tra loro per mezzo di legami:

A. covalenti
B. a idrogeno
C. dativi
D. ionici
E. basici

9) Una caratteristica fondamentale di un enzima è:

A. abbassare l'energia necessaria per fare avvenire una data reazione

B. combinarsi in maniera stabile con i reagenti
C. funzionare solo se il substrato è di natura proteica
D. funzionare solo in presenza di ossigeno
E. funzionare anche in presenza di ossigeno

10) La chimica organica studia i derivati:

A. dei carboidrati
B. degli idrocarburi
C. del carbonio
D. delle proteine
E. degli amminoacidi

11) Il legame idrogeno è:

A. un legame ionico
B. presente tra molecole d'acqua
C. un legame covalente
D. presente nel ciclobutano
E. un legame basico

12) Quando una reazione chimica produce calore, questa è detta:

A. solvatazione
B. azeotropica
C. allotropica
D. isotermica
E. esotermica

13) Il legame fosfodiesterico è sicuramente presente:

A. nell'acetato di etile
B. nei peptidi
C. nel saccarosio
D. nel DNA
E. nel glucosio

14) Quale dei seguenti composti NON entra nella costituzione degli acidi nucleici?

A. Guanina
B. Ribosio
C. Guanidina
D. Timina
E. Uracile

15) Quale dei seguenti composti è un lipide?

A. Treonina
B. Colesterolo
C. Glucosio
D. Lisina
E. Saccarosio

16) Qual è l'elemento più elettronegativo?

A. Carbonio
B. Sodio
C. Francio
D. Fosforo
E. Fluoro

17) Quale dei seguenti sistemi non è eterogeneo?

A. Sospensione
B. Fumo
C. Schiuma
D. Emulsione
E. Nessuna delle risposte è corretta

18) Un esempio di proteina è:

A. il saccarosio
B. il collageno
C. il glucosio
D. la cellulosa
E. la vitamina

19) Il nome corretto del composto KCl è:

A. potassio-clorito
B. clorato di potassio
C. cloruro di potassio
D. clorito di potassio
E. clorato potassico

20) Un "acido carbossilico" è:

A. un composto organico che contiene un gruppo "CHO"
B. un composto organico che contiene un gruppo "COOH"
C. un composto organico che contiene un gruppo "CO"
D. un composto organico che contiene un gruppo "CH"
E. un composto organico che contiene un gruppo "CHOO"

21) Quale dei seguenti è un elemento chimico?

A. Il diamante
B. Il topazio
C. Il bronzo
D. Il piombo
E. Lo smeraldo

22) Poiché i pesi atomici di H, S e O sono rispettivamente 1, 32 e 16 u.m.a., il peso molecolare espresso in u.m.a. dell'acido solforico vale:

A. 85
B. 98
C. 76
D. 104
E. 110

23) La cellulosa è:

A. un polisaccaride
B. una proteina vegetale
C. un polimero del fruttosio
D. una proteina che si trova sulla parete cellulare
E. una proteina animale

24) Una soluzione non satura di KBr in acqua rappresenta un esempio di:

A. sistema bifasico
B. sistema colloidale
C. emulsione
D. sistema omogeneo
E. sistema enzimatico

25) Il più abbondante costituente chimico degli organismi è rappresentato da:

A. carboidrati
B. acidi nucleici
C. acqua
D. proteine
E. ossigeno

26) Dire quale, tra i seguenti solventi, è quello più polare.

A. Etano
B. Acqua
C. Metano
D. Esano
E. Acetato di metile

27) Cos'è la distillazione?

A. Non è un processo di separazione
B. È un processo di separazione basato sul diverso peso atomico
C. È un processo di soluzione
D. È un processo di separazione basato sul diverso punto di ebollizione
E. È un processo di separazione basato sul diverso peso molecolare

28) L'idratazione di un alchene produce:

A. un etere
B. un alchino
C. un alcool
D. un altro alchene
E. niente

29) Gli alchini posseggono:

A. un doppio legame C-C
B. un triplo legame C-C
C. un doppio legame C-O
D. un legame singolo C-C
E. un triplo legame C-O

30) L'ossidazione di un alcool secondario porta ad:

A. un epossido
B. un'ammina
C. un chetone
D. un alchene
E. un inerte

31) Quale delle seguenti affermazioni sui tioli è falsa?

A. Sono sostanze acide
B. Contengono un atomo di zolfo
C. Possono essere ossidati
D. Sono sostanze basiche
E. Contengono due atomi di zolfo

32) Quale delle seguenti affermazioni sui composti aromatici è falsa?

A. Non possono essere degli idrocarburi
B. Devono essere ciclici
C. Il benzene è una sostanza aromatica
D. Possono contenere atomi di azoto
E. Contengono solo idrocarburi

33) Quale dei seguenti composti NON è un derivato degli acidi carbossilici?

A. Ammide
B. Estere
C. Alogenuro acilico
D. Etere
E. Nitrili

34) Quale delle seguenti affermazioni sul glucosio è falsa?

A. È costituito da 6 atomi di carbonio
B. È uno zucchero
C. Possiede un gruppo chetonico
D. Possiede una funzione aldeidica
E. Differisce dal galattosio per la sua configurazione

35) Quale degli atomi seguenti NON è presente negli acidi nucleici?

A. Ribosio
B. Azoto
C. Ossigeno
D. Fosforo
E. Zolfo

36) L'albumina è:

A. una vitamina
B. una proteina
C. una globulina
D. uno zucchero
E. un carboidrato

37) La torba è:

A. il nome del sedimento lavico
B. il nome del secondo strato della crosta terrestre
C. un minerale di estrazione lavica
D. un tipo di carbon fossile
E. il nome dell'ultimo strato della crosta terrestre

38) Quale minerale è costituito da carbonio purissimo cristallizzato?

A. Il quarzo
B. Il diamante
C. Il topazio
D. Il rubino
E. L'ametista

39) Quelle elencate rappresentano proprietà delle molecole di acqua, tranne una. Quale?

A. Notevole tensione superficiale
B. Elevata tendenza all'idrolisi spontanea
C. Alto calore specifico
D. Ottimo solvente
E. Capacità di assumere più forme in natura

40) L'azoto in molti mammiferi, compreso l'uomo, si elimina prevalentemente come:

A. amminoacidi
B. ammoniaca

C. urina
D. urea
E. idrazina

41) Gli animali conservano i carboidrati sotto forma di:

A. glucosio
B. glicogeno
C. amido
D. saccarosio
E. galattosio

42) Il composto CaO è:

A. il clorofosfato di calcio
B. l'anidride di calcio
C. l'idrossido di calcio
D. il biossido di calcio
E. l'ossido di calcio

43) Il simbolo chimico del selenio è:

A. Se
B. Sn
C. S
D. il selenio non è un elemento chimico
E. Sl

44) Indicare quale dei seguenti elementi NON è un metallo:

A. Hg
B. Ti
C. P
D. Cu
E. Sn

45) Il simbolo chimico del tungsteno è:

A. T
B. W
C. Su
D. il tungsteno non è un elemento chimico
E. Tg

46) Il simbolo chimico del promezio è:

A. il promezio non è un elemento chimico
B. Pr
C. Po
D. Pm
E. Pz

47) Quanti amminoacidi sono codificati dalla sequenza di mRNA "UUGUCGACACUC"?

A. Due
B. Quattro
C. Sei
D. Uno
E. Nessuno

48) Il simbolo chimico dell'ottone è:

A. l'ottone non è un elemento chimico
B. Ot
C. Oe
D. On
E. Oo

49) L'arginina e la fenilalanina sono:

A. basi azotate
B. carboidrati
C. costituenti di proteine
D. grassi
E. gas

50) Secondo la teoria atomica di Bohr, l'elettrone che orbita attorno al nucleo dell'idrogeno:

A. può avere qualsiasi momento angolare, ma la sua energia deve essere un multiplo intero di una quantità detta quanto di energia
B. deve avere necessariamente momento angolare nullo
C. si muove su orbite di energia e momento angolare costanti, emettendo o assorbendo radiazione elettromagnetica solo nel passare da un'orbita all'altra
D. emette una radiazione elettromagnetica di frequenza pari alla frequenza di rotazione attorno al nucleo
E. nessuna delle risposte è corretta

51) Qual è la massa di una mole di litio (numero di massa 7, numero atomico 3)?

A. 48 g
B. 7 g
C. Una quantità in g pari al numero di Avogadro
D. 21 g
E. 20 g

52) Variando il valore di pH di una soluzione da 4 a 6 la concentrazione degli ioni idrogeno:

A. diminuisce di 2 volte
B. aumenta di 100 volte
C. diminuisce di 100 volte
D. aumenta di 2 volte
E. resta immutata

53) Quale fra i seguenti composti è un acido?

A. NaCl
B. KOH
C. HCl
D. NaOH
E. Na_2O

54) Quale dei seguenti non è un elemento chimico?

A. Il rame
B. L'ossigeno
C. L'acqua
D. Il manganese
E. Il mercurio

55) Il benzene è un:

A. ammina
B. alcool
C. acido organico
D. idrocarburo aromatico
E. metallo alcalino

56) L'Au:

A. è un metallo alcalino
B. è un metallo
C. è un gas nobile
D. è una lega
E. è un alcool

57) La molecola biatomica dell'azoto contiene:

A. un legame doppio
B. un legame triplo
C. due doppi legami
D. un legame covalente polare
E. due tripli legami

58) Il simbolo chimico del platino è:

A. il platino non è un elemento chimico
B. Pl
C. Pn
D. Pt
E. Pa

59) Il potassio (che possiede numero di massa 39 e numero atomico 19) ha:

A. 39 elettroni e 20 neutroni
B. 19 protoni e 39 neutroni
C. 19 elettroni e 20 neutroni
D. 39 elettroni e 19 neutroni
E. 20 elettroni e 20 neutroni

60) Una soluzione che ha pH = 14 è:

A. debolmente acida
B. fortemente basica
C. neutra
D. fortemente acida
E. debolmente basica

61) Il metano è un:

A. idrocarburo saturo
B. idrocarburo ciclico
C. idrocarburo aromatico
D. chetone
E. anione

62) Se un atomo neutro perde un elettrone diviene un:

A. acido

B. anione
C. catione
D. isotopo
E. gas

63) Quali sono i prodotti che derivano dalla combustione di metano e ossigeno?

A. Carbonio e idrogeno
B. Anidride carbonica e acqua
C. Carbonio e acqua
D. Anidride carbonica
E. Acqua

64) Quando il cloruro di sodio viene sciolto in acqua si ottiene:

A. un miscuglio
B. una soluzione
C. un composto
D. una soluzione tampone
E. nulla

65) Un acido forte è caratterizzato da:

A. una struttura elementare, basata sulla ripetizione di una cella elementare
B. essere coniugato ad una base forte
C. fornire un pH superiore a 7
D. essere solubile solo in solventi apolari
E. essere completamente dissociato in soluzione acquosa

66) Per definizione un'anidride è un composto:

A. a basso peso molecolare
B. poco solubile in acqua
C. dissociato in soluzione acquosa
D. privo di molecole d'acqua
E. a base di molecole d'acqua

67) La soda caustica è:

A. un acido forte
B. una base forte
C. un acido debole
D. una base debole
E. poco solubile in acqua

68) Il glicogeno è:

A. una glicoproteina
B. un estere del glicerolo
C. un polimero del glucosio
D. un polimero di nucleotidi
E. un polimero del galattosio

69) I metalli alcalini appartengono al:

A. I gruppo
B. II gruppo
C. VII gruppo
D. VIII gruppo
E. V gruppo

70) Nella tavola periodica, eccetto l'elio, ciascun gas nobile è preceduto:

A. da un atomo elettropositivo
B. da un metallo alcalino-terroso
C. da un alogeno
D. da un atomo elettronegativo
E. tutte le risposte sono errate

71) Nel sistema periodico gli elementi sono sistemati secondo:

A. il peso atomico crescente
B. il numero atomico crescente
C. l'importanza chimica
D. l'ordine cronologico della scoperta
E. l'ordine alfabetico del simbolo

72) Un gas ha:

A. forma del recipiente e volume proprio
B. forma e volume proprio
C. forma propria e volume del recipiente
D. forma e volume del recipiente
E. esclusivamente forma propria

73) Perché l'olio non si scioglie in acqua?

A. Perché è più viscoso

B. Perché è formato da molecole idrofile
C. Perché è formato da molecole idrofobiche
D. Perché ha peso molecolare più alto
E. Perché è una base minerale forte

74) La riduzione di un'aldeide porta a:

A. un acido carbossilico
B. un alcool primario
C. un alcool secondario
D. un'ammina
E. un processo cloro-soda

75) Quale delle seguenti affermazioni sugli acidi carbossilici è falsa?

A. Posseggono il gruppo -COOH
B. Sono acidi forti
C. Possono derivare da fonti naturali
D. Reagiscono con basi
E. Sono composti organici

76) Il legame ammidico è sicuramente presente:

A. negli acidi nucleici
B. nei lipidi
C. nei carboidrati
D. nelle proteine
E. nei polisaccaridi

77) Il saccarosio è:

A. una proteina
B. un polisaccaride
C. un disaccaride
D. un monosaccaride
E. un lipide

78) I principali gas contenuti nell'aria sono:

A. azoto e idrogeno
B. azoto e ossigeno
C. ossigeno e idrogeno
D. ossigeno e argon
E. azoto e argon

79) Due atomi possiedono ugual numero atomico ma numero di massa diverso. Essi, quindi, sono:

A. due isotopi del medesimo elemento
B. due isomeri del medesimo elemento
C. due isotipi del medesimo elemento
D. due ioni
E. due cationi

80) Nella tavola periodica degli elementi, lungo un periodo, il numero atomico:

A. resta invariato
B. diminuisce progressivamente
C. aumenta progressivamente
D. aumenta o diminuisce in rapporto alla classe di appartenenza dell'elemento considerato
E. aumenta e diminuisce in rapporto alla classe di appartenenza dell'elemento considerato

81) Quale dei seguenti è un elemento chimico?

A. L'ottone
B. L'alluminio
C. L'acciaio
D. Il bronzo
E. Il diamante

82) Quale, tra i seguenti, NON è un gas nobile?

A. L'elio
B. Il radon
C. L'ossigeno
D. Il neon
E. L'argon

83) Il simbolo chimico del magnesio è:

A. Mn
B. Mg
C. M
D. Ma
E. Me

84) Con l'aumentare della temperatura, la velocità di una reazione chimica:

A. cresce con legge di proporzionalità diretta
B. non varia
C. diminuisce
D. cresce in maniera esponenziale
E. cresce moderatamente

85) Nella tavola periodica, un elemento che inizia un nuovo livello con un solo elettrone è un:

A. atomo
B. metallo alcalino terroso
C. metallo
D. gas nobile
E. metallo alcalino

86) L'ammoniaca a temperatura ambiente è:

A. un gas
B. un liquido
C. un solido
D. una miscela
E. un non metallo

87) La molecola di acqua:

A. contiene legami ad idrogeno
B. è completamente dissociata
C. è un dipolo
D. è apolare
E. è un orbitale ibrido

88) L'etanolo presente nel vino deriva dalla conversione:

A. della cellulosa
B. delle proteine
C. del glucosio
D. della clorofilla
E. del metano

89) Gli elementi chimici più abbondanti della materia vivente sono:

A. carbonio - azoto - calcio - ossigeno
B. carbonio - idrogeno - ossigeno - azoto
C. carbonio - fosforo - potassio- calcio
D. carbonio - azoto - ossigeno – sodio
E. carbonio – ossigeno – fosforo - sodio

90) Il simbolo chimico del fosforo è:

A. P
B. Ph
C. Fs
D. il fosforo non è un elemento chimico
E. Ff

91) Un orbitale *s* ha forma di:

A. una clessidra
B. una ciambella
C. una circonferenza
D. un cilindro
E. una sfera

92) Una soluzione di cloruro di ammonio è:

A. basica
B. colorata
C. neutra
D. acida
E. soprasatura

93) Il peso molecolare dell'acido carbonico è 62 u.m.a. Quanto pesa una mole di acido carbonico?

A. 62 mg
B. 62 g
C. 620 g
D. 62 Kg
E. 6,2 Kg

94) L'anione derivante dall'atomo di idrogeno viene detto:

A. ione idrogeno
B. idrogenione
C. ossidrilione
D. ione idruro
E. catione idruro

95) La molecola biatomica del cloro contiene un legame:

A. covalente eteropolare
B. covalente omopolare
C. dativo
D. ionico
E. basico

96) In una equazione chimica cosa indicano i coefficienti stechiometrici?

A. I rapporti molari di reagenti e prodotti
B. Il numero di atomi dei reagenti e prodotti
C. Il numero di elettroni di valenza di reagenti e prodotti
D. Tutte le risposte sono errate
E. Il numero di elettroni

97) Quale delle seguenti sostanze è un alcool?

A. Propanale
B. Propino
C. Propanolo
D. Propene
E. Propizio

98) Quale delle seguenti affermazioni sul cicloesano è vera?

A. È una molecola planare
B. Possiede tutti atomi di carbonio con ibridazione sp^3
C. Ha la forma di un esagono regolare
D. Possiede dieci atomi di idrogeno
E. Ha una solubilità direttamente proporzionale alla temperatura

99) Quale delle seguenti affermazioni sui trigliceridi è falsa?

A. Sono esteri neutri del glicerolo
B. Sono lipidi
C. Contengono atomi di azoto
D. Possono essere idrolizzati
E. Non sono solubili in acqua

100) Qual è il simbolo chimico del mercurio?

A. Hg
B. Mr
C. Me
D. Mc
E. Hm

RISPOSTE CORRETTE

1) C	21) D	41) B	61) A	81) B
2) A	22) B	42) E	62) C	82) C
3) B	23) A	43) A	63) B	83) B
4) D	24) D	44) C	64) B	84) D
5) B	25) C	45) B	65) E	85) E
6) A	26) B	46) D	66) D	86) A
7) D	27) D	47) B	67) B	87) C
8) B	28) C	48) A	68) C	88) C
9) A	29) B	49) C	69) A	89) B
10) C	30) C	50) C	70) C	90) A
11) B	31) D	51) B	71) B	91) E
12) E	32) A	52) C	72) D	92) D
13) D	33) D	53) C	73) C	93) B
14) C	34) C	54) C	74) B	94) D
15) B	35) E	55) D	75) B	95) B
16) E	36) B	56) B	76) D	96) A
17) E	37) D	57) B	77) C	97) C
18) B	38) B	58) D	78) B	98) B
19) C	39) B	59) C	79) A	99) C
20) B	40) D	60) B	80) C	100) A

CAPITOLO 3
Fisica

1) Nel Sistema Internazionale l'unità di misura della pressione è il pascal. Quanto vale 1 pascal?

A. 10 N
B. 1 N/m^2
C. 1 atm
D. 10 kg/cm^2
E. 1 N/m

2) Foucault nel 1851 sospese con un filo di 67 m una sfera di 28 kg al soffitto della cupola del Pantheon di Parigi e la fece oscillare per una famosa dimostrazione. Trovate fra le seguenti l'affermazione sicuramente ERRATA.

A. La frequenza di oscillazione si riduceva con le ore
B. L'ampiezza di oscillazione si riduceva con le ore
C. Il periodo sarebbe stato lo stesso usando un'altra massa
D. Il moto era periodico
E. Il piano di oscillazione mutava rispetto al pavimento

3) Sottraendo tra loro due grandezze espresse in metri si ottiene:

A. un numero puro
B. una lunghezza espressa in metri
C. una lunghezza espressa in metri quadrati
D. una superficie espressa in metri quadrati
E. nessuna delle risposte è corretta

4) Quali fra queste grandezze fisiche sono omogenee?

A. Lavoro, potenza, calore
B. Energia interna, calore, pressione
C. Energia potenziale, potenziale elettrostatico, calore
D. Lavoro, calore, energia cinetica
E. Energia, calore, pressione

5) Si immagini di dividere una pressione (al numeratore) per una forza (al denominatore). Cosa si ottiene come risultato?

A. Una lunghezza
B. Una potenza
C. Il reciproco di una superficie
D. Un'energia
E. Una superficie

6) Quale frazione di metro è un micron?

A. La centesima parte
B. La milionesima parte
C. La decimillesima parte
D. La millesima parte
E. La decima parte

7) 1 A (angstrom) vale:

A. 10^{-10} m
B. 10^{10} m
C. 10^{-9} m
D. 10^{-11} m
E. 10^{-8} m

8) In un contenitore ci sono 2 litri di liquido, di cui il 75% è vino ed il restante 25% è acqua. Determinare quanti centimetri cubi di vino bisogna aggiungere per portare la percentuale di vino all'80%.

A. 400
B. 100
C. 500
D. 200
E. 300

9) Una grandezza scalare deve essere espressa:

A. da due numeri
B. da un numero puro
C. dall'unità di misura
D. da un numero e dall'unità di misura
E. da un numero e dalla relativa direzione

10) Quale tra le seguenti è un'unità di misura dell'energia?

A. Elettronvolt
B. Baria
C. Newton
D. Watt
E. Newton metro

11) L'unità di misura della densità di un corpo è:

A. J/m^3
B. Kg/m^3
C. N/m^3
D. W/m^3
E. Kg/j^3

12) Nel Sistema Internazionale (SI) l'unità di misura della potenza è:

A. Erg
B. Dina
C. Watt
D. Caloria
E. Baria

13) Delle quattro grandezze sottoelencate, una sola ha carattere vettoriale. Quale?

A. Temperatura
B. Potenziale
C. Energia
D. Impulso
E. Nessuna delle risposte è corretta

14) Un transistor è costruito con:

A. materiali semiconduttori
B. materiali isolanti
C. silicio puro
D. germanio puro
E. alluminosilicati

15) Un corpo solido immerso in un liquido subisce una spinta verticale dal basso verso l'alto pari:

A. alla quantità di liquido spostato
B. al volume del corpo
C. al peso del corpo
D. alla densità di liquido spostato
E. al peso del volume del liquido spostato

16) Lo zero assoluto corrisponde a:

A. 0 °C
B. −273 °C
C. −1000 °C
D. −273 °K
E. −10.000 °C

17) Il dinamometro è uno strumento usato per misurare:

A. la velocità di un corpo
B. l'intensità della forza
C. la differenza di un potenziale
D. una lunghezza
E. la velocità della forza

18) Quale frazione di un centimetro è un micrometro?

A. La decima parte
B. La millesima parte
C. La decimillesima parte
D. La centesima parte
E. La ventesima parte

37) Lo strato più denso dell'atmosfera terrestre è la:

A. stratosfera
B. troposfera
C. mesosfera
D. esosfera
E. ionosfera

38) Qual è il principale componente della maggior parte delle stelle?

A. Il carbonio
B. L'anidride carbonica
C. Il ferro
D. L'idrogeno
E. L'acqua

39) Il nucleo della Terra è costituito da:

A. carbonio e nichel
B. idrogeno e ferro
C. ferro e nichel
D. ferro e silicio
E. silicio e nichel

40) La cinematica studia:

A. il moto dei corpi indipendentemente dalle cause che lo provocano o lo modificano
B. l'energia prodotta dal moto dei corpi
C. il moto dei corpi in relazione alle cause che lo provocano o lo modificano
D. le condizioni di equilibrio dei corpi
E. le forze a cui sono soggetti i corpi durante il loro moto

41) Nel moto rettilineo uniforme, spazio e tempo sono:

A. direttamente proporzionali
B. lo spazio varia con la radice quadrata del tempo
C. lo spazio varia con il quadrato del tempo
D. inversamente proporzionali
E. costanti

42) La velocità, dal punto di vista dimensionale, è:

B. lunghezza/(tempo)^2
B. (lunghezza)^2/(tempo)^2
C. (lunghezza)^2/tempo
D. lunghezza/tempo
E. (lunghezza)$^{-2}$/tempo

43) Che cosa significa che un moto è uniformemente accelerato?

A. Che l'accelerazione è una funzione lineare del tempo
B. Che la velocità è una funzione lineare del tempo
C. Che l'accelerazione è direttamente proporzionale al tempo
D. Che l'accelerazione è nulla
E. Che il corpo che si muove ha densità uniforme

44) Un corpo libero cade con:

A. velocità e accelerazione costanti
B. velocità costante
C. né velocità né accelerazione costante
D. accelerazione costante
E. velocità inversamente proporzionale all'accelerazione

45) Si lasciano cadere a terra dalla medesima altezza un foglio ed una pallina, entrambi di carta e di massa 15 grammi:

A. essi arrivano a terra contemporaneamente
B. arriva prima la pallina, perché ha peso maggiore
C. arriva prima la pallina, perché c'è l'attrito dell'aria
D. arriva prima la pallina, perché la forza peso dipende dalla superficie del corpo
E. arriva prima il foglio perché ha una maggiore superficie

46) Il prodotto di una potenza ed un tempo è:

A. una potenza
B. una accelerazione
C. un'energia
D. una velocità
E. una resistenza

47) Un Ampere (A) equivale a:

A. 1 A = 1 Coulomb / 1 secondo
B. 1 A = 1 Coulomb × 1 secondo
C. 1 A = 1 Coulomb × 1 Farad
D. 1 A = 1 Coulomb / 1 Farad
E. 1 A = 1 Coulomb + 1 secondo

48) Nel solstizio d'estate il sole passa per lo zenith:

A. al Tropico del Capricorno
B. al Polo Nord
C. all'Equatore
D. al Tropico del Cancro
E. al Polo Sud

49) Il moto armonico è un moto:

A. uniformemente ritardato
B. periodico
C. con velocità costante
D. uniformemente accelerato
E. uniforme

50) Un cosmonauta "galleggia" senza sforzo all'interno di una stazione spaziale che orbita intorno alla Terra a velocità angolare costante. Questo avviene principalmente perché:

A. essendo la sua velocità costante, la sua accelerazione è nulla, quindi per il secondo principio della dinamica non è soggetto a forze esterne
B. si muove all'interno di un veicolo ad atmosfera compensata nel quale la pressurizzazione è tale da equilibrare la forza gravitazionale
C. la sua accelerazione centripeta è uguale a quella della stazione spaziale
D. è sufficientemente lontano dalla Terra da non risentire dell'attrazione di gravità terrestre
E. la stazione spaziale viene in realtà fatta ruotare sul suo asse per compensare la forza di attrazione gravitazionale della Terra

51) Quale dei seguenti gruppi di grandezze fisiche comprende solo grandezze fondamentali (e non derivate) del Sistema Internazionale?

A. Lunghezza, massa, temperatura e forza
B. Resistenza elettrica, lunghezza, massa e tempo
C. Corrente elettrica, massa, lunghezza e tempo
D. Lunghezza, massa, tempo e forza
E. Nessuna delle risposte è corretta

52) Due barche di massa diversa si accostano tirandosi con una fune. Quale di queste affermazioni è vera?

A. Gli spostamenti delle due barche sono diversi
B. Le due barche hanno stessa velocità ma diversa potenza
C. La barca più grande sta ferma
D. La forza che fanno i marinai sulla barca grande è minore di quella che fanno quelli sulla barca piccola
E. La velocità delle due barche rispetto all'acqua è uguale

53) Nel S.I. l'induzione magnetica si misura in:

A. Farad
B. Tesla
C. Volt
D. Newton
E. Pascal

54) Un Volt corrisponde a:

A. 1 Volt = 1 Coloumb / 1 Farad
B. 1 Volt = 1 Joule × 1 Coloumb
C. 1 Volt = (1 Joule / 1 Coloumb) × 1 Farad
D. 1 Volt = 1 Coloumb × 1 Farad
E. 1 Volt = 1 Coloumb / 1 Joule

55) Quale dei seguenti italiani NON ha ottenuto il Premio Nobel per la Fisica?

A. Emilio Segrè
B. Guglielmo Marconi
C. Enrico Fermi
D. Ettore Majorana
E. Carlo Rubbia

56) In tutto l'universo l'elemento più abbondante è:

A. l'ossigeno
B. l'idrogeno
C. il carbonio
D. il ferro
E. il calcio

57) La terza legge della dinamica afferma che:

A. un corpo che si muove di moto rettilineo uniforme è soggetto ad una forza nulla
B. la forza peso è una forza conservativa
C. ad ogni azione corrisponde una reazione uguale e contraria
D. un corpo non soggetto a forze rimane in quiete
E. un corpo soggetto ad una forza acquista una accelerazione proporzionale a tale forza

58) L'alta marea si verifica all'incirca:

A. due volte ogni 48 ore
B. una volta ogni 24 ore
C. tre volte ogni 24 ore
D. due volte ogni 24 ore
E. una volta ogni 48 ore

59) Una temperatura di 100 °C corrisponde a circa:

A. 373 Kelvin
B. –373 Kelvin
C. 273 Kelvin
D. 100 Kelvin
E. 383 Kelvin

60) L'energia cinetica di un oggetto è proporzionale:

A. al peso e alla velocità
B. alla massa e al quadrato della velocità
C. alla massa e alla velocità
D. alla massa e all'accelerazione di gravità
E. alla velocità e all'accelerazione di gravità

61) La velocità della luce nel vuoto è una costante fisica che vale:

A. 3.000.000 km/s
B. 30.000 km/s
C. 3.000 km/s
D. 30.000.000 km/s
E. 300.000 km/s

62) Un magnete in movimento genera:

A. un campo elettrico
B. calore
C. la magnetizzazione dell'aria
D. l'effetto Joule
E. una costante dielettrica

63) Le forze di attrazione Terra-Luna e Luna-Terra sono:

A. opposte in modulo ma uguali in direzione
B. uguali in modulo, direzione e verso
C. uguali in modulo ma opposte
D. la seconda maggiore della prima
E. la prima maggiore della seconda

64) In un recipiente chiuso contenente azoto a temperatura ambiente se si

aumenta la pressione del gas cosa succede?

A. Diminuisce la temperatura
B. Aumenta il volume
C. Aumenta la temperatura
D. Diminuisce il volume
E. Tutto rimane invariato

65) In una pila avviene:

A. l'idrolisi di un sale
B. un trasferimento di elettroni da una coppia ossidoriduttiva ad un'altra
C. la trasformazione di anioni in cationi
D. l'elettrolisi di un sale
E. l'attrazione o la repulsione tra corpi dotati di carica elettrica

66) Un sasso viene lasciato cadere da fermo. Dopo 2 s la sua velocità è circa:

A. 10 m/s
B. 30 m/s
C. nessuna delle risposte è corretta
D. 20 m/s
E. 0 m/s

67) Le radiazioni gamma sono:

A. onde elettromagnetiche
B. fasci di protoni
C. fasci di elettroni
D. particelle beta
E. particelle alfa

68) L'Ohm misura:

A. un lavoro
B. una carica magnetica
C. una resistenza
D. una velocità
E. un peso

69) La spinta di un motore a razzo viene prodotta:

A. dalla compressione del getto di gas di scarico sull'aria sottostante
B. dalla compressione del getto di gas di scarico sul gas precedentemente espulso
C. da forze interne al sistema gas di scarico-razzo
D. per inerzia
E. nessuna delle risposte è corretta

70) Il peso di un corpo:

A. è una caratteristica del corpo che si può stabilire una volta per tutte
B. è una grandezza che dipende sia dalle caratteristiche del corpo che dalla sua posizione
C. per la legge della gravitazione universale dipende quadraticamente dalla massa del corpo
D. dipende dalla massa in corpo quando è in quiete
E. è una grandezza che caratterizza un corpo solo se è in quiete

71) La temperatura assoluta T = 293 K corrisponde a:

A. 20 °C
B. 15 °C
C. 0 °C
D. 293 °C
E. – 20° C

72) Lo strato di ozono nell'atmosfera è importante per:

A. intensificare la radiazione del visibile
B. incrementare l'ossigeno nell'aria
C. schermare la radiazione dell'infrarosso lontano
D. schermare la radiazione ultravioletta
E. filtrare l'ossigeno nell'aria

73) L'energia elettrica si misura in:

A. Volt
B. Joule
C. Ohm
D. Ampere
E. Kelvin

74) In quale dei seguenti mezzi il suono NON può propagarsi?

A. Vapore acqueo
B. Acqua
C. Vuoto
D. Ghiaccio
E. Aria

75) La lampadina è stata inventata da:

A. Guglielmo Marconi
B. Thomas Alva Edison
C. Alessandro Volta
D. i fratelli Lumière
E. James Clerk Maxwell

76) La legge della caduta dei corpi è stata enunciata da:

A. Galileo Galilei
B. Pitagora
C. Newton
D. Archimede
E. Copernico

77) Niccolò Copernico è l'autore della teoria:

A. dei buchi neri
B. geocentrica
C. eliocentrica
D. radiale
E. della relatività

78) Sulla Luna la misura della massa di un corpo:

A. fornisce un risultato doppio rispetto alla sua misura sulla Terra
B. fornisce un risultato pari alla metà di una misura sulla Terra
C. fornisce un risultato pari ad un decimo di una misura sulla Terra
D. fornisce lo stesso risultato di una misura sulla Terra
E. non si può eseguire perché il corpo sulla Luna è sprovvisto di peso

79) Nel sistema cgs l'unità di misura dell'energia è:

A. Dina
B. Watt
C. Erg
D. Newton
E. Decibel

80) La pressione idrostatica a 30 metri di profondità nel mare è pari a circa:

A. 60 atm
B. 4 atm
C. 12 atm
D. 30 atm
E. 10 atm

81) Un abitante di Roma sale al mattino sulla bilancia nella sua abitazione e nota di pesare 72 Kg. Se venisse istantaneamente trasportato sulla cima del Monte Bianco, come varierebbe il suo peso?

A. Diminuirebbe
B. Una eventuale variazione dipende dalla differenza di pressione atmosferica tra Roma e il Monte Bianco
C. Una eventuale variazione dipende dalla differenza di temperatura tra Roma e il Monte Bianco
D. Rimarrebbe invariato
E. Aumenterebbe

82) In merito alle spinte di Archimede esercitate su un pezzo di sughero e su un oggetto di piombo di uguale volume, completamente immersi in acqua, si può dire che:

A. è assente per il piombo perché va a fondo
B. è maggiore quella sul piombo
C. è maggiore quella sul sughero
D. sono tra loro uguali
E. è minore quella sul sughero

83) Dire quale delle seguenti unità di misura non può essere usata per indicare il peso di un corpo.

A. Grammo-peso
B. Dina
C. Joule
D. Newton
E. Chilogrammo-peso

84) Nina, Elena e Silvia hanno tre borracce identiche contenenti 1 kg d'acqua ciascuna. Le tre ragazze partono da Roma verso tre destinazioni diverse: Nina si reca al Polo Nord, Elena all'equatore, mentre Silvia va al Polo Sud. Posto che le borracce sono rimaste sigillate durante il viaggio, arrivate a destinazione, si verifica che:

A. il peso della borraccia di Silvia è minore di quello della borraccia di Elena
B. il peso della borraccia di Elena è minore di quello della borraccia di Nina
C. il peso delle tre borracce è esattamente lo stesso
D. la massa della borraccia di Elena è minore di quella alla partenza
E. il peso delle borracce di Silvia e di Nina dipende dal periodo dell'anno in cui avviene la misura, dato che l'asse terrestre è inclinato

85) Un treno che corre a 30 km/h precede un treno che corre a 50 km/h. Di quanti kilometri distano l'uno dall'altro i treni, se occorreranno 15 minuti al treno più rapido per raggiungere quello più lento?

A. 9
B. 8
C. 3
D. 5
E. 10

86) La luce passando dal vuoto all'acqua:

A. aumenta la sua velocità
B. mantiene la stessa velocità
C. diminuisce la sua velocità
D. viene riflessa
E. rimane invariata

87) Un voltmetro è uno strumento che serve a misurare:

A. la tensione tra due punti in un circuito
B. la corrente che passa in un circuito
C. la potenza che si sviluppa in un circuito
D. la resistenza di un tratto di circuito
E. la lunghezza di un tratto di circuito

88) La pressione si può misurare in:

A. N
B. N/m^2
C. mm
D. N/m^3
E. M

89) La forza di attrito:

A. è conservativa
B. si oppone al movimento relativo tra corpi in contatto
C. favorisce il movimento relativo tra i corpi
D. è proporzionale alla massa dei corpi
E. è uguale alla forza di gravità

90) È possibile che un corpo scenda lungo un piano inclinato con velocità costante?

A. Sì, se è trascurabile la resistenza dell'aria
B. No, a causa della resistenza dell'aria
C. No, a causa dell'accelerazione di gravità
D. Sì, se è presente attrito
E. Sì, se è trascurabile qualsiasi forma di attrito

91) Che cosa distingue la radiazione luminosa emessa da una sorgente di luce dalla radiazione emessa da un'antenna per telefoni cellulari?

A. La prima ha natura corpuscolare, la seconda no
B. L'intensità
C. La lunghezza d'onda
D. La velocità di propagazione
E. La seconda ha natura corpuscolare, la prima no

92) Se non ci fosse attrito fra le sue scarpe e il pavimento, un uomo riuscirebbe a camminare?

A. Sì, solo se è molto pesante
B. Sì, ma con difficoltà
C. Sì, in ogni caso
D. Sì, solo se è molto leggero
E. No, in nessun caso

93) L'effetto dell'attrito su un corpo si manifesta attraverso:

A. una diminuzione di energia cinetica
B. un aumento di accelerazione
C. un aumento di velocità
D. una diminuzione della sua temperatura
E. un aumento di energia cinetica

94) 200 cm^3 di acqua hanno una massa praticamente uguale a:

A. 20 kg
B. 2 kg
C. 200 g
D. 2 g
E. 20,5 kg

95) Una velocità di 36 km/h a quale valore in m/s corrisponde?

A. 100 m/s
B. 0,36 m/s
C. 36 m/s
D. 10 m/s
E. 15 m/s

96) Quando cessa istantaneamente l'azione di qualunque forza su un corpo di massa *m*:

A. il corpo si arresta
B. il corpo prosegue con moto rettilineo uniforme
C. il corpo decelera fino a ritornare alla velocità iniziale
D. nulla cambia
E. il corpo ricade compiendo una traiettoria parabolica

97) Un satellite artificiale può ruotare a lungo intorno alla Terra se è posto su un'orbita di raggio abbastanza grande. Ciò perché:

A. la forza centrifuga che deve far equilibrio al peso è tanto maggiore quanto maggiore è il raggio dell'orbita (a parità di velocità angolare)
B. al di fuori dell'atmosfera è nulla l'attrazione terrestre
C. per evitare l'attrazione terrestre deve trovarsi nel vuoto assoluto
D. più alta è la quota, minore è l'azione frenante dell'atmosfera
E. per poter ruotare su un'orbita chiusa deve uscire dal campo di gravitazione della Terra

98) Due lampadari di una cattedrale, di peso e forma diversi, sono appesi a due catene di lunghezza disuguale. Nello spolverarli il sacrestano li fa leggermente oscillare e ne cronometra i periodi di oscillazione. Cosa ne può dedurre?

A. I periodi di oscillazione dipendono dalla lunghezza delle catene
B. I periodi di oscillazione dipendono dalla lunghezza delle catene e dal peso dei lampadari
C. I periodi di oscillazione dipendono dal peso dei lampadari

D. I periodi di oscillazione dipendono dalla forma e dal peso dei lampadari
E. I periodi di oscillazione dipendono solo dalla spinta iniziale

99) Se un corpo subisce una dilatazione termica, cosa avviene alla sua densità?

A. Aumenta all'aumentare del volume
B. Diminuisce all'aumentare della temperatura
C. Aumenta all'aumentare della temperatura
D. Resta costante, qualunque sia l'aumento di temperatura
E. Diminuisce al diminuire della temperatura

100) Una stessa forza applicata a corpi diversi produce:

A. nessuna variazione
B. la stessa accelerazione
C. la stessa velocità
D. accelerazioni direttamente proporzionali alle masse
E. accelerazioni inversamente proporzionali alle masse

RISPOSTE CORRETTE

1) B	21) A	41) A	61) E	81) A
2) A	22) C	42) D	62) A	82) D
3) B	23) B	43) B	63) C	83) C
4) D	24) D	44) D	64) C	84) B
5) C	25) C	45) C	65) B	85) D
6) B	26) A	46) C	66) D	86) C
7) A	27) B	47) A	67) A	87) A
8) C	28) C	48) D	68) C	88) B
9) D	29) E	49) B	69) C	89) B
10) A	30) A	50) C	70) B	90) D
11) B	31) D	51) C	71) A	91) C
12) C	32) D	52) A	72) D	92) E
13) D	33) B	53) B	73) B	93) A
14) A	34) C	54) A	74) C	94) C
15) E	35) A	55) D	75) B	95) D
16) B	36) C	56) B	76) A	96) B
17) B	37) B	57) C	77) C	97) D
18) C	38) D	58) D	78) D	98) A
19) B	39) C	59) A	79) C	99) B
20) C	40) A	60) B	80) B	100) E

CAPITOLO 4
Matematica e Geometria

1) I numeri la cui radice quadrata è un numero finito si dicono:

A. radici giuste
B. quadrati perfetti
C. quadrati giusti
D. radici perfette
E. quadrati semplici

2) La potenza di un numero intero qualsiasi con esponente 1 è:

A. impossibile
B. uguale al numero stesso
C. 1
D. 0
E. –1

3) Calcolare il m.c.m. e il M.C.D. tra i numeri 30 e 75.

A. 105; 10
B. 250; 2
C. 150; 15
D. 100; 5
E. 105; 15

4) Se Fabrizio mangia in un primo tempo 1/3 di un barattolo di marmellata e poi i 3/4 della parte rimanente, che parte del contenuto iniziale rimane alla fine?

A. 9/14
B. 5/6
C. 7/10
D. 1/6
E. 1/5

5) Ridurre ai minimi termini la frazione 63/252:

A. 1/4
B. 1/3
C. 2/9
D. 3/7
E. 6/5

6) Calcolare la seguente divisione: 253,45 : 4,22 (approssimare alla 2ª cifra decimale).

A. 61,42
B. 60,06
C. 60,09
D. 63,57
E. 60,56

7) Calcolare il risultato della seguente equazione: $x/2 = -x/2$.

A. L'equazione è impossibile
B. $x = 1$
C. $x = -2$
D. $x = 2$
E. $x = 0$

8) $(x - 2) - 3 \cdot (2 - x) = (x - 1) + 2$

A. $x = 3/2$
B. $x = 3$
C. $x = --9/11$
D. $x = 10$
E. $x = 1/3$

9) 48 è il valore del termine incognito della proporzione:

A. $x : 9 = 141 : 27$
B. $75 : 15 = x : 25$
C. $69 : x = 184 : 8$
D. $83 : 16 = 249 : x$
E. $x : 15 = 185 : 69$

10) Il numero 464 è scomponibile nei seguenti fattori primi:

A. $29 \times 2^3 \times 3$
B. $11 \times 5^2 \times 2$
C. 29×2^4
D. $13 \times 2^3 \times 3$
E. $30 \times 2 \times 11$

11) Una corsa ciclistica si svolge in 4 tappe: la prima è lunga 156 km, la seconda 173 km, la terza supera la prima di 34 km, la quarta supera la seconda di 20 km. Qual è la lunghezza complessiva dell'intero percorso?

A. 756 km
B. 712 km
C. 789 km
D. 735 km
E. 702 km

12) Calcolare $-(2^6 - x^2)/x - 8$.

A. $16 - x$
B. $x + 8$
C. $x - 8$
D. $-x + 8$
E. $-32 - x$

13) Il numero razionale 0,996 corrisponde alla frazione:

A. 264/377
B. 191/195
C. 2/3
D. 249/250
E. 223/19

14) Il quoziente tra i numeri 1.264 e 79 aumentato di 14 è:

A. 35
B. 30
C. 1.199
D. 23
E. 25

15) Calcolare la seguente operazione letterale: $(a-b)(a^2+ab+b^2)$

A. $a^3-ab^2+a^2b+b^3$
B. $a^2+a^3b^2+b^2$
C. $a^3+ab^2+b^3$
D. $a^3+a^2b+b^3$
E. a^3-b^3

16) Calcolare il risultato della seguente sottrazione tra numeri relativi: 24 – (78) – (– 46) – (–32) – (210) – (–152) =

A. –34
B. –494
C. –32
D. –492
E. –54

17) Calcolare la seguente moltiplicazione: 15,3 × 9,25.

A. 1415,25
B. 141,525
C. 14152,5
D. 14,1525
E. 1451,52

18) 76 sta a 19 come 380 sta a:

A. 85
B. 95
C. 59
D. 99
E. 45

19) Se aggiungo 2 al doppio del quadrato di 8 ottengo:

A. 130
B. 128
C. 256
D. 34
E. 25

20) Il risultato della seguente sottrazione tra i numeri decimali 34,24 e 27,08 è:

A. 17,26
B. 39

C. 7,16
D. 1,26
E. 7,25

21) Una signora acquista un abito che costa 390 euro spendendo i 3/4 del denaro che ha portato con sé. Fa poi altre compere, spendendo 1/5 del denaro residuo. Con quanto denaro rimane?

A. 98 euro
B. 113 euro
C. 104 euro
D. 91 euro
E. 53 euro

22) $7(x-2)+x=3(x-8)-5$

A. $x=2$
B. $x=-3$
C. $x=13/4$
D. $x=9/4$
E. $x=1/5$

23) Impostare la corretta somma algebrica dei seguenti numeri relativi: – (+ 3) + (– 7) – (+ 5,5) + (+6) + (– 2) – (– 4)

A. $-3-7-5{,}5+6-2+4$
B. $+3-7+5{,}5+6-2-4$
C. $-3+7-5{,}5-6+2+4$
D. $+3+7+5{,}5+6+2+4$
E. $-3+5+7-2-5{,}5+4$

24) Quale, fra queste, non è una frazione propria?

A. 3/2
B. 1/2
C. 9/10
D. 10/17
E. 5/7

25) La somma di un numero col doppio del suo precedente è uguale a 7. Qual è il numero?

A. – 4
B. 3
C. 4
D. –3
E. –5

26) $(7/20)(2-2/3)+(3-1/2):6-(3/25):(2/5)-(1/14):(1-5/7)$

A. 5/6
B. 1/6
C. 0
D. 1/3
E. 1/5

27) $(7-1/8):(1+1/4)-(17+1/2):(3+1/2)+(5/4):(15/8)-1/6$

A. 0
B. 11
C. 1
D. 4/3
E. 2

28) Qual è il valore del termine incognito della seguente proporzione? $37:24=111:x$

A. 65
B. 86
C. 72
D. 66
E. 25

29) Calcolare due numeri sapendo che il maggiore di essi è il quadruplo del minore e che la loro differenza è 36.

A. 14; 56
B. 12; 48
C. 13; 52
D. 11; 44
E. 13; 25

30) Quale tra le seguenti frazioni è riducibile?

A. 3/7
B. 21/3
C. 2/9
D. 5/3

E. 17/21

31) Un terreno è coltivato per i 5/14 a mais e per i 2/7 a orzo; i 25 ettari residui sono coltivati ad avena. Qual è l'estensione dell'intero terreno? Quanti ettari sono coltivati a mais? E quanti a orzo?

A. 67; 13; 34
B. 70; 30; 20
C. 70; 25; 20
D. 56; 20; 16
E. 70; 35; 15

32) Quando il quoziente tra 2 numeri è uguale al divisore?

A. Quando il dividendo è 1
B. Quando il dividendo è uguale al divisore
C. Quando il divisore è 1
D. Quando il dividendo è il quadrato del divisore
E. Quando il dividendo è il doppio del divisore

33) In un ipermercato c'è un'offerta per la quale ogni 3 prodotti acquistati, quello con costo minore è gratis. In quale caso il cliente ha il guadagno massimo?

A. Nel caso in cui un prodotto costi più della somma degli altri 2
B. Nel caso in cui almeno un prodotto costi meno della somma degli altri 2
C. Nel caso in cui i tre prodotti abbiano lo stesso prezzo
D. Nel caso in cui due prodotti abbiano lo stesso prezzo
E. Nel caso in cui due prodotti abbiano lo stesso prezzo e il terzo prodotto abbia un prezzo inferiore alla somma dei due

34) Determinare due numeri naturali consecutivi sapendo che la differenza dei loro quadrati è 191.

A. 87; 88
B. 83; 84
C. 91; 92
D. 95; 96
E. 33; 34

35) Ridurre ai minimi termini la frazione 86/258.

A. 3/2
B. 1/3
C. 1/2
D. 1/4
E. 1/5

36) Qual è il risultato della radice quadrata del quoziente 17576 : 26?

A. 28
B. 22
C. 26
D. 24
E. 32

37) Una fontana riempie i 7/32 di una vasca in 35 minuti. Il tempo necessario per riempire la restante parte della vasca è:

A. 3 ore
B. 164 minuti
C. 158 minuti
D. 125 minuti
E. 130 minuti

38) Qual è il valore della cifra 0 nel numero naturale 73406?

A. Unità
B. Decine
C. Migliaia
D. Centinaia
E. Decine di migliaia

39) Il risultato dell'elevamento a potenza di 3 con esponente 6 è:

A. 729
B. 738
C. 721
D. 735
E. 634

40) Se elevo alla quarta la somma di 1 e 5 e divido il risultato per il cubo della somma di 2 e 4, ottengo:

A. 216
B. 1
C. 36
D. 6
E. 16

41) 5 alla quarta, per 3 corrisponde al numero:

A. 1874
B. 1875
C. 1880
D. 1882
E. 1877

42) 2006 × 3 = 2005 + 2007 + ………; per realizzare l'uguaglianza devo sostituire ai puntini:

A. 2004
B. 2007
C. 2006
D. 2005
E. 2002

43) Una cisterna può contenere 1000 litri di gasolio. Sapendo che ne contiene per i 7/20 della sua capacità, quanto gasolio è necessario versare per riempirla?

A. 540 litri
B. 350 litri
C. 720 litri
D. 650 litri
E. 200 litri

44) Qual è il risultato della radice quadrata del quoziente 2744 : 14?

A. 18
B. 14
C. 16
D. 12
E. 23

45) Un agricoltore in 10 ore miete i 15/24 di un terreno coltivato a grano. Quanto ulteriore tempo impiegherà per ultimare il lavoro?

A. 6 ore
B. 1 giorno
C. 5 ore
D. 16 ore
E. 2 giorni

46) Un allevatore ha acquistato capi di bestiame per un valore di € 35.600 e pagando in contanti gli viene accordato lo sconto del 3,5%. L'importo versato a saldo è:

A. € 34.112
B. € 34.354
C. € 34.358
D. € 32.100
E. € 34.220

47) Qual è quel numero naturale tale che i suoi 7/9, aumentati di 20, risultino uguali a 300?

A. 360
B. 355
C. 362
D. 349
E. 358

48) Un rivenditore ha acquistato una partita di tavoli ed avendo pagato in contanti ha ottenuto il ribasso del 7%, versando complessivamente l'importo di €930.000. Il valore iniziale della merce è:

A. €994.400

B. € 1.014.500
C. € 1.000.000
D. € 999.390
E. € 1.115.500

49) Il risultato dell'elevamento a potenza di 2 con esponente 8 è:

A. 242
B. 254
C. 248
D. 256
E. 234

50) Calcolare l'interesse di € 1.920 impiegati per 7 mesi al 10% annuo.

A. € 110
B. € 112
C. € 114
D. € 115
E. € 118

51) 756 secondi corrispondono a:

A. 18 min, 56 sec.
B. 12 min, 36 sec.
C. 14 min, 25 sec.
D. 11 min, 16 sec.
E. 13 min, 32 sec.

52) Sono stati asfaltati i 24/30 di una strada, pari a 120 km. Quanto misura la restante parte della strada non asfaltata?

A. 110 km
B. 96 km
C. 150 km
D. 30 km
E. 45 km

53) Una potenza di potenza è una potenza che:

A. ha per base la stessa base e per esponente la differenza degli esponenti
B. ha per base la stessa base e per esponente la somma degli esponenti
C. ha per base la stessa base e per esponente il prodotto degli esponenti
D. ha per base la stessa base e per esponente la potenza degli esponenti
E. ha per base la stessa base e per esponente il triplo degli esponenti

54) 2170 è il valore del termine incognito della proporzione continua:

A. $6.400 : x = x : 841$
B. $961 : x = x : 4.900$
C. $3.600 : x = x : 961$
D. $5.776 : x = x : 676$
E. $971 : x = x : 4.339$

55) Determinare il risultato della seguente equazione: $2x - 3 = -3$.

A. L'equazione è impossibile
B. $x = -3$
C. $x = 2$
D. $x = 0$
E. $x = -5$

56) Su un totale di 180 partite giocate, una squadra ne ha vinte il 25%, perse il 20% e pareggiate il 55%. Quante partite ha vinto, perso e pareggiato?

A. 41; 33; 106
B. 35; 29; 116
C. 45; 36; 99
D. 52; 46; 82
E. 45; 32; 89

57) Un negoziante ha acquistato della merce usufruendo di uno sconto del 12% e spendendo in tal modo € 22.220. Quanto avrebbe speso se non avesse ottenuto la riduzione?

A. € 25.000
B. € 34.220
C. € 25.250
D. € 26.000
E. € 35.200

58) Walter ha acquistato dei titoli per un valore di 15.000 euro. Alla fine dell'anno riceve un interesse pari a 1/12 della somma investita. Egli spende i 4/5 di questi interessi per acquistare un televisore. Qual è il prezzo dell'elettrodomestico?

A. 1.000 euro
B. 825 euro
C. 1.250 euro
D. 950 euro
E. 870 euro

59) Qual è la frazione complementare di 91/142?

A. 103/91
B. 51/142
C. 91/142
D. 142/91
E. 65/125

60) Un'officina ha acquistato pezzi di ricambio aventi valore di € 2.838.200; per l'ingente quantità gli viene accordato lo sconto del 9%. L'importo versato a saldo è:

A. € 2.593.071
B. € 2.555.894
C. € 2.470.248
D. € 2.582.762
E. € 2.370.200

61) In un'espressione quale operazione tra le seguenti va effettuata per prima (rispettando comunque l'ordine delle parentesi)?

A. Moltiplicazione
B. Divisione
C. Elevamento a potenza
D. Sottrazione
E. Addizione

62) La frazione complementare di 13/27 è:

A. 14/27
B. 17/27
C. 27/13
D. 20/27
E. 19/25

63) La proprietà commutativa non vale per:

A. potenza
B. addizione
C. addizione e moltiplicazione
D. moltiplicazione
E. minimo comune multiplo

64) Calcolare il capitale che impiegato per 3 anni al 13% frutta l'interesse di € 2.184.

A. € 5.750
B. € 5.400
C. € 5.600
D. € 5.650
E. € 5.700

65) Francesco ha sistemato nella sua libreria prima i 2/7 e poi i 3/7 di tutti i suoi libri. Gli rimangono ancora 24 libri. Quanti libri saranno nella libreria a lavoro finito? Quanti ne ha già sistemati?

A. 85; 45
B. 87; 63
C. 92; 57
D. 91; 54
E. 84; 60

66) Dato un totale di 300 persone, a quante unità corrisponde il 27%?

A. 145
B. 81
C. 93
D. 110
E. 75

67) 57 sta a 11 come 285 sta a:

A. 33
B. 44

C. 28
D. 55
E. 50

68) Quale termine deve essere sostituito ai puntini affinché la seguente equazione risulti indeterminata?
$6 - 2x - x + 3x = \ldots$

A. – 6
B. 3
C. – 3
D. 6
E. 2

69) [(5/6 – 3/4) / (1/3) + (11/12 – 5/9) (18/13)] : {1 – [8/5 – (6/5)(2/3 + 3/5)] (5/4)} =

A. 27/40
B. – 5/6
C. 5/6
D. 15/23
E. 7/25

70) Calcolare il tasso percentuale di sconto se su € 395.000 si è ottenuta la riduzione di € 14.220.

A. 3,7%
B. 3,6%
C. 4,0%
D. 3,8%
E. 2,9%

71) Qual è il valore del termine incognito della seguente proporzione continua? 1.089 : $x = x$: 1

A. 31
B. 34
C. 33
D. 35
E. 32

72) Qual è il risultato della radice quadrata del prodotto 144 × 36?

A. 72
B. 73
C. 74
D. 71
E. 70

73) Con la birra contenuta in una botte si riempiono 400 bottiglie della capacità di 0,66 litri cadauna; usando, invece, bottiglie della capacità di 0,50 litri, quante se ne potrebbero riempire?

A. 528 bottiglie
B. 303 bottiglie
C. 530 bottiglie
D. 520 bottiglie
E. 518 bottiglie

74) La quinta parte di un centesimo è:

A. 0,02
B. 0,01
C. 0,002
D. 0,005
E. 0,0002

75) Calcolare la radice quadrata della seguente addizione: $(3{,}6)^2 + (4{,}8)^2$.

A. 14,8
B. 11,4
C. 6
D. 4
E. 5

76) Verificare qual è la coppia di frazioni fra loro equivalenti.

A. 1/3 e 4/9
B. 4/7 e 8/14
C. 3/7 e 5/14
D. 2/7 e 3/8
E. 3/7 e 7/36

77) Gianluca ha 210 euro. Se spende, successivamente, 1/2, 1/6 e 1/3 della somma posseduta, con quanto denaro rimane?

A. 4 euro

B. 2 euro
C. 1 euro
D. 0 euro
E. 10 centesimi di euro

78) Il numero naturale precedente del quoziente tra 826 e 14 è:

A. 811
B. 58
C. 59
D. 57
E. 56

79) Un commerciante ha acquistato una partita di merce avente valore di € 92.150 e pagando in contanti gli viene accordato lo sconto del 4%. L'importo versato a saldo è:

A. € 88.464
B. € 88.565
C. € 86.655
D. € 88.354
E. € 85.754

80) Il signor Willis ha passato una lunga vacanza in Italia. Egli ha trascorso 1/4 dell'anno a Firenze e 1/3 dell'anno a Roma. Quanto è durato complessivamente il soggiorno in Italia del signor Willis?

A. 3 mesi
B. 6 mesi
C. 7 mesi
D. 4 mesi
E. 5 mesi

81) Un ragazzo ha ceduto i 2/5 della sua collezione di francobolli ad un amico. I francobolli rimasti sono ora 45. Quanti ne aveva prima?

A. 69
B. 75
C. 67
D. 82
E. 77

82) Se con 64 litri di vino si sono riempite 110 bottiglie, quante bottiglie della stessa capacità si potrebbero riempire con 256 litri di vino?

A. 440 bottiglie
B. 450 bottiglie
C. 437 bottiglie
D. 390 bottiglie
E. 420 bottiglie

83) Determinare due numeri, sapendo che la loro somma è 155 e la loro differenza 23.

A. 88; 67
B. 87; 68
C. 89; 66
D. 86; 69
E. 88; 98

84) Sapendo che da 156 chilogrammi di olive si sono ottenuti 70 litri di olio, quanti chilogrammi di olive sono necessari per ottenere 245 litri di olio?

A. 580 chilogrammi
B. 550 chilogrammi
C. 546 chilogrammi
D. 540 chilogrammi
E. 548 chilogrammi

85) Quali sono i due numeri la cui somma risulta 56 e che sono proporzionali a 2 e 5 secondo lo stesso coefficiente?

A. Le informazioni non sono sufficienti per poter calcolare i due numeri
B. I due numeri sono 35 e 26
C. I due numeri sono 20 e 36
D. I due numeri sono 27 e 29
E. I due numeri sono 16 e 40

86) Calcolare l'interesse che produce un capitale di € 459.000 impiegato al tasso del 6% annuo in 7 mesi.

A. € 16.150

B. € 15.360
C. € 15.975
D. € 16.065
E. € 15.450

87) Calcolare quale somma avete pagato in totale se avete ottenuto la riduzione del 12% su una spesa di € 1.450 e dell'8% su una spesa di € 6.475.

A. € 7.369,40
B. € 7.174,50
C. € 7.233
D. € 7.144,45
E. € 7.234,30

88) In una classe mista di 25 alunni si sa che 1/3 del numero dei maschi, aumentato di 7, è uguale al numero delle femmine diminuito di 2. Determinare il numero dei maschi e quello delle femmine.

A. 9; 16
B. 12; 13
C. 11; 14
D. 10; 15
E. 15; 10

89) Un automobilista, in viaggio da Bari a Reggio Calabria, ha percorso 51 km, pari a 1/9 della distanza complessiva che deve percorrere. Qual è la distanza stradale fra le due città?

A. 459 km
B. 445 km
C. 467 km
D. 463 km
E. 435 km

90) $(-0{,}2)^2 =$

A. – 0,04
B. 0,004
C. 1/4
D. 0,04
E. – 2

91) Aumentando del 10% le lunghezze della base e dell'altezza di un rettangolo, l'area aumenta del:

A. 20%
B. 100%
C. 121%
D. 21%
E. 10%

92) Per il rivestimento di un appartamento si usano zoccoli d'ardesia lunghi 80 centimetri e ne occorrono 75. Se fossero lunghi 125 centimetri ne occorrerebbero:

A. 70
B. 60
C. 118
D. 48
E. 72

93) La somma delle età di tre fratelli è 28 anni. Il maggiore ha un'età doppia del secondo e il minore ha quattro anni meno del secondo. Quanti anni ha il fratello minore?

A. 8
B. 7
C. 4
D. 6
E. 5

94) La frazione reciproca di 11/12 è:

A. 12/11
B. 13/12
C. 11/12
D. 1/12
E. 10/13

95) Si deve dividere la somma di 2440 euro fra tre persone, facendo in modo che la prima abbia 120 euro meno della seconda e che la terza abbia il doppio del denaro ricevuto dalla prima. Calcolare le somme ricevute da ciascuna delle tre persone.

A. 645 euro; 792 euro; 1003 euro
B. 373 euro; 821 euro; 1246 euro
C. 450 euro; 670 euro; 1320 euro
D. 580 euro; 700 euro; 1160 euro
E. 809 euro; 631 euro; 1000 euro

96) I numeri romani XV, LIII e DII corrispondono ai numeri:

A. 15; 103; 52
B. 15; 23; 52
C. 20; 33; 102
D. 15; 53; 502
E. 15; 63; 520

97) 2 giorni a quanti secondi corrispondono?

A. 172.800 sec.
B. 137.800 sec.
C. 324.300 sec.
D. 184.200 sec.
E. 186.400 sec.

98) Una scuola media è frequentata da 294 ragazzi. I 2/3 di essi studiano inglese, i rimanenti francese. Quanti ragazzi studiano il francese?

A. 109
B. 98
C. 91
D. 103
E. 95

99) Moltiplicando il numero 275,15 per 7 e per 0,4 otteniamo:

A. 770,42
B. 754,42
C. 724,42
D. 762,42
E. 734,56

100) Prendendo un terzo di una torta e dividendola in 4 fette uguali, quale frazione dell'intera torta è ciascuna fetta?

A. 1/7
B. 1/3
C. 1/6
D. 1/12
E. 1/5

101) Calcolare l'area di un cerchio il cui raggio è la metà del raggio di un altro cerchio il cui diametro è lungo 20 cm.

A. 9π cm^2
B. 25π cm^2
C. 144π cm^2
D. 49π cm^2
E. 14π cm^2

102) In un trapezio la base maggiore è 5/2 dell'altezza e la base minore è 1/3 della maggiore. Calcolare l'area del trapezio sapendo che la base maggiore misura 45 cm.

A. 540 cm^2
B. 630 cm^2
C. 685 cm^2
D. 515 cm^2
E. 388 cm^2

103) Un arco è i 7/8 dell'intera circonferenza. Calcolare la misura dell'angolo al centro corrispondente.

A. 172°
B. 225°
C. 289°
D. 315°
E. 235°

104) I cateti di un triangolo rettangolo sono lunghi, rispettivamente, 303 e 404. Determinare la lunghezza dell'ipotenusa.

A. 507
B. 705
C. 707
D. 505
E. 575

105) Due angoli di un quadrilatero misurano rispettivamente 130° e 40°; calcolare le misure degli altri due angoli sapendo che la misura di uno è il quadruplo di quella dell'altro.

A. 38°; 152°
B. 46°; 128°
C. 29°; 145°
D. 53°; 81°
E. 45°; 138°

106) Un rettangolo avente il perimetro di 210 cm è inscritto in una circonferenza. Sapendo che il rapporto tra i due lati è 3/4, determinare la misura della circonferenza.

A. 225 cm
B. 105 cm
C. 75 π cm
D. 150 π cm
E. 57 π cm

107) Un triangolo ha la superficie che misura 5,46 cm^2 ed il perimetro che misura 10,5 cm. Determinare la misura del raggio della circonferenza inscritta al triangolo.

A. 1 cm
B. 1,2 cm
C. 0,42 cm
D. 1,04 cm
E. 2 cm

108) Un rombo, la cui diagonale minore è 3/4 dell'altra, ha la superficie che misura 1.536 dam^2. Determinare la misura dell'area del cerchio inscritto nel rombo.

A. 361 π dam^2
B. 1.111 dam^2
C. 1.160 dam^2
D. 368,64 πdam^2
E. 2.100 dam^2

109) Un triangolo rettangolo ha l'area di 245,76 cm^2 e il cateto minore misura 19,2 cm. Calcolare l'ipotenusa e il perimetro.

A. 27 cm; 63,4 cm
B. 35 cm; 81,3 cm
C. 25 cm; 60,9 cm
D. 32 cm; 76,8 cm
E. 35 cm; 45,8 cm

110) Un triangolo isoscele ABC ha l'area di 300 cm^2 e la base di 40 cm. Calcolare la lunghezza del contorno della figura delimitata da tre semicirconferenze aventi per diametri i lati del triangolo.

A. 129,66 cm
B. 165,11 cm
C. 141,3 cm
D. 132,6 cm
E. 135,8 cm

111) Quando due rette hanno in comune uno ed un solo punto, queste si dicono:

A. tangenti
B. incidenti
C. parallele
D. ortogonali
E. perpendicolari

112) Se due circonferenze hanno tre punti in comune, allora sono:

A. non necessariamente appartenenti allo stesso piano
B. tangenti
C. coincidenti
D. secanti
E. parallele

113) Il tetraedro regolare è formato da:

A. 4 triangoli isosceli
B. 6 quadrati
C. 6 rettangoli

D. 4 triangoli equilateri
E. 4 triangoli scaleni

114) Calcolare il perimetro e l'area di un trapezio rettangolo sapendo che l'altezza ha una lunghezza doppia della base minore, la differenza fra le misure delle basi è 7 cm mentre la loro somma è 19 cm (approssimare alla seconda cifra decimale).

A. 44,89 cm; 114 cm^2
B. 32,56 cm; 125 cm^2
C. 45,32 cm; 120 cm^2
D. 32,56 cm; 210 cm^2
E. 33,78 cm; 330 cm^2

115) Un ottagono regolare si ottiene sovrapponendo:

A. due rettangoli
B. due parallelogrammi
C. due esagoni
D. due quadrati
E. due rombi

116) In un quadrato il perimetro è 56 cm. Calcolare la misura della diagonale del rettangolo avente l'altezza lunga quanto la diagonale del quadrato e la base che misura 46 cm (approssimare alla seconda cifra decimale).

A. 48,71 cm
B. 53,75 cm
C. 50,08 cm
D. 43,18 cm
E. 50,15 cm

117) Determinare il numero di giri compiuti dalla ruota di un veicolo avente un raggio di 22 cm quando questa percorre 8 km, 289 m e 6 cm (approssimare alla cifra intera).

A. 4000
B. 5000
C. 3000
D. 6000
E. 2000

118) Un trapezio isoscele è circoscritto ad una circonferenza ed ha il perimetro che misura 160 cm. Sapendo che la base maggiore è 5/3 della minore, determinare le misure delle basi e del lato obliquo.

A. 35 cm; 45 cm; 40 cm
B. 27 cm; 45 cm; 44 cm
C. 30 cm; 50 cm; 40 cm
D. 33 cm; 55 cm; 36 cm
E. 25 cm; 50 cm; 43 cm

119) A quanti metri quadrati equivalgono 10 ettari?

A. 100
B. 1.000.000
C. 100.000
D. 1000
E. 10.000

120) Se ABC è un angolo ottuso la sua bisettrice lo divide in:

A. due angoli retti
B. due angoli ottusi
C. due angoli acuti
D. due angoli maggiori di 180°
E. un angolo retto ed uno acuto

121) Come si può definire la corda di un cerchio?

A. Un tratto di circonferenza pari alla lunghezza del diametro
B. Un tratto di circonferenza pari alla lunghezza del raggio
C. Un arco di circonferenza
D. Un segmento che unisce due punti della circonferenza
E. L'esatta metà della circonferenza

122) Come si definisce una parte di retta compresa tra due punti?

A. Corda

B. Secante
C. Semiretta
D. Segmento
E. Diagonale

123) In un parallelogramma un lato misura 9,1 m e l'altezza relativa al secondo lato misura 7 m. Sapendo che l'area è 109,2 m^2, calcolare il secondo lato e l'altezza relativa al primo lato.

A. 14,3 m; 9,8 m
B. 9,8 m; 14,3 m
C. 15,6 m; 12 m
D. 12 m; 18,6 m
E. 16,5 m; 14 m

124) Quale delle seguenti affermazioni è corretta?

A. La somma degli angoli interni di un triangolo è 270°
B. Gli angoli interni di un triangolo isoscele misurano sempre 60°
C. Un triangolo isoscele può avere due angoli di 90°
D. Un triangolo rettangolo può avere un angolo di 60°
E. Gli angoli interni di un triangolo equilatero misurano sempre 90°

125) Quale di questi poligoni non è sempre inscrivibile e circoscrivibile ad una circonferenza?

A. Quadrato
B. Esagono
C. Triangolo isoscele
D. Triangolo equilatero
E. Triangolo scaleno

126) Un rombo è equivalente ai 3/5 di un rettangolo avente il perimetro di 130 dm e la base lunga 40 dm. Calcolare la misura della diagonale minore del rombo sapendo che la diagonale maggiore è il triplo dell'altezza del rettangolo.

A. 21 dm
B. 27 dm
C. 19 cm
D. 16 dm
E. 15 dm

127) In un cerchio di area 169 π cm^2, la corda AB misura 24 cm e la corda BC (situata dalla parte opposta di AB rispetto al centro) è 5/12 di AB. Calcolare la distanza di ciascuna delle due corde dal centro O, la lunghezza del perimetro e l'area del quadrilatero ABCO.

A. 4 cm; 11 cm; 61 cm; 117 cm^2
B. 6 cm; 10 cm; 69 cm; 126 cm^2
C. 5 cm; 12 cm; 60 cm; 120 cm^2
D. 7 cm; 13 cm; 58 cm; 134 cm^2
E. 3 cm; 12 cm; 50 cm; 110 cm^2

128) Un triangolo rettangolo, ruotando intorno all'ipotenusa, genera:

A. due coni uniti per la base
B. un prisma
C. un tronco di cono
D. un cono retto
E. un cilindro

129) Un parallelogramma ABCD ha la superficie che misura 10.140 m^2. Calcolare la misura del perimetro di un trapezio rettangolo, equivalente ad 1/3 del parallelogramma, avente l'altezza e la base minore che misurano rispettivamente 52 m e 45,5 m.

A. 257 m
B. 201,5 m
C. 234 m
D. 260 m
E. 247 m

130) Calcolare, in m, la misura della base di un triangolo sapendo che l'area è 1,68 m^2 e l'altezza misura 42 dm.

A. 3,4 m
B. 6,5 m

C. 8 m
D. 0,8 m
E. 0,5 m

131) La diagonale di un cubo:

A. passa per il centro del cubo
B. ha lunghezza minore della lunghezza della diagonale di ciascuna faccia
C. ha lunghezza pari alla lunghezza della diagonale di ciascuna faccia
D. è la base di un triangolo isoscele formato da due spigoli
E. ha lunghezza pari al doppio della lunghezza dello spigolo

132) In un quadrato il perimetro è 100 m. Calcolare il perimetro di un rettangolo equivalente al quadrato sapendo che la sua altezza è lunga il doppio del lato del quadrato.

A. 112 m
B. 136 m
C. 148 m
D. 125 m
E. 135 m

133) Un arco è lungo 1 mm ed è ampio 1°. Quanto è lunga la circonferenza a cui appartiene?

A. 150 mm
B. 280 mm
C. 430 mm
D. 180 mm
E. 360 mm

134) Un parallelogrammo è equivalente a un quadrato il cui lato è lungo 28 cm. Sapendo che la base del parallelogrammo è i 7/4 del lato del quadrato, calcolare l'altezza del parallelogrammo.

A. 27 cm
B. 16 cm
C. 42 cm
D. 53 cm
E. 14 cm

135) Dato un triangolo di lati 12 cm, 9 cm e 17 cm, determinare la misura del raggio del cerchio ad esso inscritto.

A. 6,77 cm
B. 5,8 cm
C. 5,4 cm
D. 2,71 cm
E. 5,54 cm

136) Per tre punti non allineati:

A. passano infinite rette
B. passa una e una sola retta
C. passa uno e un solo piano
D. passano solo due rette
E. passano infiniti piani

137) Due segmenti che hanno un estremo in comune ed appartengono alla stessa retta sono detti:

A. secanti
B. tangenti
C. adiacenti
D. consecutivi
E. congruenti

138) Calcolare l'area di un cerchio il cui raggio misura il doppio di quello di un'altra circonferenza il cui diametro è lungo 27 cm.

A. 729 π cm^2
B. 636 π cm^2
C. 444 π cm^2
D. 556 π cm^2
E. 675 π cm^2

139) Ciascuna delle due parti in cui un piano è diviso da una retta giacente sullo stesso piano si chiama:

A. poligonale
B. semipiano
C. angolo

D. arco
E. poligono

140) Un angolo i cui lati sono due semirette coincidenti si definisce:

A. piatto
B. acuto
C. giro
D. retto
E. ottuso

141) Ad un angolo al centro ampio 90° corrisponde un arco lungo 8 π cm. Calcolare la misura del diametro della circonferenza a cui appartiene l'arco.

A. 24 cm
B. 16 cm
C. 35 cm
D. 40 cm
E. 32 cm

142) In un triangolo rettangolo, il lato opposto all'angolo retto è detto:

A. ipotenusa
B. mediana
C. cateto
D. bisettrice
E. diagonale

143) Due rette perpendicolari sono anche:

A. parallele
B. sghembe
C. incidenti
D. generatrici
E. coincidenti

144) Due figure si dicono equivalenti quando:

A. hanno uguale perimetro
B. hanno tutti gli angoli uguali
C. hanno uguale area
D. giacciono sullo stesso piano
E. hanno un solo lato uguale

145) La somma di due segmenti è lunga 18 cm e il secondo è la metà del primo; calcolare la lunghezza di ciascuno dei due segmenti.

A. 20 cm; 10 cm
B. 12 cm; 6 cm
C. 8 cm; 4 cm
D. 16 cm; 8 cm
E. 15 cm; 6 cm

146) Un trapezio rettangolo ha l'altezza lunga 19 cm e l'area è 361 cm^2. Calcolare la lunghezza di ciascuna delle due basi sapendo che la maggiore supera la minore di 2 cm.

A. 13 cm; 15 cm
B. 21 cm; 23 cm
C. 18 cm; 20 cm
D. 12 cm; 14 cm
E. 19 cm; 25 cm

147) Le diagonali di un rombo sono una la metà dell'altra e la loro somma è 96 m. Calcolare il perimetro del rombo (approssimare la misura del suo lato alla prima cifra decimale).

A. 115,6 m
B. 163,2 m
C. 234,8 m
D. 142,8 m
E. 132,3 m

148) Un trapezio è equivalente a un quadrato avente il perimetro lungo 168 cm; sapendo che le basi del trapezio sono lunghe rispettivamente 36 cm e 27 cm, calcolare la lunghezza dell'altezza del trapezio.

A. 19 cm
B. 67 cm
C. 56 cm
D. 45 cm
E. 43 cm

149) Nella geometria euclidea, quali sono gli enti primitivi?

A. Punto, angolo e segmento
B. Piano, semipiano e semiretta
C. Punto, retta e piano
D. Semiretta, segmento e poligonale
E. Retta, segmento e poligono

150) Quale dei seguenti quadrilateri ha quattro angoli congruenti?

A. Rombo
B. Parallelogramma
C. Rettangolo
D. Trapezio
E. Nessuno tra quelli citati

RISPOSTE CORRETTE

1) B	26) D	51) B	76) B	101) B	126) D
2) B	27) C	52) D	77) D	102) A	127) C
3) C	28) C	53) C	78) B	103) D	128) A
4) D	29) B	54) B	79) A	104) D	129) E
5) A	30) B	55) D	80) C	105) A	130) D
6) B	31) C	56) C	81) B	106) C	131) A
7) E	32) D	57) C	82) A	107) D	132) D
8) B	33) C	58) A	83) C	108) D	133) E
9) D	34) D	59) B	84) C	109) D	134) B
10) C	35) B	60) D	85) E	110) C	135) D
11) B	36) C	61) C	86) D	111) B	136) C
12) B	37) D	62) A	87) C	112) C	137) C
13) D	38) B	63) A	88) B	113) D	138) A
14) B	39) A	64) C	89) A	114) A	139) B
15) E	40) D	65) E	90) D	115) D	140) C
16) A	41) B	66) B	91) D	116) C	141) E
17) B	42) C	67) D	92) D	117) D	142) A
18) B	43) D	68) D	93) C	118) C	143) C
19) A	44) B	69) C	94) A	119) C	144) C
20) C	45) A	70) B	95) D	120) C	145) B
21) C	46) B	71) C	96) D	121) D	146) C
22) B	47) A	72) A	97) A	122) D	147) D
23) A	48) C	73) A	98) B	123) C	148) C
24) A	49) D	74) C	99) A	124) D	149) C
25) B	50) B	75) C	100) D	125) B	150) C

CULTURA SPORTIVA

CAPITOLO 1
Allenamento e attività fisica

1) L'allenamento serve:

A. a creare uno stress organico che causi come risposta immediata un adattamento fisico (supercompensazione)
B. ad abituare l'organismo a sforzi intensi
C. a creare uno stress organico che causi come risposta successiva un adattamento fisico (supercompensazione)
D. a creare uno stress mentale che favorisca l'adattamento fisico
E. a verificare le capacità dell'individuo nello svolgere determinati movimenti ed esercizi

2) Quale tra le seguenti qualità motorie è considerata coordinativa?

A. Forza
B. Resistenza
C. Flessibilità
D. Velocità
E. Destrezza

3) Cosa sono le paraolimpiadi?

A. Olimpiadi parificate
B. Olimpiadi riservate ai disabili
C. Olimpiadi studentesche
D. Olimpiadi con sport non ancora riconosciuti dal CONI
E. Olimpiadi riservate, per pari opportunità, alle donne

4) Le abilità fisiche o capacità condizionali:

A. migliorano con la pratica
B. diminuiscono con l'età
C. sono legate solo al patrimonio genetico
D. sottostanno alla tecnica esecutiva
E. sono immodificabili

5) Lo spazio nell'attività motoria è:

A. un fattore esecutivo che orienta e dirige il movimento del corpo
B. il terreno specifico su cui si svolgono le attività relative ai giochi tradizionali
C. uno spazio di terreno delimitato da linee
D. un'area di terreno codificata
E. la distanza tra le persone che agiscono

6) Qual è la funzione del muscolo quadricipite?

A. Estensione dell'anca
B. Flessione del ginocchio
C. Estensione del ginocchio e flessione dell'anca
D. Estensione dell'avambraccio
E. Flessione del polso

7) Che cos'è un "movimento riflesso"?

A. Un movimento eseguito dal soggetto senza una precisa volontà
B. Un movimento improvviso senza una precisa finalità
C. Una risposta muscolare stereotipata a uno stimolo adeguato
D. Una risposta muscolare non stereotipata a uno stimolo adeguato
E. Un movimento automatico

8) È considerato un piccolo attrezzo:

A. un sussidio che può essere sollevato
B. un sussidio fisso
C. un sussidio mobile
D. un sussidio che può essere mosso intorno al corpo
E. un sussidio di fortuna

9) Il muscolo sartorio:

A. flette la coscia e ruota la gamba lateralmente
B. estende la gamba
C. flette la gamba, flette la coscia e la ruota lateralmente
D. adduce la coscia
E. nessuna delle risposte è esatta

10) Il principio dell'individualizzazione dei carichi rappresenta:

A. la necessità di stimolare in maniera specifica un individuo
B. la necessità di rispettare il profilo psicomotorio di un allievo
C. la logica conseguenza dell'unicità o irripetibilità delle caratteristiche di ogni essere vivente
D. nessuna delle risposte è valida
E. tutte le risposte sono valide

11) La velocità è strettamente correlata con:

A. il numero di esecuzioni di un determinato esercizio fisico
B. la tipologia delle fibre muscolari e la qualità dell'impulso nervoso
C. la resistenza muscolare
D. il tono muscolare
E. la glicolisi

12) Dove viene praticato e in che cosa consiste il tipo di allenamento denominato *fartlek*?

A. Si pratica in palestra e consiste in una corsa su brevi distanze
B. Si pratica in ambiente naturale (campagna, boschi, ecc.) e consiste in una corsa interrotta da pause
C. Si pratica in palestra e consiste in una corsa sulla lunga distanza
D. Si pratica in ambiente naturale (campagna, boschi, ecc.) e consiste in una corsa sulla lunga distanza senza interruzioni con variazioni della pendenza del suolo e della velocità
E. Nessuna delle risposte è esatta

13) Quale tra le seguenti qualità motorie è considerata condizionale?

A. L'orientamento spazio-temporale
B. La reattività
C. La velocità
D. L'equilibrio
E. La ritmizzazione

14) Indicare quale delle seguenti affermazioni sul CONI è corretta.

A. È l'emanazione del Comitato Olimpico Internazionale (CIO)
B. Ha la sede principale a Milano
C. È presente in tutte le regioni italiane
D. Il Presidente del CONI è Carlo Tavecchio
E. Ha il solo compito di organizzare i tornei sportivi a livello nazionale

15) Il grado di automatizzazione di un movimento dipende:

A. dal numero di ripetizioni eseguite nelle prime due settimane di apprendimento
B. dalla quantità di esperienze motorie memorizzate nella memoria cinestetica
C. dalla quantità e dalla qualità delle esperienze sensoriali vissute
D. dalla abilità generale del soggetto
E. dal numero di ripetizioni eseguite nel tempo

16) La forza assoluta è:

A. la massima espressione di forza che un soggetto è in grado di esprimere mediante contrazione volontaria in relazione al peso corporeo
B. la massima espressione di forza che un soggetto è in grado di esprimere mediante contrazione pliometrica
C. la massima espressione di forza che un soggetto è in grado di esprimere mediante contrazione volontaria
D. la massima espressione di forza che un soggetto è in grado di esprimere mediante contrazione eccentrica
E. la massima espressione di forza che un soggetto è in grado di esprimere mediante contrazione concentrica

17) Per inclinazione del busto si intende:

A. il passaggio dall'atteggiamento lungo a quello breve
B. lo spostamento in atteggiamento lungo partendo dalla sua linea verticale verso quella orizzontale
C. il passaggio dall'atteggiamento breve a quello lungo
D. il passaggio dall'atteggiamento breve a quello lungo in attitudine di appoggio
E. il passaggio dall'atteggiamento lungo a quello breve in attitudine di appoggio

18) Il camminare è un'abilità:

A. discreta
B. seriale
C. ottima
D. continua
E. aperta

19) Lo spostamento in atteggiamento lungo partendo dalla linea verticale verso quella orizzontale si dice:

A. flessione
B. inclinazione
C. torsione
D. piegamento
E. attitudine

20) Durante la contrazione muscolare i filamenti:

A. di actina scorrono tra quelli di miosina
B. di miosina scorrono tra quelli di actina
C. scorrono entrambi
D. si contraggono
E. per lo scorrimento non hanno bisogno di altri fattori

21) Con il termine *endurance* si intende:

A. un prova di velocità
B. una prova di resistenza
C. un'abilità tecnica
D. l'elasticità muscolare
E. una prova di forza

22) Quale di queste affermazioni sugli schemi posturali è falsa?

A. possono coinvolgere gli arti superiori
B. comprendono la flessione
C. possono coinvolgere il busto
D. comprendono la corsa
E. comprendono la torsione

23) Quali tra i seguenti sono sport di "invasione"?

A. Pallavolo e tennis
B. Rugby e calcio
C. Ciclismo e atletica
D. Scherma e badminton
E. Tiro al volo e sci

24) Il test di Cooper viene utilizzato per valutare:

A. la forza
B. la flessibilità articolare
C. la coordinazione dinamica
D. la velocità
E. la resistenza

25) Gli esercizi di stretching determinano:

A. un incremento della forza della muscolatura coinvolta
B. un allungamento della muscolatura coinvolta
C. una diminuzione di forza della muscolatura coinvolta
D. un accorciamento della muscolatura coinvolta
E. il rilassamento della muscolatura coinvolta

26) Quale dei seguenti sport come da tradizione chiude i Giochi olimpici?

A. Il calcio
B. I 100 metri
C. Il pugilato
D. La maratona
E. Il lancio del disco

27) La distorsione è:

A. la lesione di parti muscolari o di organi interni in seguito a un trauma
B. la lacerazione di parti muscolari
C. l'ulcerazione di organi interni
D. una contrazione involontaria della muscolatura
E. la lesione di un'articolazione

28) Normalmente l'intensità di allenamento per incrementare la potenza aerobica:

A. si determina dal valore di soglia aerobica
B. si misura ad ogni allenamento
C. è un parametro critico per allenare la resistenza aerobica
D. non può essere mantenuta per durate superiori ai 2 minuti
E. si stima dalle sensazioni dell'atleta

29) Il migliore allenamento per la soglia aerobica deve durare:

A. oltre 40 minuti
B. fino a 20 minuti solo continuo
C. fino a 30 minuti continuo o intervallato
D. fino a 5 minuti continuo o 30 minuti intervallato
E. fino a 8 minuti continuo o 15 minuti intervallato

30) Sono classificate come capacità coordinative:

A. capacità di trasformazione e adattamento
B. capacità di equilibrio e di mobilità
C. capacità aerobica e di forza
D. capacità di mobilità e di differenziazione
E. capacità di forza e di differenziazione

31) Per mantenere in buona salute l'apparato locomotore è più utile:

A. l'integrazione della dieta
B. una dieta iperproteica
C. una moderata attività fisica
D. la pratica di sport estremi
E. perdere peso

32) Lavorare in regime di *steady-state* significa che la quantità di ossigeno assunta:

A. è costante
B. è minore della quantità di ossigeno consumata
C. è maggiore della quantità di ossigeno consumata
D. è insufficiente
E. equivale alla quantità di ossigeno consumata

33) Per esercitare i muscoli addominali è corretto:

A. tenere le ginocchia distese e i piedi bloccati
B. rimanere in apnea durante lo sforzo

C. mantenere le gambe flesse e/o piegate
D. contrarre i muscoli del collo per aiutare la risalita
E. inarcare la schiena

34) Un corretto allenamento della forza determina:

A. nessuna modifica delle masse muscolari
B. ipertrofia delle masse muscolari
C. ipotrofia delle masse muscolari
D. riduzione del ritorno venoso dal muscolo
E. allungamento delle fibre muscolari

35) Cosa indica l'espressione "squat"?

A. Un esercizio di potenziamento muscolare
B. Le fasi del terzo tempo della pallacanestro
C. Un esercizio di danza
D. Una fase del salto triplo nell'atletica leggera
E. Un esercizio di atletica volto a migliorare la velocità

36) La capacità di eseguire più movimenti in simultanea è:

A. una capacità cognitiva
B. un'abilità motoria
C. una capacità condizionale
D. una capacità di resistenza
E. una capacità coordinativa

37) Che cos'è lo skip?

A. Un esercizio di corsa a ginocchia alte
B. Un passo di danza
C. Un tipo di sci
D. Il timoniere in barca a vela
E. Nessuna delle alternative è valida

38) L'espressione "squat jump" identifica:

A. un test di misurazione della forza esplosiva
B. una tecnica del body building
C. una fase della rincorsa nel salto in alto
D. una tecnica di sollevamento pesi
E. nessuna delle altre alternative è corretta

39) L'attività fisica può svolgere importanti funzioni nella regolazione del peso corporeo, per questo sono maggiormente indicate:

A. le attività lattacide
B. le attività anaerobiche
C. le attività miste aerobico-anaerobiche
D. le attività aerobiche
E. le esercitazioni che stimolano la forza massimale

40) L'*orienteering* è uno sport che consiste nella capacità di:

A. arrampicarsi in montagna
B. ritrovare oggetti nascosti
C. orientarsi in un territorio usando carta e bussola
D. orientarsi nel rintracciare piante rare
E. orientarsi per ritrovare il punto di partenza

41) Che cosa è consigliabile fare all'inizio di ogni allenamento?

A. Effettuare esercizi di respirazione e bere molta acqua
B. Fare una doccia calda seguita dallo stretching
C. Effettuare un riscaldamento generale per almeno 30 minuti e uno specifico per altri 15 minuti
D. Effettuare stretching per almeno 15 minuti e bere molta acqua
E. Effettuare riscaldamento e stretching

42) Il CIO (Comitato Internazionale Olimpico) ha sede a:

A. Roma

B. Parigi
C. Atene
D. Losanna
E. Londra

43) La contrazione muscolare non può avvenire in forma:

A. isotonica
B. isometrica
C. pliometrica
D. eccentrica
E. elastica

44) Il migliore allenamento per la soglia anaerobica deve durare:

A. oltre 60 minuti
B. fino a 5 minuti solo continuo
C. fino a 60 minuti continuo o intervallato
D. fino a 5 minuti continuo o 10 minuti intervallato
E. fino a 10 minuti continuo o 30 minuti intervallato

45) I "fondamentali" di un gioco sportivo sono:

A. gli obiettivi del gioco
B. i giocatori più importanti
C. le azioni che caratterizzano il gioco
D. gli attrezzi per giocare
E. le regole principali

46) Nella meccanica muscolare i movimenti possono essere classificati in:

A. isotonici, isometrici, isocinetici
B. isocinetici, esometrici, concentrici
C. isometrici, esometrici, elastici
D. isotonici, esometrici, elastomeri
E. eccentrici, concentrici, elastici

47) Nel movimento di abduzione l'arto viene:

A. proiettato verso l'avanti
B. allontanato dal tronco
C. avvicinato al tronco
D. ruotato
E. piegato e posto più vicino alla linea mediana del corpo

48) La contusione è:

A. la lesione di una articolazione
B. la lesione di parti muscolari o di organi interni in seguito a un trauma
C. una contrazione involontaria della muscolatura
D. un'ulcerazione di organi interni
E. la lacerazione di parti muscolari

49) Quali sono le attività fisiche maggiormente indicate nella regolazione del peso corporeo?

A. Le attività aerobiche
B. Le esercitazioni che stimolano la forza massimale
C. Le attività lattacide
D. Le attività miste aerobico-anaerobiche
E. Le attività anaerobiche

50) Che cosa si intende per "presa crurale"?

A. Un saldo contatto delle ginocchia al suolo
B. Una salda impugnatura delle mani ad un piccolo o grande attrezzo
C. La distanza che intercorre fra le prese
D. Un contatto delle tibie a un grande attrezzo
E. Un saldo contatto della zona interna delle cosce a un attrezzo

51) Il Super Bowl è uno degli eventi sportivi annuali più seguiti del mondo. Si tratta della finale di:

A. NFL
B. NBA
C. NHL
D. MLS
E. MLB

52) Quando un muscolo è dolorante per un intenso sforzo fisico, è abitudine massaggiarlo a lungo. Questo perché:

A. aumenta la temperatura del muscolo favorendo la produzione di sangue ricco di ossigeno
B. il muscolo si rilassa e l'acido lattico può essere allontanato con il sangue che circola
C. arriva più sangue ricco di ossigeno che trasforma l'acido lattico in acqua e anidride carbonica
D. si forma una maggior quantità di anidride carbonica
E. aumenta la temperatura e l'acido lattico si scioglie

53) Tra consumo di ossigeno e forma fisica esiste una relazione?

A. Sì, di tipo inverso
B. Dipende dall'altitudine e dall'ematocrito
C. Maggiore è lo stato di forma fisica, migliore è la capacità di consumare ossigeno
D. No, mai
E. No, perché il consumo di ossigeno non è legato all'attività fisica ma al metabolismo basale

54) Eseguire più movimenti continuamente è una capacità:

A. coordinativa
B. cognitiva
C. tecnico-motoria
D. condizionale
E. condizionale e tecnico-motoria

55) Nell'esercizio fisico, che cosa definisce l'espressione "recupero breve"?

A. Un momento caratterizzato da specifiche attività, susseguenti l'allenamento fisico, con la finalità di aumentare la velocità e la potenza muscolare
B. Il momento di massimo allungamento muscolare durante un esercizio
C. La quantità di tempo che intercorre tra una seduta di allenamento e un'altra
D. La quantità di tempo che intercorre tra un esercizio e il successivo
E. Il tempo impiegato per le attività di stretching

56) Quali sono le modalità più efficaci per prevenire l'*overtraining*?

A. Evitare carichi di lavoro impegnativi
B. Monitorare i parametri funzionali e le risposte psicologiche
C. Eseguire regolari esami del sangue
D. Mantenere una corretta integrazione dietologica
E. Mantenere i carichi di lavoro molto bassi

57) Si classifica tra le attività di destrezza:

A. lo sci alpino
B. il lancio del giavellotto
C. il lancio del martello
D. la pallavolo
E. il sollevamento pesi

58) Durante il lavoro muscolare intenso quali muscoli espiratori entrano in azione?

A. Lo sternocleidomastoideo
B. I muscoli del dorso
C. I muscoli intercostali esterni
D. Il trapezio
E. Il muscolo retto dell'addome

59) Nei giochi sportivi di "opposizione/campo fisso" c'è una regola comune. Quale?

A. L'invasione
B. Il contatto fisico
C. La palla
D. Il fallo
E. La rotazione dei giocatori

60) L'allenamento in altitudine serve a:

A. migliorare la capacità anaerobica
B. aumentare la forza muscolare
C. migliorare la coordinazione oculo-manuale
D. migliorare i tempi di reazione nelle gare di velocità
E. migliorare la capacità di resistenza

RISPOSTE CORRETTE

1) B	13) C	25) B	37) A	49) A
2) E	14) A	26) D	38) A	50) E
3) B	15) D	27) E	39) D	51) A
4) A	16) C	28) C	40) C	52) B
5) A	17) B	29) A	41) E	53) C
6) C	18) B	30) A	42) D	54) A
7) C	19) B	31) C	43) E	55) D
8) D	20) A	32) E	44) E	56) B
9) C	21) B	33) C	45) C	57) A
10) C	22) D	34) B	46) A	58) E
11) B	23) B	35) A	47) B	59) A
12) D	24) E	36) E	48) B	60) E

CAPITOLO 2
Sport individuali

1) L'attrezzo utilizzato nel lancio del disco per le donne ha un diametro di:

A. 180-182 mm
B. 200-220 mm
C. 120-140 mm
D. 220-240 mm
E. 150-170 mm

2) Il giavellotto utilizzato nelle gare maschili ha una lunghezza di:

A. 120-140 cm
B. 220-240 cm
C. 260-270 cm
D. 180-200 cm
E. 110-130 mm

3) Nel salto triplo il balzo che si esegue dopo lo stacco prende il nome di:

A. step
B. jump
C. volo
D. hop
E. squat

4) In atletica esistono due tipi di staffette. Quali?

A. La 2 × 100 m e la 2 × 400 m
B. La 4 × 100 m e la 4 × 400 m
C. La 3 × 100 m e la 3 × 400 m
D. La 4 × 200 m e la 4 × 400 m
E. La 3 × 100 m e la 3 × 200 m

5) Quale strumento viene utilizzato nel lancio del peso?

A. Una sfera in legno
B. Una boccia di ferro o di ottone
C. Un disco per metà in legno e per metà in ottone
D. Una maniglia triangolare di metallo collegata a una sfera d'ottone tramite un filo d'acciaio
E. Un attrezzo in acciaio di forma ovale

6) Cos'è il velodromo?

A. Il percorso predisposto per la maratona
B. Una pista a forma di anello predisposta per il salto in lungo
C. Una pista ellittica per lo svolgimento di gare ciclistiche
D. Una pista circolare per il lancio del peso
E. La pista su cui si svolge la gara dei 10.000 m

7) Le gare di fondo comprendono:

A. i 110 m maschili, i 100 m femminili e i 400 m maschili e femminili
B. i 500 m, i 1000 m e i 1500 m
C. i 100 m maschili e femminili e i 400 m maschili e femminili
D. gli 800 m, i 1500 m e i 3000 m siepi
E. i 5000 m, i 10.000 m e la maratona

8) Il Tour de France e il Giro d'Italia sono le competizioni nazionali più importanti di:

A. mountain biking
B. ciclismo su pista
C. ciclocross
D. ciclismo su strada
E. BMX

9) Quale delle seguenti discipline ginniche non è inserita nel programma olimpico?

A. Sbarra
B. Salto acrobatico
C. Cavallo con maniglie
D. Corpo libero
E. Anelli

10) Il badminton si gioca:

A. con le racchette
B. con i piedi
C. in tre contro tre
D. con i piedi e le mani
E. con le mani

11) Non fa parte della ginnastica artistica femminile:

A. il suolo
B. il volteggio
C. la sbarra orizzontale
D. la trave
E. le parallele asimmetriche

12) Quale dei seguenti non rientra tra gli elementi di cui deve tener conto la giuria ai fini della valutazione del tuffo?

A. Il tempo di permanenza sott'acqua
B. L'entrata in acqua
C. Il volo
D. La partenza
E. Nessuno degli elementi elencati

13) Nel tennis da tavolo la partita si vince conquistando:

A. 11 punti
B. 15 punti
C. 18 punti
D. 21 punti
E. 16 punti

14) La marcia è definita:

A. una competizione di squadra dell'atletica leggera in cui la distanza complessiva è percorsa da quattro atleti in successione
B. una corsa a ostacoli in cui questi vengono superati con particolari tecniche che consentono di evitare il rallentamento del ritmo di corsa
C. una progressione costante e armonica di passi eseguita in modo tale che l'atleta mantenga sempre il contatto col terreno, almeno con uno dei due arti inferiori
D. la gara di corsa in assoluto più lunga, con una distanza pari a 42,195 km
E. una delle gare di corsa più lunghe, che si articola in 25 giri per un totale di 10.000 m

15) Nelle competizioni ufficiali, in quali casi il nuotatore viene squalificato?

A. Se effettua una falsa partenza
B. Se termina la gara nella corsia inizialmente assegnata
C. Se effettua più di due false partenze
D. Se entra in gara al momento dello start
E. Nessuna delle alternative è valida

16) Quali, tra i seguenti attrezzi, sono inseriti nei programmi olimpici di ginnastica ritmica?

A. Fune, cerchio, palla, nastro e clavette
B. Parallele asimmetriche, trave, cavallo per il volteggio
C. Cavallo con maniglie, sbarra, anelli, parallele simmetriche
D. Pedana elastica, asse di equilibrio, trampolino elastico
E. Bacchetta, tamburello, attrezzi non codificati

17) Nel tennis da tavolo il giocatore conquista un punto quando:

A. la pallina rimbalza più di due volte nel proprio campo

B. sposta il tavolo da gioco mentre batte il servizio
C. colpisce la pallina due volte consecutive prima di inviarla in campo avversario
D. l'avversario sbaglia il servizio
E. nessuna delle risposte è valida

18) In quale dei seguenti casi il nuotatore non viene squalificato dalla gara?

A. Se effettua una falsa partenza
B. Se ostacola la gara di un altro concorrente
C. Se utilizza ausili per migliorare la prestazione
D. Se cammina sul fondo della piscina
E. Se termina la gara in una corsia diversa da quella assegnata inizialmente

19) In quale dei seguenti stili di nuoto le braccia vengono portate contemporaneamente fuori dall'acqua?

A. Rana
B. Delfino (o Farfalla)
C. Stile libero
D. Dorso
E. In tutti gli stili elencati

20) Nella sciabola si può colpire:

A. solo di punta
B. solo di taglio
C. di punta e di taglio
D. di taglio e di controtaglio
E. di punta, di taglio e di controtaglio

21) L'area utilizzata per le gare di lotta è denominata:

A. materassina
B. tatami
C. pedana
D. superficie
E. campo

22) Nel tennis la vittoria è assegnata al giocatore che arriva per primo a:

A. 5 punti
B. 6 punti
C. 7 punti
D. 10 punti
E. 8 punti

23) Nel tennis il colpo effettuato prendendo la palla al volo, ovvero prima che rimbalzi nel proprio campo, si chiama:

A. battuta
B. dritto
C. rovescio
D. volée
E. net

24) Nello sci alpino, lo slalom speciale prevede:

A. la discesa attraverso il superamento di una serie di piste ravvicinate, disposte su un tracciato costituito da curve ad arco stretto
B. la discesa lungo un tracciato che per metà è come quello della discesa libera e per l'altra metà come quello dello slalom gigante
C. una mini-discesa libera
D. la discesa lungo un tracciato di circa 20 m, delimitato da porte e linee blu trasversali e longitudinali
E. una discesa basata sull'alternanza tra tecnica classica e tecnica libera

25) Quale gara dello sci nordico prevede che gli atleti siano disposti nella griglia di partenza in ordine di merito?

A. La gara di biathlon
B. La gara sprint
C. La partenza a cronometro
D. La double pursuit
E. La mass start

26) La pedana utilizzata per un incontro di scherma è lunga:

A. 12 m
B. 14 m
C. 16 m
D. 20 m
E. 7 m

27) Nella scherma il colpo denominato parata è:

A. di attesa
B. di attacco
C. di difesa
D. di risposta
E. di offesa

28) Il bilanciere nelle competizioni maschili pesa:

A. 18 kg
B. 15 kg
C. 25 kg
D. 22 kg
E. 20 kg

29) Nel tennis il colpo effettuato con la parte posteriore della racchetta prende il nome di:

A. diritto
B. rovescio
C. volée
D. battuta
E. servizio

30) Se in un incontro di tennis la palla di battuta tocca il nastro della rete:

A. il tennista ha diritto a ripetere la battuta
B. si assegna un punto all'avversario
C. il tennista che ha battuto viene espulso
D. si assegnano due punti all'avversario
E. nessuna delle alternative è valida

31) Nelle gare di tuffi il trampolino di lancio è posto all'altezza di:

A. 2 metri
B. 5 metri
C. 1 o 3 metri
D. 3 o 4 metri
E. 6 metri

32) Quanti sono i colpi nella lotta greco-romana?

A. 3
B. 5
C. 6
D. 10
E. 12

33) Nelle competizioni di sollevamento pesi, i pesi vengono aumentati con incrementi minimi di:

A. 1,5 kg
B. 2 kg
C. 0,5 kg
D. 3 kg
E. 1 kg

34) Nella ginnastica artistica, l'elemento acrobatico della "rovesciata indietro" prevede:

A. una rotazione del corpo attorno al proprio asse trasversale, con passaggio dal ponte con arti inferiori divaricati sagittalmente alla verticale e arrivo in stazione eretta
B. una rotazione del corpo attorno al proprio asse sagittale, con appoggio successivo sui quattro arti
C. un rotolamento del corpo al suolo attorno al proprio asse trasversale
D. una rotazione del corpo attorno al proprio asse trasversale, con passaggio dalla verticale al ponte con arti inferiori divaricati sagittalmente e arrivo in stazione eretta
E. nessuna delle altre alternative è corretta

35) Indicare, tra quelle sotto elencate, una tecnica relativa al salto in lungo:

A. straddle
B. fosbury
C. ventrale
D. horine
E. hang

36) La strambata è:

A. il testa-coda in una gara di rally
B. un'azione del judo
C. un movimento di difesa della lotta greco-romana
D. una manovra della vela
E. un'azione del basket

37) Cos'è il Fosbury?

A. Una tecnica utilizzata per il salto in alto
B. Una tecnica utilizzata per il salto con l'asta
C. Un'impostazione del lancio del martello
D. La tecnica di partenza nei 100 m piani
E. Un'impostazione del salto in lungo

38) Quali sono i fattori che determinano la prestazione nel lancio del peso?

A. L'angolo di stacco
B. La velocità allo stacco
C. La forza di gravità
D. L'altezza di rilascio
E. Tutti i fattori citati

39) In tutti i salti dell'atletica leggera si riconoscono quattro fasi:

A. rincorsa, stacco, volo, atterraggio
B. stacco, volo, chiusura, atterraggio
C. rincorsa, salto, volo, atterraggio
D. rincorsa, slancio, volo, arrivo
E. rincorsa, volo, slancio, atterraggio

40) La caratteristica della bracciata a rana è:

A. azione alternata
B. azione simultanea
C. azione singola
D. azione asimmetrica
E. nessuna delle alternative è valida

41) La gara a inseguimento si effettua:

A. nel ciclismo
B. nel nuoto
C. nell'equitazione
D. nell'atletica leggera
E. nel canottaggio

42) Il campo da golf, nelle competizioni internazionali, è costituito da:

A. 16 buche
B. 18 buche
C. 14 buche
D. 9 buche
E. 15 buche

43) Nel golf ogni buca è contrassegnata da:

A. un albero
B. un palo
C. un tabellone
D. una sagoma di cartone
E. una bandierina

44) Nella ginnastica ritmica NON è previsto l'uso:

A. dell'elastico
B. della fune
C. delle clavette
D. del nastro
E. della palla

45) Quanti nuotatori al massimo possono partecipare a una finale olimpica?

A. 8
B. 6
C. 10

D. 9
E. 5

46) Indicare quale tra queste discipline individuali è di prestazione.

A. Calcio
B. Tennis tavolo
C. Arrampicata
D. Tuffi
E. Lancio del giavellotto

47) Indicare quale tra queste discipline individuali è di situazione.

A. Scherma
B. Salto in alto
C. Canottaggio
D. Corsa sui 110 metri ostacoli
E. Tuffi

48) Quale dei seguenti elementi non fa parte dell'abbigliamento di un pugile?

A. Il casco
B. Il paradenti
C. I parastinchi
D. I guantoni
E. La conchiglia

49) Cosa si indica in atletica leggera con il termine "concorsi"?

A. Le prove a punti
B. Le corse di durata
C. Le gare di mezzofondo
D. Le gare di salto e lancio
E. Le gare di staffetta

50) Nella partenza delle varie gare di nuoto è permesso rimanere sott'acqua:

A. Fino a 20 metri
B. Fino a 25 metri
C. Fino a 15 metri
D. Fino a 10 metri
E. Fino al massimo consentito dall'apnea degli atleti

51) Nel pugilato ogni round o ripresa dura:

A. 4 minuti
B. 5 minuti
C. 2 minuti
D. 3 minuti
E. 10 minuti

52) La posizione di un tuffatore con il tronco flesso in avanti di 90° rispetto alle gambe tenute diritte è detta:

A. carpiata
B. raggruppata
C. chiusa
D. flessa
E. raccolta

53) Nell'ambito delle gare di equitazione in quali e quante prove si articola il concorso completo?

A. Due: marce e cross-country
B. Due: cross-country e steeple-chase
C. Tre: staffetta, categorie di precisione e a barrages
D. Tre: marce, cross-country e steeple-chase
E. Quattro: marce, staffetta, dressage, cross-country

54) Nelle gare di ginnastica artistica, le due specialità comuni a maschi e femmine sono:

A. trave e corpo libero
B. sbarra e trave
C. volteggio al cavallo e parallele asimmetriche
D. anelli e corpo libero
E. corpo libero e volteggio

55) In una virata a stile libero, il regolamento prevede che il nuotatore:

A. possa toccare la parete con qualsiasi parte del corpo

B. debba toccare la parete con la mano prima di virare
C. non possa toccare il muro con entrambe le mani
D. debba toccare la parete solo con i piedi
E. debba eseguire una capovolta in avanti prima di virare

56) Le caratteristiche di un lanciatore di peso sono:

A. velocità, equilibrio, forza resistente nelle braccia
B. forza resistente nelle gambe, forza esplosiva nelle braccia
C. forza esplosiva, equilibrio, coordinazione
D. forza massima nelle braccia, forza esplosiva nelle gambe
E. forza esplosiva elastica riflessa, forza resistente nelle gambe, coordinazione

57) La durata massima di un incontro di judo è:

A. 8 minuti
B. 3 minuti
C. 5 minuti
D. 7 minuti
E. 10 minuti

58) Quale specialità dello sci nordico viene praticata solo con la tecnica skating?

A. La gara sprint
B. La gara double pursuit
C. La gara di biathlon
D. La staffetta
E. Il gran fondo

59) L'attrezzo che il canoista utilizza per spingere la canoa si chiama:

A. scalmo
B. remo
C. pagaia
D. pala
E. kayak

60) In quale specialità viene utilizzata la manovra detta "timonata"?

A. Nel kayak
B. Nella canoa-polo
C. Nella canoa canadese
D. In tutte le specialità elencate
E. In nessuna delle specialità elencate

61) Le posizioni fondamentali per uno schermidore sono:

A. 8
B. 6
C. 10
D. 12
E. 9

62) Nel pugilato il montante è un colpo sferrato da:

A. alto verso il basso
B. basso verso l'alto
C. destra verso sinistra
D. sinistra verso destra
E. è un colpo che non esiste

63) In quale specialità si utilizzano biciclette a scatto fisso?

A. Nel ciclocross
B. Nel ciclismo su pista
C. Nel ciclismo su strada
D. Nel mountain biking
E. Nel BMX

64) Nel salto ad ostacoli l'altezza degli ostacoli che il cavallo deve superare è compresa tra:

A. 40 e 90 cm
B. 60 e 180 cm
C. 120 e 160 cm
D. 150 e 200 cm
E. 70 e 100 cm

65) Nel badminton il peso del volano deve essere compreso tra:

A. 3,65-6,50 g

B. 5,80-7,50 g
C. 4,74-5,50 g
D. 4,50-4,80 g
E. 3,50-5,50 g

66) Nel sollevamento pesi lo slancio prevede che il pesista debba:

A. sollevare il bilanciere sopra la testa con un unico movimento
B. portare prima il bilanciere all'altezza dell'addome e poi dietro la testa
C. portare prima il bilanciere all'altezza delle spalle e poi sollevare l'asta al di sopra della testa
D. sollevare il bilanciere sopra la testa con due movimenti
E. portare prima il bilanciere all'altezza dell'addome, poi delle spalle e infine al di sopra della testa

67) Indicare tra le seguenti discipline sportive quella che si basa su movimenti aciclici e non stereotipati.

A. Pugilato
B. Ginnastica artistica
C. Ginnastica ritmica
D. Salto con l'asta
E. Tuffi

68) Il campo di gara del badminton ha lunghezza pari a:

A. 15 m
B. 13,40 m
C. 18 m
D. 9 m
E. 10 m

69) In atletica leggera, nella gara di salto in alto, quando un concorrente è eliminato dalla gara?

A. Dipende dalla categoria dell'atleta
B. Un concorrente ha a disposizione 12 tentativi al termine dei quali deve abbandonare la gara
C. Dopo aver commesso il terzo errore alla stessa misura
D. Dopo aver commesso il terzo errore complessivo della gara
E. Dopo aver commesso il terzo errore consecutivo

70) I tuffi sono uno sport:

A. intuitivo
B. addestrativo
C. di situazione
D. tecnico-combinatorio
E. nessuna delle altre alternative è corretta

RISPOSTE CORRETTE

1) A	15) C	29) B	43) E	57) C
2) C	16) A	30) A	44) A	58) C
3) D	17) D	31) C	45) A	59) C
4) B	18) A	32) B	46) E	60) C
5) B	19) B	33) E	47) A	61) A
6) C	20) E	34) A	48) C	62) B
7) E	21) A	35) E	49) D	63) B
8) D	22) B	36) D	50) C	64) B
9) B	23) D	37) A	51) D	65) C
10) A	24) A	38) E	52) A	66) C
11) C	25) E	39) A	53) D	67) A
12) A	26) B	40) B	54) E	68) B
13) A	27) C	41) A	55) A	69) E
14) C	28) E	42) B	56) C	70) D

CAPITOLO 3
Sport di squadra

1) Da quanti giocatori è composta ogni singola squadra di beach volley?

A. Tre
B. Due
C. Quattro
D. Cinque
E. Sei

2) Nel gioco del calcio, con quale parte del corpo è vietato colpire la palla?

A. Con la testa
B. Con gli arti superiori e con le mani
C. Con gli arti inferiori
D. Con la testa e con le mani
E. Con i piedi

3) Nel basket la lunetta è:

A. la linea di tiro dei tre punti
B. l'area corrispondente a metà campo
C. l'area dei tre secondi
D. l'area delle panchine, distante due metri dal campo
E. la linea dei tiri liberi

4) Se in una gara di pallanuoto un giocatore compie fallo di "brutalità":

A. vengono assegnati due punti alla squadra che ha subito il fallo
B. il giocatore viene sospeso dalla gara per 20 secondi ed è obbligato a recarsi nella zona del "pozzetto"
C. la squadra avversaria viene automaticamente proclamata vincitrice della partita
D. la gara viene immediatamente sospesa e rinviata a data da destinarsi
E. il giocatore viene immediatamente e definitivamente espulso dalla gara e la sua squadra subisce un tiro di rigore da parte di quella avversaria

5) Come si chiama, nella pallavolo, quel giocatore che può entrare in campo in qualsiasi momento, col ruolo di difensore?

A. Alzatore
B. Attaccante
D. Schiacciatore
C. Libero
E. Centrale

6) Quale delle seguenti affermazioni sul primo arbitro di gara nel beach volley è falsa?

A. Non ha facoltà di decidere né sulle condizioni dell'area di gioco, né sulle condizioni appropriate delle attrezzature di gioco
B. Può sostituire chi non assolve bene le proprie funzioni
C. È autorizzato ad annullare le decisioni degli altri componenti il collegio arbitrale, se ritiene che questi siano in errore
D. Ha autorità su tutti i componenti del collegio arbitrale e sui giocatori
E. Durante la gara le sue decisioni sono definitive

7) Dov'è nata la pallacanestro?

A. In Gran Bretagna
B. In Germania
C. In Italia

D. Negli Stati Uniti
E. In Francia

8) Nelle partite di pallamano, il giocatore, da fermo, non può trattenere la palla per più di:

A. 3 secondi
B. 2 secondi
C. 5 secondi
D. 6 secondi
E. 4 secondi

9) Nel campo di calcio, l'area denominata "terreno di gioco" è:

A. quella che si estende fino alle recinzioni che delimitano la zona per il pubblico, comprese le eventuali piste atletiche
B. la fascia di terreno che si estende per almeno un metro e mezzo oltre le linee perimetrali
C. la superficie rettangolare delimitata dalle linee laterali e di porta, su cui si svolge effettivamente il gioco
D. l'area di rigore antistante le due porte
E. la parte comprendente il centrocampo e le aree d'angolo

10) Quanti sono i minuti effettivi di gioco nella pallanuoto?

A. 40
B. 25
C. 60
D. 50
E. 32

11) Per quante volte, nel beach volley, i giocatori possono colpire il pallone?

A. Al massimo quattro
B. Almeno due
C. Al massimo cinque
D. Non c'è limite
E. Al massimo tre

12) Nella pallavolo, il giocatore in battuta mantiene il servizio fino a quando:

A. non termina l'intero set di gioco
B. non vi siano sostituzioni nella sua squadra
C. la sua squadra non commette un errore, perdendo il possesso di palla
D. la sua squadra non conquista un punto
E. non termini la completa rotazione di tutti i giocatori in campo

13) La lunghezza massima del campo da rugby è:

A. 82 m
B. 98 m
C. 95 m
D. 100 m
E. 70 m

14) Quanto dura un tempo supplementare in una gara di pallamano?

A. 10 minuti
B. 5 minuti
C. 15 minuti
D. 8 minuti
E. 12 minuti

15) Le azioni di attacco nel basket devono concludersi con un tiro al canestro entro:

A. 24 secondi
B. 45 secondi
C. 15 secondi
D. 30 secondi
E. 60 secondi

16) Se, durante una partita di calcio, il pallone esce dalle linee laterali del campo, il gioco riprenderà con:

A. un calcio d'angolo
B. un calcio di punizione
C. un tiro effettuato dal portiere
D. una rimessa laterale effettuata con le mani

E. un calcio di rigore

17) Come si chiama la tecnica di ricezione utilizzata nella pallavolo?

A. Palleggio
B. Battuta
C. Alzata
D. Schiacciata
E. Bagher

18) Nella pallamano, quante sospensioni temporanee di un giocatore ne comportano la squalifica definitiva?

A. Due
B. Quattro
C. Tre
D. Cinque
E. Sei

19) La lunghezza della mazza da baseball non deve essere superiore a:

A. 90 cm
B. 50 cm
C. 65 cm
D. 70 cm
E. 95 cm

20) Nel basket, quanti punti vale un canestro ottenuto eseguendo un tiro dalla lunetta?

A. Tre punti
B. Due punti
C. Un punto
D. Quattro punti
E. Zero punti

21) Quale delle seguenti tipologie di falli rientra tra i "falli semplici" nella pallanuoto?

A. Ostacolare o impedire la libera circolazione di un avversario che non detiene il possesso di palla
B. Sferrare gomitate all'avversario e strattonarlo
C. Immergere completamente il pallone sott'acqua
D. Toccare il pallone con entrambe le mani contemporaneamente
E. Respingere la palla col pugno chiuso

22) L'area di porta nella pallamano è delimitata da una linea lunga:

A. 6 m
B. 8 m
C. 2 m
D. 3 m
E. 5 m

23) Quali sono gli unici calciatori che, all'interno dell'area di rigore, possono toccare il pallone con le mani?

A. I difensori
B. Gli attaccanti
C. Tutti i calciatori
D. I portieri
E. I centrocampisti

24) Durante le partite di pallacanestro, quanto dura l'intervallo tra il primo e il secondo periodo e tra il terzo e il quarto?

A. 2 minuti, senza cambio campo
B. 5 minuti
C. 10 minuti, senza cambio campo
D. 3 minuti
E. 6 minuti, senza cambio campo

25) Nella pallacanestro, eccetto che nel primo, i periodi iniziano:

A. quando la palla è toccata da un giocatore durante il salto a due
B. quando la palla lascia la mano dell'arbitro sul lancio per il salto a due
C. quando la palla è rimessa in gioco dal giocatore che ha fatto l'ultimo canestro nel periodo precedente
D. quando la palla è a disposizione del giocatore che effettua la rimessa in gioco

E. quando l'arbitro fischia l'inizio del periodo

26) Nella pallacanestro, qual è la sanzione che viene attribuita al giocatore che commette un fallo antisportivo?

A. Sempre 3 tiri liberi
B. Sempre 2 tiri liberi
C. Sempre 1 tiro libero
D. 3 tiri liberi, se il fallo viene commesso su un giocatore che non è in atto di tiro
E. 2 tiri liberi, se il fallo viene commesso su un giocatore che non è in atto di tiro

27) Qual è la misura corretta del terreno di gioco nella pallavolo?

A. 18 × 9 metri
B. 28 × 15 metri
C. 23,77 × 10,97 metri
D. 20 × 10 metri
E. 25 × 15,5 metri

28) In una gara di pallanuoto, i giocatori in acqua per ciascuna squadra sono:

A. 10
B. 8
C. 7
D. 11
E. 9

29) Il ruolo del ricevitore è tipico:

A. del rugby
B. del baseball
C. del calcio
D. della pallamano
E. della pallanuoto

30) Nella pallavolo la battuta si effettua:

A. con i piedi che toccano la linea di fondo campo
B. obbligatoriamente con entrambi i piedi che toccano terra
C. sull'incrocio della linea di fondo campo con quella laterale
D. in una zona particolare di fondo campo
E. dietro tutta la linea di fondo campo

31) Nella pallamano quali giocatori possono stare nell'area di porta?

A. I difensori
B. Gli attaccanti con la palla
C. Gli attaccanti, ma con l'appoggio di un solo piede a terra
D. Il portiere
E. Tutti

32) La regola dei tre "secondi" del basket si applica:

A. ai giocatori in difesa nell'area dei "tre secondi"
B. ai giocatori in panchina quando si alzano per più di "tre secondi"
C. ai giocatori in attacco nell'area dei "tre secondi"
D. al giocatore che tiene in mano la palla più di "tre secondi"
E. al giocatore in difesa nella zona dei "tre secondi"

33) Durante una partita di beach volley in quale dei seguenti casi non avviene il cambio di campo?

A. Al termine di ogni set
B. Ogni 7 punti e suoi multipli nel 1° e 2° set
C. Ogni 5 punti e suoi multipli nel 3° set
D. Ogni 4 punti e suoi multipli nel 1° e 3° set
E. nessuna delle alternative è valida

34) Nell'hockey su prato il campo da gioco è lungo:

A. 118 m
B. 95,30 m
C. 91,40 m

D. 82,10 m
E. 75 m

35) Nell'hockey su prato le sostituzioni:

A. non si possono effettuare
B. sono continue e senza limitazioni
C. non possono superare il numero di 3 per ogni tempo
D. non possono superare il numero di 6 per ogni tempo
E. non possono essere più di 5 per ogni tempo

36) Il campo da baseball è denominato:

A. smeraldo
B. rubino
C. diamante
D. topazio
E. giada

37) Durante una partita di calcio quante sostituzioni si possono effettuare?

A. Tre
B. Due
C. Quattro
D. Cinque
E. Sei

38) Nella pallamano in caso di parità alla fine dei tempi regolamentari, quanti tempi supplementari si disputano?

A. Tre
B. Due
C. Uno
D. Quattro
E. Cinque

39) Nella pallanuoto quali falli non comportano sanzioni disciplinari?

A. Pugni
B. Gioco violento
C. Falli semplici
D. Gomitate
E. Testate

40) Quale acronimo si riferisce al campionato di pallacanestro americano?

A. NBA
B. NBL
C. MBA
D. MBL
E. BMA

41) Di quale dei seguenti sport è caratteristico il "tiro franco"?

A. Il calcio a cinque
B. Il football americano
C. La pallavolo
D. La pallamano
E. La pallanuoto

42) Nella pallacanestro lo sfondamento è:

A. un'azione di gioco
B. un'infrazione
C. una barriera costituita da 5 giocatori per evitare di far avanzare la squadra avversaria
D. un fallo sanzionato
E. un tiro lanciato oltre l'area di gioco

43) In quali dei seguenti giochi di squadra è prevista l'infrazione di doppio palleggio?

A. Floorball e baseball
B. Calcio e rugby
C. Basket, pallamano e pallavolo
D. Hockey e pallanuoto
E. Pallavolo e rugby

44) La partita di hockey dura complessivamente:

A. 70 minuti
B. 90 minuti
C. 120 minuti
D. 45 minuti
E. 30 minuti

45) Quanto durano le sospensioni temporanee nella pallamano?

A. Tre minuti
B. Cinque minuti
C. Sette minuti
D. Due minuti
E. Sei minuti

46) Il "passaggio a baseball" è uno dei fondamentali individuali:

A. della pallamano
B. della pallacanestro
C. del calcio a cinque
D. della pallavolo
E. del baseball

47) Che cos'è una "pipe" nella pallavolo?

A. Una direzione sconosciuta
B. Un attacco tagliato
C. Un attacco dalla zona 6
D. Una difesa su attacco forte
E. Una alzata in sospensione

48) Nel gioco del rugby con "touche" si intende:

A. il tocco con il quale un giocatore blocca un avversario
B. il tocco a terra del pallone prima di un calcio di punizione
C. il tocco del pallone sulle traverse della porta
D. la rimessa in gioco quando il pallone esce dal campo
E. il ruolo del giocatore che "estrae" il pallone dalla mischia

49) Nella pallavolo, il giocatore nel ruolo di libero:

A. può solo difendere e alzare dalla zona difensiva
B. può ricoprire qualsiasi ruolo
C. può occupare qualsiasi zona del campo e svolgere ogni tipo di azione
D. può solo difendere alle spalle dei compagni
E. può battere al salto e schiacciare nella zona dei tre metri

50) Dal 1° giugno 2016 il regolamento FIFA prevede che, nel calcio d'inizio, la palla:

A. possa andare solo indietro
B. debba andare solo in avanti, nella metà campo avversaria
C. possa andare in qualsiasi direzione
D. debba essere calciata dall'unico giocatore presente a centro campo in direzione della propria difesa
E. debba andare nella metà campo avversaria e rimanerci per almeno 5 secondi

51) Di quale sport il quarterback è uno dei ruoli principali?

A. Il rugby
B. Il football americano
C. Il baseball
D. La pallacanestro
E. L'hockey su ghiaccio

52) In quale dei seguenti sport di squadra NON è possibile chiedere un time-out?

A. Calcio a undici
B. Pallanuoto
C. Pallamano
D. Pallavolo
E. Pallacanestro

53) Nella pallacanestro, l'uso del piede perno permette di poter ruotare:

A. dorsalmente e frontalmente di 180°
B. dorsalmente di 180° e frontalmente di 360°
C. dorsalmente e frontalmente di 360°
D. frontalmente di 360°
E. frontalmente di 180°

54) Nel calcio a cinque le porte sono alte:

A. 3 m
B. 5 m
C. 2 m
D. 4 m
E. 7 m

55) Il canottaggio è stato inserito nel programma olimpico a partire dal:

A. 1896
B. 1924
C. 1960
D. 1900
E. 1984

56) Nel canottaggio quante imbarcazioni possono concorrere contemporaneamente nel campo di gara?

A. 6
B. 2
C. 5
D. 8
E. 3

57) La linea bianca centrale che divide un campo di calcio è detta linea:

A. di metà campo
B. centrale
C. di separazione
D. di battuta
E. mediana

58) I tempi di gioco nel baseball sono denominati:

A. inning
B. set
C. tempi
D. quarti
E. periodi

59) Il concetto di "triangolo difensivo" è tipico:

A. della pallacanestro
B. della pallavolo
C. del rugby
D. del calcio
E. del baseball

60) Nel calcio il termine pallonetto indica un tiro con una traiettoria:

A. bassa e tesa
B. lenta e rasoterra
C. zigzagante
D. alta e lunga
E. parabolica

61) Quale punteggio è impossibile per concludere un set di pallavolo?

A. 34-36
B. 15-17
C. 21-22
D. 23-25
E. 54-56

62) Per eliminare un battitore nel gioco del baseball, quanti strike servono?

A. 2
B. 4
C. 3
D. 5
E. 1

63) In quale dei seguenti sport la linea del tiro di rigore dista 7 metri dalla porta?

A. Pallamano
B. Calcio a undici
C. Pallanuoto
D. Hockey su prato
E. Calcio a cinque

64) Gli incontri di basket si disputano in:

A. set, come quelli di pallavolo
B. quattro quarti
C. tre tempi
D. un unico tempo o periodo

E. due periodi da 20 minuti ciascuno

65) Quanti tempi vengono disputati negli incontri di serie A di pallanuoto?

A. Un tempo unico di 30 minuti
B. Cinque tempi da 6 minuti
C. Tre tempi da 10 minuti con interruzioni
D. Quattro tempi da 8 minuti
E. Due tempi di 15 minuti con interruzioni

66) Nel beach volley il primo arbitro è posizionato:

A. in piedi, vicino a uno dei due pali della rete
B. su di una sedia alta, situata vicino a uno dei due pali della rete
C. seduto a un tavolo distante 10 m dal campo di gara
D. a 2 m di distanza dalla linea di fondo
E. a 3 m di distanza da uno dei due pali della rete

67) Nel baseball la posizione 1 è occupata:

A. dal ricevitore
B. dal lanciatore
C. dal battitore designato
D. dall'esterno centrale
E. dall'esterno sinistro

68) Nel rugby quanti punti vale il calcio di trasformazione?

A. 5
B. 4
C. 2
D. 1
E. 6

69) Nell'hockey su prato è vietato:

A. lanciare la palla dall'area di tiro
B. colpire la palla con la parte liscia del bastone
C. colpire la palla in fase di volo
D. colpire la palla con la parte tonda del bastone
E. tutte le alternative sono valide

70) Indicare la risposta errata.

A. Il peso del pallone da calcio va da un minimo di 410 grammi a un massimo di 450 grammi
B. Nella pallamano vi sono due arbitri
C. Il disco utilizzato nell'hockey su ghiaccio viene chiamato puck
D. Nel football americano ogni squadra ha in campo 11 giocatori
E. Nella pallavolo è consentito murare la palla del servizio avversario

RISPOSTE CORRETTE

1) B	15) A	29) B	43) C	57) E
2) B	16) D	30) E	44) A	58) A
3) E	17) E	31) D	45) D	59) A
4) E	18) C	32) C	46) B	60) E
5) C	19) A	33) D	47) C	61) C
6) A	20) C	34) C	48) D	62) C
7) D	21) B	35) B	49) A	63) A
8) A	22) D	36) C	50) C	64) B
9) C	23) D	37) A	51) B	65) D
10) E	24) A	38) B	52) A	66) B
11) E	25) D	39) C	53) C	67) B
12) C	26) E	40) A	54) C	68) C
13) D	27) A	41) D	55) D	69) D
14) B	28) C	42) D	56) D	70) E

LINGUA STRANIERA

CAPITOLO 1 Inglese

CAPITOLO 1
Inglese

1.1 • Grammatica

1) Tom's sister has started a relationship ____ .

A. with one of best Richard's friends
B. with one Richard's best friends
C. with one of Richard best friends
D. with one of Richard's best friends
E. with one of the best friends of Richard

2) The following verbs can all be followed by the reflexive pronoun but one. Which one?

A. To wash
B. To regret
C. To shave
D. To behave
E. To dress

3) There are ____ things I like more than staying in bed late on Sunday.

A. any
B. some
C. few
D. no
E. a few

4) We felt very tired after the meeting yesterday because we ____ for hours.

A. talked
B. used to talking
C. used to talk
D. have been talking
E. had been talking

5) It has been snowing ____ five days.

A. from
B. in
C. for
D. since
E. to

6) Dorothy ____ working on that manuscript for 2 years now.

A. has been
B. still is
C. is
D. will be
E. had been

7) I haven't had so much fun ____ I was a young boy!

A. since
B. when
C. for
D. when ever
E. from

8) John has lived in Rome ____ 1989.

A. for
B. at
C. in
D. from
E. since

9) She apologized ____ late.

A. why she was
B. for being
C. to be
D. that she was
E. because of being late

10) Luis generally prefers ____ in a team than ____ alone.

A. working/to work
B. work/working
C. working/working
D. to working/work
E. to work/to work

11) ____ Paris ____ weekend.

A. We visit/next
B. We're visiting/on
C. We visiting/next
D. We H're visiting/next
E. We are visiting/last

12) Try ____ the window really hard if you want to open it.

A. push
B. pushed
C. pushes
D. pushing
E. to pushing

13) This group of musicians has been ____ the clubs in the north of England for the last three months.

A. touring
B. going
C. travelling
D. performing
E. attempting

14) Fill in the blank. "The book I'm reading ____ by Henry Fielding".

A. was written
B. was writing
C. was wrote
D. wrote
E. was writed

15) The first pair of denim blue jeans ____ produced in 1873.

A. had
B. did
C. would be
D. is
E. was

16) Hong Kong ____ to China in 1997.

A. was ceded
B. has been reverting
C. has reverted
D. reverts
E. is reverting

17) The part of the following sentence between square brackets contains one or more mistakes; choose the correct form. "The new bridge [shall not have been built] so quickly without the help of international cooperation projects".

A. used to be built
B. wouldn't have been built
C. shouldn't be builded
D. wouldn't have been builded
E. wouldn't been built

18) I'm not wearing my glasses today because they ____.

A. mend
B. were mended
C. are being mended
D. are mending
E. are mended

19) I offered to pay for the meal last night, but Jack said he ____ for it.

A. would have paid
B. could have paid
C. paid
D. will pay
E. would pay

20) Alan promised he ____ .

A. had won
B. would have won
C. should win

D. would win
E. had to win

21) She ____ at school tomorrow because she's ill.

A. won't be
B. isn't to being
C. hasn't be
D. has to be
E. want be

22) Choose the correct answer to this question: When will she be back home?

A. She'll be back home as soon as possible
B. She comes home soon
C. She'll be returning home now
D. She returns as soon as possible
E. She is at home very soon

23) No matter what happens next John ____ help you.

A. will
B. have
C. is
D. am
E. would

24) Choose the alternative which is closest in meaning to the expression between square brackets in the following sentence. "[He's not very likely to do] what she says".

A. He will probably not do
B. He doesn't really like doing
C. He doesn't like doing
D. He probably will not like doing
E. He looks as if he is going to do

25) Choose the correct question for this answer: He'll be back by Monday.

A. When David returns?
B. When is David coming back?
C. Is David away for a long time?
D. Does David comes back?
E. Is David returning?

26) Don't eat all the biscuits, ____?

A. shall you
B. will you
C. will you not
D. don't you
E. do you

27) Children, ____ me if I've told you this joke before.

A. stopped
B. stop
C. stopping
D. to stop
E. stops

28) English people carry umbrellas ____ themselves dry.

A. for keeping
B. to keeping
C. to keep
D. to kept
E. for keep

29) I regret ____ you that the bill is now overdue.

A. to inform
B. I inform
C. inform that
D. to be informing
E. informing

30) When we got to the party, ____ were already a ____ people.

A. they/no
B. their/much of
C. them/number
D. they/many
E. there/lot of

31) My father wants my sister ____ harder.

A. studies
B. to study
C. studying
D. study
E. studies

32) My brother and ____ are ____ holiday.

A. me/at
B. I/in
C. I/on
D. me/in
E. myself/at

33) ____ fishing when you were little?

A. Were you going
B. Did you use to go
C. Were you used to going
D. Did you used to go
E. Were you

34) I ____ smoke a lot, but I don't any more.

A. use to
B. am used to
C. was used
D. used to
E. used

35) They were watching TV when the lights ____ out.

A. went
B. go
C. are going
D. goes
E. going

36) When I ____ to the park I ____ Henry. He ____ football with Ian.

A. am going/see/plays
B. went/saw/was playing
C. was going/saw/played
D. go/saw/played
E. went/was seeing/was playing

37) Fill in the blank. "James opened the door and ____ a man in the room".

A. has seen
B. see
C. seal
D. saw
E. seed

38) Choose the correct sentence.

A. I were disappointed that I didn't get the job
B. I was disappointing that I didn't get the job
C. It was disappointed that I didn't get the job
D. I was disappointed that I didn't get the job
E. I was disappointed that I didn't take the job

39) I assumed Henry ____ paying until the end of last year.

A. have been
B. is being
C. are being
D. had been
E. was been

40) Fill in the blank. "If I ... about her earlier I would have told you".

A. knew
B. heard
C. would know
D. had known
E. would hear

41) When Lisa left the company, Kate didn't apply for her job. She said she ____ .

A. had never liked it
B. doesn't like it
C. hadn't never liked it
D. liked it not
E. would never like it

42) The trial ____ in a theatrical manner, full of extravagant histrionics.

A. conduces
B. was been conducted
C. was conducted
D. to conduce
E. are conducted

43) Places near the Equator have ____ climate all year round.

A. warm
B. a warm
C. more warm
D. the warm
E. the warmer

44) I asked Dan to meet me at 5 yesterday, but he arrived late and said he ____ leave work early.

A. hadn't been able to
B. couldn't
C. can't
D. hadn't could
E. might not

45) We felt very tired yesterday because we ____ hard all day.

A. worked
B. have been working
C. had been working
D. have worked
E. has been working

46) How long ____ him when he ____ you to marry him?

A. did you know/asked
B. knew/asked
C. had you known/asked
D. had you been knowing/asked
E. had you known/was asking

47) Fill in the blank. "If she loses her job, she ____ be able to pay her rent".

A. would not
B. doesn't
C. didn't
D. can't
E. won't

48) Choose the correct ending for this sentence: If I had a lot of money, ____ .

A. I'll go to the coast more often
B. my father bought me a motorbike
C. I'd go to South America
D. I was not going to work
E. I had a party every month

49) Fill in the blank. "We were fined ____ exceeding the speed limit".

A. with
B. for
C. from
D. by
E. because

50) Please, contact me ____ e-mail if necessary.

A. by
B. with
C. on
D. through
E. in

51) I really appreciate her ____ me at this difficult time.

A. helped
B. help
C. helping
D. helps
E. to helping

52) How long ____ Kate?

A. have you known
B. have you been knowing
C. did you know
D. do you know
E. are you knowing

53) The guard ____a nap when the prisoner____

A. took / escaped
B. had / escaped
C. is having / escaped
D. was having / was escaping
E. was having / escaped

54) Fill in the blank: "Her brothers ____ in Jakarta".

A. born
B. were born
C. are born
D. have born
E. borned

55) Bill ____ reading the newspaper just now.

A. has finished
B. is finished
C. finished
D. has finish
E. finish

56) I ____ in herbal medicine for years.

A. have been believing
B. have believed
C. did believe
D. believe
E. am believing

57) Choose the correct sentence.

A. Did you ever study philosophy?
B. Have you ever been studying philosophy?
C. Had you ever been studying philosophy?
D. Have you ever studied philosophy?
E. Were you studying philosophy?

58) Fill in the blank. "____ Bob lately?"

A. Are you seeing
B. Do you see
C. Have you seen
D. Were you seeing
E. Did you see

59) Fill in the blank. "I ____ sleeping for two hours".

A. am
B. have being
C. did
D. could have
E. have been

60) I ____ on this project since Monday and yet I still haven't finished it.

A. ad worked
B. worked
C. have worked
D. have been working
E. have been worked

61) ____ have we been waiting for the bus?

A. How long
B. How many times
C. When
D. How long is it since
E. How much

62) Choose the correct sentence.

A. How long time has it snowed?
B. For how long does it snow?
C. For how long has it snowed?
D. How long is it since it has snowed?
E. How long has it been snowing?

63) Ryan ____ for jobs in advertising for six months.

A. has applied
B. was applying
C. has been applied
D. applied
E. has been applying

64) Hurry up! The bus ____.

A. came

B. is come
C. is coming
D. was coming
E. comes

65) Choose the correct sentence.

A. The apartment consists of two rooms, a kitchen and bathroom
B. The apartment consists in two rooms, a kitchen and bathroom
C. The apartment consists on two rooms, a kitchen and bathroom
D. The apartment consists about two rooms, a kitchen and bathroom
E. The apartment consists approximately two rooms, a kitchen and bathroom

66) Choose the correct sentence.

A. Sarah is having the hairs cut
B. Sarah is having her hairs cut
C. Sarah is cutting her hair
D. Sarah cuts her hair
E. Sarah is having her hair cut

67) My teeth are in good condition because I ____ by my dentist every year.

A. did check them
B. have checked them
C. check them
D. have them checked
E. have them check

68) Madonna's agent ____ change her name at the start of her career.

A. have made her to
B. makes her
C. made her to
D. made her
E. makes her to

69) Fill in the blank. "I ____ my appendix removed when I was twelve".

A. have
B. do
C. did
D. has
E. had

70) These shoes look awful. I'll have to ____.

A. get them repaired
B. get repaired them
C. to go to repair them
D. repaired them
E. have repaired them

71) Do you remember Silvia? I ____ engaged to her

A. got
B. will
C. have
D. had
E. get

72) Why ____ some plants for our flat?

A. we don't get
B. we not get
C. don't we get
D. don't get we
E. we get not

73) ____ get tired of asking the same questions every day?

A. Does you ever
B. Had you ever
C. Do you ever
D. Have you ever
E. Are you ever

74) Fill in the blank. "Don't you remember that we ____ to the cinema tonight?".

A. will be
B. go
C. will be gone
D. would go
E. are going

75) People drive too fast on the road. I think ____ a speed limit.

A. there should be
B. they would have
C. there would be
D. they may have
E. their would be

76) Choose the correct answer to this question: Shall we invite Jim to the party?

A. Yes, I'd like he does come
B. Yes, I'd like that he comes
C. Yes, I'd like him come
D. Yes, I'd like him to come
E. Yes, I'd like he comes

77) Fill in the blank. "____ you like to be met at the airport, or will you get a taxi?"

A. Will
B. Would
C. Could
D. Should
E. Can

78) Choose the correct question for this answer: Yes, I can.

A. May you get the dinner ready for me?
B. Will you help me get the dinner ready
C. Can you help me get the dinner ready?
D. Would you help with my dinner?
E. Might you help with dinner?

79) Choose the correct answer to this question: What are you doing this summer?

A. We are doing something in Spain with our parents
B. We are staying in Spain
C. We might go to Spain with our parents
D. We might reach Spain with our parents
E. We are visiting Spain somewhere

80) You ____ let the long plane journey ____ you from visiting this wonderful country.

A. mustn't/stop
B. need to/achieve
C. may not/get
D. don't have to/hold
E. couldn't/make

81) What's the ____ river ____ the world?

A. longest/in?
B. longer/in
C. longest/of
D. longest/for
E. longe/in

82) The part in square brackets of the following sentence contains one or more mistakes; choose the correct form. "I liked [either of them]; none of two fully convinced me".

A. neither of them
B. no other
C. neither off them
D. either and more
E. both

83) Fill in the blank. "There is ____ food for everybody".

A. plenty
B. many of
C. too
D. lots
E. enough

84) ____ group of tourists has to be accompanied by a guide.

A. Some
B. Each
C. Any
D. All
E. One

85) He was wearing ____ riding boots.

A. Spanish red old leather
B. old red Spanish leather
C. leather old red Spanish
D. old leather red Spanish
E. red old Spanish leather

86) English is ____ than French.

A. easier
B. more easier
C. difficultier
D. more easiest
E. more easy

87) ____ watch is this?

A. Who the
B. Whose
C. Whom
D. Of whom
E. Of whose

88) Does he ever go to the theatre? No, he ____ does.

A. for ever
B. ever
C. sometimes
D. usually not
E. never

89) Penicillin is a ____ recent discovery.

A. comparably
B. generally
C. very
D. considerably
E. relatively

90) Very ____ people can study abroad.

A. a small
B. few
C. little
D. less
E. short

91) Fill in the blank. "____ says that we will not leave?".

A. Why
B. Who
C. Whose
D. Because
E. Where

92) Fill in the blank. "I'll have to work hard this week, ____ is very annoying".

A. so
B. but
C. which
D. what
E. that

93) This skirt is too ____ for me.

A. large
B. great
C. high
D. big
E. much

94) Fill in the blank. "A midwife is a qualified nurse ____ extra training in obstetrics".

A. has had
B. who has had
C. that has
D. whom had
E. which has had

95) This is Sylvia; ____ family is from Edinburgh.

A. his
B. her's
C. hers
D. her
E. their

96) It's ____ interesting film! You must see it!

A. such
B. so

C. a so
D. such an
E. so an

97) Tim looks ____ when he wears glasses.

A. oldest
B. greater
C. older
D. bigger
E. more old

98) Sam drove ____ along the narrow road.

A. seriously
B. slow
C. carefully
D. careful
E. faster

99) Choose the correct sentence.

A. Whose this is watch? It's he
B. Whose this is watch? It's she
C. Whose of watch is this? It is Amy's
D. Whose watch is this? It is hers
E. Whose this watch? It's hers

100) Once the earth__________the centre of the universe.

A. was believed of being
B. was believed to be
C. was believed that was
D. was believed to being
E. was believed been

1.2 • Lessico

101) Choose the alternative which best completes the following sentence. "Diabetes, ____, is sometimes caused by an antibody that destroys the pancreas cells producing this hormone".

A. a serious disease in which the body cannot produce enough insulin
B. a seriously disease in which the body cannot produce insulin enough
C. a seriously disease in which the body cannot make enough insulin
D. a serious disease in which the body cannot enough produce insulin
E. a serious disease in which the body cannot make insulin enough

102) After he was made ____ Chris got a temporary job in a restaurant.

A. out of place
B. fired
C. out of order
D. redundant
E. sacked

103) Hyde Park is a very large park in ____ London.

A. town of
B. centre
C. within
D. inside
E. central

104) Fill in the blank. "We have ____ sugar. Ask Mrs Brown to give us some".

A. run down
B. run with short
C. run over with
D. run off
E. run out of

105) Fill in the blank. "____ Paul is doing some research in London. He'll be back next week".

A. Actually
B. In this time
C. Momentarily
D. In this moment
E. At the moment

106) What ____ evening!

A. a fine

B. fine
C. this
D. such
E. such an

107) Choose the alternative which is closest in meaning to the word in square brackets and which does not change the meaning of the sentence. "We asked a man where the bank was, but he didn't [answer]".

A. replay
B. reply
C. produce
D. come back
E. require

108) After the walk, Janice noticed that she had ____ her ring.

A. disappeared
B. cancelled
C. lost
D. missed
E. stolen

109) Choose the correct sentence.

A. Madonna is known to continuously reinventing her name
B. Madonna is known for continuously reinventing both her music and image
C. Madonna doesn't know how to reinvent both her music and image
D. Madonna is known for never changing both her music and image
E. Madonna is known for rarely reinventing both her music and image

110) Fill in the blank. "____ are flying insects known for their role in pollination and for producing honey and wax".

A. Apes
B. Bees
C. Bumblebees
D. Ladybirds
E. Flies

111) We've run ____ of coffee. Could you please buy some more?

A. down on
B. away from
C. out of
D. off of
E. on with

112) ____ World War II there was ____ rationing.

A. After/coke
B. During/holiday
C. On/food
D. Due to/no food
E. During/food

113) The building burnt down ______ my eyes.

A. before
B. beyond
C. behind
D. beneath
E. beside

114) Sony is a ____ name.

A. house
B. brandtrade
C. household
D. companionship
E. farm

115) You must not ____ anything from the room.

A. bring
B. place
C. fetch
D. remove
E. receive

116) We had to ____ house because it was too small when my twin sisters were born.

A. move
B. choose

C. leave
D. close
E. change

117) Choose the alternative which is closest in meaning to the words in brackets and which does not change the meaning of the sentence. "It was [an endless] list of terrible events".

A. endlessly
B. an infinity
C. a without end
D. a less-end
E. a never-ending

118) Il verbo "to relinquish" significa:

A. chiarificare
B. scherzare
C. dire barzellette
D. ridere
E. abbandonare

119) Il sinonimo di "Rubbish" è:

A. trash
B. elevator
C. petrol
D. first floor
E. pavement

120) Choose the alternative which means the same as this sentence: Nothing of value is left in this van at night.

A. Valuables should not be left in the van
B. This van will keep no value at night
C. Valuable objects are removed at night
D. This van is locked at night
E. There is nothing in the van at night

121) I ____ some old photographs of my sister's wedding while I was tidying up the attic.

A. came round
B. came across
C. came into
D. came up with
E. came in with

122) My friend Ann works ____ . She's so lazy!

A. very few
B. very short
C. very little
D. very less
E. very a few

123) Choose the correct answer to this question: What's the matter?

A. We are thirsty
B. Yes, thank you
C. Fine, thank you
D. We're right
E. Fine, and you?

124) On his birthday Jason invited ____ friends to the cinema.

A. all of his
B. all
C. some of
D. some his
E. any of his

125) L'espressione idiomatica "go off at the deep-end" significa:

A. non portare a termine qualcosa
B. essere commosso
C. essere sorpreso
D. andare via in malo modo
E. arrabbiarsi

126) You should send him to bed without any supper. That will teach him a ____.

A. theory
B. way
C. trick
D. subject
E. lesson

127) He is becoming well known ____ the world.

A. in all over
B. all over
C. in all
D. of all over
E. all in

128) Choose the synonym to the word between square brackets. "The show was very [amusing]".

A. frightening
B. entertaining
C. crowded
D. boring
E. exciting

129) Choose the correct sentence.

A. The British Flag is called the Stars and Stripes
B. The American Flag is nominated the Stars and Stripes
C. The American Flag is called the Union Jack
D. The American Flag is called the Stars and Stripes
E. The American Flag is named the Stars and Stripes

130) Il verbo "to knit" significa:

A. stirare
B. smagliarsi (di calza)
C. gattonare
D. lavorare a maglia
E. inginocchiarsi

131) Fill in the blank. "Bill drank a ____ while he was at the market".

A. glass with water
B. glass of water
C. glass for water
D. water's glass
E. water glass

132) Un sinonimo di "get the wind up" è:

A. to abide by the law
B. to listen to somebody
C. to be ashamed
D. to be afraid
E. to be silly

133) Tra i pesci, "la carpa" in inglese viene tradotta con il termine di:

A. round-fish
B. still-fish
C. trout
D. dazzle-fish
E. slander

134) If you have an accident, ____ to tell the police?

A. you supposed
B. are you supposed
C. did you need
D. were you supposed
E. do you suppose

135) I don't think ____ on this website is correct.

A. information
B. an information
C. the informations
D. the information
E. informing

136) Il sinonimo di "autumn" è:

A. sell
B. spring
C. send
D. summer
E. fall

137) Choose the correct sentence.

A. All roads are arriving to Rome
B. All roads take you to Paris
C. All roads go to Rome
D. All roads lead to Rome
E. All maps lead to Rome

138) The software provides a ____ of options for the advanced user.

A. variation
B. scope
C. range
D. scale
E. variety

139) Could you park your motorcycle ____?

A. Elsewhere
B. Whereby
C. Wherever
D. Whenever
E. Whoever

140) Il significato di "To share a room" è:

A. to rent a room
B. to split a room
C. to divide a room
D. to steal a room
E. to sell a room

141) The President has a team of ____ to ____ him.

A. athletes/defend
B. people/shield
C. men/repair
D. persons/guard
E. bodyguards/protect

142) Perhaps because he was so different, he became the black ____ of the family.

A. cat
B. cow
C. bear
D. donkey
E. sheep

143) Il significato di "To be afraid of" è:

A. to be silly
B. to be astounded
C. to be ashamed
D. to be frightened
E. to be dependable

144) Con l'espressione "hit it off" si intende:

A. cacciare fuori una persona da qualche luogo
B. portare a cavalcioni qualcuno
C. mangiare molto
D. diventare buoni amici
E. sorreggere una persona

145) Sinonimo dell'espressione "fly the coop" è:

A. nascondersi
B. indugiare
C. rimanere
D. abbandonare
E. fuggire via

146) The ____ are not good, but I have a lot of free time.

A. fares
B. fees
C. charges
D. wages
E. costs

147) Ask David to give you a hand: he's as strong as ____ .

A. a bear
B. a horse
C. an elephant
D. a mountain
E. a gorilla

148) Fill in the blank. "They washed their swimsuits ____ hand".

A. in
B. by
C. of
D. with
E. off

149) Nick said he wanted to ____ the meeting.

A. frequent
B. take in
C. be up at
D. attend
E. involve into

150) The Statue of Liberty is at the ____ to New York Harbour.

A. exit
B. door
C. entering
D. arrival
E. entrance

151) The innovations of the ____ Age have had ____ effects on people in all walks of life.

A. electronic/universal
B. computer/astonishing
C. atomic/irrelevant
D. nuclear/profane
E. bronze/pretentious

152) Choose the correct sentence.

A. I find it hard to remember people's names
B. I find it heard to recall people's names
C. I find it harmful to remind people's names
D. I find it hard to remember population's names
E. I find it rough to remember people's names

153) The ancient Egyptians' ... of picture writing was called hieroglyphics.

A. manner
B. plan
C. system
D. practice
E. program

154) I'm sorry, Carol isn't ____ at the moment. Can I take a message?

A. up
B. in
C. off
D. away
E. on

155) Choose the correct sentence.

A. Italians usually put away Christmas decorations in the 8th of December
B. Italians usually put up Christmas decorations on the 8th of December
C. Italians usually place Christmas decorations at the 8th of December
D. Italians usually open up Christmas decorations after the 8th of December
E. Italians usually show up Christmas decorations before the 8th of December

156) L'espressione idiomatica "go the whole hog" significa:

A. andare via in malo modo
B. mangiare tutto il pranzo
C. fare qualcosa completamente
D. portare a termine qualcosa
E. non portare a termine qualcosa

157) Do you know the man who ____ our local supermarket?

A. holds
B. keeps
C. began
D. runs
E. turns

158) Choose the correct question for this answer: He's tall and slim with black hair.

A. What like is he?
B. What does he like?
C. What does he look like?
D. He is what like?
E. What like he is?

159) If you like being out of ____, you can spend the day in one of the city's many splendid parks.

A. home
B. way
C. doors
D. house
E. street

160) Il verbo inglese "to moor" significa:

A. incontrarsi per caso
B. veleggiare
C. azzerare
D. ormeggiare
E. riscuotere

161) Laura thinks her son is perfect; he's the apple of her ____.

A. head
B. eye
C. heart
D. mind
E. ear

162) Columbus made his first voyage to America ____ 1492.

A. around
B. on
C. at
D. in
E. about

163) Choose the correct answer for this question: Indicare tra le alternative indicate quale risponde correttamente alla domanda: Is Lisa coming to the party?

A. I so think
B. I think
C. I think yes
D. I think so
E. So I think

164) My father's as deaf as ____; whenever I talk to him, I have to shout.

A. a post
B. a leaf
C. a politician
D. a bell
E. a stone

165) Individuare il significato corretto della seguente espressione inglese: "To wait for":

A. To take a commitment
B. To spend time with friends
C. To put weight on
D. To spend time before something happens
E. To attend a performance

166) The phone rang ____ I walked through the door.

A. since
B. before
C. until
D. while
E. as soon as

167) Getting to be the greatest violinist ____ the world is not easy.

A. in
B. of all
C. from
D. of
E. at

168) You won't become more intelligent if you eat a lot of fish: that's just an old ____ tale.

A. wives'
B. ladies'
C. witches'
D. mothers'
E. maids'

169) The company wants to ____ the sales of the product.

A. rise
B. correct
C. make up
D. increase
E. create

170) Choose the correct sentence.

A. Elvis Presley is one of the most popular singers of the 20th century
B. Elvis Presley is one of the most popular actors of the 20th century
C. Elvis Presley is one of the many singers of the 20th century
D. Elvis Presley is one of the most popular opera singers of the 20th century
E. Elvis Presley is one of the most popular singers of the 19th century

171) Campers should always remember to ____ the area clean and tidy.

A. leave
B. let
C. linger
D. remain
E. stay

172) There was a very strong ____ last night and it blew down some trees.

A. wind
B. snow
C. rain
D. hail
E. fog

173) I had left my wallet at home, but Alan ____ some of his money.

A. let me borrow
B. made me borrow
C. had me borrowed
D. could borrow me
E. borrowed me

174) Choose the correct answer for this question: What was the film like?

A. It was good to be seen
B. It was worse seeing
C. It was the best to see
D. It was worth seeing
E. It's better seeing it

175) Choose the correct sentence.

A. USA gained independence from Great Britain on 4th July 1776
B. USA won independence from Canada on 4th July 1776
C. USA gained independence from Great Britain on 1860
D. USA has got independence from Great Britain on 4th July 1776
E. USA gained liberty from Great Britain on 4th July 1776

176) Have you seen the new boss? She's the ____ image of Marylyn Monroe.

A. spitting
B. same
C. real
D. live
E. true

177) You can get wonderful views of the waterfall. It's a wellknown beauty ____ .

A. spot
B. point
C. place
D. scene
E. position

178) Forest fires can cause devastation ____ a wide scale.

A. in
B. over
C. at
D. on
E. by

179) Fill in the blank. "I have a terrible ____. Have you got an aspirin?".

A. bad head
B. headache
C. sore head
D. head hurt
E. suffering in my head

180) Choose the correct sentence.

A. Horse gambling at Ascot is often 300 years old
B. Horse playing at Ascot is not less than 300 years old
C. Horse running at Ascot is mostly 300 years old
D. Horse riding at Ascot is more than 300 years old
E. Horse racing at Ascot is almost 300 years old

181) When Claire comes to see me she always ____ some chocolates.

A. brings me
B. carries me
C. fetches me
D. takes me
E. holds me

182) The police are looking for ____ in his twenties.

A. the unemployed man
B. unemployed men
C. the unemployed
D. an unemployed man
E. two unemployed men

183) This suitcase is as light as ____ .

A. a fish
B. dust
C. a bird
D. a feather
E. lightning

184) Il sinonimo di "engine" è:

A. motor
B. line
C. handbag
D. freeway
E. lift

185) L'espressione idiomatica "for keeps" significa:

A. per volontà
B. per sempre
C. per gioco
D. per niente
E. per tenerlo stretto

186) The increase in the use of cars and improvements in camping ____ have allowed more people to travel longer distances.

A. property
B. baggage
C. tools
D. estate
E. equipment

187) In some cultures it is polite to raise one's hand to ____ attention.

A. hold
B. find
C. take
D. obtain
E. attract

188) ____ Alison was scared, she decided to take flying lessons.

A. In spite
B. Despite
C. Although
D. Also if
E. Nevertheless

189) Trovare tra le alternative quella che esprime una relazione simile a quella proposta nel testo dell'esercizio: modesty : arrogance

A. pratice : perfection
B. debility : strenght
C. passion : emotion
D. cause : reason
E. finance : pauper

190) The North Star Hotel is located in the ____ of Dublin.

A. suburb
B. inside
C. coast
D. centre
E. village

1.3 • Le prove di comprensione di brani

191) Studies are taking place to assess the benefits to dental health of adding fluoride to drinking water, a process known as mass medication. The Health Minister has urged consideration of fluoridation, particularly in deprived areas where dental care is poor. Fluoride can occur naturally in the water because of fluoride containing minerals. Fluoride, if in the water, improves dental health by up to 50 percent. Even so, fluoridation should not take place. A campaign leader opposed to fluoridation has spoken of her experiences of living in a fluoridated area of the USA. She experienced feelings of apathy and depression; her 2 year old son showed autistic tendencies and had white flecks on his teeth. These symptoms disappeared when they returned home from the USA.
Which one of the following is an underlying assumption of the argument above?

A. Mass medication is always wrong
B. The reported health symptoms were caused by fluoride in the water
C. Fluoridation is cheaper than improving dental facilities
D. Fluoridation is only necessary in deprived areas
E. Fluoridation of water is a person's only source of fluoride

192) Climate scientists in Greenland studying patterns of plant growth have suggested that the early arrival of spring in the Arctic threatens to drive down populations of migrating animals such as caribou. However, comparable studies elsewhere show that their fears are unfounded. A recent study of great tits in Oxfordshire showed the birds are capable of adapting to climate change better than many scientists expected. Over the past half century, the birds have brought forward the date they lay their eggs by two weeks, so that young are born when planteating grubs are most plentiful.
Which one of the following is an underlying assumption of the above argument?

A. Birds are more adaptable than large mammals such as caribou
B. Climate change in Greenland and climate change in Oxfordshire are of the same scale
C. The scientists working in Oxfordshire have greater expertise than those working in Greenland
D. Migrating animals in the Arctic can adapt to climate change as successfully as great tits in Oxfordshire
E. Unless animals like the caribou produce their young earlier in the year, their population will fall

193) Now, it might be thought an amazing coincidence if Earth were the only planet in the galaxy on which intelligent life evolved. If it happened here, the one planet we have studied closely, surely one would expect it to have happened on a lot of other planets in the galaxy – planets we have not yet had the chance to examine.

This objection, however, rests on a fallacy: it overlooks what is known as an 'observation selection effect', so it wouldn't be such a coincidence. Whether intelligent life is common or rare, every observer is guaranteed to originate from a place where intelligent life did, in fact, arise. Since only the successes give rise to observers who can wonder about their existence, it would be a mistake to regard our planet as a randomly selected sample from all planets.

Which one of the following best expresses the main conclusion of the above argument?

A. If life had evolved here on Earth, it would probably have happened on a lot of other planets in the galaxy
B. There would be no amazing coincidence if we discovered that Earth were the only planet in the galaxy on which intelligent life evolved
C. It would be an amazing coincidence if Earth were the only planet in the galaxy on which intelligent life evolved
D. Our planet is not a randomly selected sample from all planets
E. However common intelligent life is, every observer will certainly originate from a place where intelligent life did, in fact, arise

194) Although it is sometimes suggested that the congestion caused by the bunching of cars on motorways could be eased by increasing the speed limit to 150 km/hr, such an increase would not be a good thing. An estimated 35 per cent of drivers exceed the speed limit by 20 km/hr and would continue to do so if the limit were raised. Since bunching is caused by speeding drivers trying to pass those who observe the speed limit, raising the limit to 150 km/hr would result in the same amount of congestion, but at an increased speed. Moreover, a higher speed limit would encourage all drivers to drive faster, and thus would increase the existing danger from those who drive too close to the car in front.

Which one of the following best expresses the main conclusion of the above argument?

A. Raising the speed limit to 150 km/hr would not reduce congestion on motorways
B. It would not be a good thing to increase the speed limit to 150 km/hr
C. A higher speed limit on motorways would encourage all drivers to drive faster
D. An increase in the speed limit would increase the existing danger from those drivers who drive too close
E. Congestion on motorways is caused by speeding drivers trying to pass those who observe the speed limit

195) Food producers are resisting pressure to reduce still further the levels of salt in food. Although it is proven that salt intake must be reduced by those with hypertension, there is no evidence that reducing salt intake prevents hypertension. So why should we all be deprived of the pleasures of salt in food? We certainly need to identify those with hypertension and give them advice on their salt intake, but why should everyone else be deprived of salt? Food producers are right to resist the pressure.

Which one of the following best illustrates the principle underlying the argument above?

A. Adding fluoride to drinking water has reduced tooth decay, but fluoride is unwelcome to some people. Instead, dentists should advise patients with tooth problems on better tooth care
B. The requirement to wear seatbelts has reduced deaths in car accidents

but was unpopular when first introduced. People eventually accepted such changes even if it has not benefited them personally
C. Retailers cannot sell alcohol to people under 18 years, but providing more general advice on alcohol in schools would be better, as it would encourage young people to be self limiting in their consumption of alcohol
D. Advice to wear sun block to protect the skin from harmful rays is ignored by some people. Those people should be charged for medical treatment for skin cancer
E. Passive smoking is still a problem for people who share a home with a smoker. The law should be extended to make smoking illegal even in the home

196) Sports are played either as a means of getting exercise or as a competition with an opponent. Some sports, such as football, involve a large amount of running and some people are more motivated to run when it is part of a game. Other sports, such as pool, do not involve much physical activity and so it is unlikely that they would be played for the exercise.

Which one of the following conclusions is best supported by the passage above?

A. People who play pool are more likely to be interested in the competition than those who play football
B. Since the main reason for playing sports is to get exercise, pool should not be classified as a sport
C. It is easier to exercise when it is as part of another activity, such as playing sport
D. Football is a better sporting activity than pool
E. There is no point in running as a hobby, since football is more fun

197) Concern about the effects of chemicals upon the environment has led to calls for more research. But we should not wait for further research before we ban some of the chemicals used by industry. If anyone has a good reason to think something is harmful, it should not be used until, or unless, the risk is found to be zero. We know enough about past mistakes to be forewarned. Much of the harm to wildlife and humans is longterm, and the disturbing results we see today reflect the chemical environment 40 years ago. Thousands more chemicals have been released into the environment since then.

Which one of the following most closely matches the reasoning above?

A. People should not be able to adopt children until proper checks have been carried out. Serious consequences may follow if adoptive parents are unsuitable
B. Some cars that have passed the annual roadworthiness test would not pass 6 months later. Cars should be tested more than once a year once they pass a certain age
C. Some homes for the elderly have been found to give dangerously substandard care. Therefore they should be closed down and the residents found acceptable alternatives
D. Cyclists should not place too much confidence in the benefits of helmets, because there is no conclusive evidence as yet that helmets prevent serious injuries
E. A suspected terrorist should be arrested at once. Waiting for conclusive evidence in the past has resulted in atrocities that could have been avoided by acting on suspicion, and the threat of terrorism has grown

198) Children are being encouraged to take up gardening through special events at shows and activities in schools. It is hoped that an interest in gardening, and particularly growing one's own food, will make children more interested in learning about their food and they will therefore be deterred from eating junk food. The initiative should be supported and spread to more schools as quickly as possible.
Which one of the following, if true, would most weaken the above argument?

A. Most children have enjoyed the events provided, but have not gained an interest in gardening itself
B. The practical experience of gardening is not a traditional academic subject
C. It tends to be older people who are interested in gardening and growing their own food
D. Some schools do not have a garden
E. The events to encourage children to garden also included stands where junk food was for sale

199) Although the Earth supports life, it has a mysterious carbon deficit. Compared with other bodies in the solar system the Earth has far less carbon than would be expected for a planet that supports life. Originally it was thought that in the inner region of the dust disc where the Earth formed, temperatures soared high enough for the carbon to boil away. However, observations of developing solar systems have now suggested that the temperature would not have been high enough. It is more likely that fire is to blame. Hot oxygen atoms would have readily combined with carbon, burning to produce carbon dioxide. There would have been fewer of these oxygen atoms further away from the Sun.
Which one of the following, if true, would most strengthen the above argument?

A. The abundance of carbon in the asteroid belt surrounding the inner planets increases the further away you get from the Sun
B. There is no theoretical reason why life has to be carbon-based
C. At temperatures that are high enough for carbon to boil away, oxygen would also have boiled away
D. The carbon that is present on the Earth could have arrived at a later date from an asteroid
E. There are other solar systems with Earthlike planets that have an abundance of carbon on them

200) Undercover police investigators sometimes commit 'crimes' in order to convince the 'real criminals' that they are on the same side as them. Some of these activities have victims, although in the main these are other criminals – rival gang members for example. In committing what are technically offences the officers are preventing many more serious crimes by helping to convict and imprison dangerous criminals who might otherwise remain at liberty. But that is not really the point. A breach of the law is a breach of the law, whoever commits it and for whatever reason. Preventing a crime does not make it right to commit another crime.
Which one of the following is the general principle underlying the above argument?

A. An act is criminal only if it is committed for criminal reasons
B. Serious crime must be prevented by any reasonable means
C. The end does not justify the means
D. The police have a duty to protect law-abiding citizens from violence
E. There is no such thing as a victimless crime

RISPOSTE CORRETTE

1) D	35) A	69) E	103) E	137) D	171) A
2) B	36) B	70) A	104) E	138) C	172) A
3) C	37) D	71) A	105) E	139) A	173) A
4) E	38) D	72) C	106) A	140) C	174) D
5) C	39) D	73) C	107) B	141) E	175) A
6) A	40) D	74) E	108) C	142) E	176) A
7) A	41) A	75) A	109) B	143) D	177) A
8) E	42) C	76) D	110) B	144) D	178) D
9) B	43) B	77) B	111) C	145) E	179) B
10) C	44) A	78) C	112) E	146) D	180) E
11) D	45) C	79) C	113) A	147) B	181) A
12) D	46) C	80) A	114) C	148) B	182) D
13) A	47) E	81) A	115) D	149) D	183) D
14) A	48) C	82) A	116) A	150) E	184) A
15) E	49) B	83) E	117) E	151) B	185) B
16) A	50) A	84) B	118) E	152) A	186) E
17) B	51) C	85) B	119) A	153) C	187) E
18) C	52) A	86) A	120) C	154) B	188) C
19) E	53) E	87) B	121) B	155) B	189) B
20) D	54) B	88) E	122) C	156) C	190) D
21) A	55) A	89) E	123) A	157) D	191) B
22) A	56) B	90) B	124) A	158) C	192) D
23) A	57) D	91) B	125) E	159) C	193) B
24) A	58) C	92) C	126) E	160) D	194) B
25) B	59) E	93) A	127) B	161) B	195) A
26) B	60) D	94) B	128) B	162) D	196) A
27) B	61) A	95) D	129) D	163) D	197) E
28) C	62) E	96) D	130) D	164) A	198) A
29) A	63) E	97) C	131) B	165) D	199) A
30) E	64) C	98) C	132) D	166) E	200) C
31) B	65) A	99) D	133) A	167) A	
32) C	66) E	100) B	134) B	168) A	
33) B	67) D	101) A	135) D	169) D	
34) D	68) D	102) D	136) E	170) A	

SIMULAZIONI D'ESAME

TEST CATTOLICA

TEST 1

Cultura generale

1) Strasburgo, Bruxelles e Lussemburgo sono:

A. le sedi delle tre agenzie dell'ONU
B. le tre capitali dell'Unione Europea più ricche
C. le tre sedi del Consiglio d'Europa
D. le tre sedi del Parlamento europeo
E. le sedi itineranti del Consiglio di sicurezza dell'ONU

2) Qual è l'età minima per essere eleggibili alla carica di deputato?

A. 25 anni
B. 18 anni
C. 40 anni
D. 35 anni
E. 21 anni

3) Quale dei seguenti stati dell'Unione Europea non ha adottato l'euro?

A. Lussemburgo
B. Austria
C. Danimarca
D. Finlandia
E. Portogallo

4) *Addio alle armi* è un romanzo di:

A. Ernest Hemingway
B. Erich Maria Remarque
C. Thomas Mann
D. Pablo Neruda
E. Alberto Moravia

5) In quale raccolta di versi di Carducci compare "Davanti San Guido"?

A. Rime nuove
B. Odi barbare
C. Rime e ritmi
D. San Martino
E. Levia Gravia

6) Quali sono le regioni definite dalla Costituzione a Statuto speciale?

A. Toscana, Emilia-Romagna, Sardegna
B. Sicilia, Sardegna, Valle d'Aosta, Trentino-Alto Adige, Friuli-Venezia Giulia
C. Sicilia, Sardegna, Piemonte, Liguria, Lombardia
D. Valle d'Aosta, Trentino-Alto Adige, Friuli-Venezia Giulia
E. Sicilia e Sardegna

7) Nell'ordinamento costituzionale italiano costituisce espressione della democrazia diretta:

A. il decreto legislativo
B. il regolamento della Camera dei deputati
C. il referendum abrogativo
D. il decreto legge
E. il regolamento del Senato della Repubblica

8) Il Maghreb è un'estesa regione geografica:

A. del centro Europa
B. dell'Europa scandinava
C. dell'Africa settentrionale
D. dei Balcani
E. dell'America meridionale

9) Le cascate delle Marmore si trovano in:

A. Toscana
B. Umbria
C. Lazio
D. Sicilia
E. Puglia

10) Quale di questi personaggi è fuori tempo rispetto agli altri quattro?

A. Giuseppe Mazzini
B. Vincenzo Gioberti
C. Giovanni Gentile
D. Carlo Cattaneo
E. Ippolito Nievo

11) Il 14 maggio del 1860, pochi giorni dopo lo sbarco a Marsala, ...

A. Mazzini assume il titolo di Re della Terra di Sicilia
B. Luigi Cadorna assume il comando dell'esercito sabaudo giunto in aiuto della spedizione dei Mille
C. Garibaldi assume la dittatura della Sicilia in nome di Vittorio Emanuele "Re d'Italia"
D. Viene proclamata l'Unità d'Italia
E. Garibaldi viene proclamato Re delle Due Sicilie

12) Quando si formarono in Italia le prime bande partigiane?

A. Alla fine del 1943
B. Fin dal 1940
C. Dalla metà del 1944
D. Nel 1941
E. Intorno agli anni '30

13) In quale dei seguenti periodi è avvenuto l'armistizio di Brest-Litovsk?

A. Negli anni Sessanta
B. Nell'età dell'Unificazione
C. Nel secondo dopoguerra
D. Durante la prima guerra mondiale
E. Durante la seconda guerra mondiale

14) Secondo l'art. 32 della Costituzione italiana, la tutela della salute è:

A. soltanto un fondamentale diritto dell'individuo
B. soltanto un dovere verso i familiari
C. soltanto un interesse della collettività
D. un fondamentale diritto dell'individuo e un interesse della collettività
E. nessuna delle risposte è corretta

15) Il Trattato di Lisbona è entrato in vigore:

A. il 1° dicembre 2010
B. il 1° dicembre 2009
C. il 1° dicembre 2008
D. il 1° dicembre 2007
E. il 1° dicembre 2005

16) In quale dei seguenti paesi europei scorre il fiume Reno?

A. Albania
B. Spagna
C. Olanda
D. Finlandia
E. Repubblica Ceca

17) Quale frase contiene un errore di punteggiatura?

A. Ed io gli risposi: sei sicuro di averla incontrata?
B. Tacque; da allora non parlò più
C. Questo è tutto; fammi sapere cosa ne pensi
D. Se ne andarono, te l'ho detto, se ne andarono tutti
E. Dimmi; Marco sai dove si trova Fulvio?

18) Chi fu l'ultimo segretario del Partito Comunista Italiano che ne sancì lo scioglimento al XX Congresso Nazionale e la contestuale costituzione del Partito Democratico della Sinistra (PDS)?

A. Enrico Berlinguer
B. Alessandro Natta
C. Fausto Bertinotti
D. Giorgio Napolitano
E. Achille Occhetto

Fisica e Biologia

19) Le intensità di due grandezze fisiche si dicono direttamente proporzionali quando:

A. il loro prodotto è costante
B. il loro rapporto è costante
C. crescono contemporaneamente
D. la loro somma è costante
E. la loro differenza è costante

20) Nel Sistema Internazionale l'unità di misura per l'intensità di corrente elettrica è:

A. il coulomb (C)
B. l'ampere (A)
C. il joule (J)
D. il watt (W)
E. il volt (V)

21) Una particella neutra, attraversando una regione perpendicolare a un campo magnetico, descrive una traiettoria:

A. elicoidale
B. iperbolica
C. circolare
D. rettilinea
E. parabolica

22) Che cosa significa che un moto è uniformemente accelerato?

A. Che l'accelerazione è nulla
B. Che l'accelerazione è una funzione lineare del tempo
C. Che il corpo che si muove ha densità uniforme
D. Che la velocità è una funzione lineare del tempo
E. Che il corpo si muove di moto uniforme

23) La pressione idrostatica che si esercita alla profondità *h* in un liquido di densità *d*, se *g* è l'accelerazione di gravità, vale:

A. hd/g
B. hdg
C. hg/d
D. h/dg
E. gd/h

24) La legge di Ohm è valida:

A. quando la corrente è inversamente proporzionale alla tensione
B. solo se circola corrente continua
C. quando la corrente è direttamente proporzionale alla tensione
D. in qualunque caso in cui circoli corrente
E. solo se il conduttore è un buon conduttore

25) Le basi dell'attuale criterio di classificazione degli organismi viventi sono state poste da:

A. Giovanni Favilli
B. Gregorio Mendel
C. Carl Von Friesh
D. Charles Darwin
E. Carlo Linneo

26) Quale delle seguenti strutture può essere presente in una cellula batterica ma non in una cellula animale?

A. Il nucleo
B. Una capsula
C. Il citoscheletro
D. Il ribosoma
E. Il capside

27) Quale malattia è causata dalla carenza di vitamina C?

A. Rachitismo
B. Scorbuto
C. Beri-beri
D. Pellagra
E. Diabete

28) La carotide è:

A. un'arteria che porta sangue alle braccia

B. una vena che porta sangue ai polmoni
C. una vena che va al fegato
D. un'arteria che porta sangue alla testa
E. un'arteria che porta sangue al cuore

29) Il processo di traduzione dell'informazione genetica avviene:

A. sui ribosomi
B. sulle membrane dell'apparato di Golgi
C. nei vacuoli digestivi
D. nel nucleo
E. sulle membrane del reticolo endoplasmatico liscio

30) Una delle seguenti associazioni tra struttura cellulare e funzione è errata. Quale?

A. Cloroplasto – Fotosintesi
B. Nucleo – Trascrizione
C. Lisosomi – Digestione cellulare
D. Mitocondrio – Respirazione cellulare
E. Apparato di Golgi – Sintesi di polipeptidi

Cultura motorio-sportiva

31) L'espressione "fair-play" viene usata in ambito sportivo come sinonimo di:

A. onestà
B. correttezza
C. sportività
D. grinta
E. forza

32) Le fasi del salto in alto sono:

A. rincorsa, stacco, volo, atterraggio
B. stacco, volo, ricaduta
C. rincorsa, stacco, volo, ricaduta
D. rincorsa, volo, ricaduta
E. nessuna delle alternative è valida

33) In una partita di pallamano quanti giocatori per squadra scendono in campo?

A. 11
B. 6
C. 5
D. 9
E. 7

34) Il termine "steady state" indica:

A. l'equilibrio fra l'ossigeno introdotto e quello consumato durante lo sforzo
B. uno stato di debito di ossigeno
C. le prime fasi di adattamento a un carico
D. il momento terminale della fase di recupero
E. il momento iniziale della fase di recupero

35) Quale delle discipline individuali elencate rientra negli sport di situazione?

A. Canottaggio
B. Salto in alto
C. Scherma
D. Corsa sui 110 metri ostacoli
E. Tuffi

36) Quali tra le seguenti sostanze è vietata dalla normativa antidoping?

A. Diuretici
B. Anestetici locali
C. Betabloccanti
D. Corticosteroidi
E. Tutte le alternative sono valide

37) Per indice di massa corporea s'intende:

A. il rapporto tra peso in kg e altezza in metri quadrati
B. il quadrato del peso
C. il rapporto tra altezza e peso
D. il rapporto tra superficie corporea e peso
E. il quadrato dell'altezza

38) La partita di pallacanestro:

A. viene giocata da due squadre da cinque giocatori ciascuna su un campo di gioco di 30 m × 16 m
B. viene giocata da due squadre da sei giocatori ciascuna su un campo di gioco di 28 m × 15 m
C. viene giocata da due squadre da cinque giocatori ciascuna su un campo di gioco di 28 m × 15 m
D. viene giocata da due squadre da sette giocatori ciascuna su un campo di gioco di 28 m × 15 m
E. viene giocata da due squadre da sei giocatori ciascuna su un campo di gioco di 30 m × 16 m

39) Il fartlek è:

A. un allenamento praticato all'aria aperta
B. un allenamento praticato in palestra
C. un gioco che somiglia al tennis
D. una specialità che si pratica sulla neve
E. un gioco simile al calcetto

40) La sede della FIFA si trova a:

A. Roma
B. Parigi
C. Londra
D. Zurigo
E. Vienna

41) Individuare l'affermazione corretta. Il badminton si gioca:

A. su un campo semicircolare
B. con i piedi
C. con una palla di forma sferica
D. su un campo lungo 13,40 m
E. solo al coperto

42) Nel tennis la ripetizione della battuta è chiamata:

A. set
B. net
C. bet
D. met
E. let

43) Il termine "touche" viene usato nel rugby per indicare:

A. il tocco con il quale un giocatore blocca un avversario
B. il tocco a terra del pallone prima di un calcio di punizione
C. la rimessa in gioco quando il pallone esce dal campo
D. il tocco del pallone sulle traverse della porta
E. il fuorigioco

44) In che cosa consiste il test di Cooper?

A. Nel percorrere più velocemente possibile 60 m
B. Nel percorrere la massima distanza correndo per 12 minuti
C. Nel percorrere più velocemente possibile 3 km
D. Nel percorrere più velocemente possibile 2 km
E. Nel percorrere la massima distanza correndo per 60 minuti

45) In una partita di calcio quanti giocatori per squadra scendono in campo?

A. 11
B. 7
C. 9
D. 10
E. 13

46) Come viene chiamato il disco di pietra usato nel curling?

A. Piatto
B. Rock
C. Puck
D. Stone
E. Skeet

47) Il movimento opposto a quello di abduzione è:

A. l'inclinazione
B. l'adduzione
C. la rotazione
D. la circonduzione
E. l'estensione

48) Nel calcetto il pallone:

A. può essere in cuoio
B. ha una circonferenza compresa tra i 62 e i 64 cm
C. ha un peso che va dai 400 ai 440 g
D. ha una pressione che va dai 100 ai 200 g/cm
E. sono tutte vere tranne la D

49) Nella pallavolo il campo di gioco:

A. è un rettangolo di 18 × 9 m
B. è un quadrato di 9 × 9 m
C. è un rettangolo di 20 × 10 m
D. è un rettangolo di 22 × 9 m
E. è un quadrato di 18 × 18 m

50) Che forma ha il campo di rugby?

A. Quadrato
B. Rettangolare
C. Ellittico
D. Circolare
E. Può essere sia quadrato che rettangolare

51) La pallanuoto femminile è stata introdotta nel programma olimpico nel:

A. 1900
B. 1968
C. 1996
D. 2000
E. 1980

52) Tra le seguenti specialità, quale non fa parte del salto?

A. Salto col peso
B. Salto in alto
C. Salto in lungo
D. Salto triplo
E. Salto con l'asta

53) A Wimbledon si disputa un famoso torneo di:

A. pallavolo
B. calcio
C. tennis
D. badminton
E. rugby

54) Quale delle seguenti attività sportive è una variante del baseball?

A. Basket
B. Goback
C. Badminton
D. Softball
E. Fartlek

55) In assenza di malattie specifiche, i crampi muscolari sono principalmente dovuti alla perdita da parte dell'organismo di:

A. sali
B. zuccheri
C. proteine
D. fattori endogeni che regolano la temperatura corporea
E. nessuna delle alternative

56) Nel corpo umano, dove si trovano il carpo e il metacarpo?

A. Nel gomito
B. Nella gamba
C. Nel sistema polso-mano
D. Nel braccio
E. Nell'avambraccio

57) Nello stile dorso la partenza è:

A. detta grab start
B. detta track start
C. con i piedi al di sotto del livello dell'acqua

D. con le braccia semiflesse
E. nessuna alternativa è valida

58) In gara vince lo schermidore che:

A. raggiunge 15 stoccate
B. raggiunge 10 stoccate
C. raggiunge 21 stoccate
D. raggiunge 18 stoccate
E. raggiunge 7 stoccate

59) Quanto misura l'area del campo di pallavolo?

A. 62 metri quadrati
B. 48 metri quadrati
C. 162 metri quadrati
D. 322 metri quadrati
E. 50 metri quadrati

60) Cos'è la FITRI?

A. Federazione Italiana Triathlon
B. Federazione Italiana Tiro con l'arco
C. Federazione Italiana Tiro a volo
D. Federazione Internazionale Tiro con l'arco
E. Federazione Italiana Tiro a segno

RISPOSTE CORRETTE

1) D	13) D	25) E	37) A	49) A
2) A	14) D	26) B	38) C	50) B
3) C	15) B	27) C	39) A	51) D
4) A	16) C	28) D	40) D	52) A
5) A	17) E	29) A	41) D	53) C
6) B	18) E	30) E	42) E	54) D
7) C	19) B	31) C	43) C	55) A
8) C	20) B	32) A	44) B	56) C
9) B	21) D	33) E	45) A	57) C
10) C	22) D	34) A	46) D	58) A
11) C	23) B	35) C	47) B	59) C
12) A	24) C	36) E	48) E	60) A

TEST 2

Cultura generale

1) I membri non permanenti del Consiglio di sicurezza dell'ONU sono:

A. dieci
B. cinque
C. tre
D. quattro
E. sei

2) I decreti legge sono approvati:

A. dal Parlamento
B. dal Governo
C. dal Presidente della Repubblica
D. dalla Camera dei deputati
E. dal Senato della Repubblica

3) Quale delle seguenti catene montuose non si erge fra i due stati confinanti indicati accanto.

A. Alpi – tra Francia e Italia
B. Alpi – tra Italia e Austria
C. Pirenei – tra Francia e Spagna
D. Urali – tra Russia e Ucraina
E. Alpi scandinave – tra Norvegia e Svezia

4) Dove si trova l'altopiano del Deccan?

A. India
B. Messico
C. Francia
D. Svezia
E. Cina

5) Secondo la concezione più moderna come è denominato il trasferimento di determinate attribuzioni, prevalentemente deliberative, dalla sfera di competenza degli organi centrali dello Stato agli organi o enti locali?

A. Delegificazione
B. Deregulation
C. Decentramento amministrativo
D. Escussione
E. Derubricazione

6) L'Organizzazione delle Nazioni Unite è stata istituita:

A. dagli Stati europei
B. dagli Stati vincitori della seconda guerra mondiale
C. dagli Stati Uniti d'America
D. da USA, Germania e Giappone
E. dall'ONU

7) Prima di essere trasferita a Roma, la capitale d'Italia, nel 1870, era:

A. Firenze
B. Milano
C. Bologna
D. Napoli
E. Torino

8) Quando intervenne l'Italia nella prima guerra mondiale?

A. Il 24 maggio del 1915
B. Il 28 luglio del 1914
C. Il 26 aprile del 1915
D. Il 28 giugno del 1914
E. Il 4 novembre del 1918

9) Quale deprecabile provvedimento fu preso dal governo italiano nel 1938 sull'esempio della Germania nazista?

A. Il riarmo generalizzato
B. La militarizzazione della gioventù
C. L'istituzione di squadre paramilitari
D. Le leggi razziali antisemite
E. Un tribunale militare per giudicare i reati di opinione

10) Completare la frase "Avevo sperato che tutto … bene".

A. Finiva
B. Finisse
C. Finirebbe
D. Finisce
E. Finirà

11) Quale delle seguenti voci verbali completa correttamente la frase: "Se … prima, non avresti perso il treno"?

A. uscivi
B. saresti uscito
C. uscissi
D. eri uscito
E. fossi uscito

12) Individuare l'alternativa che completa la frase nel modo più corretto nel contesto dato: "Annalisa ha iniziato a lavorare come … in un istituto bancario".

A. sportantina
B. sportellente
C. sportellista
D. sportelliera
E. sportelleria

13) Quanto dura in carica il Parlamento europeo?

A. Dieci anni
B. Quattro anni
C. Due anni
D. Sette anni
E. Cinque anni

14) A quale periodo storico corrisponde la cosiddetta "età giolittiana"?

A. Metà del XIX secolo
B. Inizio del XX secolo
C. Metà del XX secolo
D. Fine del XX secolo
E. Fine del XVIII secolo

15) Quale delle seguenti opere NON è di Machiavelli?

A. La mandragola
B. Discorsi sopra la prima deca di Tito Livio
C. Belfagor
D. Il negromante
E. Istorie fiorentine

16) Quale fra le seguenti affermazioni sull'opera di Goldoni *La locandiera* è falsa?

A. È divisa in tre atti
B. La protagonista si chiama Mirandolina
C. Concede la sua mano a un uomo di condizione sociale inferiore
D. C'è un personaggio chiamato Conte di Albafiorita
E. Il tema centrale del secondo atto è la lealtà

17) Di quale raccolta di poesie di Giovanni Pascoli fa parte *Gelsomino notturno*?

A. Primi poemetti
B. Myricae
C. Carmina
D. Poemi conviviali
E. I canti di Castelvecchio

18) Chi è l'autore del romanzo *La nausea*?

A. Virginia Woolf
B. Gustave Flaubert
C. Emile Zola
D. Jean-Paul Sartre
E. Albert Camus

Fisica e Biologia

19) La forza d'attrito:

A. nessuna delle altre risposte è corretta
B. in alcuni casi non è conservativa
C. è conservativa in alcuni casi
D. può essere conservativa
E. non è mai conservativa

20) Nel Sistema Internazionale la capacità termica si misura in:

A. kcal/kg
B. J/kg
C. kcal/kg °C
D. J/kg K
E. J/K

21) Quale sarà la densità (espressa in Kg/dm^3) di un materiale avente una massa di 30 kg e un volume di 50 dm^3?

A. 0,4
B. 0,6
C. 0,9
D. 1,5
E. 2,5

22) La densità di un liquido è:

A. il rapporto fra la massa del liquido e il suo volume
B. il rapporto tra il volume del liquido e la sua massa
C. la resistenza del liquido allo scorrimento
D. uguale in tutti i sistemi di unità di misura
E. il rapporto fra il peso del liquido e la sua massa

23) La forza che si esercita fra due cariche elettriche statiche:

A. si misura in newton
B. è inversamente proporzionale alla distanza tra le due cariche
C. si misura in farad/metro
D. si misura in kcal
E. si misura in volt

24) Un filo elastico segue la legge di Hooke se:

A. dopo essere stato allungato, ritorna alla lunghezza iniziale
B. è di gomma
C. la forza e l'allungamento sono proporzionali
D. la forza è uguale all'allungamento
E. la forza ne impedisce l'allungamento

25) Secondo la teoria di Charles Darwin l'evoluzione avviene per:

A. adattamento graduale a nuove condizioni ambientali
B. un processo di eliminazione del meno adatto da un certo ambiente
C. apprendimento di nuovi comportamenti
D. selezione del più adatto ad un certo ambiente
E. habitat incompatibile

26) Le angiosperme sono anche chiamate:

A. senza semi
B. gimnosperme
C. piante a fiore
D. cotiledoni
E. nemosperme

27) Quale delle seguenti affermazioni NON si riferisce agli organismi viventi?

A. Sono tutti costituiti da cellule
B. Scambiano materia ed energia con l'ambiente circostante
C. Sono in grado di svilupparsi e di crescere
D. Possiedono codice genetico diverso a seconda della specie
E. Hanno un meccanismo per il mantenimento dell'omeostasi

28) L'emoglobina è ricca di:

A. magnesio
B. rame
C. ferro
D. calcio
E. potassio

29) La cellula batterica possiede:

A. lisosomi
B. ribosomi
C. mitocondri
D. nucleo
E. cloroplasti

30) I muscoli della parte destra del corpo sono controllati:

A. dall'emisfero sinistro del cervello
B. da entrambi gli emisferi cerebrali
C. da nessuno degli emisferi cerebrali
D. dall'emisfero destro del cervello
E. da uno o l'altro degli emisferi, a seconda del muscolo esaminato

Cultura motorio-sportiva

31) Quale di questi sport non fa parte dei giochi olimpici?

A. Tiro con l'arco
B. Pugilato
C. Pallavolo
D. Taekwondo
E. Polo

32) Quale tra le seguenti attività riscopre un rinnovato rapporto tra attività motorie e natura?

A. Pallacanestro
B. Orienteering
C. Nuoto
D. Ciclismo
E. Calcio

33) Nel gioco della pallacanestro il playmaker:

A. ha il compito di portare avanti il pallone
B. è detto anche «uno»
C. gioca in difesa
D. gioca solitamente vicino al canestro
E. gioca solo in attacco

34) Quale tra i seguenti sport può essere considerato precursore dell'hockey su ghiaccio?

A. Il puck
B. Il bodycheck
C. Lo sledge
D. Il bandy
E. Lo street hockey

35) La distorsione:

A. è determinata da uno strappo muscolare
B. necessita sempre di un'ingessatura
C. è un danno a carico dell'articolazione
D. è determinata dalla lesione di almeno un osso
E. necessita di calore, come primo intervento

36) La convulsione tonica è caratterizzata da:

A. alternanza di fasi di contrattura e di rilasciamento muscolare
B. interessamento di una sola parte del corpo
C. contrattura dei soli muscoli degli arti inferiori
D. prolungata contrattura muscolare in una determinata posizione
E. contrattura dei soli muscoli degli arti superiori

37) Nella scherma la disciplina che ha come bersaglio l'intero corpo è:

A. il fioretto
B. la sciabola
C. la spada
D. tutte le alternative sono vere

E. nessuna alternativa è vera

38) Il termine ginnastica dolce significa che vengono eseguiti movimenti:

A. lenti e fluidi
B. lenti e leggeri
C. veloci e fluidi
D. veloci e leggeri
E. tutte le alternative sono valide

39) Quanti passi al giorno bisogna fare per stare in salute?

A. 1.000
B. 100.000
C. 10.000
D. 100
E. 500

40) La scarsa attività fisica contribuisce al peggioramento:

A. del metabolismo del glucosio
B. del metabolismo delle proteine
C. del metabolismo dei trigliceridi
D. del metabolismo delle vitamine
E. del metabolismo dei lipidi

41) Quale tra queste discipline non è compresa nella FIN?

A. Nuoto
B. Nuoto per salvamento
C. Pallanuoto
D. Acquagym
E. Nuoto sincronizzato

42) Il metodo pilates si fonda su sei principi, uno dei quali è:

A. la fluidità
B. l'equilibrio
C. la contrazione
D. la velocità
E. l'armonia

43) La bardatura è:

A. l'equipaggiamento che indossano gli schermidori
B. una specialità dell'atletica
C. la divisa indossata dal cavallo nelle gare di equitazione
D. il casco che indossa il pugile per proteggersi
E. l'abbigliamento del judoka

44) La pedana nel Taekwondo misura:

A. 12 m × 12 m
B. 16 m × 16 m
C. 8 m × 8 m
D. 10 m × 10 m
E. 7 m × 7 m

45) Nel pugilato il ring ha forma:

A. quadrata
B. rettangolare
C. circolare
D. esagonale
E. può essere quadrata o rettangolare

46) Il canottaggio è stato inserito nel programma olimpico a partire dal:

A. 1896
B. 1924
C. 1960
D. 1900
E. 1982

47) Quanti atleti eseguono il tuffo sincronizzato?

A. 3
B. 2
C. 4
D. 5
E. 6

48) Nelle cellule muscolari dell'uomo si forma acido lattico quando:

A. c'è iperventilazione
B. non c'è sufficiente quantità di glucosio
C. il rifornimento di ossigeno diventa insufficiente
D. la temperatura supera i 37°C
E. si produce ATP in eccesso

49) Quale dei seguenti NON è un tipo di bastone da golf?

A. Putter
B. Par
C. Ferro
D. Legno
E. Chipper

50) Il nuoto è un'attività a basso impatto perché:

A. sfrutta la spinta idrostatica dell'acqua
B. ha un effetto bradicardico riflesso
C. mira alla tonicità muscolare
D. ha poco riscontro in età adolescenziale
E. nessuna delle alternative è valida

51) Il Torneo Sei Nazioni è il più importante torneo di:

A. baseball
B. tennis
C. pallavolo
D. rugby
E. football americano

52) Quale fra queste distanze si riferisce a una gara di corsa a ostacoli?

A. 110 m
B. 200 m
C. 1.500 m
D. 5.000 m
E. 1.000 m

53) Quale gara non è prevista nello svolgimento del decathlon?

A. Il salto in lungo
B. Il getto del peso
C. I 400 metri ostacoli
D. I 1.500 metri
E. Il lancio del giavellotto

54) Nel tiro in terzo tempo della pallacanestro, dopo l'ultimo palleggio un giocatore effettua:

A. due passi, un palleggio, lo stacco e il tiro
B. tre passi, lo stacco e il tiro
C. un passo, un palleggio, lo stacco e il tiro
D. due passi, lo stacco e il tiro
E. nessuna delle alternative è valida

55) Nel tennis da tavolo in quale dei seguenti casi non si commette fallo?

A. La pallina rimbalza due o più volte nel proprio campo
B. Il giocatore sposta il tavolo da gioco
C. La pallina viene colpita due volte consecutive
D. Il giocatore effettua il colpo al volo
E. Tutte le alternative sono valide

56) Nella pallanuoto la squadra del giocatore che ha commesso brutalità dovrà giocare con un uomo in meno per:

A. 4 minuti effettivi
B. 5 minuti effettivi
C. 10 minuti effettivi
D. 12 minuti effettivi
E. 15 minuti effettivi

57) Quante corsie vi sono in genere in una pista di atletica leggera?

A. 10
B. 3
C. 7
D. 5
E. 8

58) Nella pallanuoto femminile il campo di gara misura:

A. 25 × 20 metri
B. 20 ×20 metri
C. 30 × 17 metri
D. 25 × 17 metri
E. 15 × 15 metri

59) Quale sport viene giocato su un campo a forma di quarto di cerchio?

A. Il softball
B. L'hockey
C. Il baseball
D. Il rugby
E. La pallacanestro

60) Nello squash:

A. si gioca con le racchette
B. per vincere un game occorrono generalmente 9 punti
C. i giocatori possono essere due o quattro
D. la pallina utilizzata è di gomma ed è cava contenente una goccia di acqua
E. le alternative sono tutte vere

RISPOSTE CORRETTE

1) A	13) E	25) B	37) C	49) B
2) B	14) B	26) C	38) A	50) A
3) D	15) D	27) D	39) C	51) D
4) A	16) E	28) C	40) A	52) A
5) C	17) E	29) B	41) D	53) C
6) B	18) D	30) A	42) A	54) D
7) A	19) E	31) E	43) C	55) D
8) A	20) E	32) B	44) A	56) A
9) D	21) B	33) E	45) A	57) E
10) B	22) A	34) D	46) D	58) D
11) E	23) A	35) C	47) B	59) C
12) C	24) C	36) D	48) C	60) E

TEST 3

Cultura generale

1) Individuare l'alternativa che completa correttamente la frase: "Se ... più concordi, ... concluso di più".

A. Fossimo – avessimo
B. Eravamo – avessimo
C. Fossimo stati – avremmo
D. Saremmo – abbiamo
E. Saremmo stati – avevamo

2) Quale delle seguenti frasi contiene un complemento diretto?

A. Fammi sapere qual è l'orario di partenza del treno
B. Sciare mi è sempre piaciuto moltissimo
C. Ho ingurgitato una quantità enorme di ciliegie
D. Devi deciderti, Rita, una volta per tutte
E. Il nuoto è il mio sport preferito

3) Quale tra i seguenti luoghi fa parte della "topografia" del Purgatorio nella *Divina Commedia*?

A. Monte scosceso
B. Burrone scosceso
C. Città infuocata
D. Lago ghiacciato
E. Terra del fuoco

4) Qual è il nome del condottiero mongolo che, nel 1215, occupò Pechino facendo vacillare l'impero dei Chin?

A. Ogodei
B. Kubilay Khan
C. Ashikaga
D. Gengis Khan
E. Chu Yuan-chang

5) Quale famoso letterato italiano partecipò all'occupazione militare di Fiume?

A. D'Annunzio
B. Carducci
C. Pirandello
D. Pascoli
E. Quasimodo

6) Chi elaborò nel 1917 le "tesi d'aprile"?

A. Stalin
B. Kornilov
C. Trotsky
D. Kamenev
E. Lenin

7) Quale tra le seguenti organizzazioni internazionali ha lo scopo di mantenere la pace nel mondo e di promuovere la cooperazione economica, culturale e umanitaria tra i diversi Paesi?

A. ONU
B. FAO
C. NATO
D. WTO
E. OCSE

8) In quale città ha sede la Corte di Giustizia internazionale?

A. Strasburgo
B. Parigi
C. New York
D. L'Aja
E. Roma

9) Qual è la più settentrionale delle seguenti località?

A. Napoli
B. Isernia
C. Benevento
D. Salerno
E. Amalfi

10) Quali cittadini possono esprimere il proprio voto nel referendum popolare?

A. Tutti gli elettori, tranne coloro che hanno proposto il referendum
B. Tutti i cittadini chiamati ad eleggere la Camera dei deputati
C. Tutti i cittadini che abbiano compiuto 35 anni
D. Tutti i cittadini chiamati ad eleggere il Senato della Repubblica
E. Tutti i residenti maggiorenni

11) La Costituzione della Repubblica italiana è:

A. un documento programmatico prodotto dai partiti nel 1946
B. un regolamento
C. una legge ordinaria
D. la legge fondamentale dello Stato
E. una legge costituzionale

12) Dopo la "marcia" su Roma, Mussolini, ricevuto l'incarico dal re di formare il nuovo governo, impose subito la sua dittatura?

A. Sì, sciolse subito il Parlamento e mise fuori legge i partiti diversi da quello fascista
B. Sì, impose subito la sua dittatura, sciogliendo i partiti diversi da quello fascista, ma accettò dei nazionalisti e dei liberali conservatori nel suo governo
C. No, diede vita ad un governo di coalizione formato da esponenti di tutte le forze politiche parlamentari
D. No, formò un governo di coalizione di ministri fascisti e nazionalisti in pari numero
E. No, formò un governo autoritario con alcuni ministri nazionalisti di altre forze politiche che si aggiunsero ai ministri fascisti

13) La Corte Costituzionale è un organo preposto:

A. esclusivamente a dirimere le controversie tra i poteri dello Stato
B. al controllo di legittimità dei decreti ministeriali emanati dal Governo
C. alla revisione delle leggi costituzionali
D. alla revisione e all'aggiornamento periodico della Costituzione
E. al controllo e alla vigilanza costante sulla conformità delle norme legislative alla Carta costituzionale

14) Quale, fra le seguenti opere, non è di Ugo Foscolo?

A. Dell'origine e dell'uffizio della letteratura
B. All'amica risanata
C. I grandi Idilli
D. A Zacinto
E. Ultime lettere di Jacopo Ortis

15) In quale periodo fiorì il movimento letterario del Futurismo?

A. Nel primo ventennio del XX secolo
B. Nell'ultimo trentennio del XX secolo
C. Nella seconda metà del XVIII secolo
D. Nel prima metà del XIX secolo
E. Nell'ultimo trentennio del XIX secolo

16) Il numero dei ministeri è determinato:

A. dalla legge
B. dal Presidente della Repubblica
C. dai regolamenti interni alle Camere
D. dal Presidente del Consiglio dei ministri
E. dal ministro per i Rapporti col Parlamento

17) Dove si trova il Golfo del Tonchino?

A. A ovest del Golfo del Bengala

B. Nel Mar Cinese Meridionale
C. Nel Mar delle Andamane
D. Nel Mar del Giappone
E. Nel Mar Arabico

18) Il Trattato di Schengen prevede:

A. la libera circolazione delle merci nei paesi della UE
B. uguali diritti per tutti i cittadini
C. l'adozione di una Costituzione europea
D. la libera circolazione delle persone all'interno dei paesi che hanno aderito al Trattato
E. nessuna delle alternative è valida

Fisica e Biologia

19) Una lente è un sistema che funziona sfruttando il principio della:

A. riflessione
B. conduzione
C. interferenza
D. diffrazione
E. rifrazione

20) Sapendo che l'accelerazione di gravità vale 9,8 m/s^2, qual è il peso di un corpo di massa 10 kg?

A. 980 N
B. 98 N
C. 9,8 N
D. 0,98 N
E. 0,098 N

21) Due corpi aventi lo stesso volume e la stessa densità hanno:

A. la stessa carica elettrica
B. la stessa superficie
C. la stessa massa
D. lo stesso numero di elettroni
E. lo stesso numero di neutroni

22) Il periodo di oscillazione di un pendolo sia 2 s. La frequenza delle oscillazioni allora è uguale a:

A. 0,5 Hz
B. 5 Hz
C. 2 Hz
D. 2 s
E. 0,5 s

23) Indicare quale unità di misura viene utilizzata per esprimere il rendimento di una macchina termica:

A. il Nm
B. il joule
C. il grado kelvin
D. la caloria
E. nessuna unità di misura

24) La pila è un dispositivo normalmente utilizzato per:

A. utilizzare energia elettrica per effettuare una reazione chimica
B. trasformare energia chimica in energia elettrica
C. trasformare energia termica in energia elettrica
D. trasformare energia chimica in calore
E. trasformare energia potenziale in energia chimica

25) Nel corpo umano, quale tra le seguenti strutture fa parte dell'apparato digerente?

A. L'epifisi
B. I ventricoli
C. La faringe
D. La laringe
E. La trachea

26) Nella catena alimentare, gli organismi autotrofi sono:

A. all'inizio
B. dipende dagli organismi autotrofi
C. intermedi

D. esclusi
E. alla fine

27) Il muscolo sternocleidomastoideo fa parte dei muscoli:

A. della loggia antero-laterale del collo
B. della loggia posteriore del collo
C. della faccia
D. dell'anca
E. della spalla

28) Un'alterazione ereditaria del patrimonio genetico è detta:

A. traduzione
B. mutazione
C. selezione naturale
D. allopoliploidia
E. trascrizione

29) Come avviene la replicazione di un virus a RNA?

A. L'RNA virale può essere trascritto in un filamento di DNA complementare attraverso la trascrittasi inversa
B. Attraverso una semplice copiatura dell'RNA su un filamento complementare
C. Attraverso un processo di divisione mitotica
D. Attraverso un processo chiamato coniugazione che porta alla fusione dei capsidi di due virus
E. Non esistono virus a RNA

30) Un uomo di gruppo sanguigno 0 si sposa con una donna di gruppo sanguigno A, il cui padre era di gruppo sanguigno 0. Con quale probabilità i figli saranno di gruppo sanguigno 0?

A. Nessuna
B. 75%
C. 100%
D. 25%
E. 50%

Cultura motorio-sportiva

31) Che cosa raffigura la bandiera olimpica?

A. Sei anelli intrecciati
B. Otto anelli intrecciati
C. Sette anelli intrecciati
D. Cinque anelli intrecciati
E. Tre anelli intrecciati

32) Lo *short track* è:

A. un tipo di corsa
B. un tipo di pattinaggio
C. un tipo di allenamento
D. uno sport acquatico
E. una specialità dell'equitazione

33) In una lezione aerobica ad alto impatto (*high impact*):

A. occorre saltellare non più di 10 minuti consecutivi
B. occorre alternare fasi aerobiche a fasi statiche
C. occorre prolungare il lavoro aerobico fino al raggiungimento dell'acidosi muscolare
D. occorre prolungare la fase aerea di saltello o balzo fino alla soglia massima di consumo d'ossigeno
E. nessuna delle alternative è valida

34) In atletica maschile, con quale attrezzo si raggiunge la maggiore distanza?

A. Il vortex
B. Il giavellotto
C. Il peso
D. Il disco
E. Il martello

35) In una gara di maratona prevale la qualità di:

A. resistenza anaerobica alattacida
B. resistenza anaerobica glicolitica
C. resistenza aerobica

D. resistenza aerobica alattacida
E. resistenza anaerobica lattacida

36) Quando un muscolo è dolorante per un intenso sforzo fisico, è abitudine massaggiarlo a lungo. Questo perché:

A. arriva più sangue ricco di ossigeno che trasforma l'acido lattico in acqua e anidride carbonica
B. aumenta la temperatura del muscolo favorendo la produzione di sangue ricco di ossigeno
C. il muscolo si rilassa e l'acido lattico può essere allontanato con il sangue che circola
D. si forma una maggior quantità di anidride carbonica
E. aumenta la temperatura e l'acido lattico si scioglie

37) Qual è la sequenza corretta degli stili di nuoto nelle gare di staffetta mista?

A. Rana, dorso, farfalla, stile libero
B. Dorso, rana, farfalla, stile libero
C. Farfalla, dorso, rana, stile libero
D. Dorso, farfalla, rana, stile libero
E. Stile libero, dorso, rana, farfalla

38) Quanto dura complessivamente una gara di pallacanestro?

A. 40 minuti
B. 90 minuti
C. 30 minuti
D. 60 minuti
E. 50 minuti

39) Nell'*interval circuit training*:

A. vengono svolti esclusivamente movimenti ad alto impatto
B. il piede non deve mai essere sollevato da terra
C. vengono alternati movimenti di alto e basso impatto
D. la fase di saltello non deve mai essere inferiore ai 30 minuti
E. vengono svolti esclusivamente movimenti a basso impatto

40) Quanto dura un passo completo nel cammino e nella corsa?

A. 1,2 secondi
B. 1 secondo
C. 2 secondi
D. 2,2 secondi
E. nessuna delle alternative è valida

41) Quale tra questi NON è un test indiretto per la misurazione della soglia anaerobica?

A. Test di Mader
B. Test di Conconi
C. Test di Wassermann
D. Test di Veaver
E. Sono tutti test indiretti per la misurazione della soglia anaerobica

42) Che cosa indica l'espressione "hop-step-jump"?

A. Le fasi del salto triplo nell'atletica leggera
B. Le fasi del terzo tempo nella pallacanestro
C. Un esercizio di danza
D. Una successione di movimenti della ginnastica ritmica
E. Le fasi dell'esecuzione di un esercizio al cavallo con maniglie nella ginnastica artistica

43) Secondo le regole FIN, è possibile per il nuotatore stare in immersione dopo il tuffo alla partenza e dopo ogni virata, per non più di:

A. 5 metri
B. 8 metri
C. 15 metri
D. 12 metri
E. 17 metri

44) In che anno è stato fondato il CONI?

A. 1933
B. 1960
C. 1914
D. 1990
E. 1894

45) Qual è la misura corretta del terreno di gioco nella pallavolo?

A. 20 × 10 metri
B. 28 × 15 metri
C. 23,77 × 10,97 metri
D. 18 × 9 metri
E. 25 × 12,5 metri

46) In quali sport avviene l'infrazione di "passi"?

A. Basket, pallamano
B. Calcio, rugby
C. Hockey, pallanuoto
D. Floorball, baseball
E. Nessuna delle alternative

47) Di quale sport è tipico il ruolo dell'alzatore?

A. Rugby
B. Pallavolo
C. Tiro a volo
D. Salto in alto
E. Karate

48) Nelle gare di nuoto, nei quattro stili, le partenze avvengono:

A. rana e stile libero col tuffo dai blocchi; dorso e delfino dall'acqua
B. col tuffo dai blocchi
C. col tuffo dai blocchi tranne che per il dorso
D. a scelta del nuotatore
E. stile dorso e delfino dai blocchi, rana dall'acqua

49) Scegliere il numero minimo di allenamenti settimanali necessario per preparare con successo una prova di lunga durata tipo maratona:

A. 6
B. 2
C. 4
D. 7
E. 1

50) Il bilanciere nelle competizioni femminili pesa:

A. 15 kg
B. 18 kg
C. 20 kg
D. 22 kg
E. 10 Kg

51) Il volteggio è una specialità:

A. della ginnastica artistica maschile
B. della ginnastica artistica femminile
C. della ginnastica ritmica
D. del nuoto sincronizzato
E. del pattinaggio su ghiaccio

52) Nella partita di beach volley chi registra il servizio che ciascun giocatore esegue durante il set?

A. Il primo arbitro
B. Il giudice di linea o il primo arbitro
C. Il giudice di linea
D. Il secondo arbitro
E. Il segnapunti

53) Il kayak prevede gare di:

A. velocità sia maschili che femminili
B. velocità e slalom solo maschili
C. slalom sia maschili che femminili
D. velocità e slalom sia maschili che femminili
E. slalom solo maschili

54) Le corse a ostacoli comprendono:

A. i 110 m maschili e i 400 m femminili
B. i 100 m femminili e i 110 m maschili
C. gli 800 m

TEST CISIA • TOLC-F

TEST 1

Biologia

1) I bioelementi (o elementi biogeni) sono:

A. gli elementi chimici su cui dovrebbe basarsi una sana alimentazione
B. gli elementi chimici di base degli organismi viventi animali e vegetali
C. gli elementi chimici di base dei soli organismi viventi animali
D. gli elementi sintetici di base dell'ingegneria genetica
E. gli elementi chimici di base dei soli organismi viventi vegetali

2) Quando l'enzima e il suo substrato si combinano:

A. si modifica la struttura primaria della proteina
B. avvengono cambiamenti di conformazione a carico del substrato
C. non avviene nessun cambiamento spaziale
D. un enzima non può combinarsi con il suo substrato
E. viene ceduta energia termica all'enzima

3) Quali legami possono essere presenti nella molecola di un enzima digestivo?
1. Legame peptidico
2. Legame disolfuro
3. Legame ionico
4. Legame idrogeno

A. Tutti
B. Solo 1, 2 e 3
C. Solo 1, 2 e 4
D. Solo 2, 3 e 4
E. Solo 1, 3 e 4

4) Indica quale delle seguenti è la più tipica funzione biologica dei lipidi:

A. la funzione di riserva energetica
B. la funzione di trasporto
C. la funzione informativa
D. la funzione catalitica
E. la funzione elettrica

5) I lieviti sono:

A. virus che non sono in grado di moltiplicarsi
B. organismi batterici innocui
C. alghe unicellulari
D. funghi microscopici
E. genere di animaletti viventi nei luoghi umidi

6) La teoria cellulare, la cui elaborazione a metà '800 da parte di Schleiden e Schwann segna la nascita della biologia moderna, afferma che:
1. la cellula è l'unità fondamentale della materia vivente
2. tutti gli organismi viventi sono formati da cellule
3. le cellule derivano esclusivamente dalla divisione di altre cellule

A. sono vere la 1, la 2 e la 3
B. sono vere solo la 1 e la 2
C. sono vere solo la 2 e la 3
D. è vera solo la 3
E. è vera solo la 2

7) L'apparato del Golgi:

A. fa parte del reticolo endoplasmatico liscio
B. nessuna delle altre risposte è corretta
C. è il sito di elaborazione finale di polisaccaridi e di glicoproteine destinati ad essere escreti dalla cellula
D. fa parte del nucleo
E. è sito di accumulo di polisaccaridi di riserva

8) Quale funzione riveste l'apparato del Golgi?

A. Funzione di sostegno
B. Funzione riproduttiva
C. È il centro direttivo della cellula
D. Secrezione e trasporto di sostanze da una parte all'altra della cellula
E. È sede della divisione cellulare

9) La meiosi porta alla formazione di un corredo cromosomico di tipo:

A. aploide
B. trisomico
C. aneuploide
D. diploide
E. poliploide

10) Quale delle seguenti affermazioni per il DNA dei procarioti NON è corretta?

A. Solitamente non contiene proteine istoniche
B. Di solito ha una forma circolare
C. Si trova nel citoplasma
D. I plasmidi contengono DNA
E. È contenuto nel nucleolo

11) I geni che codificano per proteine degli eucarioti differiscono da quelli dei procarioti in quanto soltanto i primi:

A. vengono trascritti come RNA
B. contengono introni
C. possiedono un promotore
D. sono a doppia elica
E. vengono duplicati dalla DNA polimerasi

12) La figura rappresenta schematicamente il t-RNA. Nella porzione indicata con la lettera V si lega:

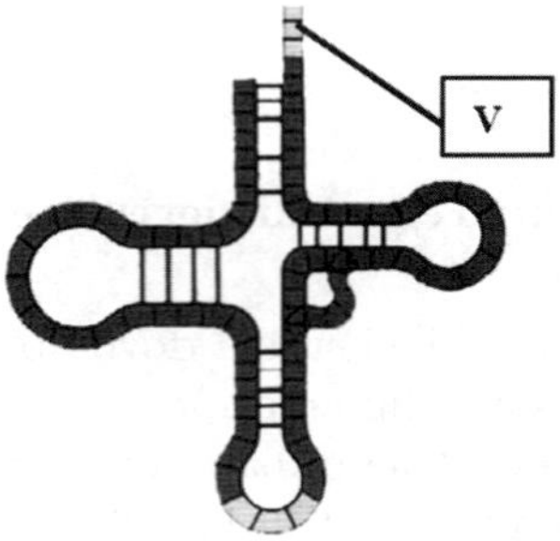

A. un codone dell'RNA
B. un codone del DNA
C. un anticodone
D. una proteina
E. un amminoacido

13) Il codice genetico è formato:

A. dalla doppia elica del DNA
B. nessuna delle altre risposte è corretta
C. da 3 acidi nucleici
D. da triplette di nucleotidi
E. dalla tripla elica del DNA

14) Nel sistema circolatorio si susseguono nell'ordine:

A. pompa, vasi di distribuzione, raccolta e scambio
B. pompa, vasi di distribuzione, scambio e raccolta
C. pompa, vasi di scambio, distribuzione e raccolta
D. pompa, vasi di raccolta, distribuzione e scambio
E. pompa, vasi di raccolta, scambio e distribuzione

15) Il grafico rappresenta la curva di saturazione con l'ossigeno dell'emoglobina (linea tratteggiata) e della mioglobina (li-

nea continua). A basse concentrazioni di ossigeno, quale dei due pigmenti respiratori lega più facilmente ossigeno?

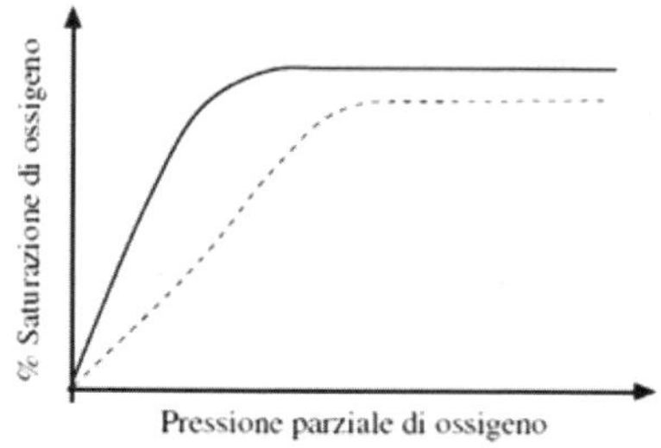

A. L'emoglobina
B. Il grafico non consente di rispondere
C. In modo uguale entrambi i pigmenti
D. La mioglobina
E. L'emoglobina in ambiente anaerobico

Chimica

16) Un atomo ha la configurazione elettronica che termina in s^2. Qual è il suo numero atomico?

A. 10
B. 3
C. 12
D. 6
E. 8

17) Un atomo di iodio:

A. può sempre combinarsi con un altro atomo di iodio mediante legame covalente di qualsiasi tipo
B. può combinarsi con un altro atomo di iodio mediante legame covalente omopolare
C. può combinarsi con un altro atomo di iodio mediante legame covalente elettrostatico
D. non può combinarsi in alcun modo con un altro atomo di iodio
E. è più elettronegativo del cloro

18) Le proprietà chimiche degli elementi di uno stesso gruppo dipendono dal numero di:

A. elettroni totali
B. protoni
C. neutroni
D. orbitali totali
E. elettroni di valenza

19) Il bilanciamento di una reazione chimica permette di:

A. prevedere la spontaneità di una reazione
B. conoscere il rapporto ponderale fra i reagenti
C. nessuna delle risposte è corretta
D. prevedere se la reazione sarà esotermica o endotermica
E. conoscere la velocità di formazione dei prodotti

20) Un elemento riducente:

A. si ossida
B. diminuisce il suo stato di ossidazione
C. si riduce
D. acquista elettroni
E. non si ossida

21) A quale pH si ha una maggiore concentrazione di ioni OH^-?

A. 4
B. 8
C. 7
D. 5
E. 3

22) Il composto Cl_2O_7 è:

A. anidride clorosa
B. anidride perclorica
C. anidride ipoclorica
D. anidride ipoclorosa
E. anidride clorica

23) Un'ammide è rappresentata dalla formula:

D. i 400 m maschili e femminili
E. i 100 m femminili, i 110 m maschili, i 400 m maschili e femminili

55) Quali di questi fattori biomeccanici non influenza la prestazione nel salto in alto?

A. L'angolo di stacco
B. La velocità allo stacco
C. L'accelerazione di gravità (g)
D. La superficie frontale del soggetto
E. La stiffness neuro-muscolare

56) Quali tra questi sintomi/segni sono presenti nella sindrome di overtraining?

A. Irritabilità, alto acido lattico a carico massimale, perdita di peso
B. Facile affaticamento, riduzione della frequenza cardiaca sub massimale, euforia
C. Incremento della prestazione, senso di depressione, ipertermia
D. Riduzione della prestazione, rapido recupero, basso lattato a riposo
E. Riduzione del lattato in esercizio massimale, dolore muscolare, stato di ansia e paura

57) Che tipi di esercizi prevede la specialità del trampolino elastico?

A. Tuffi acrobatici
B. Capovolte
C. Salti-giri e avvitamenti
D. Tutti gli esercizi citati
E. Nessuno degli esercizi citati

58) La durata massima di un incontro di judo è:

A. 8 minuti
B. 3 minuti
C. 10 minuti
D. 7 minuti
E. 5 minuti

59) In quale di queste forme di locomozione umana c'è il maggior recupero di energia elastica?

A. Marcia
B. Ciclismo
C. Sci di fondo
D. Corsa
E. Nuoto

60) Il libero nel gioco della pallavolo può:

A. attaccare
B. murare
C. sostituire qualsiasi giocatore in campo
D. battere
E. svolgere il ruolo di difesa

RISPOSTE CORRETTE

1) C	13) E	25) C	37) B	49) C
2) C	14) C	26) A	38) A	50) A
3) A	15) A	27) A	39) C	51) B
4) D	16) A	28) B	40) A	52) E
5) A	17) B	29) A	41) A	53) D
6) E	18) D	30) E	42) A	54) E
7) A	19) E	31) D	43) C	55) D
8) D	20) B	32) B	44) C	56) E
9) B	21) C	33) D	45) D	57) C
10) B	22) A	34) B	46) A	58) E
11) D	23) E	35) C	47) B	59) D
12) E	24) B	36) C	48) C	60) E

A. CH_3-CH_2-NH_2
B. CH-CH_2-NH
C. CH_3-$CONH_2$
D. CH_3-$COONH_4$
E. $(CH_3)_2NH$

24) Qual è lo stato di aggregazione del bromo in condizioni normali?

A. Gassoso
B. Solido
C. Vetroso
D. Aeriforme
E. Liquido

25) Il legame covalente può essere di tipo:

A. pi greco
B. sigma e pi greco
C. sigma e delta
D. sigma, pi greco e delta
E. sigma

26) Il pH di una soluzione di NaCl 0,3 M è:

A. –3
B. 7
C. 0,3
D. 5
E. 3

27) 25 mL di una soluzione di idrossido di sodio 1 M sono neutralizzati da:

A. 25 mL di una soluzione di acido cloridrico 1,5 M
B. 20 mL di una soluzione di acido cloridrico 1,25 M
C. 50 mL di una soluzione di acido cloridrico 1,0 M
D. 100 mL di una soluzione di acido cloridrico 0,025 M
E. 25 mL di una soluzione di acido cloridrico 0,5 M

28) A temperatura costante la pressione di una determinata quantità di gas viene ridotta alla sesta parte del valore iniziale. Di conseguenza, il volume del gas:

A. diventa sei volte più piccolo
B. diventa sei volte più grande
C. diventa trentasei volte più piccolo
D. diventa trentasei volte più grande
E. resta costante perché non è cambiata la temperatura

29) Esaminando la struttura del 2-butene, quanti isomeri geometrici si possono avere?

A. 2
B. 10
C. Neanche uno
D. 4
E. 6

30) In quali solventi sono solubili gli alcani?

A. In H_2SO_4 concentrato
B. Nel benzene
C. Nei solventi polari
D. In H_2O
E. In acidi diluiti

Matematica

31) Ad ogni lavaggio con procedure standard di biancheria infetta, si può ritenere che il numero di microrganismi presenti si riduca di un fattore 100. Supponendo che in un dato mucchio di panni siano presenti inizialmente 3×10^8 microrganismi, quanti ne rimarranno approssimativamente dopo 3 lavaggi?

A. 10^8
B. 10^5
C. 3×10^2
D. 3×10
E. 3×10^5

32) Il prodotto $(2x - 3y)(2x + 3y)$ è uguale a:

A. $4x^2 + 9y^2$
B. $4x^2 - 12xy + 9y^2$

C. $4x^2 + 12xy + 9y^2$
D. $4x^2 - 9y^2 + 1$
E. $4x^2 - 9y^2$

33) Per quale valore di k il polinomio $P(x) = 2x^5 + kx^3 - x^2 + 2x - 1$ è divisibile per $x - 1$?

A. $k = 2$
B. $k = -1/3$
C. $k = -1$
D. $k = 1$
E. $k = -2$

34) Individuare la risposta errata:

A. $2\pi/3 = 120°$
B. $3\pi/2 = 270°$
C. nessuna delle altre risposte è corretta
D. $3\pi/4 = 130°$
E. $\pi/3 = 60°$

35) Nel piano riferito a coordinate cartesiane sia l'angolo HOA = α. La misura "orientata" del segmento OK, indicato nella figura seguente, rappresenta ...

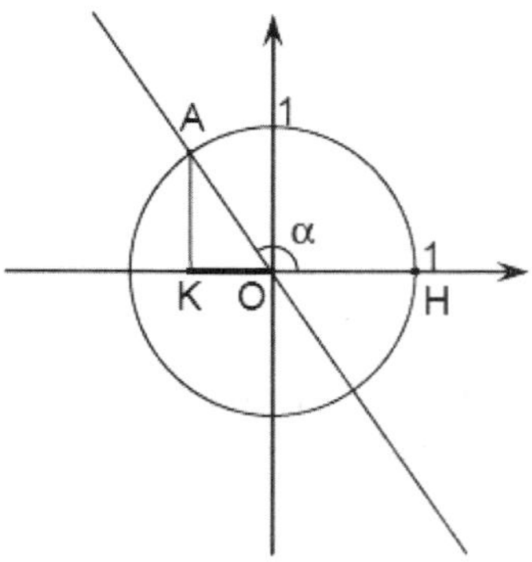

A. la tangente dell'angolo α
B. il seno dell'angolo α ed è negativo
C. il coseno dell'angolo α ed è positivo
D. il seno dell'angolo α ed è positivo
E. il coseno dell'angolo α ed è negativo

36) Un triangolo isoscele ha base lunga 12 e x rappresenta la lunghezza di ciascuno dei due lati uguali. Quale delle seguenti formule esprime l'area S del triangolo in funzione di x?

A. $S = 3(x^2 - 36)^{1/2}$
B. $S = 12(x^2 - 6)^{1/2}$
C. $S = 6(x^2 - 36)^{1/2}$
D. $S = 6(x^2 - 6)^{1/2}$
E. $S = 12(x^2 - 36)^{1/2}$

37) Il rapporto tra la misura del volume e la misura della superficie di una sfera di raggio r è:

A. $r/2$
B. r^2
C. π
D. $r/3$
E. πr

Fisica

38) Quale dei seguenti gruppi di grandezze fisiche comprende solo grandezze fondamentali (e non derivate) nel Sistema Internazionale?

A. Intensità luminosa, tempo, corrente elettrica
B. Lunghezza, forza, intensità luminosa
C. Massa, energia, potenziale
D. Tempo, temperatura, potenziale
E. Massa, tempo e volume

39) La misura di una massa è risultata essere 20 ± 0,5 mg. Quant'è l'errore relativo?

A. 0,5%
B. 25%
C. 5,0%
D. 20,05%
E. 2,5%

40) Individuare l'alternativa in cui le grandezze fisiche si susseguono secondo la serie: scalare, vettoriale, scalare.

A. Temperatura, volume, spostamento
B. Massa, volume, forza peso

C. Forza peso, massa, volume
D. Spostamento, volume, massa
E. Massa, forza peso, volume

41) La velocità media di un'automobile che viaggia per 200 km a 50 km/h e per 160 km a 80 km/h è:

A. 55 km/h
B. 65 km/h
C. 60 km/h
D. 90 km/h
E. 70 km/h

42) Consideriamo un tram nel percorso rettilineo fra due fermate. Se per metà percorso l'accelerazione è $a = a_1$ mentre nella seconda metà è $a = -a_1$, quale sarà il grafico della velocità? (a_1 è costante positiva, t_1, t_2, t_3 sono gli istanti in cui il tram si trova rispettivamente all'inizio, a metà e alla fine del percorso).

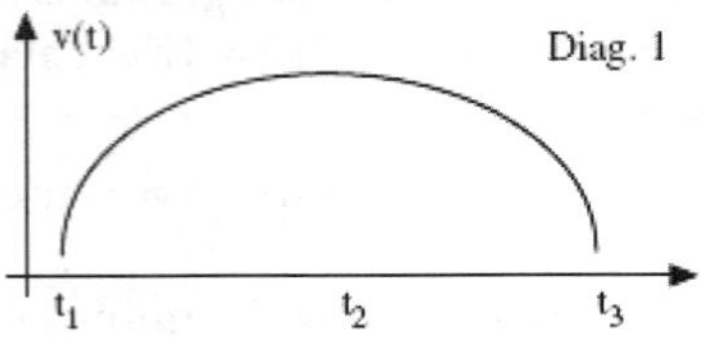

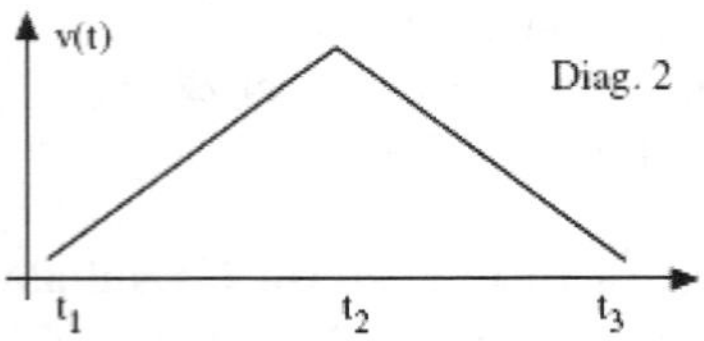

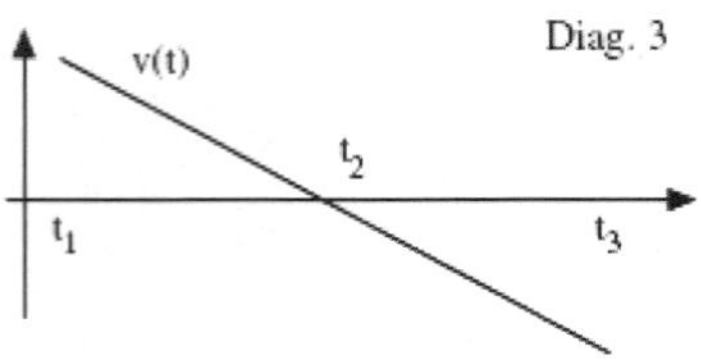

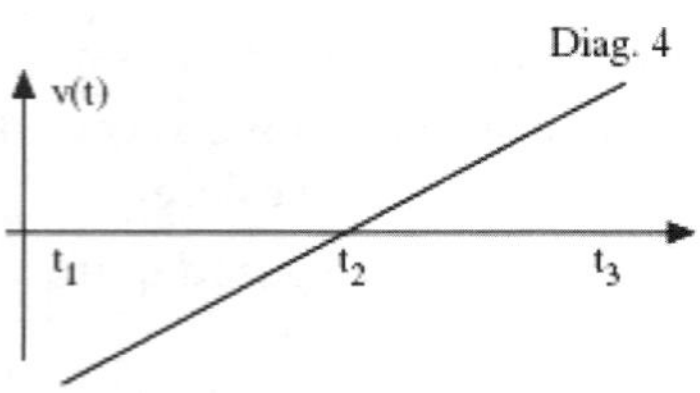

A. Nessuno dei 4
B. Diagramma 2
C. Diagramma 4
D. Diagramma 3
E. Diagramma 1

43) Due barche di massa diversa si accostano tirandosi con una fune. Quale di queste affermazioni è vera?

A. Le due barche hanno stessa velocità ma diversa potenza
B. La barca più grande sta ferma
C. La forza che fanno i marinai sulla barca grande è minore di quella che fanno quelli sulla barca piccola
D. Gli spostamenti delle due barche sono diversi
E. La velocità delle due barche rispetto all'acqua è uguale

44) Un sub è immerso ad una profondità di 50 m. A quale pressione è, approssimativamente, sottoposto?

A. 1 atm
B. 5 atm
C. 10 atm
D. 6 atm
E. 50 atm

Logica

45) L'affermazione "quando mangio troppo mi viene mal di stomaco" implica che:

A. a volte capita che non abbia mal di stomaco pur avendo mangiato troppo
B. se ho mal di stomaco vuol dire che ho mangiato troppo
C. se non mi viene mal di stomaco allora non ho mangiato troppo
D. o mangio troppo o mi viene mal di stomaco
E. non ho mal di stomaco pur avendo mangiato troppo

46) Si considerino le seguenti informazioni:

1) La differenza di retribuzione tra gli uomini e le donne è ancora a livelli inaccettabili, secondo una recente ricerca dell'Unione Sindacale. Si è scoperto che a partire dall'età di 18 anni – e per tutto il resto della vita lavorativa – le donne guadagnano meno degli uomini.

2) Tra i ventenni che lavorano a tempo pieno, il divario è un modesto 3,3%, ma fra i trentenni, le donne portano a casa l'11,2% in meno degli uomini. E tra i quarantenni – età di massima discriminazione – il divario raggiunge il 22,8%.

3) L'Unione dei Sindacati ha affermato che la sottovalutazione delle donne sul posto di lavoro era parzialmente dovuta alla "penalizzazione della maternità". L'orario lungo e l'intensità richieste a posizioni di rilievo dissuadevano le madri dal cercare promozioni per le quali erano qualificate. L'Unione dei Sindacati ha sostenuto che c'era una diretta discriminazione contro le madri e la loro scelta si limitava ai lavori che potevano combinarsi con la cura dei bambini.

4) La "penalizzazione della maternità" divenne persino più rigorosa per le donne che optavano per un lavoro part-time. Era più probabile che cambiassero datore di lavoro o impiego, spesso accettando lavori con un salario orario inferiore. Il compenso orario delle donne con lavoro part-time era il 23,4% in meno dell'equivalente compenso maschile fra i trentenni, e il 41,2% fra i quarantenni.

Supponendo che gli importi del paragrafo 4 sulle retribuzioni part-time siano corretti, e che seguano lo stesso andamento del divario retributivo dei lavori full-time, quale tra le seguenti affermazioni è maggiormente supportata dai dati forniti?

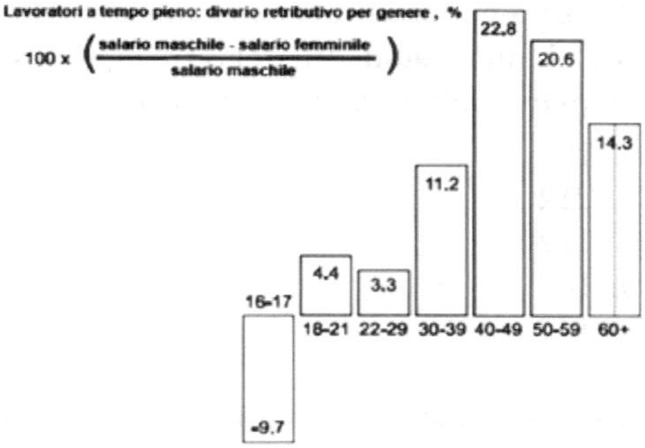

A. Una donna che lavora part-time nella fascia dei 20 anni guadagna di più di una donna che lavora part-time nella fascia dei 30
B. Una donna sopra i 60 anni, che lavora part-time, guadagnerà euro 8.57 per ogni 10 euro guadagnati da un uomo sopra i 60 che lavora part-time
C. È impossibile stabilirlo
D. In media, un uomo nella fascia dei 40 anni che lavora part-time guadagna l'80% in più di un uomo in part-time nella fascia dei 30 anni
E. Per i lavoratori part-time, se la retribuzione media tra gli uomini quarantenni è 15.00 euro l'ora, le donne della stessa età, in media guadagneranno 8.82 euro l'ora

47) Per un viaggio in pullman sono previsti *n* partecipanti, a ciascuno dei quali è richiesta una quota di *q* euro. All'ultimo minuto, 2 persone non possono partire e allora la quota che ciascuno deve pagare aumenta di 7 euro. Il costo complessivo del viaggio si può descrivere con una delle seguenti espressioni. Quale?

A. $(n-2)(q+7)$
B. $n(q+7)-2$
C. $(n-2)q+7$
D. $nq-2(q+7)$
E. $nq+7(n-2)$

48) Una popolazione, che è inizialmente di 32 batteri, aumenta del 50% ogni ora. Di quanti batteri sarà dopo 4 ore?

A. 174
B. 212
C. 112
D. 100
E. 162

49) Un'indagine, condotta dall'ufficio del personale di una grande azienda (in cui ci sono almeno tre dirigenti) sui propri dipendenti maschi, ha mostrato che: almeno un dipendente non è calvo; tutti i dirigenti sono calvi; non è vero che almeno un dipendente non è laureato. A questo punto, solo una delle seguenti proposizioni è deducibile per l'azienda in questione. Quale?

A. Almeno un calvo non è laureato
B. Tutti i dipendenti, tranne uno, sono calvi
C. Nessun laureato è calvo
D. Almeno un laureato non è calvo
E. Tutti i calvi sono dirigenti

50) La tabella seguente mostra la distribuzione percentuale cumulativa del consumo di sale in Inghilterra nel 2004. **Supponendo che il numero di uomini e donne sia lo stesso, che percentuale di tutta la popolazione ha consumato un livello superiore a quello consigliato di 6 g al giorno? (Arrotondare al numero intero più vicino).**

Distribuzione percentuale del consumo di sale stimato (g/giorno)		
	Uomini	**Donne**
3 g o meno	1	3
6 g o meno	11	30
9 g o meno	44	73
12 g o meno	68	93
15 g o meno	92	99
18 g o meno	96	100

A. 59%
B. 80%
C. 70%
D. 89%
E. 20%

RISPOSTE CORRETTE

1) B	11) B	21) B	31) C	41) C
2) B	12) E	22) B	32) E	42) B
3) A	13) D	23) C	33) E	43) D
4) A	14) B	24) E	34) D	44) D
5) D	15) D	25) B	35) E	45) C
6) A	16) C	26) B	36) C	46) E
7) C	17) B	27) B	37) D	47) A
8) D	18) E	28) B	38) A	48) E
9) A	19) B	29) A	39) E	49) D
10) E	20) A	30) B	40) E	50) B

TEST 2

Biologia

1) Quali sono i fondamentali composti organici della materia vivente?

A. Lipidi e glucidi
B. Lipidi e nucleotidi
C. Carbonio e idrogeno
D. Glucidi, lipidi, protidi e nucleotidi
E. Lipidi

2) Quale di queste affermazioni riguardante gli enzimi è vera?

A. Sono sostanze di natura sintetica
B. Sono sostanze di natura lipidica
C. L'enzima viene trasformato dalla reazione che catalizza
D. Ognuno di essi può catalizzare tanti tipi di reazioni
E. Ognuno di essi catalizza un determinato tipo di reazione

3) I funghi sono:

A. organismi procarioti
B. produttori secondari
C. organismi eterotrofi
D. produttori primari
E. organismi autotrofi

4) I mitocondri sono:

A. organuli citoplasmatici a forma di bastoncello che costituiscono i centri della digestione cellulare
B. nessuna delle altre risposte è corretta
C. organuli citoplasmatici a forma di bastoncello che costituiscono i centri del movimento cellulare
D. organuli nucleari a forma di bastoncello che costituiscono i centri della sintesi proteica
E. organuli citoplasmatici a forma di bastoncello che costituiscono i centri della respirazione cellulare

5) L'incrocio fra individui che differiscono per una coppia di fattori antagonisti per un determinato carattere produce, alla prima generazione, individui che manifestano uno solo dei due. Il testo citato è l'enunciato della:

A. terza legge di Mendel
B. seconda legge di Darwin
C. seconda legge di Mendel
D. prima legge di Mendel
E. quarta legge di Mendel

6) Una tripletta di basi azotate nell'RNA messaggero, che codifica per un determinato aminoacido, si definisce:

A. alide
B. anticodone
C. codone
D. coronarie
E. condilo

7) Il termine "eucariota" si riferisce a:

A. cellule con vero nucleo
B. i cromosomi sessuali
C. particolari cellule ben sviluppate
D. i cromatidi
E. particolari anticorpi

8) Oltre all'anidride carbonica e all'energia solare, qual è l'altro componente fondamentale perché si realizzi la fotosintesi?

A. L'ossigeno
B. L'energia solare
C. L'aria
D. L'acqua
E. La temperatura elevata

9) Le cellule aploidi specializzate per la riproduzione sessuale sono dette:

A. blastomeri
B. ovociti
C. spore
D. zigoti
E. gameti

10) Molecole di DNA di organismi appartenenti a specie diverse differiscono tra loro in quanto:

A. presentano zuccheri diversi
B. presentano una diversa complementarità tra le basi azotate
C. presentano basi azotate diverse
D. presentano una diversa sequenza delle basi azotate
E. presentano amminoacidi diversi

11) L'RNA ribosomiale partecipa alla:

A. gemmazione
B. inserzione
C. traduzione
D. delezione
E. duplicazione

12) Sia il seguente filamento di DNA: TGG ACT AGC. Gli anticodoni del tRNA corrispondenti sono:

A. TGG TGU UCG
B. UGG ACU AGC
C. TCC TGU TCG
D. AGG TGA ACG
E. ACC UGA UCG

13) Le gonadi sono:

A. ghiandole dell'apparato urinario
B. organi dell'apparato genitale maschile e femminile
C. organi dell'apparato genitale femminile
D. ghiandole salivari
E. ormoni

14) Gli emboli o trombi che si formano nel circolo venoso, soprattutto nelle vene degli arti inferiori, vengono portati dalla corrente sanguigna attraverso vasi sempre più grossi fino al cuore, di qui ai polmoni, dove i coaguli si fermano causando un'ostruzione e determinando l'insorgenza di un quadro clinico noto come embolia polmonare. L'embolia polmonare si manifesta con difficoltà respiratoria, ipotensione, insufficienza cardiaca, dolori al torace, affanno, svenimenti. Il trattamento contro l'embolia polmonare è soprattutto farmacologico, e prevede l'assunzione di anticoagulanti tipo eparina e di trombolitici. **Si può affermare che l'embolia polmonare è conseguente a occlusione dei capillari derivati da:**

A. vena polmonare
B. arteria carotide
C. arteria polmonare
D. alveolo polmonare
E. vena cava superiore

15) È considerata una reazione immunopatologica:

A. la nefrite
B. l'allergia
C. l'azotemia
D. la glicemia
E. la sterilità

Chimica

16) Il carbonio, avendo numero atomico uguale a 6 e numero di massa uguale a 12, possiede:

A. 10 protoni e 2 neutroni
B. 6 neutroni e 16 protoni
C. 6 neutroni
D. 6 protoni
E. 6 protoni e 6 neutroni

17) Il legame è ionico nel composto di formula:

A. CH_3COOH
B. KCl
C. CO_2
D. nessuna delle risposte è corretta
E. NH_3

18) Qual è l'affermazione corretta relativa al Periodo 3 della Tavola Periodica andando da sinistra a destra, da Na a Cl?

A. Il carattere metallico aumenta
B. Vengono progressivamente riempiti gli orbitali *3d*
C. Il numero di livelli elettronici occupati aumenta
D. I raggi atomici diminuiscono
E. L'elettronegatività diminuisce

19) Indicare l'unica equazione bilanciata.

A. $N_2 + 3H_2 = 3\ NH_3$
B. $3\ KOH + 2\ H_3PO_4 = K_3PO_4 + 3\ H_2O$
C. $2\ O_3 = 2\ O_2 + O$
D. $2\ CaO = Ca + O_2$
E. $4\ NH_3 + 5\ O_2 = 4\ NO + 6\ H_2O$

20) Quando il ferro si riduce:

A. passa da Fe a Fe^{2+}
B. passa da Fe^3 a Fe^{3++}
C. passa da Fe^{2+} a Fe^{3+}
D. passa da Fe a Fe^{3+}
E. passa da Fe^{3+} a Fe^{2+}

21) La solubilità di un gas in un liquido:

A. diminuisce all'aumentare della pressione parziale del gas
B. è indipendente dalla pressione parziale del gas
C. non dipende dalle variazioni di temperatura
D. aumenta al diminuire della temperatura
E. aumenta all'aumentare della temperatura

22) Un ossido basico è un composto binario che si ottiene per reazione tra:

A. sale e acqua
B. gas e ossigeno
C. non metallo e ossigeno
D. metallo e acqua
E. metallo e ossigeno

23) Il composto CH_3-CH_2-CO-NH-CH_3 rappresenta:

A. un amminoacido
B. una ammide
C. un estere
D. un chetone
E. una ammina secondaria

24) Il cloro, a temperatura e pressione ambiente, si trova soltanto sotto forma di:

A. liquido e vapore
B. solido
C. solido e liquido
D. gas
E. liquido

25) Per doppio legame si intende:

A. un legame tra ioni trivalenti
B. un legame derivante dalla compartecipazione di due coppie di elettroni
C. un legame tra ioni bivalenti
D. un legame che coinvolge due elettroni
E. un legame tra due ioni monovalenti

26) Quando si scioglie in acqua un sale che si può considerare derivato da un acido forte e da una base forte, la soluzione che si ottiene ha pH neutro. I sali formati da basi forti e acidi deboli danno luogo a soluzioni basiche, mentre i sali formati da acidi forti e basi deboli danno luogo a soluzioni acide. Una certa soluzione di cloruro di ammonio ha pH = 6,2; una certa soluzione di cianuro di cesio ha pH = 8,4. **Pertanto si può affermare che:**

A. l'idrossido di cesio è una base debole, l'ammoniaca è una base forte
B. l'idrossido di cesio e l'ammoniaca sono basi forti
C. l'idrossido di cesio è una base forte, l'ammoniaca è una base debole
D. l'idrossido di cesio e l'ammoniaca sono basi deboli
E. l'acido cianidrico è forte

27) Un atomo di carbonio è asimmetrico quando:

A. la molecola che lo contiene presenta elementi di simmetria
B. è legato ad altri 4 atomi di carbonio
C. presenta ibridazione sp^2
D. è legato a quattro gruppi o atomi diversi
E. nessuna delle altre risposte è corretta

28) Due atomi possiedono ugual numero atomico ma numero di massa diverso. Essi, quindi, sono:

A. due isotipi del medesimo elemento
B. due isomeri del medesimo elemento
C. due cationi
D. due isotopi del medesimo elemento
E. due ioni

29) La formula di struttura CH_2=CH-CH=CH_2 corrisponde a:

A. butano
B. 1-butene
C. 3-butanone
D. 2-butene
E. butadiene

30) Cosa si intende per idrocarburo saturo?

A. Un idrocarburo con legami tripli
B. Un idrocarburo con soli legami semplici
C. Un idrocarburo con legami doppi
D. Un composto inorganico
E. Un composto organico con legami multipli

Matematica

31) $(1 \times 10^0) + (2 \times 10^1) + (5 \times 10^3) =$

A. 732
B. 5021
C. 5020
D. 125
E. 521

32) Il 1° Gennaio un orologio indica correttamente le ore 15:06. Alla stessa ora del giorno successivo indica invece le ore 14:54; qual è l'errore in percentuale nella misura del tempo da parte dell'orologio, calcolato in questo intervallo di 24 ore?

A. 1,67%
B. 1,20%
C. 10,0%
D. 20,0%
E. 0,83%

33) Siano *a* e *b* numeri reali. Dire quale delle seguenti eguaglianze è falsa:

A. $(a+b)(a-b) = a^2 - b^2$
B. $(a+b)(a+b) = a^2 + 2ab + b^2$
C. nessuna delle altre risposte è corretta
D. $(a+b)(a-b) = a^2 + b^2$
E. $(a+b)(a+b) = (a+b)^2$

34) L'angolo che misurato in radianti vale $(5/4)\pi$ in gradi vale:

A. 210 gradi
B. 45 gradi
C. 225 gradi

D. 315 gradi
E. 135 gradi

35) Il valore di tg(π/4) è:

A. $\sqrt{2}$
B. $\sqrt{3/2}$
C. 3
D. 1
E. 1/2

36) Nel piano cartesiano la retta di equazione $y = mx + q$ è perpendicolare alla retta $3x - 2y = 5$. Quanto vale il coefficiente angolare *m*?

A. –3/2
B. –2/5
C. –2/3
D. –3/5
E. 2/5

37) Supponiamo che un evento abbia probabilità $p = 0,4$. Allora l'evento ad esso complementare ha probabilità pari a:

A. 0,4
B. 0,6
C. 0,5
D. 1,4
E. non è possibile calcolarla

Fisica

38) Qual è il valore arrotondato alla seconda cifra decimale del numero 0,3876?

A. 0,30
B. 0,37
C. 0,40
D. 0,39
E. 0,38

39) Misurando la larghezza *l* e l'altezza *h* di un tavolo, si trovano i seguenti valori: $l = 180 \pm 0,2$ cm e $h = 80 \pm 0,1$ cm. Dire quale delle due misure è più precisa.

A. *l*
B. Nessuna delle altre risposte è corretta
C. Per rispondere occorre conoscere gli errori assoluti
D. Hanno la stessa precisione
E. *h*

40) Indicare quale, tra le seguenti grandezze, è di natura vettoriale:

A. nessuna delle altre risposte è corretta
B. viscosità
C. differenza di potenziale
D. intensità di corrente
E. resistenza elettrica

41) Un proiettile viene sparato verso l'alto con un angolo di inclinazione α diversa da 0 rispetto all'orizzontale. La sua traiettoria sarà:

A. circolare
B. armonica
C. parabolica
D. iperbolica
E. rettilinea

42) Tre forze di uguale intensità *p* sono applicate ai vertici di una lamina a forma di triangolo equilatero e dirette come i lati, nel verso indicato in figura.

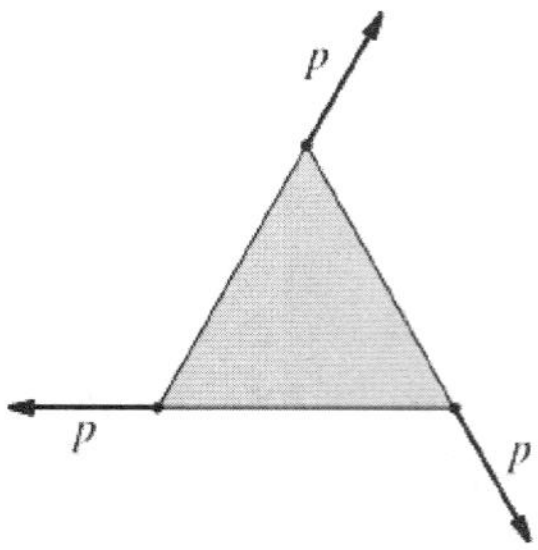

Il risultante di queste forze ha intensità pari a:

A. $p3^{1/2}/2$
B. $2p$
C. $3p$
D. zero
E. p

43) Il sistema mostrato in figura è privo di qualsiasi attrito ed è in equilibrio. Sono note le masse m_1 ed m_2 ed è noto l'angolo di inclinazione del piano α. Considerando la fune ideale, quanto vale la sua tensione T? (Si consideri l'accelerazione di gravità terrestre pari a g).

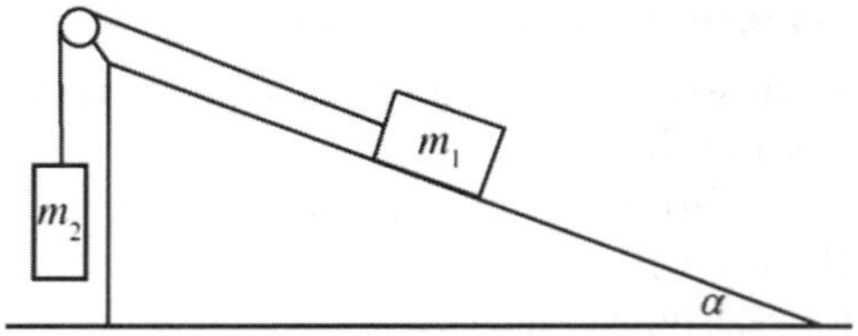

A. $T = (m_1 \sin\alpha + m_2)g$
B. $T = m_2 g \sin\alpha$
C. $T = m_1 g$
D. $T = m_1 g \sin\alpha$
E. $T = m_2 g \cos\alpha$

44) La pressione P esercitata da una colonna di liquido di densità d avente altezza h e sezione di area A è data da (g = accelerazione di gravità):

A. per rispondere occorre conoscere la massa della colonna di liquido
B. $P = dgh/A$, dove A è l'area della sezione della colonna
C. $P = dg/A$
D. $P = dg$
E. $P = dgh$

Logica

45) "Se lascerò accesa la mia lampada troppo a lungo, la lampadina si fulminerà". Se la precedente affermazione è vera, quale delle seguenti alternative è necessariamente vera?

A. Se non lascerò la lampada accesa troppo a lungo, la lampadina non si fulminerà
B. Se la lampadina non si è fulminata, allora non ho lasciato la lampada accesa troppo a lungo
C. Se la lampadina si è fulminata, vuol dire che ho lasciato la lampada accesa troppo a lungo
D. Se la lampadina si è fulminata, allora non ho lasciato la lampada accesa troppo a lungo
E. Se la lampadina non si è fulminata, allora non è detto che io non abbia lasciato accesa la lampada troppo a lungo

46) "Affinché l'atleta vinca le Olimpiadi, occorre che si alleni tutto l'anno". Se l'affermazione precedente è vera, quale delle seguenti deve essere vera?

A. È sufficiente che l'atleta si alleni tutto l'anno perché vinca le Olimpiadi
B. Se l'atleta non ha vinto le Olimpiadi, allora non si è allenato tutto l'anno
C. Se l'atleta non si allena tutto l'anno, allora non vince le Olimpiadi
D. Se l'atleta si allena tutto l'anno, allora vince le Olimpiadi
E. Anche se l'atleta si allena tutto l'anno non vince le Olimpiadi

47) Chiara e il suo coinquilino Giovanni devono dividersi le spese della bolletta del telefono per una settimana. Chiara usa il telefono solo per telefonare ai genitori a Bologna a un costo di € 0,60 a chiamata. Giovanni telefona solo alla fidanzata a Milano a un costo di € 0,70 a chiamata. Il conto da pagare ammonta a € 5,90. **Chi dei due coinquilini dovrà pagare di più, e quanto di più?**

A. Giovanni deve pagare € 0,40 in più rispetto a Chiara
B. Chiara deve pagare € 2,40 in più rispetto a Giovanni
C. Giovanni deve pagare € 0,50 in più rispetto a Chiara
D. Giovanni deve pagare € 1,10 in più rispetto a Chiara
E. Chiara deve pagare € 0,10 in più rispetto a Giovanni

48) Se ad ogni generazione la popolazione mondiale si quadruplicasse, partendo da Adamo ed Eva, dopo quante generazioni si arriverebbe a 2048 persone?

A. 3
B. 5
C. 6
D. 2
E. 7

Rispondere ai quesiti 49-50 facendo riferimento al grafico di seguito riportato.
Nel grafico è riportata la sopravvivenza ottenuta con due diversi tipi di terapia, in una malattia sempre mortale in pochi mesi se non trattata, in due gruppi di pazienti confrontabili come numerosità e caratteristiche cliniche.

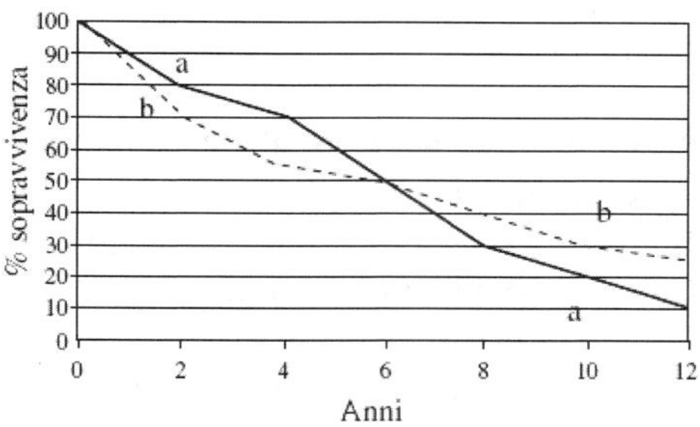

49) La terapia A è meno costosa e di più facile attuazione. Si può dedurre che (UNA sola risposta è CORRETTA):

A. la terapia B è sempre da preferirsi
B. in base ai dati disponibili non può essere tratta alcuna conclusione
C. le due terapie sono in pratica equivalenti, in quanto vantaggi e svantaggi iniziali e a distanza si elidono
D. la terapia A deve essere definitivamente abbandonata in quanto i suoi risultati a distanza diventano meno competitivi con quelli del trattamento B
E. se le due terapie possono essere utilizzate in successione senza influenzarsi reciprocamente in senso negativo, la terapia A può essere preferita come trattamento iniziale

50) Le due terapie possono essere utilizzate in successione senza influenzarsi reciprocamente in senso negativo. Si può dedurre che (UNA sola risposta è CORRETTA):

A. la terapia A è comunque di grande importanza nel trattamento della malattia X, se non la si considera come rigidamente alternativa a quella B
B. bisogna correggere le indicazioni dei due tipi di trattamento
C. la terapia A conduce a risultati illusori
D. il costo maggiore della terapia B è ampiamente compensato dai risultati superiori a lungo termine
E. la terapia B deve essere sempre di prima scelta

RISPOSTE CORRETTE

1) D	11) C	21) D	31) B	41) C
2) E	12) B	22) E	32) E	42) D
3) C	13) B	23) B	33) D	43) D
4) E	14) C	24) D	34) C	44) E
5) D	15) B	25) B	35) D	45) B
6) C	16) E	26) C	36) C	46) C
7) A	17) B	27) D	37) B	47) D
8) D	18) D	28) D	38) D	48) B
9) E	19) E	29) E	39) A	49) E
10) D	20) E	30) B	40) A	50) A

TEST 3

Biologia

1) Le più importanti forme di energia necessaria per la sopravvivenza dell'uomo sono:

A. le vitamine
B. le proteine che assimiliamo con gli alimenti
C. i grassi
D. i sali minerali
E. i grassi e gli zuccheri che assimiliamo con gli alimenti

2) Molti enzimi, oltre a possedere il normale sito con cui legano il substrato, presentano un secondo sito, detto allosterico. Quando particolari molecole regolatrici si legano a quest'ultimo, si ha una piccola variazione della struttura della molecola dell'enzima che ne provoca l'attivazione o l'inibizione. Pertanto si può dire che un enzima allosterico:

A. non possiede il sito attivo
B. non possiede il sito allosterico
C. è una proteina priva di struttura terziaria
D. è una proteina che può cambiare forma
E. non può legare il substrato

3) Alcune plastiche biodegradabili vengono trattate con batteri termofili, capaci di vivere ad una temperatura di 60 °C. Quale/i delle seguenti affermazioni relative agli enzimi dei batteri termofili è/sono corretta/e?
1. Gli enzimi nei batteri termofili non vengono denaturati per effetto di una temperatura inferiore ai 60°C
2. Gli enzimi nei batteri termofili non funzionano mai a 37 °C
3. Sia gli enzimi dei batteri comuni che di quelli termofili sono costituiti da amminoacidi

A. Solo 1 e 3
B. Solo 1 e 2
C. Solo 2 e 3
D. Solo 2
E. Tutte

4) I ribosomi sono presenti nel citoplasma:

A. soltanto allo stato libero
B. nessuna delle altre risposte è corretta
C. soltanto a formare i polisomi
D. allo stato libero, associati tra loro a formare i polisomi, o associati al reticolo endoplasmatico
E. associati soltanto al reticolo endoplasmatico

5) Incrociando una pianta a fenotipo dominante (A) con una a fenotipo recessivo (a) i genotipi delle piante che si ottengono potranno essere:

A. Aa oppure aa
B. AA oppure aa
C. sicuramente diversi dai genotipi dei genitori
D. AA oppure Aa
E. esclusivamente Aa

6) Il tratto di mRNA che codifica per un aminoacido o per la terminazione di una catena polipeptidica si chiama:

A. anticodone

B. cromatina
C. cromocentro
D. clone
E. nessuna delle altre risposte è corretta

7) L'ordine di grandezza delle dimensioni delle cellule umane è:

A. il dalton (D)
B. nessuna delle altre risposte è corretta
C. il micron (μm)
D. l'angstrom (Å)
E. il millimetro (mm)

8) I geni appartengono ai cromosomi come i grana appartengono ai:

A. microsomi
B. lisosomi
C. mitocondri
D. amiloplasti
E. cloroplasti

9) I gameti maschili e femminili:

A. sono i cromosomi Y e X
B. hanno un corredo cromosomico aploide
C. hanno corredo cromosomico aneuploide
D. possiedono 46 cromosomi
E. sono i luoghi di produzione delle cellule sessuali

10) Il DNA batterico è racchiuso in una struttura detta:

A. nucleoide
B. nucleo
C. nucleolo
D. cromatide
E. nucleasi

11) I ribosomi intervengono:

A. nella sintesi degli acidi nucleici
B. nella sintesi delle membrane
C. nella sintesi dei lipidi
D. nella sintesi dei polisaccaridi
E. nessuna delle altre risposte è corretta

12) La sequenza aminoacidica delle proteine è determinata da:

A. una catena polipeptidica
B. polisaccaridi
C. acidi nucleici
D. lipidi presenti nella membrana plasmaticia
E. lipidi nucleari

13) Indicare quale delle seguenti molecole NON è un prodotto della secrezione esocrina del pancreas:

A. tripsina
B. lipasi
C. glucagone
D. amilasi
E. idrolasi

14) La funzione degli alveoli polmonari è quella di:

A. trattenere l'anidride carbonica
B. trattenere l'eccesso di azoto
C. consentire gli scambi dei gas respiratori
D. raffreddare l'aria inspirata
E. filtrare l'aria trattenendo le impurità in essa contenute

15) Gli antigeni sono:

A. farmaci antidepressivi
B. prodotti della risposta immunitaria
C. geni regolatori
D. prodotti fisiologici del nostro corpo
E. prodotti riconosciuti estranei dal nostro organismo

Chimica

16) Il numero di massa di un atomo è 27; il numero atomico è 13; i neutroni contenuti nel nucleo sono:

A. 8
B. 13
C. 20

D. 40
E. 14

17) Se fra due atomi esiste una grande differenza di elettronegatività, si forma:

A. un legame covalente eteropolare
B. un legame a idrogeno
C. un legame covalente omopolare
D. un legame ionico
E. un legame dativo

18) Una mole di una proteina pesa 60 kg; nella mole in questione sono contenuti:

A. 6000 amminoacidi
B. 60 amminoacidi
C. 22 amminoacidi
D. 60.000 molecole
E. $6{,}023 \cdot 10^{23}$ molecole di proteina

19) Quanti grammi di ossigeno sono contenuti in 10 moli di acqua?

A. 80
B. 8
C. 160
D. 16
E. 11

20) Valutare le seguenti affermazioni sul legame ionico: (1) il legame ionico si forma tra elementi con valori di elettronegatività molto diversi; (2) il legame ionico si forma tra elementi con valori di potenziale di prima ionizzazione molto simili; (3) il legame ionico si verifica soltanto in soluzione acquosa; (4) il legame ionico è un legame direzionale; (5) il legame ionico è un legame non direzionale. Una sola delle seguenti affermazioni è corretta. Quale?

A. Soltanto le affermazioni 1 e 5 sono giuste
B. Soltanto le affermazioni 2 e 3 sono giuste
C. Soltanto le affermazioni 2 e 5 sono giuste
D. Soltanto le affermazioni 1 e 4 sono giuste
E. Soltanto le affermazioni 1 e 2 sono giuste

21) Due atomi di carbonio formano fra loro un doppio legame se si trovano nello stato di ibridazione:

A. d^2sp^6
B. d^2sp^3
C. sp^2
D. sp
E. sp^3

22) Quale fra queste unità rappresenta il numero di moli di soluto disciolte in 1 kg di solvente puro?

A. Normalità
B. Specificità
C. Percento in peso
D. Molarità
E. Molalità

23) Indicare quale tra le seguenti reazioni è bilanciata:

A. $3\ SO_2 + Ni_2O_3 \rightarrow Ni_2(SO_3)_3$
B. $SO_2 + Ni_2O_3 \rightarrow Ni_2(SO_3)_3$
C. $2\ SO_2 + Ni_2O_3 \rightarrow 2\ Ni_2(SO_3)_3$
D. $1/2\ SO_2 + Ni_2O_3 \rightarrow Ni_2(SO_3)_3$
E. $SO_2 + 2\ Ni_2O_3 -6 \rightarrow Ni_2(SO_3)_3$

24) La seguente reazione è esotermica:

$$2\ T(g) + 3\ X(g) \leftrightarrows 5\ Z(g)$$

Quale delle seguenti affermazioni è corretta?

A. All'equilibrio, T e X producono Z alla stessa velocità con cui Z produce T e X
B. Un catalizzatore aumenta la quantità di prodotto Z
C. Un aumento di pressione causa un aumento della quantità di prodotto Z
D. Un aumento di temperatura causa un aumento della quantità di prodotto Z

E. L'aggiunta di Z sposta la posizione dell'equilibrio verso destra

25) La massa di un numero di Avogadro di atomi di carbonio è:

A. 1 mol
B. 12 u
C. 12,01 g
D. 1 g/mol
E. 12,01 g/mol

26) Indicare tra i seguenti acidi quello maggiormente corrosivo per i tessuti epiteliali:

A. acido carbonico
B. acido citrico
C. acido solforico
D. acido L-ascorbico
E. acido etanoico

27) La disposizione degli atomi di carbonio del cicloesano nello spazio è:

A. planare
B. casuale
C. a barca (o tino)
D. irregolare
E. a sedia

28) Quali sono gli idrocarburi saturi?

A. I dieni
B. Gli alcheni
C. Gli alcani
D. Gli alchini
E. I polieni

29) La molecola degli acidi organici è caratterizzata:

A. dallo ione ammonio
B. dal gruppo ossidrilico
C. dal gruppo carbonilico
D. dal gruppo tiolico
E. dal gruppo carbossilico

30) In che cosa differiscono aldeidi e chetoni?

A. I primi sono polari, i secondi apolari
B. In nulla
C. Le aldeidi si preparano per ossidazione, i chetoni no
D. I primi sono acidi i secondi basici
E. Negli atomi che si legano al gruppo carbonilico

Matematica

31) Il valore calorico dei seguenti componenti alimentari è (kcal/grammo): carboidrati 4; grassi 9; proteine 4. Un campione di formaggio contiene 19,5 g di proteine, 0,5 di grassi e 2,0 g di carboidrati. Il valore calorico totale del campione ammonta a kcal:

A. 50,2
B. 78,0
C. 4,5
D. 94,6
E. 90,5

32) Il prezzo del petrolio è oggi di 50 dollari al barile e il rapporto fra il valore del dollaro e il valore dell'euro è 0,8 (un dollaro vale 0,8 euro). Se fra un anno il prezzo del petrolio raggiungesse i 75 dollari al barile e il rapporto fra dollaro ed euro fosse pari a 0,6 ne risulterebbe che il prezzo in euro di *un barile* di petrolio:

A. diminuirebbe di 5 euro
B. aumenterebbe di 10 euro
C. aumenterebbe di 2 euro
D. rimarrebbe invariato
E. aumenterebbe di 5 euro

33) Quale dei seguenti valori di x è soluzione dell'equazione $x^2 = 8^6$?

A. 4^3
B. 2^9
C. 2^6
D. 8^4
E. 4^6

34) Quale delle seguenti relazioni rappresenta una identità trigonometrica?

A. $\text{sen}x = 1 + \cos x$
B. $\text{sen}x = 1 - \cos x$
C. $\text{sen}^2 x = 1 + \cos^2 x$
D. $\text{sen}x = \cos x \cdot \text{cotg}x$, x diverso da $k\pi$, con k numero intero
E. $\text{sen}x = \cos x \cdot \text{tg}x$, x diverso da $\pi/2 + k\pi$, con k numero intero

35) Se $f(x) = (x + 1)/2$ e $g(x) = 2x + 1$, allora $f \circ g$ risulta equivalente a:

A. $x^2 + 1$
B. $x/2 + 1$
C. $x + 1$
D. $x^3 - 1$
E. x^{-2}

36) I grafici delle funzioni $f(x) = e^x$ e $f(x) = -x$ si intersecano:

A. due volte
B. una sola volta
C. tre volte
D. mai
E. quattro volte

37) Un triangolo rettangolo ha area pari a 6 cm^2 ed un cateto misura 3 cm. Stabilire quale delle seguenti affermazioni è falsa.

A. Il perimetro misura 12 cm
B. L'altezza relativa all'ipotenusa misura 2,4 cm
C. L'altezza relativa all'ipotenusa misura 4,8 cm
D. L'ipotenusa misura 5 cm
E. L'altro cateto misura 4 cm

Fisica

38) Un apparecchio di misura indica un valore pari a $1{,}33 \cdot 10^5$. Stimare l'errore relativo della misura sulla base delle cifre significative fornite:

A. 2%
B. 1,5%
C. 0,75%
D. 2,75%
E. 2,25%

39) La linea costituita dall'insieme delle posizioni occupate da un corpo in movimento viene detta:

A. linea di posizione
B. percorso
C. traiettoria
D. rettilineo
E. velocità angolare

40) Un cavallo si muove al galoppo lungo un tratto rettilineo di 510 m muovendosi alla velocità di 54 km/h, nel tratto successivo, anch'esso di 510 m, si muove alla velocità di 18 km/h. Qual è stata la velocità media del cavallo lungo l'intero tratto percorso?

A. 36 km/h
B. 34 km/h
C. 7,5 m/s
D. 10 m/s
E. 38 km/h

41) Un sasso di massa m viene lasciato cadere da un edificio. Trascurando l'attrito dell'aria e detta g l'accelerazione di gravità terrestre, quale sarà l'energia cinetica del corpo, dopo che è trascorso un tempo t dall'inizio della caduta?

A. $1/2\ mgt^2$
B. $1/2\ mgt$
C. mg^2t^2
D. mgt
E. $1/2\ mg^2t^2$

42) È possibile che un corpo che si muove di moto uniforme sia dotato di accelerazione?

A. No, mai
B. Sì, se il corpo è sottoposto alla forza peso
C. Sì, se il moto avviene in aria
D. Sì, se la traiettoria è curva
E. Sì, se il moto è rettilineo

43) Un'automobile, nel percorrere a velocità costante una traiettoria curva, trascurando l'attrito dell'aria, è sottoposta:

A. a una forza centripeta proporzionale al quadrato della velocità
B. nessuna delle altre risposte è corretta
C. a una forza centrifuga direttamente proporzionale alla velocità
D. a una forza centrifuga inversamente proporzionale alla massa dell'auto
E. a una forza centripeta inversamente proporzionale alla massa dell'auto

44) Nel Sistema Internazionale, un corpo di massa 5 kg ha peso:

A. 4,9 N
B. 49 N
C. 9,8 N
D. 1,96 N
E. 50 N

Logica

45) Se Salvatore ha superato il test e Carmela ha superato il test, allora anche Benedetto ha superato il test. Però Salvatore non ha superato il test. Quindi:

A. Benedetto oppure Carmela non hanno superato il test
B. se neppure Carmela ha superato il test, Benedetto non ha superato il test
C. Benedetto non ha superato il test e Carmela ha superato il test
D. Benedetto non ha superato il test
E. Benedetto potrebbe avere superato il test

46) "Solo se il bambino piange, la mamma gli compra il giocattolo". In base alla precedente affermazione, è necessariamente vero che:

A. se il bambino piange, sicuramente la mamma non gli compra il giocattolo
B. la mamma vizia il bambino
C. se il bambino non piange, la mamma non gli compra il giocattolo
D. la mamma non vizia il bambino
E. se la mamma non compra il giocattolo al bambino, significa che lui non ha pianto

47) Un aereo passeggeri ha 132 poltrone. Vi è una poltrona vuota ogni tre passeggeri. Quante sono le poltrone vuote su quell'aereo?

A. 53
B. 99
C. 33
D. 44
E. 88

48) Una pianta geneticamente modificata raddoppia la sua altezza ogni giorno. Al nono giorno comincia a ridurre la sua altezza con una velocità doppia. Dopo quanti giorni dall'inizio sarà ritornata alla sua altezza iniziale?

A. 15
B. 13
C. 12
D. 10
E. 14

Leggere le informazioni e, facendo riferimento al grafico e alla tabella, rispondere ai quesiti 49-50.

Il grafico e la tabella riportano alcuni dati sui dipendenti dell'industria metallurgica Beta.

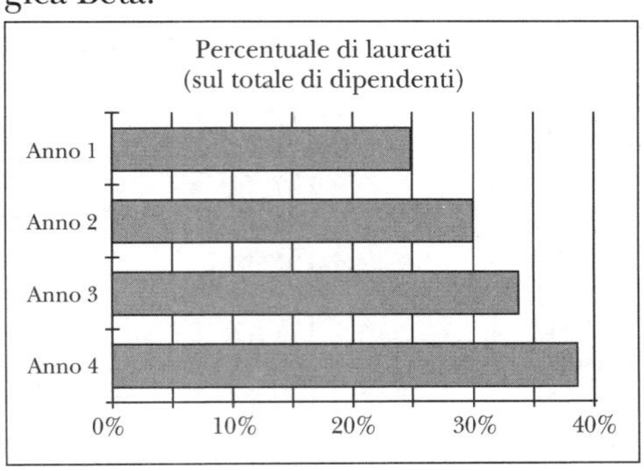

	N° di dipendenti	Età dei dipendenti (suddivise per fasce)		
		Meno di 30 anni	Tra 30 e 50 anni	Oltre 50 anni
Anno 1	580	22%	58%	20%
Anno 2	600	25%	55%	20%
Anno 3	640	25%	52%	23%
Anno 4	700	30%	55%	15%

49) Qual è stato l'aumento percentuale del numero di dipendenti fra l'anno 3 e l'anno 4?

A. Meno del 10%
B. Più del 10%
C. Circa il 15%
D. Più del 20%
E. Circa il 50%

50) Se nell'anno 4 il premio di fine anno per ciascun dipendente con età superiore a 50 anni è stato di 1.000 euro, qual è stata la spesa totale per i premi dei dipendenti con età superiore a 50 anni in quell'anno?

A. 115.000 euro
B. 385.000 euro
C. 105.000 euro
D. 210.000 euro
E. 595.000 euro

RISPOSTE CORRETTE

1) E	11) E	21) C	31) E	41) E
2) D	12) C	22) E	32) E	42) D
3) A	13) C	23) A	33) B	43) A
4) D	14) C	24) A	34) E	44) B
5) A	15) E	25) C	35) C	45) E
6) E	16) E	26) C	36) B	46) C
7) C	17) D	27) E	37) C	47) C
8) E	18) E	28) C	38) C	48) C
9) B	19) C	29) E	39) C	49) A
10) A	20) A	30) E	40) C	50) C

TEST 4

Biologia

1) Come sono le molecole di acqua?

A. Completamente dissociate
B. Prive di peso
C. Prive di legami idrogeno
D. Apolari
E. Polari

2) Qual è l'ordine crescente delle seguenti strutture?

A. Virus, proteina, atomo, batterio
B. Nessuna delle altre risposte è corretta
C. Proteina, atomo, batterio, virus
D. Atomo, virus, batterio, proteina
E. Atomo, proteina, virus, batterio

3) Identificare l'affermazione errata. Gli archeobatteri:

A. costituiscono l'anello di congiunzione tra procarioti ed eucarioti
B. vivono in condizioni ambientali estreme di salinità o temperatura
C. comprendono i batteri termofili
D. sono morfologicamente indistinguibili dai comuni batteri
E. sono organismi pluricellulari

4) Il nucleo cellulare:

A. contiene gli acidi nucleici (il DNA organizzato in cromosomi e l'RNA), ma non i nucleoli
B. nessuna delle altre risposte è corretta
C. contiene solo DNA e nessun nucleolo
D. contiene gli acidi nucleici (DNA organizzato in cromosomi ed RNA) e uno o più nucleoli
E. non contiene gli acidi nucleici

5) Secondo le leggi di Mendel dall'incrocio tra due individui eterozigoti per un carattere possono nascere figli:

A. 100% con fenotipo dominante
B. 100% con fenotipo recessivo
C. 75% con fenotipo dominante e 25% con fenotipo recessivo
D. 50% con fenotipo dominante e 50% con fenotipo recessivo
E. genotipi tutti diversi

6) Quali sono gli elementi che permettono la traduzione dell'informazione genetica codificata dalla successione di basi azotate in una successione di amminoacidi?

A. Gli RNA di trasferimento
B. Gli RNA ribosomiali
C. Gli amminoacil-tRNA-sintetasi
D. Gli RNA messaggeri
E. Nessuna delle altre risposte è corretta

7) Negli acidi nucleici gli zuccheri contenuti sono:

A. solo ribosio e deossiribosio a seconda se si tratta di RNA o DNA
B. maltosio e glucosio
C. glucosio e ribosio
D. legati a 2 gruppi fosforici
E. solo il ribosio

8) Nella clorofilla è contenuto:

A. bromo
B. ferro
C. fluoro
D. cloro
E. magnesio

9) Il corredo cromosomico normale della specie umana è rappresentato da:

A. 44 autosomi + 1 eterocromosoma (totale 45 cromosomi)
B. 42 autosomi + 4 eterocromosomi (totale 46 cromosomi)
C. 48 autosomi + 4 eterocromosomi (totale 52 cromosomi)
D. 48 autosomi + 2 eterocromosomi (totale 50 cromosomi)
E. 44 autosomi + 2 eterocromosomi (totale 46 cromosomi)

10) L'albero genealogico riportato si riferisce ad una famiglia in cui compare il carattere "incapacità di distinguere alcuni colori" dovuto ad un allele recessivo che si trova sul cromosoma X. Dal suo esame si può dedurre che:

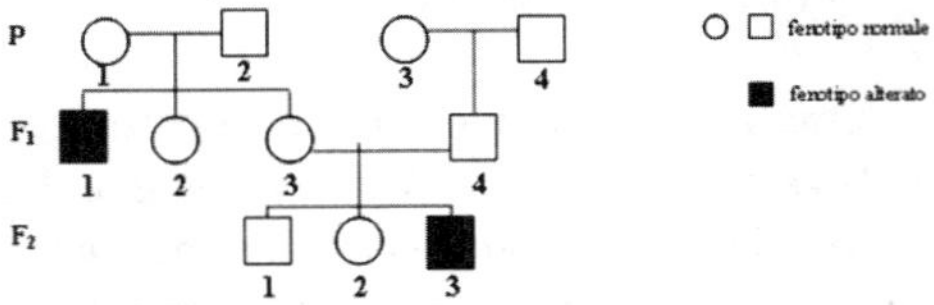

A. la donna F_1 – 3 è sicuramente portatrice del gene alterato
B. il figlio F_2 – 1 diventerà malato
C. la donna P – 1 è sicuramente omozigote
D. la figlia F_2 – 2 è sicuramente omozigote
E. la donna F_1 – 2 è sicuramente eterozigote

11) La modificazione di un gene è detta:

A. zigotene
B. crossing-over
C. linkage
D. gemmazione
E. mutazione

12) In quale dei seguenti organelli avviene solitamente la sintesi proteica?

1. Cloroplasto
2. Mitocondrio
3. Nucleo

A. Solo 1 e 3
B. Tutti
C. Solo 2 e 3
D. Solo 1 e 2
E. Nessuno

13) Dopo un pasto abbondante a base di carne, quali sono i prodotti finali più rilevanti che provengono dalla digestione?

A. Trisaccaridi
B. Amido
C. Proteine
D. Disaccaridi
E. Amminoacidi

14) Quale dei seguenti organi è di natura muscolare?

A. Fegato
B. Milza
C. Polmoni
D. Pancreas
E. Utero

15) La struttura encefalica che controlla l'equilibrio è:

A. il bulbo
B. il cervelletto
C. il talamo
D. la dura madre
E. il tronco cerebrale

Chimica

16) La struttura elettronica $1s^2\ 2s^2\ 2p^6\ 3s^2\ 3p^4$ è caratteristica di:

A. un gas nobile
B. un metallo
C. un elemento del quarto gruppo
D. un non metallo
E. un elemento di transizione

17) Una molecola di ossigeno (massa atomica 16 u.m.a.) pesa:

A. $16 \times 6{,}02 \times 10^{23}$ u.m.a.
B. 16 g

C. 2×16 g
D. 2×16 u.m.a.
E. 16 u.m.a.

18) Il primo elemento degli alogeni è:

A. il sodio
B. il ferro
C. il cloro
D. il fluoro
E. l'ossigeno

19) Perché CCl_4 non è una molecola polare?

A. C forma quattro legami e Cl solo due
B. C e Cl hanno uguali valori di elettronegatività
C. Cl è più elettronegativo di C
D. CCl_4 è una molecola tetraedrica
E. Le dimensioni dell'atomo di C sono inferiori rispetto a quelle dell'atomo di Cl

20) In quale delle seguenti risposte gli elementi sono disposti nel corretto ordine crescente del potenziale di ionizzazione?

A. C, N, O, F
B. O, N, C, F
C. C, O, N, F
D. F, O, C, N
E. F, O, N, C

21) Quale, tra i seguenti, NON è un gas nobile?

A. L'argon
B. L'ossigeno
C. Il neon
D. Il radon
E. L'elio

22) Se 0,3 moli di CO_2 occupano un volume pari a 6,72 litri, che volume occupa lo stesso numero di moli di NO nelle stesse condizioni di temperatura e pressione?

A. 2,24 L
B. 67,20 cL
C. 0,3 L
D. 2.240 mL
E. 6.720 mL

23) Un grammoequivalente di NH_4Cl (P.M. = 53,45) è:

A. 26,73 g
B. 13,36 g
C. 53,45 g
D. 17,82 g
E. 106,9 g

24) Calcolare quanti grammi di idrogeno gassoso si formano per reazione di 39 grammi di potassio metallico (peso atomico: 39 u.m.a.) con acqua (reagente in eccesso), dopo aver bilanciato la seguente reazione: $K + H_2O \rightarrow KOH + H_2$

A. 1,0
B. 3,0
C. 4,5
D. 2,0
E. 0,5

25) A che formula corrisponde il butano?

A. C_3H_{10}
B. C_4H_{10}
C. CH_4CH_{10}
D. C_4H_8
E. C_4H_6

26) Per ossidazione di aldeidi si ottengono:

A. esteri
B. eteri
C. acidi carbossilici
D. alcoli
E. alchini

27) Quale dei seguenti composti NON è un derivato degli acidi carbossilici?

A. Etere
B. Nitrili
C. Estere

D. Alogenuro acilico
E. Ammide

28) Lungo un periodo della tavola periodica, dal I al VII gruppo, il raggio atomico:

A. diminuisce progressivamente nei primi tre periodi, aumenta progressivamente negli altri
B. resta costante
C. aumenta progressivamente
D. aumenta progressivamente nei primi due periodi, diminuisce progressivamente negli altri
E. diminuisce progressivamente

29) Quale è la formula bruta dell'aldeide propionica (propanale)?

A. C_3H_5O
B. C_2H_4O
C. C_3H_6O
D. $C_3H_6O_2$
E. $C_2H_3O_2$

30) La reazione $P_2O_5 + 2H_2O \rightarrow H_4P_2O_7$ è una reazione di:

A. sostituzione
B. ossidazione
C. neutralizzazione
D. sintesi
E. idrolisi

Matematica

31) Si considerino un numero reale ed il suo valore assoluto. Cosa si può affermare con certezza?

A. La loro somma non è mai negativa
B. La loro somma è sempre nulla
C. Il loro prodotto è sempre negativo
D. Il loro prodotto è sempre positivo
E. La loro somma non è mai positiva

32) Il valore iniziale di una grandezza che a seguito dell'incremento del 20% ha assunto il valore di 2160 era:

A. 1.850
B. 1.800
C. 1.500
D. 1.600
E. 1.720

33) In quale dei seguenti problemi la formula risolutiva non è un monomio?

A. Calcolare l'area del cerchio il cui raggio misura r
B. Calcolare il volume di un cubo il cui spigolo misura l
C. Calcolare l'area di un quadrato il cui lato misura l
D. Calcolare l'area di un triangolo conoscendo la misura della base b e dell'altezza h
E. Calcolare l'area di un trapezio avente la misura della base maggiore B, della minore b e dell'altezza h

34) Quale dei seguenti polinomi è un divisore del polinomio $625x^5 - x$?

A. $5x^2 + 1$
B. $5x^2 - 1$
C. $5x + 1$
D. $25x^4 + 1$
E. $x - 5$

35) L'espressione $\frac{1}{x^2} - \frac{1}{y^3}$, definita per x diverso da zero ed y diverso da zero, è uguale a:

A. $\frac{x^2 - y^3}{x^2y^3}$
B. $\frac{1}{x^2 - y^3}$
C. $\left(\frac{1}{x} - \frac{1}{y}\right)\left(\frac{1}{x} + \frac{1}{y}\right)$
D. $\frac{y^3 - x^2}{x^2y^3}$
E. $y^3 - x^2$

36) La retta in figura passa per i punti $P(-2, 0)$ e $Q(5, 4)$ e forma un angolo β con l'asse delle x. Quanto vale tg β?

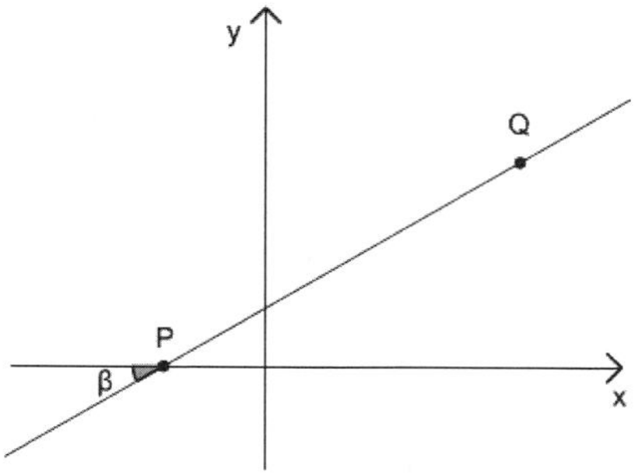

A. 5/4
B. 4/3
C. 4/5
D. 7/4
E. 4/7

37) Che cosa si ottiene se si considera la sezione di un cilindro circolare retto con un piano perpendicolare all'asse del cilindro?

A. Un'iperbole
B. Un'ellisse
C. Un trapezio
D. Una circonferenza
E. Un triangolo

Fisica

38) Un'auto che viaggia alla velocità di 60 km/h possiede un'energia cinetica di 16000 J. Se la velocità viene portata a 120 km/h, l'energia cinetica posseduta dall'auto diventa:

A. 32000 J
B. 90000 J
C. 8000 J
D. 16000 J
E. 64000 J

39) Una bicicletta percorre in cinque minuti un tratto lineare di 3 km. La sua velocità media è stata (in m/s):

A. 0,1
B. 30
C. 36
D. 10
E. 0,6

40) In un moto circolare uniforme esiste accelerazione?

A. No, mai
B. No, trattandosi di un moto che si svolge su un piano
C. Sì, dovuta al fatto che la velocità cambia continuamente di direzione
D. Sì, ma solo se la traiettoria giace su un piano verticale
E. Non si hanno elementi per rispondere

41) Un corpo di ferro di 5 chili ed uno di piombo di 2 chili vengono lasciati cadere da dieci metri di altezza indipendentemente l'uno dall'altro. In un secondo esperimento i due corpi vengono strettamente legati insieme ed il corpo così composto è lasciato cadere dalla stessa altezza. Sapendo che l'effetto dell'attrito dell'aria è trascurabile, si indichi quale delle affermazioni seguenti è l'UNICA CORRETTA quando si confronti il moto effettuato dai due corpi con quello del corpo composto:

A. il corpo leggero tende a frenare il corpo più pesante perché pesa di meno
B. il corpo composto segue un moto che dipenderà da come è stato legato
C. il corpo più pesante tende a frenare il corpo più leggero perché ha maggiore inerzia
D. i tre corpi seguono lo stesso moto di caduta
E. i tre corpi seguono tre distinti moti perché i materiali sono diversi

42) Un corpo di massa m al variare del tempo si sposta senza attrito a velocità costante v. La risultante F delle forze applicate sarà:

A. $F = v/m$
B. $F = m/v$
C. $F = mg$
D. $F = 0$
E. $F = mv$

Determinare la carica depositata sulle armature di un condensatore di capacità C = 1 μF sottoposto a una differenza di potenziale di 10 V.

A. 10 μC
B. 0,1 mC
C. 1 mC
D. 1 μC
E. 0,1 μC

43) Affinché una particella carica immersa in un campo magnetico percorra una traiettoria circolare è necessario che:

A. sia inizialmente in movimento, vi sia presenza di campi elettrici, il campo magnetico sia costante
B. parta da ferma, vi sia assenza di campi elettrici, il campo magnetico sia variabile
C. sia inizialmente in movimento, vi sia assenza di campi elettrici, il campo magnetico sia costante
D. sia inizialmente in movimento, vi sia assenza di campi elettrici, il campo magnetico sia variabile
E. parta da ferma, vi sia presenza di campi elettrici, il campo magnetico sia costante

Logica

44) Lucia, Francesco e Roberta parlano dei loro viaggi futuri. Lucia afferma: "Se Roberta andrà a Londra, anch'io andrò a Londra". Francesco afferma: "Esattamente due di noi andranno a Londra". Da queste affermazioni possiamo dedurre con certezza che:

A. Lucia andrà a Londra
B. Lucia non andrà a Londra
C. Roberta e Lucia andranno a Londra
D. Roberta andrà a Londra
E. Francesco andrà a Londra

45) Quale delle seguenti proposizioni equivale a dire che "condizione sufficiente affinché la proposizione Q sia vera è che sia vera la proposizione P"?

A. Se P è vera, allora Q è vera
B. Se Q è vera, allora P è vera
C. Se P è falsa, allora Q è falsa
D. P è vera se e solo se Q è vera
E. P è falsa se e solo se Q è falsa

46) WHEELERS CYCLES Affitto biciclette

8.00 – 20.00
Tariffa oraria giornaliera
8.00 – 16.00: euro 2 l'ora
16.00 – 20.00: euro 1 l'ora
Giornata intera: euro 15
Deposito rimborsabile: euro 10

Quanto mi costa affittare una bicicletta da *Wheelers Cycles* dalle 11 del mattino per otto ore?

A. Euro 13
B. Euro 16
C. Euro 20
D. Euro 23
E. Euro 15

47) Alberto vuole piantare degli alberi attorno alla sua villa di campagna. Lasciando fra un albero e l'altro la distanza di 8 metri, sono necessari 60 alberi. **Quanti ne occorrerebbero se la distanza tra 2 alberi consecutivi aumentasse di 2 metri?**

A. 80
B. 18
C. 43
D. 48
E. 12

Leggere le informazioni e, facendo riferimento al grafico e alla tabella, rispondere ai quesiti 49-50.

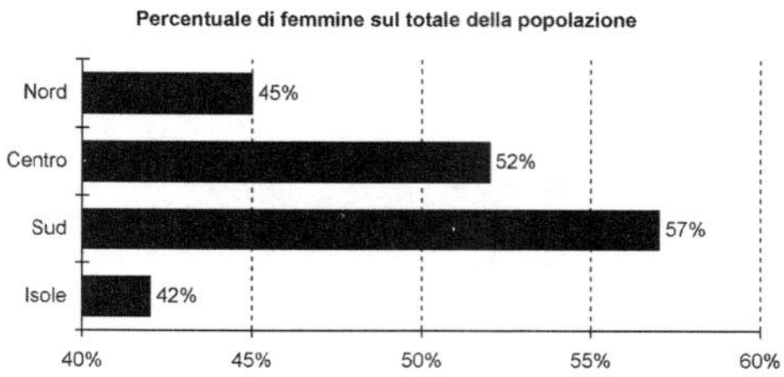

	Popolazione residente	Età		
		Meno di 30 anni	Tra 30 e 60 anni	Oltre 60 anni
Nord	20.000.000	30%	40%	30%
Centro	15.000.000	25%	35%	40%
Sud	10.000.000	20%	30%	50%
Isole	5.000.000	15%	25%	60%

48) Assumendo che la proporzione tra i sessi sia la stessa nelle diverse fasce di età, quante sono le femmine residenti al Centro e con un'età compresa tra 30 e 60 anni?

A. 2.730.000
B. 3.500.000
C. 5.250.000
D. 4.000.000
E. 5.000.000

49) Sapendo che per ciascun settore geografico la percentuale femminile sul totale della popolazione è la stessa in tutte le fasce di età, il numero complessivo di popolazione femminile con età superiore ai 60 anni è compreso tra:

A. 10.500.000 e 15.000.000
B. 8.000.000 e 9.000.000
C. 9.000.000 e 10.000.000
D. 11.000.000 e 12.000.000
E. 10.500.000 e 11.000.000

RISPOSTE CORRETTE

1) E	11) E	21) B	31) A	41) D
2) E	12) D	22) E	32) B	42) D
3) E	13) E	23) C	33) E	43) A
4) D	14) E	24) A	34) C	44) C
5) C	15) B	25) B	35) D	45) A
6) A	16) D	26) C	36) E	46) A
7) A	17) D	27) A	37) D	47) A
8) E	18) D	28) E	38) E	48) D
9) E	19) D	29) C	39) D	49) A
10) A	20) C	30) D	40) C	50) C

TEST CISIA • INGLESE

TEST 1

1) Choose the correct answer to this question: Where's Strasbourg?

A. It is French
B. It is in French
C. It is in France
D. It in France
E. It is in Germany

2) Choose the correct question for this answer: Yes, he is. It's bedtime.

A. Does he want to sleep?
B. Does he have sleep?
C. Is he sleep?
D. Is he sleepy?
E. Is he at home?

3) I can't remember the name of the museum we visited in Madrid. Was it __________?

A. The Prado Museum
B. Prado Museum
C. Prado
D. Museum Prado
E. The museum of Prado?

4) _________ three girls _________ the bus stop.

A. They are / next
B. There is / in
C. There are / at
D. There are / on
E. They are / over

5) Choose the correct answer to this question: Hasn't Henry got your e-mail address?

A. No, he not has it
B. No, he hasn't
C. No, he hasn't got
D. No, he doesn't
E. No, he has got not

6) Choose the correct answer to this question: How old is this building?

A. Yes, it's old
B. It's got 30 years
C. It's 30 years
D. It's 30 years old
E. It's old 30 years

7) Choose the correct reply to this statement: Rose has got a new hairstyle!

A. Yes, her hair are horrible
B. Yes, her hair is horrible
C. Yes, her hairs are horrible
D. Yes, her hairs is horrible
E. Yes, her hairs are new

8) Choose the correct answer to this question: Does Jane have any tickets for us?

A. No, she doesn't
B. No, not
C. No, hasn't she any
D. No, she hasn't got none
E. No, she has not

9) All the rooms are fully equipped __________ business meetings.

A. at
B. with
C. for
D. without
E. on

10) Do you know __________ who can speak Spanish?

A. if anyone
B. is someone
C. if someone
D. anyone there
E. if there is

11) Mark and Joe __________ squash together two or three times a week.

A. are playing
B. play
C. played
D. were playing
E. playing

12) I'm quite lazy, so I __________ much at weekends.

A. don't do
B. can do
C. wasn't doing
D. I'm not doing
E. do nothing much

13) My _______ names are Pat and John.

A. mother's and father
B. parent's
C. mother and father's
D. parents'
E. parent

14) Choose the correct sentence:

A. How much does cost?
B. How much it cost?
C. How much it costs?
D. How much cost it?
E. How much does it cost?

15) Choose the correct sentence:

A. Who does play tennis with Katie?
B. Who plays tennis with Katie?
C. Who Katie plays tennis with?
D. Who play tennis with Katie?
E. Who with Katie play?

16) Choose the correct sentence:

A. What time does the last train usually leave?
B. What time the last train usually leaves?
C. What time leaves usually the last train?
D. What time usually the last train leaves?
E. Usually what time leaves the last train?

17) Choose the correct sentence:

A. Why she wants to stay home?
B. Why wants she to stay home?
C. Why is she wanting to stay home?
D. Why does she want to stay home?
E. Why she wants staying home?

18) Choose the correct sentence:

A. Don't leave children in the kitchen on them own
B. Don't leave children in the kitchen on theirs own
C. Don't leave children in the kitchen on their own
D. Don't leave children in the kitchen on themselves
E. Don't leave children in the kitchen on there on

19) Choose the correct sentence:

A. Good friends respect themselves
B. Good friends respect each other
C. Good friends respect them other
D. Good friends respect their others
E. Good friends respect each others

20) Choose the correct answer to this question: Does she like her job?

A. Yes, she does
B. Yes, she likes
C. She would like to be a dancer
D. No, she don't
E. Yes, she like it

21) Choose the correct sentence:

A. Jamie meeting the boss after lunch
B. Jamie meets the boss after lunch
C. Jamie is meeting the boss after lunch
D. Jamie meet the boss after lunch
E. Jamie is meet the boss after lunch

22) Choose the correct sentence:

A. Are you knowing Dylan?
B. You know Dylan?
C. Do you know Dylan?
D. You do know Dylan?
E. Does you know Dylan?

23) Choose the correct sentence:

A. Why do you not coming with me?
B. Why do you not come with me?
C. Why you not come with me?
D. Why don't you come with me?
E. Why don't you are coming with me?

24) Choose the correct question for this answer: He's a photographer.

A. What Tim does?
B. What is Tim doing?
C. What does Tim do?
D. What do Tim does?
E. Which does Tim do?

25) Choose the correct reply to this sentence: It's cold in here.

A. I'm agree
B. I agree
C. I'm agreeing
D. I'm agreed
E. I'm agreeable

26) Ben __________ very cooperative at the moment.

A. not is
B. isn't
C. doesn't be
D. isn't being
E. don't is

27) Choose the correct reply to this sentence: We've got a dog.

A. So do we have
B. So do we
C. So we have
D. So we've got
E. So have we

28) Choose the correct answer to this question: Do you think Kevin knows Stewart?

A. I don't think so
B. Yes, he knows
C. No, I'm thinking
D. Yes, I think
E. Yes, I do think

29) I wonder who __________; do you know that man?

A. Beth is talking
B. is talking Beth
C. Beth is talking to
D. is Beth talking to
E. Does Beth talk to

30) Choose the correct answer to this question: Is Mark coming to the cinema with us tonight?

A. I'm thinking so
B. I don't think so
C. I think not
D. I think yes
E. I doesn't so

RISPOSTE CORRETTE

1) C	11) B	21) C
2) D	12) A	22) C
3) C	13) D	23) D
4) C	14) E	24) C
5) B	15) B	25) B
6) D	16) A	26) D
7) B	17) D	27) E
8) A	18) C	28) A
9) C	19) B	29) C
10) D	20) A	30) B

TEST 2

1) Choose the correct answer to this question: Has Sarah gone into town?

A. Yes, she has gone
B. Yes, she has
C. Yes, she has been
D. Yes, she gone
E. Yes, she went

2) Choose the correct sentence:

A. Where you did grow up?
B. Where did grow up you?
C. Where you grew up?
D. Where did you grow up?
E. Where have you grown?

3) Why __________ to Australia?

A. have Bob and Lucy went
B. have Bob and Lucy gone
C. Bob and Lucy have gone
D. have gone Bob and Lucy
E. had Bob and Lucy gone

4) My sister __________ to stay with me for a few days.

A. has come
B. came
C. has been coming
D. has came
E. has to come

5) Choose the alternative which means the same as this sentence: He's never spoken to me before.

A. He can't speak when I'm present
B. It's the first time he's spoken
C. He doesn't like speaking
D. It's the first time he's spoken to me
E. He never speaks first to me

6) Richard __________ me this week.

A. hasn't been phoning
B. hasn't phoned
C. didn't phone
D. hadn't phoned
E. never phones

7) Have you ________ got your old skis?

A. yet
B. still
C. again
D. once more
E. ever

8) How much of __________ she says is true?

A. things
B. that
C. which
D. what
E. whom

9) It is surprising how ________ little errors of fact are published by journalists.

A. many
B. much
C. lots
D. few
E. several

10) You __________ flu because you haven't got a temperature.

A. can't be having
B. must have
C. should have

D. can't have
E. will have

11) Sue used to _________ speak Arabic fluently.

A. be able to
B. could
C. can
D. was able to
E. ably

12) I __________ have something to eat before I go out. I'm starving.

A. would
B. can
C. could
D. need
E. must

13) You __________ write on the walls.

A. don't have to
B. mustn't
C. needn't
D. don't need
E. should

14) Choose the alternative which means the same as this sentence: I think Jane has gone out with Sean.

A. Jane is probably out with Sean
B. Jane went out with Sean
C. Jane and Sean never go out together
D. I don't know where Jane is
E. Jane is usually not out with Sean

15) Choose the correct sentence:

A. Bess told me that I went out
B. Bess told me go out
C. Bess told me to go out
D. Bess told me I go out
E. Bess told me that I went out

16) Choose the alternative which means the same as this sentence: The house was upside-down. They must have left in a hurry.

A. I think they left in a hurry
B. They were obliged to leave in a hurry
C. They didn't have to leave in a hurry
D. They needn't have left in a hurry
E. They were going out in a hurry

17) Choose the alternative which means the same as this sentence: We don't have to take an entry test.

A. We shouldn't take a test
B. It isn't necessary for us to take an entry test
C. It is prohibited to take an entry test
D. We mustn't take an entry test
E. We shouldn't have taken an entry test

18) Choose the alternative which means the same as this sentence: She had to change a tyre by herself.

A. She needed to change a tyre by herself
B. She should have changed a tyre by herself
C. She had a tyre to change by herself
D. She was obliged to change a tyre by herself
E. She had changed a tyre by herself

19) Choose the alternative which means the same as this sentence: She can't have picked flowers in the park.

A. She shouldn't have picked flowers in the park
B. She was forbidden to pick flowers in the park
C. I'm sure she didn't pick flowers in the park
D. She didn't have to pick flowers in the park
E. She wasn't obliged to pick flowers in the park

20) Choose the alternative which means the same as this sentence: Place your order at the bar and we will call your order number.

A. The bar might serve you food
B. The bar will call your number when your food is ready
C. You should give your order number to the bar
D. The bar will call your number to order food
E. The food will be ready if you call the bar

21) I __________ to Michael by George at a party several years ago.

A. was being introduced
B. have been introduced
C. introduced
D. was introduced
E. was to be introducing

22) I remember __________ quite often at school.

A. getting punished
B. to be punished
C. get punished
D. punishing
E. I were punished

23) __________ enough help by his company when he became ill.

A. For Andrew wasn't offered
B. Andrew wasn't offered
C. Andrew didn't offer
D. At Andrew wasn't offered
E. To Andrew it was offered

24) If I'd caught an earlier train, I ________ for so long on the way to work.

A. might have no delay
B. might not delay
C. might not have delayed
D. might not have been delayed
E. might having no delay

25) If the police think a driver has been drinking they __________ a breath test.

A. let him take
B. make him to take
C. ask him to take
D. get him to take
E. want to take him

26) I wonder what time _____ tomorrow.

A. was to be the meeting
B. is the meeting
C. will be the meeting
D. will the meeting be
E. the meeting is

27) Gary __________ Charlotte that there were some emails for her.

A. informed
B. advised
C. said
D. explained
E. talked

28) Ted admitted ____ the Chinese vase.

A. dropping
B. to drop
C. drop of
D. dropping
E. to dropping

29) He told me __________

A. to not move
B. not to move
C. don't move
D. that I don't move
E. that I had not to move

30) The concert was __________ because several of the singers were ill.

A. held off
B. called off
C. taken off
D. turned off
E. erased

RISPOSTE CORRETTE

1) B	11) A	21) D
2) D	12) E	22) A
3) B	13) B	23) B
4) A	14) A	24) D
5) D	15) C	25) C
6) B	16) A	26) E
7) B	17) B	27) A
8) D	18) D	28) D
9) A	19) C	29) B
10) D	20) B	30) B

TEST 3

1) Towards the end of the XIX century, cities were __________ more crowded.

A. becoming
B. coming
C. continuing
D. developing
E. expanding

2) William rang __________ an ambulance when he discovered his mother had broken her leg.

A. to
B. for
C. off
D. with
E. out

3) The world's first film __________ of short, simple scenes.

A. held
B. contained
C. belonged
D. consisted
E. included

4) With the arrival of television in the 1950s, ________ people went to see films.

A. other
B. fewer
C. each
D. any
E. more

5) I used to have picnics in a wood which was __________ of wild flowers.

A. complete
B. busy
C. crowded
D. full
E. covered

6) The Phoenicians' alphabet was improved by the Romans and is now used __________ throughout the world.

A. deeply
B. broadly
C. widely
D. hugely
E. mostly

7) Choose the correct answer to this question: What do you study?

A. I'm a student in the third year at high school
B. I do many different subjects
C. I really hate Maths
D. After I've done my homework, I usually do sport
E. History is my favourite subject

8) He worked hard and, over the __________ twenty years, he expanded the business.

A. next
B. later
C. last
D. final
E. following

9) Last week, Tom __________ a letter from Jane.

A. fetched
B. got
C. arrived

D. gave
E. came

10) To be a costume designer, you have to be _______ in theatre, film and drama.

A. pleased
B. interested
C. keen
D. excited
E. liked

11) There are _________ ways of learning how to be a cook.

A. much
B. lots
C. plenty
D. several
E. number

12) The company wants to _________ the sales of the product.

A. correct
B. increase
C. rise
D. create
E. make up

13) Nowadays, we see many different _________ of advertisements.

A. kinds
B. systems
C. ways
D. methods
E. manners

14) The Galapagos are a national park. This _________ it possible to protect their natural beauty.

A. allows
B. gets
C. puts
D. makes
E. permits

15) _________ group of tourists has to be accompanied by a guide.

A. One
B. Some
C. All
D. Each
E. Any

16) You must not _________ anything from the room.

A. receive
B. remove
C. fetch
D. place
E. bring

17) Choose the correct ending for this sentence: If I had a lot of money, _______

A. my father bought me a motorbike
B. I had a party every month
C. I'll go to the coast more often
D. I'd go to South America
E. I was not going to work

18) He was bored with the picnic ______ he started digging a hole.

A. although
B. because
C. so
D. but
E. however

19) I _______ my sister to post my letter on her way to the bus stop.

A. explained
B. remembered
C. suggested
D. reminded
E. ordered

20) The _________ of people going to university is rising each year.

A. number
B. sum

C. total
D. quantity
E. amount

21) I didn't like Mara when I first met her, but in the _________ we became good friends.

A. conclusion
B. final
C. end
D. finish
E. termination

22) We went along the narrow _________ which led to the waterfall.

A. route
B. path
C. walk
D. road
E. street

23) Why not ask your family for a loan? After all, blood is _________ than water.

A. thinner
B. denser
C. heavier
D. thicker
E. better

24) Choose the correct answer to this question: Is Paul enjoying his new job?

A. Yes, he does
B. No, he does
C. Yes, he is
D. Yes, he likes it
E. Yes

25) Choose the correct question for this answer: Yes, he is. It's lunch time.

A. Does John want to eat?
B. Does John have to eat?
C. Is John eating?
D. Does John feel angry?
E. Is John at school?

26) How long have Mary and Bill known _________?

A. both
B. themselves
C. them
D. one another
E. each other

27) Last winter it was very cold and _________ was a lot of snow.

A. there
B. their
C. it
D. them
E. theirs

28) People drive too fast on the road. I think _________ a speed limit.

A. their would be
B. there would be
C. they may have
D. there should be
E. they would have

29) I don't want _________ to drink. I'm not thirsty.

A. much
B. anything
C. something
D. nothing
E. everything

30) It was such a beautiful day we _____ to go to the beach.

A. did
B. were
C. wanted
D. went
E. decided

RISPOSTE CORRETTE

1) A	11) D	21) C
2) B	12) B	22) B
3) D	13) A	23) D
4) B	14) D	24) C
5) D	15) D	25) C
6) C	16) B	26) E
7) B	17) D	27) A
8) E	18) C	28) D
9) B	19) D	29) B
10) B	20) A	30) E